入試現代文の単語帳

BIBLIA 2000
ビブリア

現代文を「読み解く」ための
語彙 × 漢字

スタディサプリ講師
柳生好之

Gakken

　世の中の漢字・語彙の本は2種類あります。❶「漢字」の読み書きを目的とした漢字問題集と、❷「語彙（キーワードを含む）」を身につけることを目的とした語彙キーワード集です。❶の漢字問題集は2000 ～ 3000語、❷の語彙キーワード集は500 ～ 700語が収録されています。純粋に語彙力をつけたいならば、❷の語彙キーワード集を選ぶべきなのですが、❷の語彙集は収録語数が少なく、かなりレベルの高い単語ばかりが載っています。

　受験生にとってはそれでは足りないので、やむなく❶の漢字問題集を「語彙習得」の目的で使用していました。僕自身も「漢字問題集は漢字の横に意味が載っているものを使って、まず意味を覚えなさい」と指導してきました。しかし、それは本来の使い方ではありません。

　そこで、「受験生に必要な単語が過不足なく覚えられる現代文の単語帳」というコンセプトのもと、本書の制作にとりかかりました。本書『BIBLIA2000』は❶と❷の本に掲載されているような単語を一冊で覚えることができます。もちろん「意味」だけでなく「読み」「書き」のトレーニングもできます。レイアウトも「意味」を覚えやすいように工夫しました。

特長1　「思考力」に直結する単語を最重要単語とした

　近年の入試問題では思考力が問われます。思考法というのは実は言葉の用い方なのです。例えば、「演繹」や「帰納」という言葉はその言葉の辞書通りの意味を覚えておくだけではなく、文章（思考）の展開の仕方として覚えておく必要があります。『BIBLIA2000』ではそのような思考法が身につく解説と例文をつけました。

特長2　入試に出題される文章でどのように用いられるかを解説した

　実際に入試に出題される評論文には、文化論、科学論、哲学思想論など様々なテーマがあります。そのような頻出テーマの文章が出題されたときにポイントとなる言葉を、重要語として掲載しました。それぞれの単語にはジャンル表記がついています。ジャンル表記にも注意しながら覚えておくことで、様々なテーマの文章が読みやすくなります。

特長3　問題を解く際に重要な視点を得られるような解説をした

　問題を解くときにも活用しやすいように＋αの解説をつけました。例えば、

「恍惚」という言葉は小説文でプラス心情を表すなど、「心情把握問題」を解くときに重要な視点をつけ加えています。また、文学的文章では表現の特徴を説明する問題が出題されます。『BIBLIA2000』では他の類書にはあまりない「表現技法」の説明も豊富に取り入れています。例えば、「擬音語」と「擬態語」の違いなど実際の試験で問われたポイントも詳しく説明してあります。

特長4　基礎レベルから最難関レベルまで対応できる構成にした

現代文が苦手な人は、「単語」を見て「意味」が出てくるようにトレーニングをする必要があります。そのため、「意味」を暗記用の赤シート対応にしました。そして、ある程度語彙力がついた段階で、漢字の「読み」「書き」の練習をすることになります。右側の例文は赤シートで「ふりがな」だけ残して書き取りの練習をしたり、「漢字」だけ残して読みの練習をしたりすることができます。最後に、「意味」を見て「単語」が出てくるようにトレーニングできるようにしました。「単語」の部分も赤シートで隠すことができるので、「意味」を見て「単語」をイメージする練習をしてください。こうすることにより、長い説明を一言で表すことができる「要約力」が身につくようになっています。これは他の類書にはない『BIBLIA2000』のとっておきのポイントです。

特長5　音声再生アプリを使って耳からも学習できるようにした

本書は音声再生アプリによる「耳からの学習」にも対応しています（※「音声再生アプリのご利用方法」は➡P.007参照）。音声は「見出し語」「意味」「例文」が読み上げられます。移動時間や寝る前に耳からも語彙力を増強できます。また、本書を読みつつ音声を聴くことで、①視覚と聴覚を両方駆使することで学習効果を高める、②音声がペースを誘導してくれることで一定の学習速度を保ち、集中を維持しやすくなる、などの効果が期待できます。

　言葉の一つ一つはものの見方や考え方そのものです。みなさんが『BIBLIA2000』を使って言葉の世界を広げることができたら、目の前に広がる世界も変わるでしょう。まさに「言語で世界を変える」のです。

　豊かな日本語の世界へ、ともに偉大な歩みを始めていきましょう。

著者　柳生好之

本書の使い方［ページの構成］

❶ 見出し語

最新の入試問題を読み解くうえで必須となる語彙・漢字・キーワードを掲載しています。漢字には「読み」を記載し、英語や対応するカタカナ語も併記しています。また、**類**には類義語を、**対**には対義語を掲載しています。

❷ 意味

見出し語の意味をわかりやすい表現で簡潔に示しています。赤シートを活用し、意味を隠しながら覚えることができます。

❸ 解説

+α には問題を解くうえで参考になるようなプラスアルファの解説をすべての見出し語に掲載しています。

❹ 頻出ジャンル

見出し語が特にどういった文章で使用されやすいかをジャンルで示しています。

❺ 重要度ランク

入試現代文の読解における重要度を三段階で示しています。★の数が多いものほど、重要度が高いことを意味します。

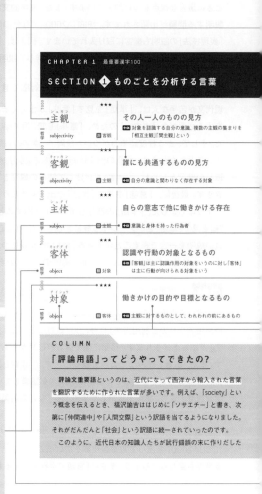

CHAPTER 1　最重要漢字100

SECTION ❶ ものごとを分析する言葉

主観　シュカン　★★★
subjectivity　**対** 客観

その人一人のものの見方

+α 対象を認識する自分の意識、複数の主観の集まりを「相互主観」「間主観」という

客観　キャッカン　★★★
objectivity　**対** 主観

誰にも共通するものの見方

+α 自分の意識と関わりなく存在する対象

主体　シュタイ　★★★
subject　**対** 客体

自らの意志で他に働きかける存在

+α 意識と身体を持った行為者

客体　キャクタイ　★★★
object　**対** 主体

認識や行動の対象となるもの

+α 「客観」は主に認識作用の対象をいうのに対し「客体」は主に行動が向けられる対象をいう

対象　タイショウ　★★★
object　**対** 客体

働きかけの目的や目標となるもの

+α 主観に対するものとして、われわれの前にあるもの

COLUMN

「評論用語」ってどうやってできたの？

　評論文重要語というのは、近代になって西洋から輸入された言葉を翻訳するために作られた言葉が多いです。例えば、「society」という概念を伝えるとき、福沢諭吉ははじめに「ソサエチー」と書き、次第に「仲間連中」や「人間交際」という訳語を当てるようになりました。それがだんだんと「社会」という訳語に統一されていったのです。

　このように、近代日本の知識人たちが試行錯誤の末に作りだした

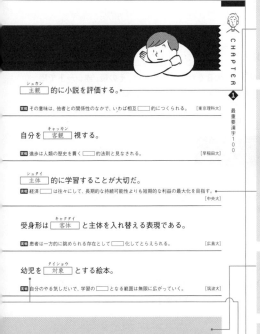

> シュカン
> 　主観　的に小説を評価する。

実戦 その意味は、他者との関係性のなかで、いわば相互□□□的につくられる。　　[東京理科大]

自分を　客観　視する。

実戦 進歩は人類の歴史を貫く□□□的法則と見なされる。　　[早稲田大]

> シュタイ
> 　主体　的に学習することが大切だ。

実戦 経済□□□は往々にして、長期的な持続可能性よりも短期的な利益の最大化を目指す。　　[中央大]

受身形は　客体　と主体を入れ替える表現である。

実戦 患者は一方的に眺められる存在として□□□化してとらえられる。　　[広島大]

> タイショウ
> 幼児を　対象　とする絵本。

実戦 自分のやる気しだいで、学習の□□□となる範囲は無限に広がっていく。　　[筑波大]

言葉が評論文重要語なのです。そして、それらの訳語は漢字の母国である中国にも伝わり、現在の中国では日本で作られた訳語が数多く使われています。

「漢字は中国から輸入してきたものだ」と思っていた人も多いと思います。ところが、じつは日本で作られた訳語が中国に逆輸入されているということも知っておくといいですね。

---

❻ 例文

用例は覚えやすさを追求して作成しています。□□□には見出し語が赤字で記載されています。□□□の上には「読み」が記載されているので、赤シートで見出し語を隠しながら書き取りの練習ができます。

❼ 実戦例文
（入試例文）

実戦 には大学入試問題のデータベースから厳選した入試例文を掲載しています。□□□には見出し語が入ります。見出し語が評論や小説の文章でどのように用いられるかを把握し、読解のための「語彙力」を鍛えましょう。

❽ COLUMN

「言葉」に関する理解や関心を深めるコラムを掲載しています。

**❾ 音声再生
アプリ対応**

「❶見出し語」「❷意味」「❻例文」は音声に対応しています（※「音声再生アプリご利用方法」は➡P.007を参照）。音声再生アプリを利用することで移動時間や寝る前に「耳」からも語彙力を増強できます。

おすすめの勉強の仕方

入試現代文の文章を読み解くのに語彙力は不可欠です。ここでは、受験に必要な語彙を効率よく身につけるために、本書を使ってどのように勉強をしていけばいいのかを紹介します。勉強を始めるまえに必ず目を通してください。

1 語の「意味」を覚える

見出し語 A を見ながら、意味 B を覚えてください。その後、赤シートで隠した状態で意味 B が言えるかチェックしてみましょう。

POINT 読解や設問を解くうえでの重要な視点を **+α** としてつけ加えて解説しています。意味を覚えてから **+α** を読むことで、語彙の「応用力」がつきます。

2 語の「用例」を知る

例文 C で、見出し語がどのような用いられ方をするのかを確認しましょう。まず、基本例文 D で語の典型的な用例を押さえてから、実戦例文 E で評論・小説でどのように用いられるかを学びます。

POINT 実戦例文は実際に入試問題で出題された文章から抜粋しています。語が評論や小説の文章でどのように用いられるかを把握することで得点に直結する語彙力が身につきます。

3 「読み」や「書き取り」の対策をする

基本例文 D は、赤シートを使うことで「書き取り」のテストをすることができます（CHAPTER ❹ の「読みが問われる漢字」では赤シートで「読み」をテストできます）。「読み」や「書き取り」が問われる漢字は特に対策をしておきましょう。

4 「音声再生アプリ」を使って「耳」も駆使する

見出し語 A と意味 B と基本例文 D は「音声の読み上げ」にも対応しています。音声再生アプリを使って「耳からの学習」を行うことで、さらに学習効果を高めましょう。

POINT 本書を読みつつ音声を聴くことで、❶視覚と聴覚を両方駆使することで学習効果を高める、❷音声がペースを誘導してくれることで一定の学習速度を保ち、集中を維持しやすくなる、などの効果が期待できます。

音声再生アプリのご利用方法

右のQR コードをスマホなどで読み取るか、次のURL にアクセスしてアプリをダウンロードしてください。ダウンロード後、アプリを起動して『入試現代文の単語帳 BIBLIA2000』を選択すると、端末に音声がダウンロードされます。

https://gakken-ep.jp/extra/myotomo/

※ iPhone からのご利用にはApple ID、Android からのご利用にはGoogle アカウントが必要です。
　また、アプリケーションは無料ですが、通信料は別途発生します。

〔ご利用の注意点〕
お客様のネット環境およびスマホやタブレット端末の環境により、音声の再生やアプリの利用ができない場合、当社は責任を負いかねます。また、スマホやタブレット端末へのアプリのインストール方法など、技術的なお問い合わせにはご対応できません。ご理解をいただきますようお願いいたします。

もくじ

CHAPTER ❶
最重要漢字100

CHAPTER ❷
論理的文章重要語300

CHAPTER ❸
文学的文章重要語300

CHAPTER ❹
書き取りで問われる漢字600

CHAPTER ⑤
読みが問われる漢字300

CHAPTER ⑥
意味を押さえておきたい漢字100

CHAPTER ⑦
カタカナ語・キーワード150

CHAPTER ⑧
慣用表現150

CHAPTER ①

最重要漢字100

近年は「思考力」や「判断力」が問われる出題が増えています。
「思考力」や「判断力」とは筋道を立てて考えたり、
論理的に正しいか正しくないかを分析したりする力のことです。
論理的に考えるためには、まず論理的思考に関わる言葉を
覚える必要があります。思考力の元は実は語彙力だと心得ましょう。

SECTION ❶ ものごとを分析する言葉

0001

主観 シュカン ★★★

哲学

subjectivity　　**対** 客観

その人一人のものの見方

＋α 対象を認識する自分の意識、複数の主観の集まりを「相互主観」「間主観」という

0002

客観 キャッカン ★★★

哲学

objectivity　　**対** 主観

誰にも共通するものの見方

＋α 自分の意識と関わりなく存在する対象

0003

主体 シュタイ ★★★

哲学

subject　　**類** 主観

自らの意志で他に働きかける存在

＋α 意識と身体を持った行為者

0004

客体 キャクタイ ★★★

哲学

object　　**類** 対象

認識や行動の対象となるもの

＋α 「客観」は主に認識作用の対象をいうのに対し「客体」は主に行動が向けられる対象をいう

0005

対象 タイショウ ★★★

哲学

object　　**類** 客体

働きかけの目的や目標となるもの

＋α 主観に対するものとして、われわれの前にあるもの

0006

対象化 タイショウ カ ★★★

哲学

objectification

ものごとを客観的に捉えること

＋α 自己を客観的に捉えるときのキーワード

0007

普遍 フ ヘン ★★★

哲学

universal　　**対** 特殊

いついかなる時代や地域でも当てはまること

＋α 「普遍性」とは具体的な事物から抽象化された性質のこと

0008

特殊 トクシュ ★★★

哲学

unique　　**対** 普遍

限られた部分や状況にしか当てはまらないこと

＋α 「特殊性」とは具体的な事物にしか当てはまらない性質のこと

<u>主観</u>（シュカン）的に小説を評価する。

実戦 その意味は、他者との関係性のなかで、いわば相互□□的につくられる。 ［東京理科大］

自分を <u>客観</u>（キャッカン）視する。

実戦 進歩は人類の歴史を貫く□□□的法則と見なされる。 ［早稲田大］

<u>主体</u>（シュタイ）的に学習することが大切だ。

実戦 経済□□は往々にして、長期的な持続可能性よりも短期的な利益の最大化を目指す。 ［中央大］

受身形は <u>客体</u>（キャクタイ）と主体を入れ替える表現である。

実戦 患者は一方的に眺められる存在として□□□化してとらえられる。 ［広島大］

幼児を <u>対象</u>（タイショウ）とする絵本。

実戦 自分のやる気しだいで、学習の□□となる範囲は無限に広がっていく。 ［筑波大］

自分を <u>対象化</u>（タイショウカ）することは自己理解の役に立つ。

実戦 夢占いは、じぶんの思考の型を□□□□するいとなみでもある。 ［東京女子大］

人類 <u>普遍</u>（フヘン）の原理を探求する。

実戦 もはや自明の□□的な価値観がなく、社会的使命感も相対化された現代… ［慶應大］

<u>特殊</u>（トクシュ）な製法で薬を作る。

実戦 都市中産階級的な家族のありようが必ずしも□□□限定的であり続けたわけではなかった。 ［青山学院大］

0009 哲学	ゼッタイ **絶対** ★★★ absolute　对 相対	他との関係や比較がなく、 それ自体で意味や価値を持つこと **+α**「対」になるものが絶たれている状態

0010 哲学	ソウタイ **相対** ★★★ relative　对 絶対	他との関係や比較によって、 意味や価値を持つこと **+α**「対」になるものがある状態

0011 哲学	ソウタイカ **相対化** ★★★ relativization	他との関係や比較を通して ものごとを捉えること **+α** ものごとを客観的に捉えるときのキーワード

0012 科学	ブンセキ **分析** ★★★ analysis　对 総合	複雑なものを分けて考えること **+α** 要素に分解し一つ一つの機能を明らかにして理解すること

0013 科学	ソウゴウ **総合** ★★★ synthesis　对 分析	ものごとをまとめて、 全体を捉えること **+α** 分析された結果から元の現象を再構成すること

0014 哲学	ムキ **無機** ★★★ inorganic　对 有機	機械のように、 生命の感じられないさま **+α** 分解して理解して、総合して全体像に迫ることが可能なもの

0015 哲学	ユウキ **有機** ★★★ organic　对 無機	生物のように部分が複雑に関連して 全体を成り立たせていること **+α** 全体が関連して機能するので、分解して全体を理解することが難しいもの

0016 哲学	ホンシツ **本質** ★★★ essence　对 現象	ものごとの根本にある、 不可欠な要素 **+α**「伝統的形而上学」は客観的本質がまずあって現象を成り立たせていると考えた

0017 哲学	ゲンショウ **現象** ★★★ phenomenon　对 本質	表面に現れ、 感覚で捉えられるものごと **+α**「現象学」は具体的事物の知覚からものごとの本質に迫る学問

ゼッタイ
| 絶対 | の真理を探究する。

実戦 富国強兵を中心とする ◯◯◯ 主義政府の基礎が強められる。 ［立教大］

ソウタイ
この会社の製品は | 相対 | 的に質が良い。

実戦 西欧社会の価値体系や組織形態の ◯◯◯ 性が認識される。 ［早稲田大］

ソウタイカ
外国語を学ぶことは母語を | 相対化 | するきっかけとなる。

実戦 「大人」たちがかまけている社会のロジックを ◯◯◯ するものである。 ［東海大］

ブンセキ
事故の原因を | 分析 | する。

実戦 触覚から認知の ◯◯◯ を開始する。 ［学習院大］

ソウゴウ
全員の意見を | 総合 | する。

実戦 見えたものを頭のなかで ◯◯◯ して、実際には見えていないものを「見る」。 ［早稲田大］

ムキ
| 無機 | 的なデザインが特徴のマンションに住む。

実戦 数学者は決して無感情に ◯◯◯ 質な数を扱っているだけの人ではない。 ［近畿大］

ユウキ
生物は互いに | 有機 | 的に関係している。

実戦 数学は孤立したものではなく、文化全体の ◯◯◯ 的構成部分である。 ［上智大］

ホンシツ
問題の | 本質 | に迫る。

実戦 西洋文芸の ◯◯◯ は説得（饒舌）にある。 ［日本大］

ゲンショウ
不思議な | 現象 | が起こる。

実戦 わが国の重大な社会 ◯◯◯ としてうかびあがった世代的分裂… ［京都大］

| 0018 | 哲学 | 自明 ジメイ | ★★★ | 考えるまでもなく、はじめからはっきりしている様子 |

0018 ★★★

自明 (ジメイ)

哲学　obvious　類 明らか

考えるまでもなく、はじめからはっきりしている様子

+α 自明の前提は省略される場合がある

0019 ★★★

懐疑 (カイギ)

哲学　skepticism

疑いを持つこと

+α 自明と思われるものを疑う文章がよく出題される

0020 ★★★

必然 (ヒツゼン)

哲学　inevitable　対 偶然

必ずそうなること

+α ある前提から必ず一定の結論が導かれるさま

0021 ★★★

偶然 (グウゼン)

哲学　chance　対 必然

思いがけないことが起きること

+α ランダムに結論が導かれるさま

0022 ★★★

理論 (リロン)

哲学　theory　対 実践

原理原則から筋道立てて考えた論

+α 原因と結果の関係を説明する論述

0023 ★★★

実践 (ジッセン)

哲学　practice　対 理論

実際にやってみること

+α ❶主義や理論を実際に行うこと ❷理論に基づき現実を変革させること

0024 ★★★

精神 (セイシン)

哲学　spirit　対 身体

心、心の働き

+α 近代では「精神」と「身体（物質）」を分けて考えていた

0025 ★★★

身体 (シンタイ)

哲学　body　対 精神

人間の体、肉体

+α 現代では「身体」にも「人格」があると考えられるようになった

0026 ★★★

理性 (リセイ)

哲学　ロゴス　対 感性

筋道を立てて考え、正しく判断する能力

+α 近代では「理性」の働きが重視されていた

投票の結果は ジメイ | 自明 | だ。

実戦 諸々の行為の積み重ねは、その人が商人であることをますます□□□なことにしていく。

[静岡大]

新薬の効果に カイギ | 懐疑 | 的な立場を取る。

実戦 自己に立ち現れている知覚風景がすべて虚妄であるかもしれないという方法的□□□を試みた。

[お茶の水女子大]

勉強しなければ不合格は ヒツゼン | 必然 | だ。

実戦 人間はものとことの間に秩序が存在するという意味での□□□性の存在を信じている。

[金沢大]

街で グウゼン | 偶然 | 友人に会う。

実戦 神の意志によって生み出されたものは、いわば□□□である。

[金沢大]

物理学の リロン | 理論 | を学ぶ。

実戦 科学□□□の妥当性は、言うまでもなく「事実」の世界との照合によって一意的に確保される。

[福岡大]

かねてからの計画を ジッセン | 実践 | する。

実戦 □□□の世界はつねに変動要因に見舞われ、不断の目配りと新たな□□□が求められる。

[関西学院大]

目標達成のために セイシン | 精神 | を鍛える。

実戦 在来の心身二元論の、□□□と区別された物体として捉えられた身体。

[國學院大]

人は シンタイ | 身体 | を通して世界と接触する。

実戦 科学的知識から暗黙知・□□□知・習俗知まで、さまざまなレベルの知を創造的に媒介する。

[成蹊大]

リセイ | 理性 | 的に考える。

実戦 □□□を中心としたカ〈文明の思考〉を培ってきた欧米人。

[東洋大]

0027 哲学	カンセイ **感性** ★★★ パトス　　　　対 理性	外界の刺激を心に感じ取る能力 +α 現代では「感性」の働きも重要視されはじめた
0028 心理	キョウキ **狂気** ★★★ insanity　　　対 正気	気が狂っていること +α 近代では「理性」に反すると排除されたが、近代社会が恣意的に作り出したものだとされた
0029 文化	ブンメイ **文明** ★★★ civilization　　類 文化	人々が知恵を発達させて、 高度な技術や思想を手に入れた状態 +α 普遍化し他文化を支配しようとする「文化」を表す
0030 文化	ミカイ **未開** ★★★ primitive　　　対 文明	知識や技術が発達していないこと +α 文明社会の側からみて劣った社会を「未開」としたが、現代では高度な文化があったと考えられている
0031 文化	ヤバン **野蛮** ★★★ savage　　　　対 文明	教養がなく粗暴なこと +α 文明社会の側が未開社会の人々や文化を「野蛮」としたが、それは偏見であったと考えられている
0032 心理	イシキ **意識** ★★★ consciousness　類 認識	ものごとを考え、感じる心の働き +α 近代においては知性の働きは意識の中にあると考えられていた
0033 心理	ムイシキ **無意識** ★★★ unconsciousness　対 意識	自分では意識できない心の領域 +α 現代では無意識（身体）の中にも「暗黙知」があると考えられるようになった
0034 心理	ジリツ **自律** ★★★ autonomy　　　対 他律	自分で決めた決まりに従い、 他と無関係に行動すること +α 近代社会における「個人の責任」の根拠となった
0035 心理	タリツ **他律** ★★★ heteronomy　　対 自律	他人の命令や規則に従うこと +α 現代では人間は遺伝子を含む環境によって行為しているという考えも現れた

彼女は芸術に関する 感性（カンセイ） が鋭い。

実戦 英語のsympathyということばは、もとはと言えば「＿＿＿を分かちもつ」という意味である。 ［早稲田大］

罪を犯すのは 狂気（キョウキ） の沙汰だ。

実戦 ＿＿＿のつらさ、未開社会の苛酷さを知らずに、それらに憧れる。 ［青山学院大］

文明（ブンメイ） の利器を使う。

実戦 ＿＿＿社会に生きる人間の苦しみ、〈＿＿＿苦〉を書いたのは漱石だけだ。 ［近畿大］

未開（ミカイ） 社会の調査を行う。

実戦 ＿＿＿民族に、近代科学に先行する「第一の科学」が存在することに気づいた。 ［東洋大］

すぐ暴力に訴えるのは 野蛮（ヤバン） な考え方だ。

実戦 先住民族を＿＿＿人のように蔑んだりするのは、文明人の甚だしい偏見であり… ［東洋大］

健康のために 意識（イシキ） 的に生活習慣を変える。

実戦 これは自分だという自己＿＿＿があるからこそ、自分が自分でありうる。 ［お茶の水女子大］

彼は 無意識（ムイシキ） に顎を触る癖がある。

実戦 視覚のとらえた映像は、最初、弛緩した意識によって見のがされ、＿＿＿の領域にしまいこまれる。 ［上智大］

緊急時には 自律（ジリツ） 的に行動する必要がある。

実戦 それぞれの人間がみずからの脳の中に＿＿＿性を持った意味の宇宙を作り上げる。［埼玉大］

他律（タリツ） 的な生き方の中に自分らしさはない。

実戦 ほしいままとは、欲求という自然に流された、＿＿＿的な行為に他ならない。 ［学習院大］

		★★★	
0036	モクテキ **目的**		**行動の目指すところ**
哲学	purpose	対 手段	**＋α** 「AのためにBをする」というときのAのこと

		★★★	
0037	シュダン **手段**		**目的を達成するために用いる手立て**
哲学	means	対 目的	**＋α** 「AのためにBをする」というときのBのこと

		★★★	
0038	ジユウ **自由**		**制限を受けず、邪魔されないこと**
社会	freedom	対 束縛	**＋α** 「自らに由る」ということ。現代では「自由」を疑う論 考が多く出される

		★★★	
0039	ソクバク **束縛**		**制限を加えて自由を奪うこと**
社会	restriction	対 自由	**＋α** 近代では「束縛」から逃れて「自由」を得た

		★★★	
0040	コウソク **拘束**		**行動の制限を受けること**
社会	restriction	類 束縛	**＋α** 現代では人が「自由」を恐れて「拘束」を求めること がある

		★★★	
0041	コジン **個人**		**理性や主体性を持つ一人の人間**
社会	individual	対 社会	**＋α** 近代社会の基本的な単位

		★★★	
0042	シャカイ **社会**		**自由で平等な個人からなる集合体**
社会	society	対 個人	**＋α** 近代社会は個人の集合体であると考えられている

		★★★	
0043	セイジョウ **正常**		**変わったところがなく普通なこと**
文化	normal	対 異常	**＋α** 理性的、合理的であるさま

		★★★	
0044	イジョウ **異常**		**普通とは異なった特別な様子**
文化	abnormal	対 正常	**＋α** 近代社会が「正常」「異常」の区別をもたらしたとし て、その区別を批判的に捉えることもある

当初の 目的（モクテキ） を達成する。

実戦 国民の安全を守るという □ でセキュリティが強化されていく。　　　　　　　　［信州大］

地球温暖化を防ぐ 手段（シュダン） を検討する。

実戦 市民的法理は換骨奪胎され、官による民の支配 □ になってしまった。　　　　　　［信州大］

言論の 自由（ジユウ） を求める運動を起こす。

実戦 「□ 時間」とは、□ に使用できる資源としての時間という意味である。　　　　［名古屋大］

自由を 束縛（ソクバク） する。

実戦 個人の権利と自由が □ されることが大きな問題となってきた。　　　　　　　　［南山大］

時間に 拘束（コウソク） されるような働き方は嫌だ。

実戦 ある人が結婚をしないのは、家庭に多くの時間を □ されたくないためかもしれない。
　　　　　　　　　　　　　　　　　　　　　　　　　　　　　　　　　　　　　　［名古屋大］

個人（コジン） の考えを尊重する。

実戦 「国家」という理念化された共同体に「□」がじかに連結される。　　　　　　　［駒澤大］

私たちは情報化 社会（シャカイ） に生きている。

実戦 □ とは、秩序づけられた行為と関係によって結び付けられた人間の集団である。
　　　　　　　　　　　　　　　　　　　　　　　　　　　　　　　　　　　　　　［一橋大］

列車のダイヤは 正常（セイジョウ） に戻った。

実戦 「□ な社会」の外に、老いや病気を排除したところで、それらは確実に私達を襲ってくる。
　　　　　　　　　　　　　　　　　　　　　　　　　　　　　　　　　　　　　［関西学院大］

今年の冬は 異常（イジョウ） に暑い。

実戦 飛行機の旅で唯一実感するのは、時差による □ によってはじめて知る身体である。
　　　　　　　　　　　　　　　　　　　　　　　　　　　　　　　　　　　　　　［明治大］

★★★

秩序 チツジョ

言語

コスモス 　　　　　対 混沌

ものごとが順序や決まりに従って
整然とまとまっている様子

+α 言語で世界が分節されることでもたらされる状態

★★★

混沌 コントン

言語

カオス 　　　　　対 秩序

ものごとが入り混じって
はっきり区別できない様子

+α 言語によって分節される前の世界の状態

★★★

画一 カクイツ

文化

uniformity 　　　　対 多様

すべて同じで**個性がない**さま

+α 近代社会は国力を上げるために画一的な教育をして
「国民」を作り出した

★★★

多様 タヨウ

文化

diversity 　　　　　対 画一

様々に異なること

+α 現代では生物や社会が生き残る戦略として多様性が
重要視されている

★★★

既知 キチ

文化

known 　　　　　対 未知

すでに知られていること

+α かつては既知の状態が重んじられていた

★★★

未知 ミチ

文化

unknown 　　　　　対 既知

まだ知られていないこと

+α 現代では既知の事柄よりも未知の事柄を重んじる考
え方がある

CHAPTER 1　最重要漢字100

SECTION 2 論理的に考えるために
使う言葉

★★★

主題 シュダイ

哲学

subject 　　　　　対 副題

中心となる話題

+α 副助詞「は」によって強調される文のテーマ

★★★

主張 シュチョウ

哲学

claim

❶自らの意見を言い張ること
❷自らの意見

+α 「AはBである」という形で典型的に表される

震災時には、社会の 秩序（チツジョ） が乱れた。

実戦 数とその □□□ はしばしば宇宙の □□□ を体現するものと考えられていた。　[弘前大]

政治情勢が 混沌（コントン） としている。

実戦 言語化によって □□□ に脈絡をつける。　[青山学院大]

画一（カクイツ）的な教育には問題が多い。

実戦 都市という複雑で総合的で個性的な計画をするには、国家という □□□ 的な「お上」では無理である。　[中京大]

生物の 多様（タヨウ） 性を守る。

実戦 □□□ 性というものを称揚する傾向の代表は、生物多様性 (biodiversity) であろう。　[関西大]

既知（キチ） の話は理解しやすい。

実戦 □□□ と思っていた人が突然未知の他者として迫ってくる。　[早稲田大]

宇宙に 未知（ミチ） の生命体を探しに行く。

実戦 他者に対してあらわれた外面の顔は、私にはかくされた □□□ の顔である。[白百合女子大]

その小説の 主題（シュダイ） は孤独だ。

実戦 日常の新しい現実を □□□ 化する新しい文章…　[関西大]

彼はいつも極端な 主張（シュチョウ） をする。

実戦 人によっては、「未来は存在しない」と私が □□□ しても、何をいまさらという顔をする。　[関西学院大]

0053	**命題** メイダイ ★★★	正しいか正しくないかが決まる文
哲学	proposition 類 問題	**+α** 真偽を判定できる文

0054	**概念** ガイネン ★★★	あるものごとがどういうことかを言葉で示したもの
言語	コンセプト 対 実体	**+α** 言葉によってまとめられた意味内容

0055	**範疇** ハンチュウ ★★★	同じ種類のものが含まれている範囲
言語	カテゴリー 類 部類	**+α** 概念が適用される集合の範囲

0056	**包摂** ホウセツ ★★★	より大きい概念に含まれること
言語	subsumption 対 排除	**+α** 大きい概念は「抽象的」、小さい概念は「具体的」である

0057	**要素** ヨウソ ★★★	ものごとの成立に必要で、それ以上分解できないもの
科学	element 類 因子	**+α** 概念の集合の中にある構成物

0058	**具体** グタイ ★★★	はっきりした形や内容があること
科学	concreteness 対 抽象	**+α**「体が具わっている」状態のもの

0059	**抽象** チュウショウ ★★★	ものごとの他と共通する性質を取り出して把握すること
科学	abstraction 対 具体	**+α** 複数の「象あるもの」から共通する性質を「抜き出す」こと

0060	**捨象** シャショウ ★★★	ものごとを抽象するときに他の性質を無視すること
科学	abstraction	**+α** ある共通する性質を「抽象」すると同時に、共通していない性質を「捨てる」こと

0061	**説得術** セットクジュツ ★★★	言葉を効果的に使って表現する技術
言語	レトリック	**+α** 相手を説得するための話術

環境問題において、ゴミの削減は重要な 命題（メイダイ） だ。

実戦 数学の□□□は世界中のいかなる人間にとってもなんらの差別なく理解できる。 ［上智大］

彼の授業を受けて授業というものの 概念（ガイネン） が変わった。

実戦 何を典型例とするかによってその□□内容が異なりうることになる。 ［神戸大］

彼女の絵は趣味の 範疇（ハンチュウ） を出ていない。

実戦 平均と平凡の間に、越えられない深い川があるわけではない。同じ□□のものなのである。
［愛知教育大］

哺乳類という概念は動物という概念に 包摂（ホウセツ） される。

実戦 字音語つまり音読みの漢字語は「国語」のなかに□□されないのだろうか。 ［早稲田大］

ものごとを 要素（ヨウソ） に分けて考える。

実戦 精神的欲望そのものは、人間を人間たらしめている□□なのである。 ［日本大］

緊急時には 具体（グタイ） 的な政策が求められる。

実戦 美しい花と花の美しさのちがいは、□□と抽象などという差ではあるまい。 ［広島大］

野球・バスケ・サッカーを 抽象（チュウショウ） するとスポーツになる。

実戦 □□理論よりも実践的な解決方法が好まれる。 ［法政大］

具体的特徴を 捨象（シャショウ） することで一般的な法則を見つける。

実戦 視覚的な要素を□□して聴覚的な要素だけを取り出してきた従来の音響メディア…
［センター］

説得術（セットクジュツ） に優れた文章に感動する。

実戦 「レトリック（□□□）」はギリシャ語の「レートリケー」に由来していて、「弁論の（技術）」と
いう意味である。 ［岡山大］

0062	**否定** ヒ テイ　★★★	**打ち消すこと**
哲学	negation　対 肯定	**+α** 「AではなくBである」とあってBを主張する

0063	**矛盾** ム ジュン　★★★	**二つのものごとが食い違って つじつまが合わないこと**
哲学	contradiction	**+α** 「AはBであり、かつBでない」のような正しくない命題

0064	**逆説** ギャクセツ　★★★	**❶ 単に矛盾のこと** **❷ 矛盾に見えて真理を表す表現**
哲学	パラドックス	**+α** ❶「Aであり、かつB（＝Aの反対）である」❷「Aすると、かえってB」とあるが、実は正しい命題

0065	**皮肉** ヒ ニク　★★★	**思った通りにならない様子**
文学	アイロニー	**+α** 反対の表現で、遠回しに非難する方法

0066	**背理** ハイ リ　★★★	**道理に反していること**
哲学	paradox	**+α** 論理に合わないこと

0067	**差異** サ イ　★★★	**他との違い**
哲学	difference　類 相異	**+α** 「AはXであるのに対して、BはY（Xと異なる性質）である」という違いを表す

0068	**類似** ルイ ジ　★★★	**互いに似通っていること**
哲学	similarity　類 相似	**+α** 「AもBもともにX（共通する性質）である」という共通点を表す

0069	**類比** ルイ ヒ　★★★	**似ている点をもとに 他のことを推し量ること**
哲学	アナロジー　類 類推	**+α** 「類比論法」とは、似ているものを持ち出して自説に説得力を持たせる方法

0070	**論証** ロンショウ　★★★	**根拠を述べて主張を導くこと**
哲学	demonstration　類 立証	**+α** 「A（根拠）したがって、B（主張）」「B（主張）なぜならA（根拠）」のように根拠が示される

週刊誌の報道を 否定（ヒテイ） する。

実戦 ____：二つの記憶力は別個に切り離されたものではなく、相互に関連している。[早稲田大]

矛盾（ムジュン） した発言には説得力がない。

実戦 ある三角形の図形を指して「これは三角形である」とは言えても、「これは円である」と言えば、____になる。 [法政大]

「急がば回れ」は 逆説（ギャクセツ） 的なことわざだ。

実戦 ____：自分中心主義になればなるほど、かえってそれが人を苦しめる。 [新潟大]

皮肉（ヒニク） にも、嫌いな相手に助けられた。

実戦 今日のいわゆる進歩派がこの種の保守主義の代表的なものと見られているのも ____な事実である。 [成蹊大]

無理数の証明に 背理（ハイリ） 法を使う。

実戦 存在しないものが彼を保証しているというほかないような ____… [関西大]

現実と理想には 差異（サイ） がある。

実戦 ____：ひらがなが伝統的な記号であるのに対して、ローマ字は明らかに新しい記号だ。 [青山学院大]

兄弟の筆跡は 類似（ルイジ） している。

実戦 ____：自然も人間もともに創造主の手になる被創造物であることには違いない。 [同志社女子大]

日米の交通事情を 類比（ルイヒ） する。

実戦 人間の世界の事柄に ____させて神代の時代について考える。 [神戸女学院大]

政策が的外れであることを 論証（ロンショウ） する。

実戦 不平等が経済成長に及ぼす影響について、データを用いて「____」しようとしている。 [学習院大]

0071	三段論法 サンダンロンポウ ★★★	大前提・小前提・結論からできた、推論の方式
一 哲学	syllogism	**+α** 「AはBである。BはCである。したがって、AはCである」という推論

0072	演繹 エンエキ ★★★	一般的な前提から個別の結論を導くこと
一 哲学	deduction **対** 帰納	**+α** 前提を正しいと認めたら必ず帰結も正しいと認めなければならない導出

0073	帰納 キノウ ★★★	個別の具体的な事実から一般的な法則を導くこと
一 哲学	induction **対** 演繹	**+α** 前提を正しいと認めたとしても、必ずしも帰結が正しいと認められるとは限らない導出

0074	一般化 イッパンカ ★★★	特定の場合だけでなく、全体に当てはまるようにすること
一 哲学	generalization **対** 特殊化	**+α** 部分的な事柄を全体的に成り立つこととして主張すること

0075	議論 ギロン ★★★	筋道を立てて意見を論じ合うこと
一 哲学	ディスカッション **類** 討議	**+α** 対立意見を持つ者を説得するために、根拠をもとにして主張をすること

0076	弁証法 ベンショウホウ ★★★	対立や矛盾を統一することで、高次の結論に至ろうとする思考法
一 哲学	dialectic	**+α** 対立意見との議論の末に、より真実に近い結論を導く思考法

0077	止揚 シヨウ ★★★	対立・矛盾する二つの事柄を統合すること
一 哲学	アウフヘーベン	**+α** 相反する意見を対立させることで、より真実に近い結論を導くこと

0078	仮説 カセツ ★★★	ある現象を説明するために仮に立てる説
一 科学	hypothesis **類** 仮定	**+α** 何らかの現象や法則性を説明するのに役に立つ命題

0079	実証 ジッショウ ★★★	事実によって検証し、確かめること
一 科学	demonstration **類** 論証	**+α** 事実を根拠としてある命題が真であることを証明する方法

サンダンロンポウ
[三段論法] を使って他者を説得する。

実戦 「カイウスは人間である、人間は死ぬものである、ゆえにカイウスは死ぬものである」という [　　] … ［岩手大］

エンエキ
[演繹] 的な推論によって真理を導出する。

実戦 たしかな前提を出発点にして必然的な推論を積み重ねた典型的な [　　] 論理の世界… ［大阪府立大］

実験結果から、[キノウ 帰納] 的に結論を出す。

実戦 事を分析 [　　] しながら一般化できる共通項を描き出し、敷衍してゆく。 ［早稲田大］

過度な [イッパンカ 一般化] は誤りの元だ。

実戦 この世は競争社会であると、過度に [　　] することはできない。 ［関西大］

消費税の引き下げについて [ギロン 議論] する。

実戦 やさしく、読みやすい文章が歓迎され、[　　] には具体例を添えることが要求された。 ［明治大］

歴史は [ベンショウホウ 弁証法] 的に発展する。

実戦 ほかの人間と議論して、正と反との葛藤の中から合という中正を見つけていこうという [　　] … ［明治大］

対立を [シヨウ 止揚] して新しい方針を探る。

実戦 〈国家の死滅〉および個と共同体の対立を [　　] する〈新しい共同性の創出〉という理念… ［専修大］

不景気の原因について [カセツ 仮説] を立てる。

実戦 科学的 [　　] は検証と反証をくり返しながら発展していく。 ［大阪大］

推測の正しさを実験を通して [ジッショウ 実証] する。

実戦 科学にとって [　　] 性こそが命であり、これを失うことは科学を放棄するのに等しい。 ［大阪大］

***

レイショウ
例証 ★★★
一科学 illustration

例を挙げて証明すること

+α 法則が当てはまる具体例を挙げて証明する方法

***

リッショウ
立証 ★★★
一科学 demonstration **類** 証明

証拠によって
正しいことを明らかにすること

+α ある主張が正しいことを、証拠により証明すること

***

レンゲン
連言 ★★★
一哲学 conjunction

二つの命題を「かつ」で結ぶこと

+α 「AかつB」が正しいといえるためには、AとBがともに正しい必要がある

***

センゲン
選言 ★★★
一哲学 disjunction

二つの命題を「または」で結ぶこと

+α 「AまたはB」が正しいといえるためには、AかBか少なくともどちらか一方が正しい必要がある

***

シンリ
真理 ★★★
一哲学 truth **類** 真実

誰もが正しいと認める事実や法則

+α 事実に合っているという正しさと論理の規則に合っているという正しさがある

***

ジョウケン
条件 ★★★
一哲学 condition

あることが成立するために
必要な事柄

+α あるものごとが成立・実現するために必要な、または十分な事柄

***

ゼンテイ
前提 ★★★
一哲学 premise **対** 帰結

あることが成り立つもととなる条件

+α 推論において結論が導き出される根拠となる判断

***

キケツ
帰結 ★★★
一哲学 consequence **対** 起因

推論の結果導き出される結論

+α 仮定もしくは前提から推論により導き出される結論

***

リユウ
理由 ★★★
一哲学 reason **類** 根拠

なぜそうなるかの筋道

+α 論理的関係においては結論に対する「前提」、実在的関係においては結果に対する「原因」

***

仮説の正しさを文献によって [例証]（レイショウ）する。

実戦 キリストという模範は「自由とは愚かさであるという感覚」の [____] なのである。［早稲田大］

有罪を [立証]（リッショウ）するためには証拠が必要だ。

実戦 議論においては、何かを主張した側に、それを論証する責任がまず課せられる。これが [____] 責任ということだ。
［関西大］

[連言]（レンゲン）詞によって正しい二つの主張をつなぐ。

実戦 [____]：輪廻説は高度に論理的な死生観であり、かつ、たいへん純粋な自己責任倫理のベースとなっている。
［中央大］

[選言]（センゲン）詞によってつながれた主張の真偽を問う。

実戦 [____]：パソコンおたく、または、「デジタル・ナルシス」と呼ばれる人々…
［関西大］

永遠普遍の [真理]（シンリ）は存在しない。

実戦 合理主義と経験論は万人の共有する「理性」と「感覚」にとって「明証的」なものを [____] と措定した。
［早稲田大］

限られた [条件]（ジョウケン）下でのみその装置は作動する。

実戦 「冷たい情熱」という言い方はある [____] 下では立派に通用するはずだ。
［早稲田大］

匿名を [前提]（ゼンテイ）に情報を提供する。

実戦 一方的な関係こそ、仮面結社、仮面の秘密結社が [____] とするものである。［同志社女子大］

夜更かしすれば日中眠くなるのは当然の [帰結]（キケツ）だ。

実戦 ケータイメール利用の予期せざる社会的 [____] として、ケータイは人を大きな社会から疎外する。
［関西大］

風邪を [理由]（リユウ）に学校を休む。

実戦 規制や義務は自由権を制限するものであるから、それなりの [____] づけが必要となる。
［中央大］

0089		★★★	
	コンキョ **根拠**		判断などを成り立たせる理由
哲学	basis	類 理由	**+α** ある主張を導くために必要なもの

0090		★★★	
	ダ トウ **妥当**		適切であること
哲学	validity	対 不当	**+α** 条件に当てはまり、正しいと判断されること

0091		★★★	
	キ ベン **詭弁**		間違いを正しいと思わせる議論
哲学	sophistry	類 欺瞞	**+α** 実際には誤っている論理展開が用いられている推論

0092		★★★	
	ゴ ビュウ **誤謬**		間違えること
哲学	fallacy	類 誤り	**+α** 論証の過程に明らかな欠陥があり、妥当でないこと

0093		★★★	
	ヒ ヤク **飛躍**		論理や考えが順を追わず 飛び越して進むこと
哲学	leap		**+α** 前提から帰結までの途中が抜けていること

0094		★★★	
	ハン ロン **反論**		❶ 反対意見を述べること ❷ 反対意見
哲学	counterargument	対 同意	**+α** 相手の主張や根拠を否定して、反例を挙げる議論

0095		★★★	
	ハン バク **反駁**		他人の主張や批判に反論すること
哲学	refutation	対 同調	**+α** 相手の反論に対してさらに反論をし返すこと

0096		★★★	
	ハン レイ **反例**		命題が成り立たないことを示す実例
哲学	counterexample		**+α**「AはBである」という主張に反論する際に「Bでない Aが存在する」ことを示す具体例

0097		★★★	
	ゲン イン **原因**		ある出来事を引き起こしたもの
科学	cause	対 結果	**+α**「AだからB」のAのことを表す

コンキョ
根拠 のない主張には賛同できない。

実戦 それらの法の妥当□□□といえば、それは「人権」と呼ばれる理念である。 [駒澤大]

ダトウ
借りた金は返すのが 妥当 だ。

実戦 論述させて、頭のなかの考察の過程の巧みさ、正しさ、□□□性を見る。 [東海大]

キベン
犯罪者は 詭弁 を弄して刑罰を逃れようとする。

実戦 判断を論証するのに根拠を用い、その根拠の妥当性を論証するのに判断を用いるという、判断と根拠が循環した□□□… [関西大]

ゴビュウ
多くの 誤謬 が含まれた論文は信用に値しない。

実戦 真実と□□□との区別をなくす余りにも乱暴な議論… [上智大]

ヒヤク
彼の話はよく 飛躍 して周囲を困惑させる。

実戦 科学的思考における仮説発見から実証にいたる道筋も、この戦略的な決断と□□□によって駆動される。 [大阪府立大]

ハンロン
論理の矛盾を突いて相手の主張に 反論 する。

実戦 とうぜん「時は金か」という□□□があったはずだ。 [早稲田大]

ハンバク
批判に対して例を挙げて 反駁 する。

実戦 陰謀がそのまま成功することはほとんどないという事実が陰謀理論を□□□している。 [大阪大]

ハンレイ
反例 が発見されたため、その理論は否定された。

実戦 一般に、全称形の主張は、□□□にいつあうかわからないおそれがあることが多い。[中央大]

ゲンイン
失敗の 原因 を突き止めて改善する。

実戦 体力のちがいや技術のちがいが差別の□□□となりかねない。 [日本大]

0098 ケッ カ **結果** 科学 effect	★★★ 対 原因	ある原因によって生じた ものごとや状態 ＋α 「AだからB」のBのことを表す
0099 ソウ カン **相関** 科学 correlation	★★★ 類 関連	一方の変化に伴い、 他方も変化する関係 ＋α 「因果関係」が成立するための条件の一つ
0100 イン ガ **因果** 科学 cause and effect	★★★	原因と結果 ＋α 「AだからB」という関係

COLUMN

「言葉でわかる」ってどういうこと?

　言葉の学習をするにあたって最も重要なのが「範疇/カテゴリー」という概念です。すでにあるものにものの名前がつけられているのではなく、名前をつけることによってそのものの存在が認識されるようになります。そして、名前が作るグループのことを「範疇/カテゴリー」というのです。

　例えば、「オオカミ」という言葉がなく「イヌ」という言葉しかないときは、オオカミもイヌもみんな「イヌ」だと認識されます。このときには「オオカミ」は存在していると認識されません。ところが、「オオカミ」という言葉ができると「イヌ」とは違うものとして認識されるようになります。

　このように言葉はグループを作り、言葉によって人間はものごとを認識します。そのグループのことを「範疇/カテゴリー」といいます。

　そして、グループには「大きい/小さい」があります。例えば、「イヌ」や「ネコ」というグループを包み込む大きなグループとして「生き物」というものがあります。

　大きなグループは「抽象的カテゴリー」、小さなグループは「具体的カテゴリー」といわれます。

範疇/カテゴリー

怠惰はしばしば不幸な　結果（ケッカ）　を招く。

実戦 現在の様々な活動の□□□現れる未来が現在よりも進んだものである。　[早稲田大]

景気と平均所得との間には　相関（ソウカン）　関係がある。

実戦 社会の発展と人口減少は密接な□□□関係にある。　[新潟大]

歴史上の出来事の　因果（インガ）　関係を推論する。

実戦 □□□関係という型があらかじめ頭のなかにあるからこそ、人は「炎は熱いから、それに近づくと熱いのだ」という認識を得られる。　[同志社大]

　言葉の世界を広げるうえで重要になってくるのが「否定」という概念です。「否定」は世界を分ける働きがあります。名前によってカテゴリーが生まれ、そのカテゴリーを否定することによって、世界が2つに分かれます。

A　　Aでない

　例えば、「生物」という名前が作られて、「生物」というグループができたとします。そして、「生物」を否定すると反対のグループ「無生物」ができます。
　このように否定を使うと、グループ分けができて情報を整理することができます。

　「言葉でわかる」とは、カテゴリーを使ってものごとを分けていくことだと理解すると、世界がよりクリアに見えるかもしれません。

CHAPTER ❷

論理的文章
重要語300

論理的文章を読解する際に重要になるのは、
「同値」「対立」「因果」の関係を表す言葉です。
これらの関係を示唆する言葉を覚えるのは
論理的に文章を読むことに大いに寄与します。
また、課題文の背景にある考え方を理解するための言葉も重要です。
「思想」「社会」「文化」などの用語にも注意しつつ読んでいきましょう。

| 0101 | 哲学 | ★★
契機_{ケイキ}
moment　類 きっかけ | ものごとが変化するきっかけ
+α「因果関係」を表す |

0101
哲学
★★
契機（ケイキ）
moment　類 きっかけ
ものごとが変化するきっかけ
+α「因果関係」を表す

0102
科学
★★
起因（キイン）
cause　対 帰結
❶ ものごとの起こる原因
❷ 原因となること
+α「因果関係」を表す

0103
社会
★★
影響（エイキョウ）
effect　類 作用
❶ 作用が他のものに及ぶこと
❷ 作用が他のものに及んだ結果
+α「因果関係」を表す

0104
科学
★★
依拠（イキョ）
dependence
あるものに基づくこと
+α「根拠」を表す

0105
社会
★★
貢献（コウケン）
contribution　類 寄与
力を尽くして、
ものごとや社会の役に立つこと
+α「根拠」を表す

0106
心理
★★
触発（ショクハツ）
inspiration　類 誘発
人に刺激を与えて、
行動の意欲を起こさせること
+α「因果関係」を表す

0107
心理
★★
依存（イソン）
dependence　対 自立
他の人やものに頼ることで
成り立っていること
+α「因果関係」を表す

0108
心理
★★
投影（トウエイ）
projection　類 投射
心情やものごとを
他に反映させて映し出すこと
+α「因果関係」を表す

高校進学を ［契機(ケイキ)］ にギターを始める。

実戦 「不安」は主体の自己喪失に関係づけられると同時に、主体の欲望を根拠づける □□□ でもある。 ［立命館大］

地球温暖化は二酸化炭素の増加に ［起因(キイン)］ すると言われる。

実戦 危険は、他者の視線の「暴力」だけに □□□ するわけではない。 ［神戸大］

増税は国民生活に大きな ［影響(エイキョウ)］ を与える。

実戦 近代以降、技術と社会は相互に □□□ を与えながら変化してきた。 ［中央大］

多くの人々は労働に ［依拠(イキョ)］ して生活している。

実戦 科学は科学者間の信頼感という、見方によっては脆い足場に □□□ した行為なのである。 ［中央大］

募金を通して、貧困問題の解消に ［貢献(コウケン)］ する。

実戦 農耕は人間社会の発展に多大な □□□ を果たした。 ［同志社大］

受験勉強を始めた友人に ［触発(ショクハツ)］ される。

実戦 日本における近代化が、ヨーロッパの先進国によって大いに □□□ されたことを認める… ［香川大］

過度な飲酒は、［依存(イソン)］ を招くため危険である。

実戦 もしかして、「事実」は、理論に □□□ しているのではなかろうか。 ［福岡大］

ドラマの登場人物に自分を ［投影(トウエイ)］ する。

実戦 憧れは内在的な願望の外部への □□□ である。 ［早稲田大］

0109		★★	
	タンショ **端緒**		ものごとの始まりや解決の糸口
社会	beginning	類 契機	+α 「因果関係」を表す

0110		★★	
	ショサン **所産**		結果として生み出されたもの
歴史	outcome	類 成果	+α 「因果関係」を表す

0111		★★	
	ユライ **由来**		ものごとの起こりや移り変わり
歴史	origin	類 由縁	+α 「因果関係」を表す

0112		★★	
	コンゲン **根源**		ものごとのおおもと
歴史	origin	類 根本	+α 「因果関係」を表す

0113		★★	
	ミャクラク **脈絡**		❶ つながり ❷ 筋道
文学	context	類 筋道	+α 「因果関係」を表す

0114		★★	
	ユイショ **由緒**		ものごとの起こり、筋道
歴史	history	類 来歴	+α 「因果関係」を表す

0115		★★	
	テンキョ **典拠**		文章や言葉の正しいよりどころ
文学	source	類 出典	+α 「根拠」を表す

0116		★★★	
	セキニン **責任**		❶ 立場上当然引き受けるべき義務 ❷ 自分の行為の責めを負うこと
社会	responsibility		+α 何かが起きた時、それに対して応答、対処する義務

0117		★★	
	トウシュウ **踏襲**		それまでのやり方や方針を そのまま受け継ぐこと
社会	following suit	対 刷新	+α 「AからB」という順序を表す

産業革命は、文明の発展の 端緒（タンショ） となった。

> 実戦 一九九九年の「東芝クレーマー事件」は監視社会の□□□となる出来事だった。 ［立命館大］

格差は、資本主義の歴史の 所産（ショサン） である。

> 実戦 技術も間接的には理性の□□□である。 ［立教大］

名前の 由来（ユライ） を両親に尋ねてみる。

> 実戦 他人が自分に冷淡であったら、自分の徳の不足に□□□すると思えば、他人を怨まずにすむ。
> ［明治大］

高所に対する恐怖は、人間の 根源（コンゲン）的な恐怖の一つである。

> 実戦 非合理主義に惹かれてゆくすべての□□□である心のゆらぎ… ［神奈川大］

脈絡（ミャクラク） のない話は理解できない。

> 実戦 たとえ彼女の膝がしらの痛みがなんの□□□もなしに突然現れたものであったとしても…
> ［玉川大］

天皇家は 由緒（ユイショ） 正しい家柄だ。

> 実戦 文明と文化の何れも漢籍に出て来る□□□ある言葉である。 ［北海道大］

論文には、引用の 典拠（テンキョ） を示さなければならない。

> 実戦 学術論文におけるもう一つの約束事は、参考文献やデータの□□□を明らかにする義務があるということだ。 ［学習院大］

自分のしたことには 責任（セキニン） を取らなければならない。

> 実戦 「ケアの倫理」は、相手への□□□感を原理として作動する。 ［早稲田大］

前例を 踏襲（トウシュウ） しつつ、さらなる改善を目指す。

> 実戦 漢字・漢文は公式の文字・文章として尊重され、漢文訓読体も□□□されました。［東京理科大］

| 0118 | 歴史 | 系譜
ケイフ
genealogy | ★★★
類 系統 | 同じような性質を受け継いでいる
ものごとのつながり
+α 「AからB」という順序を表す |

| 0119 | 歴史 | 超越
チョウエツ
transcendency | ★★★
類 凌駕 | ある領域からはみ出すこと
+α 「Aでない」という否定を表す |

| 0120 | 歴史 | 崩壊
ホウカイ
collapse | ★★★
類 瓦解 | 崩れ壊れること
+α 「Aでなくなる」という否定を表す |

| 0121 | 文学 | 虚構
キョコウ
fiction | ★★★
対 事実 | 事実でないことを
事実のように見せかけたもの
+α ある概念を否定する |

| 0122 | 社会 | 疎外
ソガイ
alienation | ★★★
対 受容 | 仲間外れにして近づけないこと
+α 「Aでなくなる」という否定を表す |

| 0123 | 社会 | 排除
ハイジョ
exclusion | ★★
類 排斥 | いらないものを取り除くこと
+α 「Aでなくなる」という否定を表す |

| 0124 | 歴史 | 喪失
ソウシツ
loss | ★★
対 獲得 | なくすこと、失うこと
+α 「Aがなくなる」という否定を表す |

| 0125 | 文化 | 忌避
キヒ
avoidance | ★★
対 歓迎 | 嫌がって避けること
+α 「やめる」という否定を表す |

| 0126 | 心理 | 払拭
フッショク
eradicatation | ★★
類 除去 | すっかり取り除くこと
+α 「Aでなくなる」という否定を表す |

ヨーロッパの文化にはギリシアとローマの ［ 系譜 ］（ケイフ） がある。

実戦 政治的自由主義の □□□ （源流）は経済的自由主義のそれに先立って存在した。　[成蹊大]

ゴッホの作品は、時代を ［ 超越 ］（チョウエツ） した魅力を持っている。

実戦 想像力がフル・スピードで働き、その即興的創作が人に「個」を □□□ させる。[日本女子大]

津波によって、一つの都市が ［ 崩壊 ］（ホウカイ） した。

実戦 革命は明確なシステムの革新が目的であり、たんに権力の □□□ をめざすものではない。
[東京理科大]

怪談の多くは ［ 虚構 ］（キョコウ） にすぎない。

実戦 あらゆる命名行為は観念の □□□ として燃え崩れてしまうのだ。　[慶應大]

転校先の学校で ［ 疎外 ］（ソガイ） 感を抱く人は多い。

実戦 □□□ は、人間が作り出した生産物・制度に逆に支配される好ましくない状態として普通
は理解されている。
[関西学院大]

抵抗する者を ［ 排除 ］（ハイジョ） する。

実戦 真理を貫くために、虚飾を □□□ し、嘘をつかない…　[慶應大]

強大な敵を前にして、戦意を ［ 喪失 ］（ソウシツ） する。

実戦 生命よりは自己の方がより重要であり、その □□□ がより恐ろしいのである。[関西学院大]

徴兵を ［ 忌避 ］（キヒ） する。

実戦 高速移動手段を □□□ せよ、自転車に乗れ。　[早稲田大]

嘘ばかりつく人に対する不信感は ［ 払拭 ］（フッショク） しきれない。

実戦 最近では〈演劇〉に対する偏見や固定観念が大分 □□□ されてきた。　[東京都立大]

0127 心理	サッカク 錯覚 illusion　類 錯誤	★★★ 思い違い +α 「実はAでなかった」という否定を表す
0128 社会	イツダツ 逸脱 deviation　対 遵守	★★★ 本筋から離れること +α 「Aでなくなる」という否定を表す
0129 社会	シャダン 遮断 insulation　類 封鎖	★★ 遮って止めること +α 「分ける」ことを表す
0130 歴史	スイタイ 衰退 decline　類 凋落	★★ 衰えて勢いが弱まること +α 「Aがなくなっていく」という否定を表す
0131 社会	ハタン 破綻 bankruptcy　類 破滅	★★ うまくいかず、だめになること +α 「Aがなくなっていく」という否定を表す
0132 歴史	ワイキョク 歪曲 distortion　類 曲解	★★ 事実を歪め曲げること +α 「Aを、Aでないとする」という否定を表す
0133 社会	ハイセキ 排斥 exclusion　対 受容	★★ 押しのけ、退けること +α 「Aをなくす」という否定を表す
0134 歴史	シュウエン 終焉 end　類 終末	★★ ❶命が終わること ❷ものごとの終わり +α 「Aでない」「Aでなくなる」という否定を表す
0135 社会	クチク 駆逐 expulsion　類 排除	★★ 追い払うこと +α 「Aをなくす」という否定を表す

風船が飛んで行くのを見て、UFOだと <u>錯覚</u>（サッカク）した。

実戦 医学・医療の発達や公衆衛生の向上などによって、健康でいるのが当たり前という □□□ にとらわれる時代になった。　[慶應大]

感情的になるあまり、当初の目的から <u>逸脱</u>（イツダツ）する。

実戦 人間が戦争をはじめると、狂気というものが芽生えたりして生産性を □□□ する。　[中央大]

騒音を <u>遮断</u>（シャダン）するために耳栓をする。

実戦 人間の交流や物の流通が増大するにつれ、国境という □□□ 壁は自ずとおぞましいものになるだろう。　[青山学院大]

不況で産業が <u>衰退</u>（スイタイ）する。

実戦 旧来型の産業・職は、徐々に □□□ 局面に入る…　[和歌山大]

失業をきっかけに、生活が <u>破綻</u>（ハタン）する。

実戦 時代がその構造の硬直によって □□□ しかけている。　[東海大]

自分に都合が良いように真実を <u>歪曲</u>（ワイキョク）する。

実戦 記述者が嘘を書かず、権力者の意図が史実を □□□ しなかったという保障はどこにあるのか。　[成城大]

敵対勢力を <u>排斥</u>（ハイセキ）する。

実戦 どうでも自分たちの法則に従わないものは学問ではないとして排除し □□□ するという排他性…　[上智大]

一時的な流行はすぐに <u>終焉</u>（シュウエン）を迎える。

実戦 戦争映画の代替物として発展した戦後怪獣映画は、戦後社会の変化とともにゆるやかに □□□ していきました。　[早稲田大]

害虫を <u>駆逐</u>（クチク）するための罠を仕掛ける。

実戦 合理主義が非合理をすべて □□□ できるという錯覚さえ生まれた。　[神奈川大]

0136		★★	
	瓦解（ガカイ）		組織がばらばらに崩れること
社会	collapse	類 崩壊	+α 「Aがなくなる」という否定を表す

0137		★★	
	淘汰（トウタ）		環境に適応できないものが滅びること
社会	selection		+α 「Aがなくなる」という否定を表す

0138		★★	
	阻害（ソガイ）		邪魔すること
社会	obstruction	対 貢献	+α 「Aをなくす」という否定を表す

0139		★★	
	破壊（ハカイ）		打ち壊すこと
歴史	destruction	対 創造	+α 「Aをなくす」という否定を表す

0140		★★★	
	拒否（キョヒ）		希望や要求を拒むこと
心理	rejection	対 承諾	+α 「Aをなくす」という否定を表す

0141		★★★	
	虚偽（キョギ）		嘘や偽り（いつわり）
科学	falsehood	類 捏造	+α 否定される事柄を表す

0142		★★	
	不審（フシン）		❶怪しいと思うこと ❷怪しく思われるさま
心理	doubt	類 怪訝	+α 「問題提起」を表す

0143		★★	
	異議（イギ）		ある意見に対して 反対する意見や議論
社会	objection	類 異存	+α 相手の意見を否定し「反論」する

0144		★★	
	誤解（ゴカイ）		間違った理解や解釈
心理	misunderstanding	対 理解	+α 「Aを、Aでないと捉える」ということを表す

リーダーの不在により、チームが 瓦解 （ガカイ）する。

実戦 ソ連は解体し、自由主義体制の放埓がモラルの□□と経済システムの機能不全をもたらした。 ［清泉女子大］

スマホの登場により、ガラケーは 淘汰 （トウタ）された。

実戦 寛容の心に基づかない視野の狭い言説は、結局はグローバルな影響の行き交いの中で□□されていく。 ［明治大］

喫煙は正常な発育を 阻害 （ソガイ）する。

実戦 もうひとつの局面は、自由の喪失が、経済発展を□□するという問題である。 ［信州大］

人間の活動によって自然は 破壊 （ハカイ）されている。

実戦 その監視は個人の自由を根こそぎに□□してしまうのではないだろうか。 ［信州大］

悪事への加担を 拒否 （キョヒ）する。

実戦 ある一定の時期が来ると、とつぜん親が子供が甘えるのを□□しはじめる。 ［東京大］

公文書に 虚偽 （キョギ）の記載は許されない。

実戦 「真理」とは「確実な根拠に基づいて正しいと認められた事柄、偽あるいは□□と対立する。 ［上智大］

息子が深夜に外出していたことを 不審 （フシン）に思う。

実戦 まわりを見る余裕もでてきた頃、ふとあるひとりのナース見習いの□□な行動に気づいた。 ［関西学院大］

友人の考えに 異議 （イギ）を唱える。

実戦 私はあなた方人間が私を「ロボット」と呼ぶのに□□を唱えるものです。 ［早稲田大］

しっかりと説明しなかったために 誤解 （ゴカイ）を招いた。

実戦 たんなることばのやりとりから□□が□□を生じ、場合によっては誹謗中傷合戦にいたる。 ［早稲田大］

0145	***サクゴ*** **錯誤**	★★★	❶ 思い違い ❷ 取り違い
心理	error	類 誤謬	➕α 「Aを、Aでないと捉える」ということを表す

0146	***トウサク*** **倒錯**	★★★	あるべき順序や関係が 逆さまになること
心理	perversion		➕α 「Aを、Aでないと捉える」ということを表す

0147	***カイム*** **皆無**	★★	全くないこと
心理	none	類 絶無	➕α 「ない」という否定を表す

0148	***カクゼツ*** **隔絶**	★★	かけ離れて、 関係がなくなっている様子
社会	isolation	対 接近	➕α 「Aでない」という否定を表す

0149	***カクリ*** **隔離**	★★	他のものから離しておくこと
社会	isolation	類 隔絶	➕α 「A」と「Aでない」を分ける

0150	***ケツジョ*** **欠如**	★★	あるべきはずのものが、 抜け落ちていること
心理	lack	類 欠乏	➕α 「Aでない」「Aでなくなる」という否定を表す

0151	***キョゼツ*** **拒絶**	★★★	要求などを受け入れないこと
心理	rejection	類 拒否	➕α 「Aをこばむ」という否定を表す

0152	***ハイシ*** **廃止**	★★	行われてきたことをやめること
歴史	abolition	対 存続	➕α 「Aをやめる」という否定を表す

0153	***ハイタ*** **排他**	★★★	仲間以外を退けること
社会	exclusion	対 協調	➕α 他を否定する

家父長制は時代 錯誤（サクゴ）だ。

実戦 思い込みや □□□ であるにもかかわらず、そのまま信じ込み刷り込まれてしまう。[中央大]

娘に向ける彼女の愛情は 倒錯（トウサク）している。

実戦 身体が特異な、特別なモノとして感覚されたときから、□□□ が始まり、そしてプライバシーという概念も始まる。 [神戸大]

努力なしに成功する者は 皆無（カイム）だ。

実戦 専門知識は □□□ といってよく、しかも恬としてそれを恥じる様子もないのだからまいる。 [明治大]

離島は地理的に都市と 隔絶（カクゼツ）している。

実戦 日本人は人間とは全く □□□ した神を考える能力をもっていない。 [法政大]

感染症に感染した疑いがある人を 隔離（カクリ）する。

実戦 自然を人間から切り離すこと、つまり人々の生活空間から □□□ してしまうという発想… [同志社大]

責任感が 欠如（ケツジョ）している者に大事な仕事は任せられない。

実戦 eラーニングは身体性が □□□ したサイバースペースにおける学習であり… [筑波大]

かつての恋人に復縁を申し出たが、拒絶（キョゼツ）された。

実戦 親から □□□ されて行き場のなくなった直後の子猫というものは不安な心許ない表情を浮かべ、痛々しさを禁じえない。 [東京大]

時代遅れの制度を 廃止（ハイシ）する。

実戦 人種主義を正当化する法律や国家の制度が □□□ される。 [早稲田大]

排他（ハイタ）的な考えは危険だ。

実戦 私たち日本人には、自分たちが □□□ 的な世間をつくっているのだ、という認識がほとんどない。 [滋賀大]

没〜 ★★★
ボツ

否定の意味を表す接頭辞

言語　類 不〜／非〜／無〜／超〜　+α Aを否定する

変貌 ★★
ヘンボウ

姿や様子が変わること

文化　transfiguration　類 変化　+α 「AからBへ」の変化を表す

転嫁 ★★
テン カ

責任や罪を他者のせいにすること

社会　scapegoating　+α 「AのせいだったものをBのせいにする」

変遷 ★★
ヘ ン セ ン

移り変わること

歴史　transition　類 遷移　+α 「AからBへ」の変化を表す

〜化 ★★
カ

〜に変化すること

文化　+α 「AからBへ」の変化を表す

自己目的化 ★★
ジ コ モクテキ カ

目的のための手段が目的となり、
本来の目的を見失うこと

哲学　+α 「何かの手段からそれ自体が目的へ」と変化する

転換 ★★
テンカン

ものごとの方針などを
異なるものに変えること

文化　conversion　類 変質　+α 「AからBへ」の変化を表す

交換 ★★★
コウカン

別のものと取り換えること

社会　exchange　類 置換　+α 「AからBへ」の移動を表す

触媒 ★★
ショクバイ

それ自身は変化しないが、
反応の速度を変化させるもの

科学　catalyst　+α 「AからBへ」の変化を促す

彼は人の真似ばかりをしていて 没（ボツ）個性になっている。

実戦 快適で便利な空間は、□□個性的で、味気ない都市を生み出したのではないか、という批判を生む。 ［信州大］

戦争は国家の形を大きく 変貌（ヘンボウ）させた。

実戦 実際、近代都市の誕生は、郊外のありようを大きく□□させた。 ［信州大］

すぐ部下に責任を 転嫁（テンカ）する上司は信用できない。

実戦 責任をなにかに□□して逃亡することのできない自己… ［上智大］

歴史上、日本の政治制度は様々な 変遷（ヘンセン）を経ている。

実戦 記事は一九〇三年型から一九一三年型までのデザインの□□を概括している。［同志社大］

地球温暖 化（カ）が進んでいる。

実戦 何か自分についての漠然としたイメージが具体□□する… ［東京大］

綺麗なノートを作ることが 自己目的化（ジコモクテキカ）してはいけない。

実戦 国家とか制度が□□されて、人間は手段化される。 ［九州大］

新企画の失敗を受けて、大きく方針を 転換（テンカン）する。

実戦 これまでの「学び」に呪縛され過ぎ、発想の□□ができないという問題である。 ［東洋大］

金銭と商品を 交換（コウカン）する。

実戦 IT技術は私たちに、遠く離れていても会話や情報□□ができる機会を与えてくれた。 ［名古屋大］

鉄を 触媒（ショクバイ）としてアンモニアを生産する。

実戦 役者の立ち居ふるまいを□□に、「なんにもない空間」に突然、演劇世界が浮かびあがってくる。 ［福岡大］

0163	バイカイ **媒介** ★★★	両者の間に立って、仲立ちするもの
文化	mediation 対 直結	+α 「AとB」の接触を促す

0164	カイザイ **介在** ★★★	ものごとや人の間で存在すること
社会	intervention 類 媒介	+α 「AとB」の接触を促す

0165	キンコウ **均衡** ★★	二つ以上のものの間で、釣り合いが取れていること
心理	equilibrium 類 安定	+α 「AとB」のバランスを取る

0166	チュウヨウ **中庸** ★★	偏らず中正であること
社会	moderation 対 極端	+α 「AとB」のバランスを取る

0167	ユウゴウ **融合** ★★	二つ以上のものが溶け合って一つになること
文化	fusion 対 分離	+α 「AとB」が合わさる

0168	ジョウホ **譲歩** ★★★	自分の意見や主張を抑えて相手の意向に従ったり妥協したりすること
哲学	concession	+α 相手の意見を認めながらも持論を展開する説得術

0169	カタン **加担** ★★★	仲間に加わって力添えすること
社会	assistance 対 敵対	+α 「AにBが加わる」ことを表す

0170	フカブン **不可分** ★★★	分けることができないほど、密接に結びついていること
社会	indivisibility	+α 「AとB」が合わさっている

0171	リョウカセイ **両価性** ★★★	相反する感情が同時に存在している状態
哲学	アンビバレンス 類 両義性	+α 相反する「AとB」が同時に存在する

植物は蜂などを **媒介**（バイカイ） に受粉をする。

実戦 あらゆる近代国家が普遍的に行う家族を□□□とした民衆管理策の一つのヴァリエーションであり…　　　　　　［青山学院大］

金銭を **介在**（カイザイ） することで取引は成立する。

実戦 他人の□□□、他人が「そうだお前は偉い」と言ってくれないと人間は満足しない。　　　　　　［早稲田大］

平和を維持するために国々の勢力の **均衡**（キンコウ） を保つ。

実戦 そもそも、強い総理大臣、とは藩閥□□□に馴染まない性格を持つ。　　　　　　［慶應大］

論争が激化する中では、 **中庸**（チュウヨウ） を得ることが肝心だ。

実戦 リスク社会のリスクを回避するためには、□□□の選択は無意味である。　　　　　　［関西大］

既成のものを **融合**（ユウゴウ） することで画期的な製品を開発する。

実戦 自己は分裂するばかりでない。他者と□□□していくこともある。　　　　　　［お茶の水女子大］

相手の意見に **譲歩**（ジョウホ） する姿勢を見せた。

実戦 通常私たちは、妥協や□□□によって互いの目標の一部を満たすことで解決しようとする。　　　　　　［専修大］

知らず知らずのうちに差別に **加担**（カタン） していることがある。

実戦 批評もまた、言葉の無力を雄弁に言い立てるレトリックでもって、黙する聴衆の形成に□□□する。　　　　　　［成蹊大］

現代社会はITと **不可分**（フカブン） である。

実戦 一つの子音と一つの母音の組み合わせを融合させて、一つの□□□の単位とする音節文字…　　　　　　［明治大］

恋人に愛情と憎悪を抱くという感情の **両価性**（リョウカセイ） を感じる。

実戦 「文明」の発達への信仰と「文明」の疾病への懐疑との□□□のはざま…　　　　　　［早稲田大］

0172	**交錯** コウサク ★★	いくつかのものが入り交じること
心理	mixture	**+α** 相反する「AとB」が同時に存在する

0173	**葛藤** カットウ ★★	相反する感情が絡まり合い、どちらを選ぶか迷い苦しむこと
心理	conflict 対 決断	**+α** 相反する「AとB」が自己の中でせめぎ合う

0174	**錯綜** サクソウ ★★	複雑に入り組むこと
心理	complication 対 整然	**+α** 相反する「AとB」が社会の中で入り乱れる

0175	**理不尽** リフジン ★★	道理に合わないこと
社会	unreasonable 類 不条理	**+α** 相反する「AとB」が社会の中でせめぎ合う

0176	**二律背反** ニリツハイハン ★★	矛盾する二つの命題が同時に主張されること
哲学	アンチノミー	**+α** 相反する「AとB」が同時に存在する

0177	**緊張** キンチョウ ★★	心が張り詰めていること
心理	tension 対 弛緩	**+α** 相反する「AとB」が引っ張り合う

0178	**乖離** カイリ ★★★	互いに背いて離れること
心理	separation 対 一致	**+α** 「AとB」が相反する

0179	**拮抗** キッコウ ★★	同じくらいの力で、互いに張り合うこと
社会	rivalry 類 互角	**+α** 相反する「AとB」が対立する

0180	**対峙** タイジ ★★	向かい合って立つこと
社会	confrontation 類 対決	**+α** 相反する「AとB」が対立する

各人の思惑が **交錯**（コウサク）し、事件は混迷を深めている。

実戦 いま年老いてしまった母が、貧乏生活のまま生を終えた父の思い出を語るとき、そこには愛情と憎悪が _____ している。 [大阪大]

義理と人情の間で **葛藤**（カットウ）する。

実戦 正と反との _____ の中から合という中正を見つけていこうという弁証法のような考え方… [明治大]

情報が **錯綜**（サクソウ）していて、何が正しいかわからない。

実戦 政治的統合への関与という目的と権力という手段との関係が更に一層 _____ したものになる。 [日本大]

理不尽（リフジン）な扱いに怒りを覚える。

実戦 業績が悪化したときに、新しいアイデアを考えろと言うことの _____ さも、なんとなく予感できる。 [法政大]

二律背反（ニリツハイハン）した感情に悩まされる。

実戦 重要なのは、技術と文化は、決して無関係でもなければ、_____ の関係にあるものでもないということだ。 [高崎経済大]

核兵器を巡り、両国の関係は **緊張**（キンチョウ）している。

実戦 沢山の規則を守るために、子供なりに _____ を促される時間は多かった。 [早稲田大]

理想と現実の **乖離**（カイリ）に思い悩む。

実戦 動物の個体的生命は、より大きな種族の生命の一環であり、個の生命と類の生命とのあいだに _____ はない。 [関西学院大]

二つのチームの実力は **拮抗**（キッコウ）している。

実戦 文化というものは常に、時を制する力とつながり、また _____ して呼吸している。 [青山学院大]

谷を隔てて二つの山が **対峙**（タイジ）している。

実戦 トラブルが生じることもしばしばですが、お互いの良心をもって _____ し乗り越えていかなくてはならないものなのです。 [東海大]

0181	ショウトツ 衝突	★★	意見・利害が相反（あいはん）するものが ぶつかり合うこと
一社会	collision	類 軋轢	+α 相反する「AとB」が対立する

0182	ソウコク 相克	★★	対立するものどうしが争うこと
一社会	conflict	類 不和	+α 相反する「AとB」が対立する

0183	セッショウ 折衝	★★	取引で駆け引きをすること
一社会	negotiation	類 交渉	+α 対立する「AとB」が交渉する

0184	ショウゲキ 衝撃	★★	意外な出来事などによって 心を強く動かされること
一心理	impact	類 衝動	+α 「Aだと思っていたものが、実はBだった」ことにより印象深くなる

0185	ボウガイ 妨害	★★	妨（さまた）げること
一社会	interruption	対 協力	+α 「Aである」ことを妨げる「B」によって「Aでなくなる」

0186	テイコウ 抵抗	★★	外部からの力に逆らうこと
一社会	resistance	対 屈服	+α 「Aである」ことを妨げようとする

0187	コウギ 抗議	★★	不当と感じることに対して、 反対の意見を主張すること
一社会	protest	類 抗弁	+α 「Aである」ことを否定する

0188	イアツ 威圧	★★	威力で押さえつけること
一社会	coercion	対 懐柔	+α 対立する相手に対して行う

0189	タイキョク 対極	★★★	正反対のところ
一哲学	opposite pole	類 相反	+α 「AとB」が反対であることを表す

異なる考えを持つ二人の ［衝突］（ショウトツ）は避けられない。

実戦 環境問題の改善には、思想的・イデオロギー的な対立と国益の□□□を超えて、国際的な政治合意を形成して問題に対処していく必要がある。　　　　　　　　　　　　［東京大］

誰しも ［相克］（ソウコク）する気持ちを抱えている。

実戦 神と人間の□□□が続いていく動的な宗教観と言えるかもしれない。　　　　　　　　［駒澤大］

外交官は外国との ［折衝］（セッショウ）を担当する。

実戦 四つの万博は、いずれも知識人が国家の文化＝開発政治と向かい合う□□□的な場をなしてきた。　　　　　　　　　　　　　　　　　　　　　　　　　　　　　　　　　　　　［武蔵大］

首相の決定は、全国に ［衝撃］（ショウゲキ）を与えた。

実戦 リアルがフィクションに反転するという最初の□□□は、リアリティの「向こう側」が透けて見えるということに他ならない。　　　　　　　　　　　　　　　　　　　　　　　　　　［大阪大］

議事のスムーズな進行を ［妨害］（ボウガイ）する。

実戦 フェミニストたちは親の介護や育児が女性に押しつけられてきたせいで女性の社会的進出は□□□されてきたと主張してきました。　　　　　　　　　　　　　　　　　　　　　　［成蹊大］

一方的な決定に ［抵抗］（テイコウ）する。

実戦 演劇や芝居というと、科学や学問と一緒に論じることに□□□感を抱く人が、少なくないだろう。　　　　　　　　　　　　　　　　　　　　　　　　　　　　　　　　　　　　［東京都立大］

公共料金の値上げに ［抗議］（コウギ）する。

実戦 この報道の後には、番組を放送した局に一万件以上の□□□が届いたといいます。［東海大］

強大な軍事力で他国を ［威圧］（イアツ）する。

実戦 「居丈」が「高い」とは、すなわち、実際以上の身長で相手を□□□しようとする態度であった。　　［関西大］

希望は絶望の ［対極］（タイキョク）にある。

実戦 日本の近代教育は、こうして個人の□□□に国家を置き、「私」を直接「国家」に結びつけようとするものであった。　　　　　　　　　　　　　　　　　　　　　　　　　　　　　　［法政大］

0190		★★★	
	タイショウ **対照**		**照らし合わせて比べること**
哲学	contrast	類 対比	+α 「AとB」が反対であることを表す

0191		★★★	
	タイショウ **対称**		**互いに対応して釣り合っていること**
哲学	symmetry	類 相称	+α 「AとB」が同じであることを表す

0192		★★★	
	ゴウリ **合理**		**道理に合っていること**
科学	rationality	対 不合理	+α 論理的に整合していることを表す

0193		★★	
	シ サ **示唆**		**それとなく示すこと**
心理	suggestion	対 明示	+α 言葉によらない説明をしている

0194		★★★	
	ケイショウ **警鐘**		**危険を予告し、警戒を促すもの**
社会	warning		+α 危機的状況を説明する

0195		★★	
	カン キ **喚起**		**注意などを呼び起こすこと**
心理	arousal		+α 「無意識」を呼び起こして「意識」化する

0196		★★	
	ヨウセイ **要請**		**必要だとして、強く求めること**
社会	request	対 受諾	+α 「AのためにBが必要だ」ということを表す

0197		★★	
	ケイ ジ **啓示**		**人間の前に、神が真理を示すこと**
宗教	revelation	類 天啓	+α 神が人間に「真理」を教える

0198		★★★	
	テンケイ **典型**		**同種のものの中で、 最もその特徴を表しているもの**
科学	model	対 例外	+α 「具体例」を表す

姉妹で ［対照］ 的な性格をしている。
タイショウ

実戦 言葉は沈黙の闇と □□□ をなし、愛は孤独の不安と対になって成り立っている。 ［立教大］

この建物は左右 ［対称］ となっている。
タイショウ

実戦 自然の中の □□□ 形は、植物の花や実であれ、動物の姿や顔面であれ、健全で安定していることをアピールする生物学的な表示とされ… ［立命館大］

［合理］ 的な政策決定を行う。
ゴウリ

実戦 医師側の主張する科学は、画像や数値という、誰がどこでどう見ようとも明白に了解し理解される実証によって □□□ 的に構成される理論である。 ［上智大］

緊急時の行動は人間の本質についての ［示唆］ を含む。
シサ

実戦 知性は、その能力を行使する行為者、つまり人間という人格や自我の存在を □□□ する。 ［関西大］

行き過ぎた自由主義に ［警鐘］ を鳴らす。
ケイショウ

実戦 この本のなかで横山は、内地雑居によって国外資本が流入し、労働者に破壊的な影響をもたらすことに □□□ をならしている。 ［愛知教育大］

校歌によって母校への帰属意識を ［喚起］ する。
カンキ

実戦 アーレントが「憐れみ」に対置する「連帯」は、やはり苦難を感知することによって □□□ される。 ［早稲田大］

営業の自粛を ［要請］ する。
ヨウセイ

実戦 相互の媒介、翻訳が □□□ されるのは、異なる知、異なる世界理解のあいだだけではない。 ［成蹊大］

神の ［啓示］ を受ける。
ケイジ

実戦 神の □□□ を読み取りたいという自然哲学者の欲望があり、自然を理解したいという現代の科学者の欲望も同じ範疇に入る。 ［日本大］

高熱はインフルエンザの ［典型］ 的な症状だ。
テンケイ

実戦 都市という人工の世界の □□□ をとってさえ、それがいかに自然をかたどってつくられて来たことか… ［法政大］

0199	★★	
ショウ コ **証拠**		事実を明らかにする根拠となるもの
一科学 evidence	類 証左	+α 「根拠」を表す

0200	★★	
コウショウ **交渉**		取り決めをするために相手と話し合うこと
一社会 negotiation	対 暴力	+α 対立する「AとB」が話し合う

0201	★★	
ケイハツ **啓発**		人々が気がつかないことを教えわからせること
一哲学 enlightenment	類 開化	+α 「新しい考え方」が示される

0202	★★	
カンゲン **換言**		言い換えること
一言語 paraphrase		+α 「AすなわちB」のような同値関係を表す

0203	★★	
ジュッカイ **述懐**		自らの経験に触れて、気持ちを述べること
一文学 reminiscence		+α 「経験」から「心情」を述べる

0204	★★	
ケイモウ **啓蒙**		人々に知識を与え導くこと
一哲学 enlightenment	類 教化	+α より「合理的な考え方」を導く

0205	★★★	
ヒ カク **比較**		比べ合わせること
一文化 comparison	類 対比	+α 「対比（差異）」か「類比（類似）」を表す

0206	★★★	
ショ ヨ **所与**		他から与えられたもの
一社会 given		+α すでに与えられた「前提条件」を表す

0207	★★	
ネツゾウ **捏造**		事実でないことを事実のように偽って作ること
一社会 fabrication	類 偽造	+α 「AでないものをAとする」ことを表す

日本の失業率が増加している 証拠（ショウコ） を示す。

実戦 科学者がある説を提唱するには提唱する側に論理的な ◻︎ を提出する責任がある。
[中央大]

給料の引き上げを 交渉（コウショウ） する。

実戦 鎖国とは外部との境界を明確にして、外部と ◻︎ を断ち切ることである。 [関西学院大]

自己 啓発（ケイハツ） の本を読む。

実戦 自由主義は、心情の一致にではなく、相互的な ◻︎ とそこから導かれる意見のさらなる
発展に、その希望を託しています。
[慶應大]

自由とは 換言（カンゲン） すれば他者からの強制を受けないことだ。

実戦 ◻︎ しますと、人間同士が互いに心あるものとする態度はまさにアニミズムと呼ばれる
べきものなのです。
[早稲田大]

当時の心境を 述懐（ジュッカイ） する。

実戦 ドイツはユダヤ人の芸術家たちがいて幸いだった、それにしては彼らに感謝の念が薄い、
と自伝中に ◻︎ している。
[北海道大]

書籍を通じて大衆を 啓蒙（ケイモウ） する。

実戦 ともするとネット上では、◻︎ のベクトルが、どんどん落ちていく…
[センター]

兄弟はよく 比較（ヒカク） される。

実戦 近代科学の自然観には、中世までの自然観と ◻︎ して、いくつかの重要な特徴がある。
[東京大]

議論においては、所与（ショヨ） の前提を疑うことが大切だ。

実戦 人間の存在は「与えられていること（ ◻︎ ）」と「選ぶこと（選択）」と、その間に広がる「出
会うこと（遭遇）」の領域によって構成されている。
[お茶の水女子大]

スクープ欲しさに記事を 捏造（ネツゾウ） する。

実戦 世界中の同分野の研究者がその結果に疑問を抱いて、詳細に研究報告を検証したところ
◻︎ が暴かれた。
[中央大]

		★★	
0208	ナットク **納得**		他人の考えや行動を 理解し得心すること
心理	conviction	対 不服	+α 「合理的な説明である」ことを表す

		★★★	
0209	テイショウ **提唱**		意見や主張を説き、 発表すること
哲学	advocacy	類 提言	+α 「新しい考え方」を説明する

		★★★	
0210	ショウサイ **詳細**		詳しくて細かいこと
言語	ディテール	対 概要	+α 「詳しい説明」となる

		★★★	
0211	ゲンキュウ **言及**		ある話題に触れること
言語	reference	類 論及	+α ある事柄について「説明」をする

		★★★	
0212	サンショウ **参照**		照らし合わせて参考にすること
科学	reference	類 参考	+α ある事柄の「説明」をするときに参考にする

		★★★	
0213	カンジン **肝心**		重要で不可欠なさま
哲学	essential	類 肝要	+α 「AのためにBが必要だ」ということを表す

		★★★	
0214	カンヨウ **肝要**		非常に重要なこと
哲学	crucial		+α 「AのためにBが必要だ」ということを表す

		★★★	
0215	フカケツ **不可欠**		なくてはならないこと
科学	indispensable	対 不要	+α 「AのためにBが必要だ」ということを表す

		★★★	
0216	ツイキュウ **追求**		どこまでも追い求めること
心理	pursuit	対 断念	+α 「より深い考え」を求めることを表す

説明を聞いて 納得（ナットク） する。

実戦 一人一人みんなちがうといわれると、それはそれで ☐☐☐ できる。 ［日本大］

実験結果をうまく説明する理論を 提唱（テイショウ） する。

実戦 エレン・スワロウ・リチャーズは、一九世紀末に、貧困な生活をする人々に食事を提供するための公共キッチンをつくることを ☐☐☐ した。 ［熊本大］

契約の 詳細（ショウサイ） について尋ねる。

実戦 関心があれば、その概念はより ☐☐☐ なものとなり、関心がなければ大雑把な概念で済ませてしまうだろう。 ［神戸大］

事件の核心に 言及（ゲンキュウ） する。

実戦 今日の動向は、生物多様性の経済価値に ☐☐☐ し、市場メカニズムによる保全を国際的に協力して行おうとしている。 ［慶應大］

辞書を 参照（サンショウ） する。

実戦 戦闘の作戦も調停案も、描き改められ、線を引き直された地図を ☐☐☐ しながら進められる。 ［一橋大］

受験勉強では計画を立てることが 肝心（カンジン） だ。

実戦 生後数年間、おそらく自分の人生を決定づけるような ☐☐☐ なことがあったはずなのに思い出せない。 ［立教大］

何事も計画性をもって進めることが 肝要（カンヨウ） だ。

実戦 都市生活においては、家族の構成や、教育、職場などの関係から、住いの種類を選択できることが ☐☐☐ である。 ［東京女子大］

生きていくうえで 不可欠（フカケツ） な知識を身につける。

実戦 商品開発において消費者の欲求を読み込むことが ☐☐☐ になった。 ［関西大］

企業は利益を 追求（ツイキュウ） する。

実戦 飛躍によってあたえられた新たな水準に新たな整合性を ☐☐☐ すること、これが重要な仕事として論理につねに課せられる。 ［大阪府立大］

***

検討
ケントウ

科学

examination

ものごとを様々な面から調べ、
良し悪しを考えること

+α テーマに関して「良い面」や「悪い面」が述べられる

CHAPTER 2　論理的文章重要語300

SECTION ❷ 評論文重要テーマを読む
ための言葉

0218

**

近代合理主義
キンダイゴウリシュギ

科学

modern rationalism

近代に特徴的な、
理性による判断を絶対視する態度

+α 評論文では批判されることが多い

0219

***

民主主義
ミンシュシュギ

社会

デモクラシー　　対 全体主義

主権が国民にあり、
国民の意思によって政治をする体制

+α 現体制が本当に民主主義的なのかを疑う評論が多い

0220

***

個人主義
コジンシュギ

社会

individualism

国家や社会に対して個人を重視し、
その自由や権利を尊重する立場

+α 欧米について言われる場合が多い

0221

***

集団主義
シュウダンシュギ

社会

groupism

個人の自由や権利よりも
集団の目的や利益を優先させる立場

+α 日本について言われる場合が多い

0222

**

全体主義
ゼンタイシュギ

社会

totalitarianism　　対 民主主義

個人よりも集団や国家などの利益を
優先する思想や政治体制

+α 「環境問題」に関しては個の自由を制限するような
全体主義的な思想が見られることもある

0223

***

社会主義
シャカイシュギ

社会

socialism　　対 資本主義

生産手段を共有することで
社会の平等を目指す思想や政治体制

+α 自由主義とのバランスが問題となる

0224

***

自由主義
ジユウシュギ

社会

リベラリズム

個人の自由を重視し国家や集団の
干渉を退ける思想

+α 政府の規制を緩和し、民間の自由な成長を促す経済
政策を新自由主義という

新しい校則を ⌈ 検討 ⌉ する。
^{ケントウ}

実戦 まことに経験や実践は、いろいろな意味で今日、□□□と究明が焦眉の急になっている。

[國學院大]

⌈ 近代合理主義 ⌉ は科学の発展に貢献した。
^{キンダイゴウリシュギ}

実戦 人間社会の「不合理」や、自然の人間に対する「不条理」は正されねばならないというのが、□□□の姿勢であり…

[立教大]

日本は ⌈ 民主主義 ⌉ を採用している。
^{ミンシュシュギ}

実戦 政治的な意志決定に、□□□が採用されるのは、何が真理なのか、何が正義なのか、だれにも分からないからである。

[関西大]

⌈ 個人主義 ⌉ は個人の自由を尊重する。
^{コジンシュギ}

実戦 アメリカの四カ年は、彼に西洋人の生活の何たるかを教えたといってもいいのではあるまいか。つまり□□□の精神、自由独立の精神である。

[東京学芸大]

⌈ 集団主義 ⌉ は集団としての輪を大事にする。
^{シュウダンシュギ}

実戦 自己主張をしないのは□□□的な文化に特徴的なパターンのひとつだが、あからさまに自己主張をしないからといって、利己的な欲求がないわけではもちろんない。

[大阪大]

⌈ 全体主義 ⌉ が第二次世界大戦の要因となった。
^{ゼンタイシュギ}

実戦 日本やドイツの□□□思想とむすびついて、「公益優先」や「滅私奉公」などのスローガンの「理論的基礎づけ」として利用されたりした…

[中央大]

⌈ 社会主義 ⌉ 国家建設のために革命を起こす。
^{シャカイシュギ}

実戦 平等の徹底としての完全な民主化の過程が□□□独裁の形成過程でもあった。

[信州大]

言論統制に対し、⌈ 自由主義 ⌉ 者が抗議する。
^{ジユウシュギ}

実戦 自由の一部を権利として社会的に認めること、これは□□□の基本的な考え方だといえる。

[九州大]

0225 ★★ **保守主義** <small>ホ シュ シュ ギ</small> 社会 conservatism	**今までの伝統や慣習を尊重して、急激な改革を好まない態度** **+α** 革新主義とのバランスが問題となる	

0225 ★★ **保守主義** <small>ホ シュ シュ ギ</small> 社会 conservatism	**今までの伝統や慣習を尊重して、急激な改革を好まない態度** **+α** 革新主義とのバランスが問題となる
0226 ★★ **功利主義** <small>コウ リ シュ ギ</small> 社会 utilitarianism	**行為の正しさは結果によって決定されるという考え方** **+α** 「何が幸福なのか」という論点で問題となる考え方
0227 ★★ **啓蒙主義** <small>ケイ モウ シュ ギ</small> 社会 enlightenment	**理性に基づいて、慣習や迷信を打破する考え方** **+α** 植民地支配の元となった考え方として批判されることがある
0228 ★★★ **大衆迎合主義** <small>タイ シュウ ゲイ ゴウ シュ ギ</small> 社会 ポピュリズム	**大衆の支持をもとに、既存の体制を批判する政治姿勢** **+α** 衆愚政治の元として批判されることが多い
0229 ★★ **浪漫主義** <small>ロ マン シュ ギ</small> 文学 ロマンティシズム	**感性や情緒を重視する芸術的態度** **+α** 哲学では合理主義に対する考え方、文学では写実主義に対する考え方
0230 ★★ **構造主義** <small>コウ ゾウ シュ ギ</small> 哲学 structuralism	**社会制度や文化の背後には見えない構造があると考える思想** **+α** 「AならばB」などのように記号化して取り出した構造を分析する考え方
0231 ★★★ **自文化中心主義** <small>ジ ブン カ チュウシンシュ ギ</small> 文化 **対** 文化相対主義	**自文化が最高だと考え、他の文化を劣ったものとする態度** **+α** 評論文では批判されることが多い
0232 ★★★ **自民族中心主義** <small>ジ ミンゾクチュウシンシュ ギ</small> 文化 **対** 文化相対主義	**自民族の文化が最高だと考え、他の文化を劣ったものとする態度** **+α** 評論文では批判されることが多い
0233 ★★ **文化相対主義** <small>ブン カ ソウタイシュ ギ</small> 文化 **対** 自文化中心主義	**あらゆる文化に独自の価値があり、優劣はないとする考え** **+α** 未開の社会にも文明社会と同様の「構造」が存在するという考え方に基づく

あの政党は <ruby>保守主義<rt>ホシュシュギ</rt></ruby> を掲げている。

実戦 アメリカの［　］は自由主義の伝統と切り離すことができない。　　　［法政大］

<ruby>功利主義<rt>コウリシュギ</rt></ruby> に基づいた政策を提案する。

実戦 一九世紀以来の［　］（utilitarianism）の考え方では、幸福ないし欲望充足の度合を「効用（utility）」とよび、効用をひとの福祉の基準とみなしてきました。　　　［大阪大］

<ruby>啓蒙主義<rt>ケイモウシュギ</rt></ruby> は未開地の侵略を正当化した。

実戦 やはりこの［　］的歴史観に基づいて、六十年前に、アメリカは日本の占領政策を実行したのであった。　　　［神奈川大］

<ruby>大衆迎合主義<rt>タイシュウゲイゴウシュギ</rt></ruby> はエリートや権力者を敵対視する。

実戦 民意の期待値を代表エリートが満たしていないと感じられる時に、いや応なく［　］は台頭する。　　　［学習院大］

<ruby>浪漫主義<rt>ロマンシュギ</rt></ruby> の音楽を鑑賞する。

実戦 西洋近代思潮の産物たる自然主義や［　］を、過去の日本の伝統した古い国語—しかも日常会話の国語—によって、小説の上に表現しようと意志した。　　　［上智大］

文学を <ruby>構造主義<rt>コウゾウシュギ</rt></ruby> 的に分析する。

実戦 ［　］を樹立した大思想家の一人、フランスの文化人類学者クロード・レヴィ＝ストロースは、神話の構造分析をライフワークにした。　　　［駒澤大］

<ruby>自文化中心主義<rt>ジブンカチュウシンシュギ</rt></ruby> はしばしば他者への抑圧を伴う。

実戦 文化相対主義とはまずもって、そうした［　］的な態度に対する批判としてあることを私たちは確認しておこう。　　　［一橋大］

ナチスは <ruby>自民族中心主義<rt>ジミンゾクチュウシンシュギ</rt></ruby> に則り、ユダヤ人を迫害した。

実戦 言語のなかの［　］は、近代の国民国家建設運動のなかで人工的に培養される。　　　［成蹊大］

西洋中心主義を批判して <ruby>文化相対主義<rt>ブンカソウタイシュギ</rt></ruby> を提唱する。

実戦 ［　］は前世紀の人類学に始まり、民族文化の価値を平等視する思想として誕生した。　　　［北星学園大］

★★★

~観
カン

~に対する見方や考え方

+α ある対象に対する考え方が展開される

哲学

★★

右派
ウ ハ

右翼の党派、保守派

+α フランス革命時、議長から見て右側に保守派が陣取ったことによる

社会　the right wing　**対** 左派

★★

左派
サ ハ

左翼の党派、急進派

+α フランス革命時、議長から見て左側に急進派が陣取ったことによる

社会　the left wing　**対** 右派

★★★

資本
シ ホン

事業の元手となるお金
もとで

+α 資本主義を疑うテーマがよく出る

経済　capital　**類** 元手

★★

産業革命
サンギョウカクメイ

18世紀後半にイギリスで始まった、手工業から機械工業への大きな転換

+α 資本主義が広まるきっかけとなった

社会　industrial revolution

★★

搾取
サクシュ

他者の権利を不当に侵害すること

+α 資本主義において資本家が労働者から剰余を奪い取っていると考えられた

経済　exploitation　**類** 収奪

★★★

利潤
リ ジュン

利益、もうけ

+α 場所や時代の価値体系の差異から得られる剰余金

経済　profit　**類** 利益

★★

雇用
コ ヨウ

人を雇うこと

+α 資本家が労働者を雇うこと

経済　employment　**対** 解雇

★★

顧客
コ キャク

商売でのお得意の客

+α ビジネスの対象となる客

経済　クライアント

男女で恋愛 [観]（カン）は異なる。

実戦 法の「ことば」の使い方と日本人の言語 [ ] の間には、思ったよりも深い関係がある。

[大東文化大]

[右派]（ウハ）の政治団体を結成する。

実戦 環境因か生得因という対立軸の中で、生得説が「[ ]」を捉え、環境説が「左派」あるいは「リベラル派」を捉えてきた。

[法政大]

その政治家は [左派]（サハ）政党に所属している。

実戦 [ ] が主張するように、あくまで平等を貫くべきか…

[関西大]

起業には [資本]（シホン）が必要になる。

実戦 巨大商業 [ ] の投入のもとで再開発が進む各地の都市空間は、どこもテーマパークのような様相を強めている。

[埼玉大]

[産業革命]（サンギョウカクメイ）は紡績業の発展から始まった。

実戦 近代社会における中心的な問題は自然に対する技術であったが、それが [ ] となり、その後その影響から重大な社会問題が生ずる。

[東京大]

立場が弱い人から [搾取]（サクシュ）してはいけない。

実戦 かつては労働者の労働力が [ ] されていると盛んに言われた…

[同志社大]

私企業は [利潤]（リジュン）追求を目的とする。

実戦 [ ] の源泉が、機械制工場から、他よりも効率的な技術、他よりも魅力的な製品、他が開拓していない市場など、他との「差異」に移行している。

[学習院大]

技術者を [雇用]（コヨウ）する。

実戦 失業率が高まっている—[ ] を創出できるのは経済成長だけだ…

[新潟大]

[顧客]（コキャク）第一のサービスを行う。

実戦 これからの店は、小さくても主張に理があれば必ず見つけ出され、それを求める [ ] と結びついていくのである。

[立命館大]

0243	★★★	
シ ミン **市民** 一社会		自由かつ平等で、理性に基づく 自律的な判断・行動をする人間
citizen	類 公民	+α 「市民」と「大衆」は対義的に用いられることが多い

0244	★★★	
ジンミン **人民** 一社会		社会を構成する人々
people	類 市民	+α 「人民」は必ずしも単一民族によって構成されておらず近代において人為的に統合された

0245	★★	
キョウコウ **恐慌** 一経済		資本主義経済の混乱状態
panic		+α 1929年の世界恐慌や2008年のリーマンショックに関して、資本主義を疑う評論が多数書かれた

0246	★★★	
キンユウ **金融** 一経済		❶ 金銭の融通 ❷ 金銭の貸し借りのこと
ファイナンス		+α 資金余剰者が資金不足者に対して資金を融通する

0247	★★★	
シ ジョウ **市場** 一経済		物やサービスが商品として 売買される場所やシステム
マーケット		+α 「市場経済システムでは富の不均衡が生じる」ため、経済論でよく出る

0248	★★★	
キ カク **規格** 一経済		社会一般の基準
standard		+α 近代の人間疎外的な工場労働を論じる際に用いられる

0249	★★★	
ボウリョク **暴力** 一社会		乱暴な力、物理的な強制力
violence		+α 他者や自然との関わりを論じる際にポイントになる

0250	★★★	
ゾウ ヨ **贈与** 一社会		他者に物品を与えること
presentation		+α 他者や自然との関わりを論じる際にポイントになる

0251	★★	
カン シ シャカイ **監視社会** 一社会		権力を持つ個人や組織によって、 個人の行動や情報が監視される社会
関 パノプティコン		+α 「個人を情報やデータに還元して管理する社会」という情報化社会論でよく出る

シミン
市民 が権利を求めてデモ活動を行う。

実戦 法の正当性はそれが□□□の〈一般意志＝だれもが欲すること〉であるかどうかによって決まる。 [明治大]

ジンミン
人民 のための政治を行う。

実戦 二つの言葉が、文脈間の転移によって権力者と□□□、エリートと大衆などという社会的な関係を示すものに変わったのであろう。 [早稲田大]

キョウコウ
恐慌 で街に失業者が溢れた。

実戦 国際関係と国内政治の不安定化とが連動したのが戦間期の特徴であり、大□□□によってピークに達しました。 [東京理科大]

キンユウ
政府が 金融 政策を実行する。

実戦 株主主権を前面に押し出した会社システムをけん引車にした米国経済は、九〇年代の□□□革命とIT革命を先導した。 [学習院大]

シジョウ
金融 市場 が規模を拡大した。

実戦 最先端の学術上の成果を、広大な□□□を持つビジネス界で通用する言葉と論理で組み立て、解説、啓蒙するビジネス論文… [愛知学院大]

キカク
国際的な 規格 に合った工業製品を作る。

実戦 作業そのものは単純で、われわれはたちまち、むろん熟練工にはなれずとも、正規の□□□品を作ることができるようになった。 [津田塾大]

ボウリョク
兄弟に 暴力 を振るう。

実戦 江戸の権力空間を混沌に帰してしまう自然の□□□性が江戸の螺旋状の水系に表象されていたと考えることも可能である。 [青山学院大]

ゾウヨ
息子に財産の一部を 贈与 する。

実戦 人間が自然にたいしていつも礼儀深く、感謝の気持ちをおこたらないかぎり、森の神は人間への□□□を続けてくれた。 [東京女子大]

カンシシャカイ
現代は自由が失われた 監視社会 だ。

実戦 フーコーは、こうした権力関係を産出する□□□的な視線の装置（パノプティコン）を近代社会の政治と性の構造を本質的に規定するものとして析出した。 [岩手大]

0252 社会	ショウ ヒ シャ カイ **消費社会** consumer society	★★	社会的な欲求を満たすために 消費が広く行われる社会 **+α** 物の消費からイメージの消費へと変化したと指摘する評論がよく出る
0253 社会	タイシュウシャ カ イ **大衆社会** mass society	★★★	他者に同調するだけの大衆の動向が 強い影響力を持つ社会 **+α**「近代市民社会」と対義的に用いられ、「現代大衆社会」は批判される場合が多い
0254 社会	ジョウホウ カ シャ カイ **情報化社会** information-oriented society	★★★	商品より情報や知識に価値が置かれ、 情報を中心として発展していく社会 **+α**「モノ」を「お金」に変える産業資本主義社会の後、「データ」を「お金」に変える情報化社会が訪れた
0255 社会	コクミン **国民** nation 　**類**人民	★★★	国家を構成し、 その国の国籍を有する者 **+α**「国民」は必ずしも単一民族によって構成されておらず近代において人為的に統合された
0256 社会	フク シ コッ カ **福祉国家** welfare state 　**対**夜警国家	★★	社会保障の充実などによって 国民の福祉の増進を重視する国家 **+α**「市場」による不均衡を調整するのを目的とした国家
0257 言語	シ イ **恣意** arbitrary 　**類**利己	★★★	❶ 勝手気ままであること ❷ 論理的必然性がないこと **+α** 言語論では「言葉は恣意的に世界を分節する」という考えがよく出る
0258 言語	ブンセツ **分節** segment	★★	連続した世界を区切って 理解・認識しようとすること **+α**「世界の分節の仕方が言語によって異なる」という考えがよく出る
0259 言語	ジョジュツ **叙述** description 　**類**描出	★★	❶ 文章の形で述べること ❷ 文章の形で述べたもの **+α** 文学論では「筆者の叙述の特徴」がテーマとなることがある
0260 言語	ゲンセツ **言説** ディスクール 　**類**意見	★★★	❶ 意見や説明 ❷ 意見や説明に用いる言葉 **+α** 特定の社会的・文化的な集団・諸関係に強く結びつき、それによって規定される、言語表現やものの言い方

アメリカは **消費社会** （ショウヒシャカイ）だ。

実戦 日本型□□□は、能力主義と平等主義とを絶妙に調合した教育を基軸に編成された。

[東京経済大]

日本では、戦後の復興を経て **大衆社会** （タイシュウシャカイ）が実現した。

実戦 漫画を□□□の内側で流通し消費されていく物語の典型と見なし、そこに民俗学的対象との類似を求めようとする傾向…

[関西学院大]

情報化社会 （ジョウホウカシャカイ）では、情報そのものが価値を持つ。

実戦 今日の□□□では、プライバシーは監視される人びととの側にあるのではなく、むしろ監視スクリーンの方にある。

[東京大]

金メダルを取り、**国民** （コクミン）的英雄となった。

実戦 「母国語」を自分のものにするときには、その言葉を使いこなす近代□□国家の人間ということになる。

[早稲田大]

北欧には多くの **福祉国家** （フクシコッカ）がある。

実戦 旧来の□□□において企業に課される社会保険料の使用者負担などが重荷に感じられてきている。

[新潟大]

データの **恣意** （シイ）的な切り取りには注意しなければならない。

実戦 競走馬の名前は血統に基づく厳格な規則による部分と、文学的ともいうべき□□的な部分の結合から構成されることになる。

[慶應大]

言語の機能は世界を **分節** （ブンセツ）することだ。

実戦 われわれが生きている世界は日常言語によってすでに□□□化された意味世界である。

[駒澤大]

出来事をありのままに **叙述** （ジョジュツ）した小説。

実戦 たとえ客観的な□□□の形をとっていたとしても、それはあくまでも「よそおわれた三人称」とでもいうべきものなのである。

[法政大]

地球温暖化の原因については様々な **言説** （ゲンセツ）がある。

実戦 「真理」を語る医師たちの科学的□□□自体が、患者の語る感情論の□□□と同じように、言語で構成された世界解釈の一つにすぎない。

[上智大]

0261	記号 キ ゴウ ★★★ 言語 コード 類 符号	ある文化体系の中で 一定の意味を示すもの +α 記号には「表現（シニフィアン）」と「内容（シニフィエ）」がある
0262	含意 ガン イ ★★ 言語 connotation	表面に現れない意味 +α 論理学では、前提命題Aから論理的な帰結として命題Bが成り立つ場合「AがBを含意する」という
0263	一義 イチ ギ ★★ 言語 one meaning 対 多義	一つの意味しか持たないこと +α 学問では多様な解釈を防ぐ「一義的な用語」が求められる
0264	両義 リョウ ギ ★★★ 言語 ambiguity	二つの意味を持つこと +α 相反する「二つの意味」を持つことが多い
0265	多義 タ ギ ★★★ 言語 polysemy 対 一義	複数の意味を持つこと +α 表現は時代や場所によって様々に解釈されうる
0266	外延 ガイ エン ★★★ 言語 extension 対 内包	ある概念が適用される範囲 +α 「具体例」を表す
0267	内包 ナイ ホウ ★★★ 言語 connotation 対 外延	ある概念に共通な性質 +α 「一般的性質」を表す
0268	認識 ニ ンシキ ★★ 言語 cognition 類 知覚	ものごとを捉えて、 判断すること +α 主体あるいは主観が対象を明確に把握すること
0269	解釈 カイシャク ★★ 言語 interpretation	言葉の意味や行動の意図などを 理解すること +α 個人的・恣意的な理解の仕方

数字は数学などで用いられる　[　記号　^{キゴウ}　]　だ。

実戦 発信者はコードを参照しながら伝達内容を「[　　　]化」してメッセージを作る。　［中央大］

彼の話の　[　含意　^{ガンイ}　]　を読み取る。

実戦 「ブラックボックス」には、「入出力関係だけで記述できる」という[　　　]がある。　［専修大］

法令の表現は　[　一義　^{イチギ}　]　的である必要がある。

実戦 こうして、専門用語（術語）や学問用語というものがあらわれる。それらは[　　　]的な方向に明確化された概念語であるといえよう。　［青山学院大］

[　両義　^{リョウギ}　]　的なものの見方が大切だ。

実戦 私は明らかに「私」でありながら「私」ではない曖昧さをまとい、日本語の内部と外部のあいだで戸惑いながら、本質的な[　　　]性を刻印される。　［東京学芸大］

掛詞には　[　多義　^{タギ}　]　的な意味がある。

実戦 彼のアイデンティティ概念は、彼自身明確な定義をおこなわないまま融通無碍に使っていることもあり、じつはきわめて含蓄に富み[　　　]的に見える。　［成蹊大］

惑星という概念の　[　外延　^{ガイエン}　]　は木星や金星などだ。

実戦 「鳥」という概念を満たすものの集合は「鳥」の[　　　]と言われる。　［神戸大］

その計画は大きなリスクを　[　内包　^{ナイホウ}　]　している。

実戦 ある外延を規定する特徴は[　　　]と言われる。　［神戸大］

現状を正確に　[　認識　^{ニンシキ}　]　する。

実戦 カントの考えでは、まず客観存在として世界があり、さまざまな生命体は"制限された仕方"でしか世界の秩序を「[　　　]」できない。　［中央大］

発言の意図を　[　解釈　^{カイシャク}　]　する。

実戦 そもそも〈世界〉とか〈世界の秩序〉というものそれ自体が生命体による何らかの「[　　　]」（遠近法）によってのみ生成されるのだ、という考え方になる。　［中央大］

0270 ★★ ツウ ジ 通時 言語 diachronic 対共時	ものごとを時間的な遷移から 捉えること +α 古典研究は言語の通時態を研究する学問	

★★

ツウ ジ
通時

言語　diachronic　対 共時

ものごとを時間的な遷移から
捉えること

+α 古典研究は言語の通時態を研究する学問

★★

キョウ ジ
共時

言語　synchronic　対 通時

ものごとのある時点での
有様を捉えること

+α 言語研究は共時態を対象にするとされる

★★★

コク ゴ
国語

言語　national language

近代国家で公用語として
認められた言語

+α 「国語（ラング）」は同一言語を用いる個々人の言語
活動を支える、社会制度・規則の体系としての言語

★★★

コ ジンゲン ゴ
個人言語

言語　idiolect

ある個人のみに特有の言語使用

+α 「個人言語（パロール）」は「国語（ラング）」が具体的
に個人によって使用された実体

★★★

ボ ゴ
母語

言語　mother tongue

幼児期に自然に習得した言語

+α 出身国の言葉である「母国語」とは異なる概念

★★★

モ ジ
文字

言語　エクリチュール

伝達や保存のために
言葉を目に見える記号で表したもの

+α 「無文字社会」もあるため、「音声言語」が第一言語、
「文字言語」が第二言語とされる場合もある

★★

オン イン
音韻

言語　vocal sound

その言語で同じと意識されている音

+α 発語語「パロール」と対立するのは、文字「エクリ
チュール」

★★

コトダマ
言霊

言語　the soul of language

言葉に宿っていると
信じられる神秘的な力

+α 言葉がものを存在させるという「認識論」でよく出る

★★★

ブンミャク
文脈

文学　コンテクスト

文章における前後の脈絡

+α 「テクスト論」においては文章の中だけでなく時代
背景や社会背景もコンテクストとされる

言語を 通時_{ツウジ} 的に研究する。

実戦 過去から今日にかけての私の、あるいはあなたの読みの変化は、共時における私と、あるいはあなたと他人との読みの違いの□□□態でありうる。　[愛知県立大]

世界の文明を 共時_{キョウジ} 的に調べる。

実戦 今の私にとって二十歳のときの私が私でありながら他者であるのは、□□□における私と他者との関係に、図形としてはほぼ等しいといえるだろう。　[愛知県立大]

国語_{コクゴ} の勉強は大切だ。

実戦 集団の永続性と緊密性とを保つ上で大きな役割を果たすのは言語であり、共同感情はその多くを共通の言語、とくにラング（□□□、言語体系）に負っている。　[広島大]

自分の 個人言語_{コジンゲンゴ} と共通語のずれを直す。

実戦 公共言語(common language)は、実は□□□(idiolect)—個人が特定の時期にもっている固有の言語使用の習慣—が緩やかに重なり合っている領域のことを指す。　[関西大]

私の 母語_{ボゴ} は日本語だ。

実戦 翻訳という試み、原文と(翻訳者の)□□□との果てしのない対話は、ことによると新しい言葉の在りようへとつながっているかもしれない。　[東京大]

文字_{モジ} によって歴史を書き残す。

実戦 「音声と□□□」ということでいうと、音声は自分の内部にいちばん近いものである。それに対して□□□は、それを書き写したものである。　[青山学院大]

英語の 音韻_{オンイン} を学ぶ。

実戦 やがて、唇を震わせたり、舌を巻いたり、歯に引っかけたりして□□□を増やし、イロハやアルファベットなどの基本音節とした。　[新潟大]

忌み言葉は 言霊_{コトダマ} 信仰に基づいている。

実戦 まだまだ、モノとことば(オト)とはイコールで、ことばを出せばモノが呼び出されるという、コトダマ(□□□)的な感覚をもっている。　[上智大]

語の意味を 文脈_{ブンミャク} の中で捉える。

実戦 人間は物語を生きている存在なのだから、今日が明日につながる□□□を見つけないと明日への希望を抱けない。　[関西大]

0279	ヒョウショウ **表象**	★★	❶ 心に浮かぶイメージ ❷ 表現されたもの
文化	symbol		**+α** 抽象的な概念が具体的な形で表れたもの

0280	コンセキ **痕跡**	★★	**何かがあったことがわかる跡**
文化	trace	**類** 形跡	**+α** 文化やアイデアを説明する表現として使われる

0281	ダ ラ ク **堕落**	★★	**本来あるべき姿を失うこと**
心理	corruption	**類** 腐敗	**+α** より人間的な存在に回帰するという意味で肯定的に 用いられることもある

0282	キ ビ **機微**	★★	**表面だけではわからない微妙な事柄**
心理	subtlety	**類** 陰翳	**+α** 微妙な「心情」や「事情」を表す

0283	ブン カ **文化**	★★★	**民俗や地域で人間の精神活動によって 作り出され、共有されている生活様式**
文化	カルチャー	**類** 文明	**+α** 無意識の思考や行動様式であり、比較しないと意識 できないため、「比較文化論」がよく出る

0284	バイタイ **媒体**	★★	❶ 広く情報を伝えるための手段 ❷ 伝染病などを媒介するもの
文化	メディア	**類** 媒介物	**+α** 中間にあるもの、間に取り入って媒介するもの

0285	ケンゲン **顕現**	★★	**はっきりと現れること**
文化	manifestation	**類** 具現	**+α** 抽象的な概念が具体的な形で現れたもの

0286	グ ゲン **具現**	★★	**具体的な形に現すこと**
文化	embodiment	**対** 概念	**+α** 「具体例」を表す

0287	フウチョウ **風潮**	★★	**世間の移り変わりに従って 変化する時代の傾向**
文化	トレンド	**類** 傾向	**+α** 好ましくないものの意味で使われることが多い

鳩は平和を　ヒョウショウ　**表象**　する。

実戦 「キリストの顔」を描いたイメージとは、オリジナルなき□□□、「不在」それ自体の現前化といってよいだろう。
[早稲田大]

犯罪の　コンセキ　**痕跡**　を探す。

実戦 声の生命は、発し終えられた瞬間に、何の□□□ものこさずに消えてしまうところにある。
[立教大]

酒がもとで　ダラク　**堕落**　した生活を送る。

実戦 利休は、茶の完成者と言うよりは、明らかにその□□□の歴史的な出発点にいた人だと、考えるべきである。
[早稲田大]

就職活動に臨む若者の感情の　キビ　**機微**　を描いた作品。

実戦 歴史とは、文学や年代記の素材にもなった事件を優雅に記録し、ときには詩文で感興を飾り立てながら、われわれに人間関係の□□□を理解させてくれる営みである。
[立教大]

日本の　ブンカ　**文化**　を世界に発信する。

実戦 その地域の生態系に根差したヒトの食生活は、人類の□□□の多様性の源泉でもあった。
[岡山大]

スマートフォンは情報伝達の　バイタイ　**媒体**　だ。

実戦 語られる言葉や書かれた文字にまして、コミュニケーションの中心が、指先から紡ぎ出され電子□□□を通じて相手に送り届けられるメール文字に置かれる。
[名古屋大]

この洞窟は神が　ケンゲン　**顕現**　した場所として有名だ。

実戦 絵画や彫刻を生産するのみならず、その運用の仕方や配し方、すなわち「しつらい」を介して美を□□□させる才能が活躍しはじめる。
[青山学院大]

国際連合は世界平和の理念を　グゲン　**具現**　化した存在だ。

実戦 日本人がもともと親子の間に典型的に□□□する一体関係を最も望ましいものとして理想化するという事実…
[愛知教育大]

他人と同じであることに安心する　フウチョウ　**風潮**　がある。

実戦 一九八〇年代あたりから世界的に顕在化した資本主義の新段階において、反知性主義の□□□は民主制の基本的モードとならざるを得ない。
[大阪大]

0288	★★	ある方向・態度へ向かう様子
ケイコウ **傾向**		
文化 tendency	類 潮流	+α 政治思想的にある特定の方向に偏ること

0289	★★★	長い間繰り返し行ってきた 生活上の決まり
シュウカン **習慣**		
文化 custom	類 慣行	+α 「行動」だけでなく「思考」についても言われることがある

0290	★★★	表に現れているかたちや姿
ケイショウ **形象**		
文化 shape		+α 感覚で捉えたものや心に浮かぶ観念などを具象化すること

0291	★★	心に浮かぶ印象や記憶
シンショウ **心象**		
心理 イメージ		+α 感覚(的要素)が心の中に再生したもの

0292	★★★	❶ 中央 ❷ ものごとの主要なところ
チュウシン **中心**		
社会 center	対 周縁	+α 社会学では「富」や「権力」が集中する部分

0293	★★★	❶ ものの周り ❷ 中央から隔たった辺境
シュウエン **周縁**		
社会 periphery	類 辺境	+α 社会学では「中央」により収奪される部分

0294	★★	民間に伝承してきた風俗・習慣
ミンゾク **民俗**		
社会 folklore		+α 民俗研究から近代国民国家の枠組みを疑う論考が出る

0295	★★★	言語・人種・文化などを共有し、 同族意識で結ばれた人々の集団
ミンゾク **民族**		
社会 race	類 人種	+α 国民とは必ずしも一致しないので、その差異を論ずる文章が出る

0296	★★★	新しく作り出すこと
ソウゾウ **創造**		
芸術 creation	対 模倣	+α 全く何もないところから生み出すのではなく、模倣から生まれる

日本人は内向的な｜傾向（ケイコウ）｜がある。

実戦 国家はその最小化（「小さな政府」）をめざす｜□□□｜にありながらも、個人を規制するものとしては、逆にその存在がより大きくなっている。 ［駒澤大］

早起きの｜習慣（シュウカン）｜をつける。

実戦 ｜□□□｜化された当たり前のことであると捉えられる〈不自由〉〈非自由〉が、ときに「自由」へと、つまり〈理由なき自己決定〉へと打ち開かれる。 ［上智大］

特徴的な｜形象（ケイショウ）｜を備えた土器。

実戦 地霊は遍在するのだが、特定の地の個性、特定の｜□□□｜を以って、特定の霊力を人に発信し続ける例が多い。 ［早稲田大］

小説を読むと、｜心象（シンショウ）｜を思い浮かべてしまう。

実戦 歴史家はある主題についての「｜□□□｜(picture, mental image)」を形成する場合、証拠（史料）にたいして文学者とは違う関係をもつのです。 ［横浜市立大］

日本の経済の｜中心（チュウシン）｜は東京だ。

実戦 革命の｜□□□｜になったのは貴族やブルジョア（富裕な中産階級市民層）である。［東京理科大］

大都会の｜周縁（シュウエン）｜には住宅地が広がる。

実戦 欧州における「｜□□□｜」の革命の余波は、「中心」であるイギリスやフランスにまもなく飛び火していく。 ［東京理科大］

アメリカの｜民俗（ミンゾク）｜音楽を聴く。

実戦 日本人の発想を歴史以前に遡って明らかにしようというのは、柳田国男（一八七五—一九六二）の｜□□□｜学の課題でもあった。 ［法政大］

少数｜民族（ミンゾク）｜を迫害する。

実戦 国民がエトノス（｜□□□｜）ではなくデモス（政治的市民権の担い手）に準拠して定義される。 ［早稲田大］

｜創造（ソウゾウ）｜的な仕事を好む。

実戦 作文は、思考作用の向上と｜□□□｜性の開発のための、基本的な精神活動を訓練するきわめて効果的な方法である。 ［関西大］

0297 芸術	*** モ ホ ウ **模倣** imitation　　圞 真似	まね **真似ること** ➕α 創造の元となるもの
0298 社会	** ソ ウ チ **装置** device　　圞 道具	**目的に合わせて 備えつけられた設備や仕掛け** ➕α ある一定の機能を持った機構のひとまとまりのこと
0299 芸術	*** サ ク ヒ ン **作品** work　　関 テクスト	**制作したもの** ➕α 作者が個性によって創造した「作品」ではなく、作者 と切り離された「テクスト」とする論考が出る
0300 社会	** キ ハ ン **規範** criterion	**判断や行為の基準となる規則や手本** ➕α 道徳的・倫理的に良しとされる内面的価値基準の場 合が多い
0301 社会	*** タ ヨ ウ セ イ **多様性** ダイバーシティ　　対 画一性	**様々な種類があること** ➕α 多様性を価値ある状態として論ずる文章が出る
0302 社会	** チュウ サ イ **仲裁** arbitration	なか だ **和解の仲立ち** ➕α 仲裁は第三者によるため、三者の把握が重要となる
0303 社会	** ホ ウ シ **奉仕** service　　圞 奉公	**社会などのために尽くすこと** ➕α 与える者が最後には大きく成功するという論考もある
0304 社会	** クン リ ン **君臨** reign	**❶ 君主として統治すること ❷ 絶対的な権力を振るうこと** ➕α 「君臨すれども統治せず」という状態もある
0305 社会	** ケ イ ヤ ク **契約** contract　　対 解約	**法律上の効果を持つ約束** ➕α 契約の前提条件として信頼がある

他人の作品を **模倣**〔モホウ〕する。

> 実戦 「型」を◯◯◯◯していくことによって、それをいつか自らの表現に研鑽し、そして「型」を忘れ独自の世界を新たに生み出していく…
> 〔同志社大〕

議会は政治の **装置**〔ソウチ〕である。

> 実戦 技術的な◯◯◯◯によって地下の断層が可視化され、観測◯◯◯◯によって津波の予想が可能になってきて、その正確さが競われる。
> 〔九州大〕

科学は人類最高の **作品**〔サクヒン〕だ。

> 実戦 その書かれた文学◯◯◯◯が言おう、言い表そうと志向することは、それを告げる言い方、表し方、志向する仕方と切り離してはありえない。
> 〔東京大〕

共同体の **規範**〔キハン〕に従う。

> 実戦 子どもは成長の過程で、不用意に、膨大な量の社会性や◯◯◯◯を押しつけられている。
> 〔宮城教育大〕

生物の **多様性**〔タヨウセイ〕を守る。

> 実戦 今日の動向は、生物◯◯◯◯の経済価値に言及し、市場メカニズムによる保全を国際的に協力して行おうとしている。
> 〔慶應大〕

喧嘩の **仲裁**〔チュウサイ〕に入る。

> 実戦 争いの決着は、直接的な力の対決や集団内のボスによる◯◯◯◯などで果たされていたはずです。
> 〔埼玉大〕

奉仕〔ホウシ〕の精神を大切にする。

> 実戦 皆で共同体をつくり、互いに◯◯◯◯する形の社会にすれば、皆が相応の恩恵を得ることができる。
> 〔神奈川大〕

イギリスはかつて覇権国家として **君臨**〔クンリン〕した。

> 実戦 キリスト教が絶対的な真実としてヨーロッパ社会に◯◯◯◯していた間は、霊魂の存在など、そもそも証明する必要のない事実であった。
> 〔法政大〕

一人暮らしのために賃貸物件を **契約**〔ケイヤク〕する。

> 実戦 理性があるために個々人は自然状態において闘争に陥り、理性があるために社会◯◯◯◯を締結してそこから脱却する。
> 〔埼玉大〕

0306 一社会	ソ ゼイ 租税 tax	★★ 類 公租	国などが経費とするために国民から徴収する金銭、税金 **+α** 秩序をもたらす国は生産をしないため、国を成立させるために租税が必要となる
0307 一社会	セイサイ 制裁 punishment	★★ 類 処罰	決まりに背いた者に罰を加えること **+α** 秩序を保つために、秩序を乱した者に制裁を加える必要がある
0308 一経済	ジュヨウ 需要 demand	★★★ 対 供給	必要として求めること **+α** 経済では財に対する購買力の裏づけのある欲望
0309 一経済	キョウキュウ 供給 supply	★★★ 類 提供	必要に応じて与えること **+α** 経済では財(物品)やサービスを提供しようとする経済活動
0310 一社会	フンソウ 紛争 dispute	★★ 対 和解	❶ 争うこと ❷ もめごと **+α** 必ずしも武力を伴わない対立状態
0311 一歴史	ド レイ 奴隷 slave	★★	人権を認められず、強制労働や売買の対象となった人 **+α** 思考を停止して他者の意のままに操られている状態を言う場合もある
0312 一社会	サクリャク 策略 stratagem	★★ 類 謀略	気づかれないように相手を陥れること **+α** 相手を意のままにしようとするという意味で使われる場合もある
0313 一歴史	カクシン 革新 イノベーション	★★ 対 保守	これまでの仕組みを根本から新しくすること **+α** 政治的な対立における一派(左派)
0314 一歴史	ホ シュ 保守 conservatism	★★ 対 革新	昔からの伝統を守り、ものごとを改めることに反対すること **+α** 政治的な対立における一派(右派)

国民は国に〔 租税 〕（ソゼイ）を払わなければならない。

実戦 日本における国民の□□□、社会保障負担率は現在でもOECD各国のなかで最低レベルである。

[新潟大]

法律に違反した政治家に〔 制裁 〕（セイサイ）を下す。

実戦 戦争を憎むべき犯罪だと考えるからこそ、戦争を始めた国家や個人に対して徹底した□□□が必要だ。

[大阪市立大]

インターネット環境の〔 需要 〕（ジュヨウ）が増している。

実戦 文明化が進み、都市化が進み、消費生活が活発になれば総□□□は拡大し、生産もそれにつれて拡大して経済は成長する。

[新潟大]

被災者に物資を〔 供給 〕（キョウキュウ）する。

実戦 □□□側が需要を操作している。つまり、生産者が消費者に「あなたが欲しいのはこれなんですよ」と語りかけ、それを買わせるようにしている。

[同志社大]

領土問題で〔 紛争 〕（フンソウ）が起こる。

実戦 第二次世界大戦と呼ばれる戦争の終結後は、限定された地域□□□をのぞけば史上稀だといわれる「平和」が続くことになった。

[法政大]

資本主義の〔 奴隷 〕（ドレイ）に成り下がる。

実戦 □□□制度においては、人間が生きるうえでもっとも基本的な選択可能性が、ことごとく奪われている。

[上智大]

敵に勝つための〔 策略 〕（サクリャク）を巡らす。

実戦 高田さんが低い声で語るのは、自分よりももっと低い木の声をわれわれに聞かせるための□□□である。

[京都大]

〔 革新 〕（カクシン）的な新製品を開発する。

実戦 しばしば、歴史的伝統を重視し現状を維持しようとする保守主義と、改革を志向する□□□主義が二項対立的に論じられる。

[明治大]

彼女は〔 保守 〕（ホシュ）的な思想の持ち主だ。

実戦 □□□感覚に徹底的に浸透しているからこそ、ひとびとはほんのちょっとだけの「新規さ」を求めるのである。

[早稲田大]

| 0315 社会 | ケンリョク **権力**
 power | ★★★
 類 権威 | 他人を強制し服従させる力
 +α 上から下に従わせようと強制する力 |

| 0316 社会 | ケンイ **権威**
 authority | ★★
 類 権勢 | ある分野で優れていると
 認められていること
 +α 下から上に自発的に従おうとする力 |

| 0317 社会 | セイド **制度**
 system | ★★★ | ❶ 社会的に定められた仕組み
 ❷ 人々が暗黙に従っているもの
 +α 集団や統治者によって決められたものであり、個人
 と対立する場合がある |

| 0318 社会 | バイショウ **賠償**
 compensation | ★★
 類 補償 | 他に与えた損害を償うこと
 +α 損害賠償という形で使われることが多い |

| 0319 経済 | カヘイ **貨幣**
 money | ★★
 類 通貨 | 商品交換の媒体であり、
 価値蓄積を可能とするもの
 +α 現代において貨幣の価値の根拠は「信用」である |

| 0320 経済 | ホウシュウ **報酬**
 reward | ★★ | 働きの対価としての金銭や物品
 +α 脳科学において「報酬系」という神経回路グループ
 が説明される |

| 0321 社会 | コウチク **構築**
 construction | ★★
 対 解体 | 基礎から順に築き上げること
 +α 構築主義とは、現実に本質があるのではなく現実は
 様々なものとの関係によって作られるという考え方 |

| 0322 社会 | カンリョウ **官僚**
 bureaucrat | ★★
 類 官吏 | 国の行政に関わる上級の公務員
 +α 「官僚主義」は批判的に説明される場合がある |

| 0323 社会 | フジョ **扶助**
 aid | ★★
 類 支援 | 力を添えて助けること
 +α 生活扶助は衣食その他の日常生活の需要を満たす目
 的で行われる |

王の [権力 ケンリョク] を使って統治する。

実戦 憲法にその権限の規定のない役所に [　　] が集中し、個々の政治家や利益集団はその [　　] への接近を求めて日々角逐、競争に余念がない。　[学習院大]

行政の [権威 ケンイ] が失墜する。

実戦 古い特権的知識人が死に絶え、いわゆるインテリゲンチャも消滅するなかで、「啓蒙」という [　　] 主義的な言葉も時代遅れになった。　[慶應大]

理不尽な [制度 セイド] に反抗する。

実戦 現実の社会生活のレベルで考えると、問題は [　　] 的に認められた自由時間のなかに権力が介入してくることである。　[名古屋大]

[賠償 バイショウ] 金を支払う。

実戦 松の所有者Bは、Aに対して松の枯死による損害 [　　] を求めて訴えを起こした。　[慶應大]

国家が [貨幣 カヘイ] を発行する。

実戦 [　　] の信用は「みんなが [　　] であると思っているから [　　] だ」という自己循環論法で支えられているにすぎない。　[九州産業大]

顧客に [報酬 ホウシュウ] を要求する。

実戦 人間の場合は「社会的知性」が発達しているので、他者のために何かをすること自体を喜びとして脳の [　　] 系が働く側面がある。　[日本女子大]

社会学の理論を [構築 コウチク] する。

実戦 アイデンティティを、言語行為を通して私たちがつくりつづけるものだとみなす考え方を「[　　] 主義」と呼ぶ。　[三重大]

明治時代の [官僚 カンリョウ] 制について調査する。

実戦 汚職の絶えない既成政党への失望や、保身を優先する [　　] への憤りが、その不満の底にはあるだろう。　[法政大]

相互 [扶助 フジョ] の精神を持って働く。

実戦 血縁や地縁などを基盤とする互酬的な交換に着目し、再分配を通じた相互 [　　] システム…　[慶應大]

★★

無償
ムショウ

報酬がないこと

経済 | free | 対 有償 | +α 報酬はお金以外の要素も含む

★★

負債
フサイ

借金や債務

経済 | debt | 対 資産 | +α 将来的に、他の経済主体に対して、金銭などの経済的資源を引き渡す義務

★★★

日常
ニチジョウ

平凡でありきたりな様子

文化 | ケ | 対 非日常 | +α いつもと同じだと感じること

★★★

非日常
ヒニチジョウ

ありきたりでない様子

文化 | ハレ | 対 日常 | +α いつもと違うと感じること

★★

道具
ドウグ

目的のために利用されるもの

文化 | tool | 類 装置 | +α 道具の使用は人間を特徴づけるものであり、文化の重要な側面

★★★

環境
カンキョウ

周りを取り巻く状況

社会 | environment | 類 周囲 | +α 環境は人間との関わりがあるもののこと

★★★

共同体
キョウドウタイ

地縁や血縁などで
強く結びついた集団

社会 | コミュニティ | +α 「個」との対立が論点となる

★★★

生態系
セイタイケイ

地域の生物と環境から成り立つ、
つながりのある全体

科学 | ecosystem | +α 生態系を重視すると個体が軽視されるとの意見もある

★★

危機
キキ

危険で不安なときや状態

社会 | crisis | 対 好機 | +α 不測の危険な状態

土地を **無償**（ムショウ）で貸与する。

実戦 子育てとは ___ の愛情であり、家族からのプレゼントも日ごろの労働への報酬ではなく、心からの愛情や感謝の印である。 [近畿大]

事業の失敗で莫大な **負債**（フサイ）を負う。

実戦 規制をなくして、___ でもなんでも証券化し、世界のあらゆる部分を市場で覆い尽くそうとする。 [九州産業大]

平凡な **日常**（ニチジョウ）を過ごす。

実戦 いまや調理という作業と能力も代行される傾向にある。かつてのレストランのようにハレの日にではなくて、まさに ___ 的にである。 [熊本大]

非日常（ヒニチジョウ）的な体験に憧れる。

実戦 身体技法の微妙な変化によって、秩序立ったケの均衡を、___ 的なハレの世界へと自在に変質させる。 [日本女子大]

人類の特徴は **道具**（ドウグ）の使用にある。

実戦 人間とは、___ や技術を使う動物であり、道具や技術の利用にこそ人間と動物の違いがある。 [早稲田大]

環境（カンキョウ）の急激な変化で体調を崩す。

実戦 我々の行為は単に我々自身から出るものでなく、同時に ___ から出るものである。 [東京大]

地域 **共同体**（キョウドウタイ）の維持を目指す。

実戦 近代社会は、個人を伝統的 ___ の桎梏から脱出させ、それまでの地域性や歴史性から自由な主体として約束した。 [東京大]

生態系（セイタイケイ）を保護する。

実戦 ___ は生物共同体であり、その安定が乱されるならば、多くの種の存続が脅かされる。 [東京大]

彼女との関係は **危機**（キキ）的な状況である。

実戦 日本では二〇〇八年の世界金融 ___ 以降、消費が冷え込みましたが、二〇一〇年あたりから少しずつ消費が上向きになりました。 [東京理科大]

0333	★★	
ヒ ジュン **批准**	条約に対して、 国家として正式に同意すること	
社会　ratification　類 調印	**+α**「批」とあるが、同意である点に注意する	

0334	★★★	
レ キ シ **歴史**	❶ あるものごとの変遷の経過 ❷ あるものごとの変遷の記録	
歴史　history	**+α**「物語」と因果関係を構成する点で似ているが、証拠 に基づく点で異なる	

0335	★★★	
ト シ **都市**	政治・経済・文化の中心で、 人口が集中している地域	
社会　city　対 田舎	**+α** 一極集中の利点と問題点が論点となる	

0336	★★★	
イ ミン **移民**	他国に移り住む人々	
社会　immigrant　対 先住民	**+α** 移民を受け入れるかどうかが論点となる	

0337	★★★	
ナンミン **難民**	迫害を恐れて 他国に逃げてきた人々	
社会　refugee	**+α** 移民と異なり難民の保護は国際社会に対する責務を 伴いより複雑になる	

0338	★★★	
ビョウドウ **平等**	差別などがなく、 みな等しいこと	
社会　equality　対 差別	**+α**「自由」との対立が問題点となる	

0339	★★★	
ケン リ **権利**	あるものごとを自由に行える 資格・能力	
社会　right　対 義務	**+α**「権利」には「義務」が伴う	

0340	★★★	
キョウイク **教育**	人を成長させるために 知識や一般教養を授けること	
文化　education	**+α**「平等」を理想として論が展開される	

0341	★★★	
ヨウイク **養育**	養い育てること	
社会　nurture　類 扶養	**+α**「養育」を受けられない子供たちが論点となる	

環境保護に関する条約を **批准**（ヒジュン）する。

> **実戦** 難民条約の□□□（一九八一年）を大きな転機として、ようやく日本においても社会権は国籍をもたない市民によっても享受されるようになった。　[早稲田大]

京都の町には長い **歴史**（レキシ）がある。

> **実戦** □□□的事実は過去のものであり、もはや知覚的に見たり聞いたりすることはできませんので、その「実在」を主張するためには、直接間接の証拠が必要とされます。　[東京大]

都市（トシ）に人が集中する。

> **実戦** わが国の□□□文化は、明確に、高度情報化軸と生産・消費軸を中心に大衆文化が支配的な社会になった。　[東洋大]

移民（イミン）の受け入れを決定する。

> **実戦** 英国では二〇一四年の欧州議会選挙で主権回復と□□□の権利制限を訴える英国独立党（UKIP）が二大政党の得票率を上回った。　[学習院大]

難民（ナンミン）の保護を求める。

> **実戦** 二〇一五年に拡大した□□□流入も、治安・生活上のセキュリティー不安を高めている。　[学習院大]

教育機会の **平等**（ビョウドウ）を求める。

> **実戦** 二〇世紀に進んだ□□□化や民主化は、二度にわたる世界大戦による総動員が契機となっている。　[早稲田大]

国民としての **権利**（ケンリ）を主張する。

> **実戦** プライバシーとは「自己に関するイメージを自らコントロールする□□□」だとする見方がある。　[学習院大]

教育（キョウイク）格差は深刻な問題だ。

> **実戦** 科学の進展とともに、自然科学については、自由な研究や□□□が認められるようになっていった。　[一橋大]

子供を引き取って **養育**（ヨウイク）する。

> **実戦** 日本の物語においては、神聖な存在はしばしば未完成のものとして現われ、人間によって□□□された。　[中央大]

動物を [虐待 ギャクタイ] する。

実戦 近隣社会に露出したプライバシーの少ない環境であれば、DVや□□□が死に至るほど深刻化するまでに、第三者の介入があっただろう。 [埼玉大]

学生の成績について [統計 トウケイ] をとる。

実戦 サービス産業の定義にもよるが、先進諸国ではすでに就業人口の三〇％に到達しているという□□□もあり、情報社会が転換し始め次期社会へ移行しつつある。 [上智大]

君が勝つ [確率 カクリツ] は高い。

実戦 今朝のニュースが、今日の午後からの降水□□□を七十パーセントと告げていた。[広島大]

[工学 コウガク] の発展が生活を豊かにした。

実戦 また最近では、情報□□□で、より効率的なビッグデータの処理や言語検索のシステムが開発されています。 [法政大]

実験で [電磁波 デンジハ] を計測する。

実戦 太陽は今日、巨大な原子炉として、その陽光は或るスペクトル帯の□□□として、その昇天と日没は大地の廻転としてみられるのである。 [大阪大]

[自然 シゼン] に親しんだ生活を送る。

実戦 ダーウィンが進化論を唱えて、「猿が人間を生む」と主張したとき、□□□もまた同じことの繰り返しではないという不可逆型の□□□像が復活した。 [神奈川大]

環境は [人為 ジンイ] 的に破壊されている。

実戦 陶芸の場合、□□□では制御しきれない面、偶然に任せねばならない面がある。 [北海道大]

彼は [本能 ホンノウ] の赴くままに行動する。

実戦 ほとんど□□□的とでもいっていいような内的性向が人間、誰にでもある。 [大阪大]

図書館で資料を [検索 ケンサク] する。

実戦 広告収入額をもって、グーグルの□□□サービスが生み出した価値とみなすのは間違っている。 [東京学芸大]

カ ヘン
可変
★★★

工学

variability
対 不変

変えることができること

+α 生命や自然について言われることが多い

ヒ ガン
彼岸
★★★

宗教

the other world
対 此岸

❶ 向こう側
❷ 悟りを開いた境地

+α 「川を挟んで向こう岸」から来ている

シ ガン
此岸
★★★

宗教

this world
対 彼岸

❶ こちら側
❷ 現実世界

+α 「川を挟んでこちらの岸」から来ている

シン ワ
神話
★★★

宗教

myth

根拠はないが
一般に信じ込まれてきた事柄

+α 「神話」に一定の価値を見出す評論もある

シンポウ
信奉
★★

宗教

believe
類 信仰

ある主義や宗教などを最上のものと
信じて崇め、従うこと

+α 宗教以外にも使用することがある

ギ レイ
儀礼
★★

宗教

courtesy

一定の形式に則って行われる行為

+α 文化的な意義を明確に表現し、心に強く刻み込む働きを持つ

シュクサイ
祝祭
★★

宗教

celebration

あることを祝う祭り

+α 文化的な連帯意識を植えつけるための儀礼

ム ジョウ
無常
★★

宗教

transient
対 常住

変わらないものはないということ

+α 無常観とは、変化することを前向きに捉え、そこに美を見出す考え方

セイトウ
正統
★★★

宗教

オーソドックス
対 異端

元々の教えを受け継いでいて、
正しいと認められていること

+α 正統性とは、政治権力が最終的に支配として確立し、権威化されることを正当化する概念

アメーバは 可変(カヘン) 的な性質を持つ。

実戦 生命は、たえず流転し、変化し、柔らかく、□□的で、美しいものだ。 [法政大]

宗教は科学の 彼岸(ヒガン) にある。

実戦 □□への命綱のごとく、言葉は自分を他人につなぐ唯一の手段なのだ。 [中央大]

花を摘みに 此岸(シガン) から彼岸へ向かう。

実戦 □□と彼岸を結ぶ橋は、二つの世界が交差する境界であるがゆえに、そのどちらにも帰属しない宙吊りの場所でもある。 [西南学院大]

そのチームの不敗 神話(シンワ) は崩れた。

実戦 □□は、理解しがたい自然の事象に対し、それと人間の世界とを調停する手段であるとレヴィ=ストロースはいう。 [北海道大]

日本人はマスクを 信奉(シンポウ) する。

実戦 西洋人は、東洋の文明が自分たちより遅れたものと受けとめただけでなく、またその位置づけが、正当なものであると合理化する哲学を□□していました。 [早稲田大]

宗教的な 儀礼(ギレイ) を執り行う。

実戦 個々の文化に閉じた身体技法や□□には、その文化にそってしか理解できない慣習的意味がある場合が少なくない。 [明治大]

豊作の 祝祭(シュクサイ) をあげる。

実戦 旅が「場」の顕在化を意味したというなら、旅とはすでに□□的である。というより、日常と□□の意識化が旅なのだ。 [上智大]

世の中は諸行 無常(ムジョウ) だ。

実戦 □□観は水の流れという現象に着目してその不可逆性を抽出した。 [中京大]

保守の 正統(セイトウ) を受け継ぐ。

実戦 ポピュリズム政党は、自らが「人民」を直接代表すると主張して□□化し、広く支持の獲得を試みる。 [弘前大]

★★★

異端
イタン

一宗教

heresy 　　対 正統

正統でない学説や宗教

+α 「正統」の側が自らを権威づけるために他の考え方を「異端」とすることもある

★★

犠牲
ギセイ

一宗教

sacrifice

他の利益になるために損害を受けることやその損害

+α 元々は神や精霊などを祀るときの生贄であった

★★

擬制
ギセイ

一社会

fiction

本当は異なるものを同一のものとみなすこと

+α 法律上同一とみなすこと。同音意義語に注意

★★

思索
シサク

一哲学

thinking 　　類 思案

本質を知るために深く考えること

+α 言語を用いて、論理的に筋道を立てて考えること

★★

観念
カンネン

一哲学

idea 　　対 実在

ものごとに対して抱く考えやイメージ

+α 「概念」は客観的であるのに対し、「観念」は主観的

★★★

機械論
キカイロン

一科学

mechanism

機械的な因果関係によって自然界での出来事を説明する立場

+α 機械論は無機的にものごとを扱い、有機的な生命とは反対の捉え方をする

★★★

要素論
ヨウソロン

一科学

reductionism

現象を要素まで分析して理解することで、現象を説明しようとする立場

+α 現象は要素が集まってできたものだとして、「要素に還元する」という考え方をする

★★★

複雑系
フクザツケイ

一科学

complex system

多くの要素から構成され、要素どうしが複雑に絡み合った系

+α 要素論に基づく近代科学に対して、複雑なシステムそのものを研究する複雑系の科学が生まれた

★★★

心身二元論
シンシン ニ ゲンロン

一科学

mind-body dualism

精神と身体は別であるとする考え

+α 心身二元論は現代において批判され、身体にも心的機能を見出す考え方もある

イタン
異端 者を迫害する。

> 実戦 人文学・社会科学においては、同時代人から「□□□」とみなされていた学説や理論が、後世の常識となったものは多い。 [東京理科大]

戦争の **ギセイ**
犠牲 となる。

> 実戦 また「□□□」という漢語については、犠は色の純なるものを指し、牲は完全な形のものをいうとされており、ともに牛偏が用いられている点が重要である。 [同志社大]

他民族を統治するには国家という **ギセイ**
擬制 が必要だった。

> 実戦 「みんなで決めた」という□□□が支配する結果、決定に対する責任の所在が曖昧になる。 [立教大]

人生の意味を **シサク**
思索 する。

> 実戦 私たちの□□□は、私たちがそのなかで生まれ育った文化や伝承の枠のなかでなされるものです。 [駒澤大]

固定 **カンネン**
観念 にとらわれて判断を誤る。

> 実戦 記号や□□□の受け取りには限界がない。だから、記号や□□□を対象とした消費という行動は、けっして終わらない。 [上智大]

医学は **キカイロン**
機械論 に依拠している。

> 実戦 端的に言って□□□哲学は、生命を機械と比較し、その余剰（「動物＝機械」ではないもの）として近代的な「人間」を浮かび上がらせる仕掛けである。 [早稲田大]

ヨウソロン
要素論 の考えには限界がある。

> 実戦 □□□：複雑なものを構成要素に区分して、実在の構造と知識の根拠を調べるといった、後年のラッセルの方法… [岡山大]

人体は **フクザツケイ**
複雑系 だ。

> 実戦 人間は□□□であり、個々の人ごとに体質や体調が異なっている。 [中央大]

シンシンニゲンロン
心身二元論 は科学の発展に貢献した。

> 実戦 ここで活動する身体というのは、在来の□□□の、精神と区別された物体として捉えられた身体のことではない。 [國學院大]

0369 科学	ユイブツロン **唯物論** ★★ materialism 　対 唯心論	万物の本質は物質だとする考え方 +α 精神や意識も物質の作用によるという考え方
0370 哲学	ドク ガ ロン **独我論** ★★ solipsism 　類 唯我論	実在するものは自我だけで、その他は自己意識の中の存在だとする考え +α 他者との関わりの中で批判されることが多い考え方
0371 科学	ゲンリ **原理** ★★★ principle	ものごとの根本となる仕組み +α 抽象的にものを考えるときのポイント
0372 科学	ホウソク **法則** ★★★ law	一定の条件のもとで成立する事物の相互関係 +α 抽象的にものを考えるときのポイント
0373 哲学	ジッゾン **実存** ★★ existence	❶ 実際に存在すること ❷ 人間が個別具体的に存在すること +α 抽象的な観念論や本質主義を批判する考え方
0374 哲学	タイグウ **対偶** ★★ contraposition	「pならばqである」に対して、「qでなければpでない」という形の命題 +α 本文に書かれている内容の「対偶」の選択肢は正解
0375 科学	ハンショウ **反証** ★★★ disproof	主張に対して根拠を示して否定すること +α 「AならばB」に対して、「Aであって、Bでない例」を挙げて反論する
0376 哲学	ヒ ハン **批判** ★★★ criticism	ものごとを検討し判定や評価をすること +α 「プラス面」を評価するのも「批判」といえる
0377 哲学	ドウトク **道徳** ★★★ モラル	善悪を判断し、正しく行動するための規範 +α 法律と一致する部分と一致しない部分が論点となる

唯物論（ユイブツロン）的な思想を批判する。

実戦 実験に出て来ない観念は使わないというのが、往々実証主義的に曲解されてはいるが、しかし実は____的な、最近自然科学のモットーなのだ。 ［立命館大］

独我論（ドクガロン）において信頼できるのは自分の心だけだ。

実戦 ____を批判するためには、他者を、あるいは、異質な言語ゲームに属する他者とのコミュニケーションを導入するほかない。 ［早稲田大］

てこの**原理**（ゲンリ）を説明する。

実戦 展示構成の____は、意図をはっきりさせ、それをできるだけ正確にうったえることである。 ［同志社大］

自然科学の**法則**（ホウソク）を理解する。

実戦 捕食圧をほとんど受けないということは、食物連鎖という生態学的____の拘束を受けないということだ。 ［関西学院大］

実存（ジツゾン）主義の思想を学ぶ。

実戦 歴史は、個別的な____の代替不可能な唯一性（孤独）を、何度も反復されてきた同じ役割や、同じ意味のなかに位置づけてしまう。 ［立教大］

命題が真ならば、その**対偶**（タイグウ）も真となる。

実戦 「Pならば、Qである」という命題があるとき、「Qでないならば、Pではない」という命題を____という。 ［慶應大］

彼の主張の**反証**（ハンショウ）を挙げる。

実戦 同じ結果が、帰因のしかたによって、いただいている仮説の検証にも____にもなるのである。 ［法政大］

彼の言動を**批判**（ヒハン）する。

実戦 連立政権の不安定さを強調するのではなく、政治の体質が変わる可能性に目を向けて評価し、____する態度が必要だろう。 ［法政大］

彼の犯罪は**道徳**（ドウトク）観の欠如が原因だ。

実戦 遺書の中で「先生」は同郷の幼馴染みのKの半生を回想しながら、自らの____観を検証する。 ［富山大］

★★★

倫理
リンリ

一 哲学

ethics 　　類 道徳

善悪の基準となる行動規範

+α 倫理学とは「良い生き方とはどのようなものか」を
追究する学問

★★

実体
ジッタイ

一 哲学

entity 　　対 概念

**そのものの基本を作る、
具体的なもの**

+α 客体として認識できるもの

★★★

関係
カンケイ

一 哲学

relation 　　類 関連

**事物が互いに関わり合うことや、
その関わり合い**

+α 物事を実体から捉えようとする「実体論」を批判し、他の
物事との関係から捉えようとする「関係論」が主張される

★★

感覚
カンカク

一 哲学

sense 　　類 感性

外界からの刺激を感じ取る働き

+α 「知覚」される前の刺激

★★

知覚
チカク

一 哲学

perception 　　類 感受

**感覚によって、
対象を捉えたり区別すること**

+α 「感覚」された刺激の種類を意味づけること

★★

経験
ケイケン

一 哲学

experience

**❶ 実際に見たり、聞いたりすること
❷ 実際の見聞によって得られた知識**

+α 感覚や知覚によって直接的に与えられるもの

★★

可能性
カノウセイ

一 哲学

possibility 　　類 蓋然性

**❶ ものごとが実現できる見込み
❷ 事実がそうである見込み**

+α プラスイメージのときによく使われる

★★

現実性
ゲンジツセイ

一 哲学

actuality

現実に存在するものの性質や特徴

+α ものごとの実際に起こりうる可能性

★★★

潜在
センザイ

一 哲学

potential 　　対 顕在

表面には現れず内側に存在すること

+α 無意識に関して用いられる場合がある

遺伝子組み換えには [倫理]（リンリ）的な問題がある。

実戦 幸福が善と堅く結びつき、幸福が□□□学—人間はいかに生きるべきかを問う学問—の重要きわまる概念をなす。 [早稲田大]

民主主義の [実体]（ジッタイ）を考える。

実戦 科学は、混沌とした世界に、法則やそれを担う分子機構といった何かの□□□、つまり「形」を与えていく人の営為と言える。 [東京大]

職種は年収に [関係]（カンケイ）する。

実戦 ある□□□の文脈のなかに据えられた人間のすべての所作は、その□□□をともに生きている者にとってなんらかの表情をおびている。 [成城大]

寒さで指の [感覚]（カンカク）がなくなる。

実戦 □□□とはあくまでも、相互行為の当事者たちが生きている一人称現在の直接経験である。 [成城大]

明るさの変化を [知覚]（チカク）する。

実戦 □□□が事物の事実的性質を「感じる」という仕方で捉えるのにたいし、情動は事物の価値的性質を「感じる」という仕方で捉えるように思われる。 [青山学院大]

長年の [経験]（ケイケン）をもとに判断する。

実戦 携帯に装備されたデジタル写真装置での撮影は、これまでの写真装置による撮影とはまったく異質な身体的□□□となっている。 [早稲田大]

事業が成功する [可能性]（カノウセイ）を計算する。

実戦 地理的、空間的な価値観を離れて、新しい別の脱システム的□□□を拓かなければ、今の時代、冒険をおこなうことは難しくなっている。 [法政大]

彼の意見は [現実性]（ゲンジツセイ）に乏しいことが多い。

実戦 親しくない領域、未知の、到達できない彼方は□□□がうすれるところであり、ついに人間が怪物にとってかわられるような世界になる。 [早稲田大]

訓練で [潜在]（センザイ）能力を引き出す。

実戦 国民国家は、その身分的な差異をとり払うことで、住民たちを同質化し、□□□的な国家暴力の担い手としたのである。 [早稲田大]

0387		★★★	
	ケン ザイ **顕在**		表面に現れて、はっきりと存在すること
哲学	actual existence	対 潜在	+α 意識化されている状態を言う場合がある

0388		★★	
	ケイ ジ ジョウ **形而上**		❶ 形を持っていないもの ❷ 感性的経験で認識できないもの
哲学	metaphysical	対 形而下	+α 形而上学は抽象的な観念や概念を扱う学問

0389		★★	
	ケイ ジ カ **形而下**		❶ 形を持つもの ❷ 感性的経験で認識できるもの
哲学	physical	対 形而上	+α 身体的・物質的なあり方を扱う

0390		★★	
	チョッカン **直観**		推測をせず、直接に対象を捉えること
哲学	intuition	類 直覚	+α 論理によらずにものごとを捉えること

0391		★★★	
	ホウ ホウ **方法**		目的を達成するための手段
哲学	method	対 目的	+α 真理に到達するための考えの進め方

0392		★★★	
	タ シャ **他者**		❶ 他人 ❷ あるものに対して存在するもの
哲学	others	対 自己	+α 異なる考え方や前提を持つ存在である

0393		★★★	
	ノウ シ **脳死**		脳の働きが完全に停止した状態
医学	brain death		+α 人間の生は「精神」と「身体」のどちらにあるのかという論点を生み出す

0394		★★★	
	カ チ **価値**		役に立つ度合いや値打ち
哲学	value	対 無価値	+α 他との「差異」によって生み出される

0395		★★★	
	カ ギャク **可逆**		元通りに戻せること
哲学	reversible	対 不可逆	+α 近代以前の時間を説明するキーワード

計画の問題点が [顕在]（ケンザイ）化する。

実戦 日米貿易摩擦に代表されるような経済摩擦は、□□□的で観察可能な現象であり、すぐさまその解決が求められる類いの問題である。
[関西大]

[形而上]（ケイジジョウ）学的な議論をする。

実戦 「音楽家を納得させる語彙」の第一条件は、□□□学的でないこと、つまり身体的であることだという印象がある。
[法政大]

[形而下]（ケイジカ）の問題のみを扱う。

実戦 フィチーノは飽くまで形而上学として魂の問題を論じたのであって、肉体的結合があるかないかなどという□□□的な問題を云々したのではない。
[神奈川大]

[直観]（チョッカン）的に真実を悟る。

実戦 自動車が、二〇世紀を代表することができる、とわれわれが□□□するのはなぜだろうか。
[早稲田大]

空を飛ぶ [方法]（ホウホウ）を考える。

実戦 哲学において重要なのは、物の見方であり、考え方であり、□□□である。
[広島大]

[他者]（タシャ）を思いやることが大切だ。

実戦 すべての人間があらゆる点で同一の規範に従うとすれば、この意味での□□□は存在しないことになる。
[九州大]

[脳死]（ノウシ）と死の違いを定義する。

実戦 ドナーの臓器は亡くなったばかりの「新鮮な」ものであることが不可欠であったので、「□□□」という、死の概念についての定義づけ変更さえおこなわれている。
[神戸大]

この本には読む [価値]（カチ）がある。

実戦 人類の歴史における商人の役割は、遠隔地などの間における□□□体系の差異を発見し、そこから利潤を獲得することであった。
[東京学芸大]

画像データを [可逆]（カギャク）的に圧縮する。

実戦 日常の中の試煉と□□□的な相互関係と内面的葛藤とそして他者性の包摂とを含む、この緊張した過程…
[神戸大]

0396 哲学	**不可逆** _{フ カ ギャク} ★★★ irreversible　　対 可逆	元通りに戻せないこと +α 近代的・西洋的な時間を説明するキーワード
0397 哲学	**自我** _{ジ ガ} ★★★ エゴ　　対 他我	周りの世界と区別され、 違った存在として意識される自分 +α 自立的な自我を疑う論が多い
0398 哲学	**他我** _{タ ガ} ★★★ the problem of other minds	他人の意識 +α 他者理解のキーワード
0399 哲学	**相貌** _{ソウ ボウ} ★★ looks　　類 形相	❶ ものごとのありさま ❷ 顔のありさま +α 見る者の関心に従って変化する姿
0400 哲学	**形相** _{ケイ ソウ} ★★ エイドス　　対 質料	アリストテレス哲学における 事物そのものの形 +α 実物と分かちがたく結びついている本質

COLUMN

「評論用語」ってどうやってできたの?

　評論文重要語というのは、近代になって西洋から輸入された言葉を翻訳するために作られた言葉が多いです。例えば、「society」という概念を伝えるとき、福沢諭吉は始めに「ソサエチー」と書き、次第に「仲間連中」や「人間交際」という訳語を当てるようになりました。それがだんだんと「社会」という訳語に統一されていったのです。

　このように、近代日本の知識人たちが試行錯誤の末に作りだした

時間の経過は　不可逆（フカギャク）　的である。

実戦 日本のような先進諸国では、識字率の向上と女性の高学歴化、社会参加とともに、晩婚化や無姻化が進み、もはやそれは　□□□　的な傾向となっている。　　　　　　　[立命館大]

子供の　自我（ジガ）　の目覚めに悩まされる。

実戦 おのずから理性的であるような、孤立し、それ自身に完結した「□□□」なるものは存在しない。　　　　　　　　　　　　　　　　　　　　　　　　　　　　　[お茶の水女子大]

他我（タガ）　問題について考える。

実戦 「私（＝自我）」とまったく同じではないが、「私」と同じようなXを持っている（ように見える）存在（＝□□□）…　　　　　　　　　　　　　　　　　　　　　　　[関西学院大]

事態は恐ろしい　相貌（ソウボウ）　を見せ始めた。

実戦 □□□を知覚するとは、その概念のもとに開ける典型的な物語をそこにこめて知覚することにほかならない。　　　　　　　　　　　　　　　　　　　　　　　　　　　[神戸大]

テーブルの　形相（ケイソウ）　は「平面に四つの脚をつけたもの」である。

実戦 諸存在は固有の目的や□□□を実現する本性をもつとするアリストテレス自然学…　　　[早稲田大]

言葉が評論文重要語なのです。そして、それらの訳語は漢字の母国である中国にも伝わり、現在の中国では日本で作られた訳語が数多く使われています。

　「漢字は中国から輸入されたものだ」と思っていた人も多いと思います。ところが、実は日本で作られた訳語が中国に逆輸入されていることもあるというのを知っておくといいですね。

CHAPTER

文学的文章
重要語300

文学的文章を読むときには、登場人物の心情を捉える必要があります。
心情を表す言葉はプラス心情なのか
マイナス心情なのかに留意する必要があります。
また、文学的文章を読むときには作者の表現の特徴を
捉えながら読む必要もあります。
小説の表現技法にはどのようなものがあるのかを覚えておきましょう。

SECTION ❶ 心情を読むための言葉

0401 心理	気の置けない ★★ （キ）（オ） 類 気の許せる	気を使う必要がないさま +α 「プラス心情」を表す
0402 心理	懐かしい ★★★ （ナツ） nostalgic　類 古き良き	慣れ親しんだものや人を思い出して 心惹かれること +α 「プラス心情」を表す
0403 心理	惹かれる ★★★ （ヒ） be attracted　類 魅了される	魅力を感じて 心がひきつけられること +α 「プラス心情」を表す
0404 心理	慕う ★★★ （シタ） adore　対 疎む	そばにいたいと思うこと +α 「プラス心情」を表す
0405 心理	愛でる ★★ （メ） love　類 愛おしむ	可愛がること +α 「プラス心情」を表す
0406 心理	快哉 ★★ （カイサイ） delight　類 熱狂	愉快だと思うこと +α 「プラス心情」を表す
0407 心理	屈託のない ★★ （クッタク） carefree　類 暢気	憂いがなく晴れやかな様子 +α 「プラス心情」を表す
0408 心理	あっけらかんと ★★ carefree　類 恥ずかしげもなく	何事もなかったかのように、 平気でいる様子 +α 「プラス心情」を表す

家族と 気の置けない〔キのオけない〕 時間を過ごす。

実戦 ＿＿＿、いたって行き届いた人らしいといって賞めていた。 ［センター］

昔のアニメを見て、懐かしい〔ナツかしい〕 思いになった。

実戦 立ち上がってくる匂いは、なぜか＿＿＿感じがする。 ［広島大］

故郷の風景に心を 惹かれる〔ヒかれる〕 。

実戦 我々は師父のあの弱さの中に見られるある悲劇的なものに＿＿＿のではないか。 ［琉球大］

赤ん坊が母を 慕う〔シタう〕 。

実戦 さて此の田舎を後にして東京へ行っても、又田舎を＿＿＿ようになるだろう。 ［南山大］

小鳥を 愛でる〔メでる〕 。

実戦 京都の景観を「美しい」と言挙げして＿＿＿私たち日本人… ［立命館大］

日本代表の勝利に 快哉〔カイサイ〕 を叫ぶ。

実戦 なぜ、運命や過酷さ、＿＿＿の叫びや無念のうなり声を聞き取ることができないのだろうか。 ［松山大］

少女は 屈託のない〔クッタクのない〕 笑顔を浮かべた。

実戦 ＿＿＿ほめ言葉を聞くと、無神経な手で首筋を撫でられるような心地がした。 ［東北大］

彼は怒られても あっけらかんと している。

実戦 通りすがりの者に、炭の達磨と化したその姿を思い、＿＿＿笑い、しゃべるのが、不思議だった。 ［大阪大］

0409 ★★★ **厚意** コウイ 心理 kindness　類 配慮	思いやりのある心 +α「プラス心情」を表す	

| 0410 ★★ **安堵** アンド
心理 relief　類 放心 | 気がかりなことがなくなり、
安心すること
+α「プラス心情」を表す |

| 0411 ★★ **息をつく** イキ
心理 take a rest | ❶ ちょっと一休みすること
❷ ほっとすること
+α「プラス心情」を表す |

| 0412 ★★ **胸をなでおろす** ムネ
心理 feel relieved | 心配や不安がなくなり、
安心する
+α「プラス心情」を表す |

| 0413 ★★ **僥倖** ギョウコウ
心理 luck　対 奇禍 | 思いがけない幸運
+α「プラス心情」を表す |

| 0414 ★★★ **羨む** ウラヤ
心理 envy　類 嫉む | 自分もそうなりたいと願うこと
+α 基本的に「プラス心情」を表すが、「マイナス心情」を
表す場合もある |

| 0415 ★★ **憧憬** ショウケイ
心理 yearning　類 讃美 | 憧れること
+α「プラス心情」を表す |

| 0416 ★★ **脱帽する** ダツボウ
心理 take one's hat off　類 舌を巻く | 尊敬の気持ちを表すこと
+α「プラス心情」を表す |

| 0417 ★★★ **恍惚** コウコツ
心理 rapture　類 心の高まり | 心を奪われうっとりする様子
+α「プラス心情」を表す |

友人の┌コウイ┐で甘える。
　　　　└厚意┘

実戦 三町ばかりの交番へ使いに行くぐらいの□□□のある男が、きっと弥次馬の中に交っている。

[関西学院大]

子供の無事を聞いて┌アンド ┐する。
　　　　　　　　　　└安堵 ┘

実戦 私はそんな親子のいる家庭をひどくなつかしいもののように想像して、□□□の微笑を禁じ得なかった。

[岡山大]

緊迫した状況で┌イキをつく┐間もない。
　　　　　　　└息をつく ┘

実戦 仲間の誰かが自分の性を笑い話にするようなことがあると初めて□□□。

[福岡大]

台風が去って┌ムネをなでおろす┐。
　　　　　　└胸をなでおろす┘

実戦 源氏はそうした事態に、藤壺との罪が不問に付されたとして□□□。

[早稲田大]

戦地から生きて帰れたことは┌ギョウコウ┐だ。
　　　　　　　　　　　　　└僥倖 ┘

実戦 あんな恐ろしい生死の境の中から生きる事を□□□しなければならない運命…

[南山大]

成功した友人を┌ウラヤむ┐。
　　　　　　　└羨む ┘

実戦 「□□□」とは「ウラすなわち心が病むこと」、「裏切る」とは「ウラすなわち（相手の）心を切ること」だ。

[清泉女子大]

西欧の暮らしに┌ショウケイ┐する。
　　　　　　　└憧憬 ┘

実戦 一億人の遠い□□□が束になって降りかかるのを一身に、そう、倒れたら毀れてしまいそうなあの華奢なからだひとつで、受け止めながら！

[立命館大]

彼の勇気ある行動に┌ダッボウする┐。
　　　　　　　　　└脱帽する ┘

実戦 漱石先生の眼識の高さに□□□ほかはない。

[東北大]

景色の美しさに┌コウコツ┐とする。
　　　　　　　└恍惚 ┘

実戦 危難と□□□を同時に孕むこのアンビヴァレンツに、わたしはさまざまなかたちで惹かれつづけてきたのです。

[立教大]

0418

★★

陶然
トウゼン

心理

intoxicated

気持ち良く酔う様子

+α 「プラス心情」を表す

0419

★★

琴線に触れる
キンセン フ

心理

touch the heartstrings

深い共感を覚えること

+α 「プラス心情」を表す

0420

★★

気概
キガイ

心理

backbone　**類** ガッツ

何があってもやり抜くという
強い気持ち

+α 「プラス心情」を表す

0421

★★

誇示
コジ

心理

show off　**対** 卑下

自慢そうに見せること

+α 基本的に「プラス心情」を表すが、「マイナス心情」を
表す場合もある

0422

★★

頭が下がる
アタマ サ

心理

admire　**類** 尊敬する

敬意を表さずにはいられないさま

+α 基本的に「プラス心情」を表すが、「マイナス心情」を
表す場合もある

0423

★★

舌を巻く
シタ マ

心理

be amazed　**類** 感心する

優れていてとても驚くこと

+α 「プラス心情」を表す

0424

★★

肝に銘ずる
キモ メイ

心理

keep in mind

心に深く留めて
忘れないようにすること

+α 「プラス心情」を表す

0425

★★

悦に入る
エツ イ

心理

be pleased　**類** 愉悦

良い気持ちになって嬉しがること

+α 「プラス心情」を表す

0426

★★★

歓声
カンセイ

心理

a shout of joy　**類** 応援

喜びの声

+α 「プラス心情」を表す

名曲を ┌ トウゼン ┐ として聴く。
　　　└ 陶然 ┘

実戦 □□□と酔いしれるようなハーモニーの美しい音…　　　　　　　　　　　　[日本大]

心の ┌ キンセンにフれる ┐ 言葉を聞く。
　　　└ 琴線に触れる ┘

実戦 ふつう我々が本を選ぶ際、面白いか否か、心の□□□か否かで良し悪しを判断することが
あるだろう。　　　　　　　　　　　　　　　　　　　　　　　　　　　　　　[明治大]

彼は ┌ キガイ ┐ のある男だ。
　　　└ 気概 ┘

実戦 子供ながらも正義を重んじ、任侠を尚ぶ彼の□□□を賞讃して…　　　　　[宇都宮大]

首相が自らの権力を ┌ コジ ┐ する。
　　　　　　　　　　└ 誇示 ┘

実戦 自己の優越を□□□しようとして、その手段を選ばない性急な俗情が幅を利かせている。
　　　　　　　　　　　　　　　　　　　　　　　　　　　　　　　　　　　　[成城大]

彼女の勤勉さには ┌ アタマがさがる ┐ 。
　　　　　　　　　└ 頭が下がる ┘

実戦 先生は首を硝子につけて『噫』と感嘆の一言を発せられた。そして『これなら□□□』と言わ
れた。　　　　　　　　　　　　　　　　　　　　　　　　　　　　　　　　　[東北大]

友人の作品の出来栄えに ┌ シタをまく ┐ 。
　　　　　　　　　　　　└ 舌を巻く ┘

実戦 この巧みさにはいまさらながら□□□思いです。　　　　　　　　　　　　[岐阜大]

二度と同じ過ちを繰り返さないと ┌ キモにメイずる ┐ 。
　　　　　　　　　　　　　　　　└ 肝に銘ずる ┘

実戦 人間の喜怒哀楽は、腹と関係づけて表されることが多いと、実例を挙げながら指摘されて
いました。「はらわたが煮えくりかえる」とか、「□□□」とか…　　　　　　[新潟大]

自分の巧みな芝居に ┌ エツにいる ┐ 。
　　　　　　　　　　└ 悦に入る ┘

実戦 人からの羨望を一身に集めて□□□こと…　　　　　　　　　　　　　　　[日本大]

英雄の帰還に村人が ┌ カンセイ ┐ を上げる。
　　　　　　　　　　└ 歓声 ┘

実戦 なんとなくみんな、その瞬間、あっ、と□□□を上げた。　　　　　　　[尾道市立大]

0427	**怪訝** ケゲン ★★★	不思議で訳がわからない様子
心理	dubious 類懐疑	+α「マイナス心情」を表す

0428	**恐怖** キョウフ ★★★	恐れること
心理	terror 類怖じけ	+α「マイナス心情」を表す

0429	**恐縮** キョウシュク ★★	恐れや申し訳なさで身がすくむこと
心理	grateful	+α「マイナス心情」を表す

0430	**動揺** ドウヨウ ★★	不安で落ち着かない状態になること
心理	upset 対冷静	+α「マイナス心情」を表す

0431	**あさましい** ★★★	情けない様子
心理	shameful 類汚らわしい	+α「マイナス心情」を表す

0432	**うとましい** ★★★	好感が持てず遠ざけたい気持ち
心理	unpleasant 類不快な	+α「マイナス心情」を表す

0433	**いぶかしい** ★★★	疑わしい様子
心理	dubious 類いかがわしい	+α「マイナス心情」を表す

0434	**胡散臭い** ウサンクサい ★★	なんとなく怪しい様子
心理	suspicious 類疑わしい	+α「マイナス心情」を表す

0435	**やるせない** ★★★	思いを晴らす手段がないさま
心理	crushed 類鬱々たる	+α「マイナス心情」を表す

思いがけない知らせに [怪訝 （ケゲン）] な表情を浮かべる。

実戦 その声で、男は、□□□な面持ちで指差す地点を窺い…

[センター]

彼女は [恐怖 （キョウフ）] のあまり叫び声を上げた。

実戦 最初星が下降するように見えた時、沈着なる私を襲った□□□が語りたいのである。

[明治学院大]

わざわざ足を運んでいただき [恐縮 （キョウシュク）] です。

実戦 「どうもすみません、お邪魔しました」一妙に□□□した声だったなと思い当たった…

[三重大]

本心を見抜かれて [動揺 （ドウヨウ）] する。

実戦 「幸ある朝」の前に立った時には、直子はいろいろ取り集めたような□□□した感情の許にあった。

[センター]

試食を繰り返す [あさましい] 人は目に余る。

実戦 おれたち一家が餓え死にしかけても、おれはあんな、□□□買い出しなんかに出掛けやしない…

[宮崎大]

成績優秀な兄が [うとましい] 。

実戦 豊かな髪の毛が自慢だった継母に対する□□□気持ちが、抜け毛を見てまたこみあげてきた。

[早稲田大]

嘘ばかりつく人を [いぶかしい] 目で見つめる。

実戦 光悦ともあろう者が四十年ものあいだその正体を見抜けなかったとは□□□気もする…

[関西学院大]

投資の勧誘を [胡散臭い （ウサンクサい）] と思う。

実戦 ロープウェイの売店の少女は、木製のベンチに腰かけているわたしを、最初、□□□眼つきで眺め…

[信州大]

友人を助けられなかった [やるせない] 思いに苛まれる。

実戦 そこにありありと表れていたのが、随分と長い時を経たであろう怒りであったことが、僕を□□□気持ちにさせた。

[三重大]

0436 心理	**腑に落ちない**（フ・オ） ★★ 不本意な（類）	納得できないこと +α「マイナス心情」を表す
0437 心理	**悔恨**（カイコン）★★★ remorse　後悔（類）	後悔して、残念に思うこと +α「マイナス心情」を表す
0438 心理	**悼む**（イタ）★★★ mourn　哀しむ（類）	人の死を悲しみ、惜しむこと +α「マイナス心情」を表す
0439 心理	**哀惜**（アイセキ）★★ sorrow　弔い（類）	人の死などを悲しみ、惜しむこと +α「マイナス心情」を表す
0440 心理	**懲りる**（コ）★★★ learn a lesson	二度とやるまいという 気持ちになること +α「マイナス心情」を表す
0441 心理	**苛立つ**（イラ・ダ）★★★ get irritated　焦れる（類）	思い通りにいかないことで、 落ち着かなくなること +α「マイナス心情」を表す
0442 心理	**侘しい**（ワビ）★★★ lonely　物寂しい（類）	物寂しいこと +α「マイナス心情」を表す
0443 心理	**悲嘆**（ヒ・タン）★★ grief　哀惜（類）	悲しんで嘆くこと +α「マイナス心情」を表す
0444 心理	**痛恨**（ツウコン）★★ great sorrow	大変残念がること +α「マイナス心情」を表す

彼が当選しなかったのは 腑に落ちない （フにおちない）。

実戦 息子は □□ 顔のまま、スープの中からブロッコリーを指でつまみ出して口に入れた。

［宮城教育大］

当時の選択に 悔恨 （カイコン）を感じる。

実戦 親の顔には □□ と懊悩の色が現われていた。

［西南学院大］

恩師の死を 悼む （イタむ）。

実戦 父を □□ よりも、むしろ母が楽になったことを喜んでくれるひとのほうが多いかもしれない。

［京都産業大］

哀惜 （アイセキ）の念に堪えない痛ましい事故。

実戦 そこには大地への愛着と死者への □□ が重なり合っている。

［早稲田大］

二度の失敗ですっかり 懲りる （コリる）。

実戦 それに一度こうこらしめられればあいつも □□ だろう…

［清泉女子大］

うまく気持ちを伝えられない自分に 苛立つ （イラダつ）。

実戦 医師は「病気」を語りながら理解しない患者に苛立ち、患者は病を語りながら「病気」しか捉えない医師に □□ ことになる。

［上智大］

一人で 侘しい （ワビしい）生活を送る。

実戦 しだいに小さな赤い金魚を、影のような黒い金魚を追いながら、何度も情なく掬い網は破れて、まるで、不可能を試されているような □□ 思いになる。

［筑波大］

妻を失って 悲嘆 （ヒタン）に暮れる。

実戦 先生の危篤に際して、並河や久野や杉村などは、心から純粋に憂慮し、□□ している。

［聖心女子大］

彼の死は日本のスポーツ界にとって 痛恨 （ツウコン）の出来事だ。

実戦 □□ のミスショット。サラリーマン―専務のそのひと言で村島が息を吹き返した。

［和歌山大］

0445	★★★	
心理	キ グ **危惧** apprehension	悪化しないかと心配になること **+α**「マイナス心情」を表す

0446	★★	
心理	ク ジュウ **苦渋** tough 類 苦痛	心の苦しみ **+α**「マイナス心情」を表す

0447	★★★	
心理	ココロモト **心許ない** uneasy 類 覚束無い	頼りないこと **+α**「マイナス心情」を表す

0448	★★	
心理	ヘ キ エ キ **辟易** fed up	嫌になること **+α**「マイナス心情」を表す

0449	★★	
心理	ウ ア シ ダ **浮き足立つ** 類 地に足がつかない	そわそわして 落ち着きがなくなる様子 **+α**「マイナス心情」を表す

0450	★★★	
心理	ガクゼン **愕然** be surprised 対 平然	思いがけないことが起こって、 驚く様子 **+α**「マイナス心情」を表す

0451	★★	
心理	イ カン **遺憾** pity 類 無念	不満である様子 **+α**「マイナス心情」を表す

0452	★★★	
心理	トウワク **当惑** confusion 類 困惑	どう始末すべきかわからず 迷ってしまうこと **+α**「マイナス心情」を表す

0453	★★	
心理	ジ ク ジ **忸怩** be ashamed of 対 矜持	恥ずかしく思う様子 **+α**「マイナス心情」を表す

増税については経済の悪化を ［危惧^{キグ}］ する意見もある。

実戦 私が代用品をつくる時考えた □□□ は実現したのである。　　［香川大］

家族を守るために ［苦渋^{クジュウ}］ の決断をする。

実戦 『浮雲』中絶点の日記には、「真実」を書く可能性にたいする □□□ に満ちた断念の思いが
記されている。　　［青山学院大］

彼にその大仕事を任せるのは ［心許^{ココロモト}ない］。

実戦 本場の土俵に登るにはいささか □□□ 体躯だ…　　［九州産業大］

毎日同じ料理ばかりで ［辟易^{ヘキエキ}］ する。

実戦 「精神のリズム」などという言い方の「立派さ」に □□□ する人もいるかもしれない…
　　［立命館大］

オリンピックの開催を前に人々が ［浮き足立^{ウキアシダ}つ］。

実戦 秀宏は □□□ 、晩子のクラスの周辺をうろついて声をかける機会をうかがった。
　　［同志社女子大］

真実を知って ［愕然^{ガクゼン}］ とする。

実戦 「今の若い娘は、こういうのを"ラブラブ"っていうのかね。はじめて聞いたな」と応じなが
ら、私は実はそのときひそかに □□□ とした。　　［金沢大］

自分の発言が誤解を招いたことを ［遺憾^{イカン}］ に思う。

実戦 野放図になって、抑制を失ってしまい、真の美果を得ることを忘れることがあっては
□□□ である。　　［名古屋外国語大］

予想外の展開に ［当惑^{トウワク}］ の表情を浮かべる。

実戦 クロはじっと沼田の顔を見て、□□□ げに尾をかすかに振った。　　［宮崎大］

何をやってもうまくいかず、［忸怩^{ジクジ}］ たる思いだ。

実戦 数日前の新聞の投書欄に、「手抜きのつけ」という見出しがあった。一見しただけで、□□□
たるものをおぼえた。　　［広島大］

0454	★★	
テイネン **諦念**		**諦めの気持ち**
心理 resignation	類 諦観	+α 「マイナス心情」を表す

0455	★★	
レンビン **憐憫**		あわ **哀れむこと**
心理 mercy	類 同情	+α 「マイナス心情」を表す

0456	★★	
チュウチョ **躊躇**		**やろうかやめようか迷うこと**
心理 hesitation	類 逡巡	+α 「マイナス心情」を表す

0457	★★	
ウ **倦む**		**退屈すること**
心理 get tired of	類 飽きる	+α 「マイナス心情」を表す

0458	★★	
タユ **弛む**		**気が緩むこと、油断すること**
心理 slack	類 緩む	+α 「マイナス心情」を表す

0459	★★	
いきりたつ		**興奮して怒ること**
心理 upset	類 激怒する	+α 「マイナス心情」を表す

0460	★★	
ゴウ ニ **業を煮やす**		**我慢しきれなくなること**
心理	類 堪忍袋の緒が切れる	+α 「マイナス心情」を表す

0461	★★	
イロ **色をなす**		**怒って顔色を変えること**
心理 get furious		+α 「マイナス心情」を表す

0462	★★	
イロ ウシナ **色を失う**		**顔色が青くなること**
心理 turn pale	類 動揺する	+α 「マイナス心情」を表す

絶望的な知らせを聞いて、 諦念 （テイネン）に打ちひしがれる。

実戦 こうして兼好は凝視と判断、分析と＿＿＿のあいだを絶えず行き戻りしている。　［防衛大］

親友に裏切られた彼女にみなが 憐憫 （レンビン）の目を向ける。

実戦 傲慢さや自己＿＿＿、怯懦や取るに足らぬ自尊心を徹底的に排除した。　［立教大］

遊びの誘いに行くか行かないか 躊躇 （チュウチョ）する。

実戦 江美利の感じた＿＿＿は、最前よりも大きなものだった。　［三重大］

倦む （ウむ）ことを知らずに説得を続ける。

実戦 日本人とは、日本人とは何かという問を、頻りに発して＿＿＿ことのない国民である。　［東北学院大］

弛む （タユむ）ことなく努力する。

実戦 人が倦まず＿＿＿ず技に励めば、こんな細密な図柄を型紙に彫ることが可能であり…　［福岡大］

審判の判定に聴衆が いきりたつ 。

実戦 「デテケー」「デテケー」と＿＿＿ても、目の前にあの仏頂面がなければ張りあいがない。　［熊本大］

新人の煮え切らない態度に 業を煮やす （ゴウをニやす）。

実戦 「この頃の子どもは子どもらしくない」などという嘆きの声が余りにも耳につくので、いささか＿＿＿た結果でもある。　［名古屋大］

相手の無礼な態度に 色をなす （イロをなす）。

実戦 たとえばプライバシーを侵害されたといって＿＿＿ようなとき…　［早稲田大］

思いがけない悲報に接して 色を失う （イロをウシナう）。

実戦 やがてそれに気づいたディオゲネスはたちまち＿＿＿った。　［上智大］

★★

へいこう
閉口

| すっかり困ること |

be annoyed 　　**類** 辟易 　　**+α**「マイナス心情」を表す

★★

ハナ モ
鼻持ちならない

| 不愉快で我慢できないさま |

　　類 反吐が出るような 　　**+α**「マイナス心情」を表す

★★

ガ テン
合点がいかない

| 納得がいかないさま |

　　類 腑に落ちない 　　**+α**「マイナス心情」を表す

★★

ワズラ
煩わしい

| 面倒で逃れたい気持ちであること |

troublesome 　　**類** 面倒くさい 　　**+α**「マイナス心情」を表す

★★★

キ メイ
気が滅入る

| 憂鬱になること |

feel depressed 　　**類** 肩を落とす 　　**+α**「マイナス心情」を表す

★★

キ モ
気を揉む

| あれこれ心配すること |

　　類 気が休まらない 　　**+α**「マイナス心情」を表す

★★

ミ
身につまされる

| 自分に当てはまり、
人の苦労がわかること |

　　類 人事とは思えない 　　**+α**「マイナス心情」を表す

★★★

ミ
見くびる

| 馬鹿にする |

underestimate 　　**類** 軽んじる 　　**+α**「マイナス心情」を表す

★★★

イッショウ フ
一笑に付す

| 問題にせず笑って済ませること |

laugh off 　　**+α**「マイナス心情」を表す

日本の夏の暑さには 閉口（ヘイコウ）する。

実戦 その日は村岡の芝居が演られるので、彼はそれを読んだ時から ____ していたから。

[京都産業大]

官僚の中には 鼻持ちならない（ハナモちならない） エリート意識を持った者がいる。

実戦 あの「栄華の巷低く見て」あるいは「濁れる海に漂える我国民を救わんと」などの歌詞がどうも ____ と書いた。

[東京理科大]

彼らがどうして知り合いなのか、 合点がいかない（ガテンがいかない）。

実戦 N氏が彼の仲間（政治上の同志）とともに、この前言撤回をあまり恥ずかしく思っていないようであることに、____ ものを感じたのです。

[群馬大]

雨の日は出かけるのが 煩わしい（ワズラわしい）。

実戦 混沌は人目を避けて、お前を土に葬るべく、そこここと此の世の ____ 手続きをすましに駆け歩いた。

[福島大]

病気がちで 気が滅入る（キがメイる）。

実戦 そんなに遠いところまで旅行するのは、考えただけでも ____。

[聖心女子大]

娘の将来について 気を揉む（キをモむ）。

実戦 以前はこんな場合、____ で母の饒舌を止めようとか、目立たないようにとりつくろうとかしたものだ。

[広島大]

身につまされる（ミにつまされる） 苦労話を聞く。

実戦 私などはそれを読むごとにいつも ____ 思いがするのである。

[早稲田大]

相手を 見くびる（みくびる） ような態度が彼の敗因だ。

実戦 彼は、子供たちに、自分を ____ せるという高等技術をもって接していた。

[センター]

馬鹿げた提案を 一笑に付す（イッショウにフす）。

実戦 ____ ことができるがらくたの山だ。

[東北大]

★★

面映ゆい
（オモ ハ）

心理 feel embarrassed

**顔が赤くなるような
気持ちになること**

+α 「マイナス心情」を表す場合がある

★★

卑下
（ヒ ゲ）

心理 humble oneself　類 謙遜

**人より劣っているとして、
へりくだること**

+α 「マイナス心情」を表す

★★

断腸の思い
（ダンチョウ オモ）

心理　類 胸が張り裂けそうな思い

耐えきれないほど辛いこと

+α 「マイナス心情」を表す

★★★

たじろぐ

心理 shrink　類 尻込む

**圧倒されて、
どうすればいいか困ること**

+α 「マイナス心情」を表す

★★★

怯む
（ヒル）

心理 flinch　類 後ずさる

恐れて勢いがなくなること

+α 「マイナス心情」を表す

★★

躍起になる
（ヤッ キ）

心理 get excited　類 意地を張る

焦ってむきになるさま

+α 「マイナス心情」を表す

★★★

気後れ
（キ オク）

心理 hesitation　類 尻込み

気持ちが弱くなること

+α 「マイナス心情」を表す

★★

焦燥
（ショウソウ）

心理 irritation　類 苛立ち

気が焦ること

+α 「マイナス心情」を表す

★★

間が悪い
（マ ワル）

心理 embarrassing　類 折が悪い

決まりが悪い様子

+α 「マイナス心情」を表す

大勢から褒められて 面映ゆい 。
（オモハゆい）

実戦 正義という超重量級の概念について、何ごとかをまともに語ろうとする者は、内心の □□□ 気分を克服する気力を要する。 ［成蹊大］

田舎出身であることを 卑下 する。
（ヒゲ）

実戦 湿った □□□ もないし、お追従の屈折もない。 ［東北大］

欲しかった車を 断腸の思い で諦める。
（ダンチョウのオモい）

実戦 永井荷風の『断腸亭日乗』ではないけれど、「□□□」とか「腸を断つ」といいました。 ［大東文化大］

相手の剣幕に たじろぐ 。

実戦 つぐみは明らかに単なる邪魔者を見る目で私をちらりと見、私は瞬間、自分の中のどこかが □□□ のを感じた。 ［四天王寺大］

敵があまりに強面だったので、思わず 怯む 。
（ヒルむ）

実戦 子供や生徒が嫌ったり拒んだりするからというより、教える側の大人が □□□ のではないか。 ［拓殖大］

彼は欠点を指摘されるとすぐ 躍起になる 。
（ヤッキになる）

実戦 彼女たちは、なかば強迫神経症的に、その空白を埋めようと □□□ のです。 ［慶應大］

人前だと 気後れ してうまく話せない。
（キオクれ）

実戦 自分が選ぶ本に気を配っている人間がいようとは思いもせず、不意打ちをかけられたようで □□□ がした。 ［東北大］

仕事がはかどらず 焦燥 感が募る。
（ショウソウ）

実戦 あらゆる渇望と □□□ から解放されて、自由自在に空を飛翔したい。 ［北海道大］

悪口の当人が近くにいて 間が悪い 思いをする。
（マがワルい）

実戦 「若しお父さんが帰って来てしまったら？」「それでも行くよ。」そんな気はしなかったが、 □□□ かったので彼はそう云った。 ［センター］

★★★

トラウマ

trauma　　　類 心的外傷

激しい精神的なショック

+α「マイナス心情」を表す

★★

歯の浮く（ハ・ウ）

feel embarrassed

軽薄な言動に接して
気持ちが悪くなること

+α「マイナス心情」を表す

★★

甘受（カンジュ）

submit　　　類 了承

仕方がないとして受け入れること

+α「マイナス心情」を表す

★★

骨身に応える（ホネ・ミ・コタ）

keenly realize

苦痛や苦しみなどを
骨に応えるほど強く、心に感じる

+α「マイナス心情」を表す

★★

感傷（カンショウ）

sentiment　　　類 多情

❶ものに心を感じて心をいためること
❷わずかなことで感情的になること

+α「マイナス心情」を表す

★★

寂寥（セキリョウ）

desolation　　　類 物寂しさ

心が満たされず、物寂しい様子

+α「マイナス心情」を表す

★★

屈辱（クツジョク）

humiliation　　　対 名誉

服従させられ恥を受けること

+α「マイナス心情」を表す

★★★

羞恥（シュウチ）

shame

恥ずかしく思うこと

+α「マイナス心情」を表す

★★

臆面もない（オクメン）

bold　　　類 図々しい

遠慮せず図々しい様子

+α「マイナス心情」を表す

幼少期の失敗が トラウマ になる。

実戦 それが別れを切り出すとっかかりの言葉だったから ☐ になっているのだろうか。

[愛知大]

ハノウク
歯の浮く ようなお世辞を言う。

実戦 手放しで女を賞め、☐ ようなお世辞を言っているのに耳を澄ますと、心が落ち着くから不思議だ。

[愛知大]

カンジュ
的を射た批判は 甘受 する。

実戦 翻訳とはもともと近似的なものでしかなく、その前提を ☐ したうえで始めて成り立つ作業ではないのだろうか。

[センター]

ホネミにコタえる
今年の冬は 骨身に応える 寒さだ。

実戦 落選した失望よりも、自分の浅ましさが、ヒシヒシ ☐ 。

[岡山大]

カンショウ
卒業式を前に 感傷 に浸る。

実戦 少しばかり ☐ に浸りながら、十七階でエレベータを降りたとき、上着の胸ポケットから微かに振動するスマホの気配を感じ取った。

[佛教大]

セキリョウ
子供が巣立って 寂寥 感に苛まれる。

実戦 老いとともに人とのつながりが稀薄になり、☐ 感をかかえて生きていかざるをえない状況…

[秋田大]

クツジョク
見下していた相手に負かされて 屈辱 を感じる。

実戦 当日の記憶となるとさらに ☐ 的だった。

[同志社女子大]

シュウチ
公然と非難され、 羞恥 を感じる。

実戦 生れて初めて感ずるような ☐ と、不安と、悔恨とで、胸の裡が掻きむしられるようだ。

[岡山大]

オクメンもなく
無関係な場に 臆面もなく しゃしゃり出る。

実戦 実際それだけの自信があったからこそ、☐ く無心をくり返せたともいえる。 [亜細亜大]

0490	★★	
眉を顰める （マユ　ヒソ）		心配事や他人の言動に 顔をしかめる様子
心理	frown　類 不快感を示す	+α「マイナス心情」を表す

0491	★★	
嫉妬 （シット）		自分より優れていることに 羨み妬むこと
心理	ジェラシー　類 羨望	+α「マイナス心情」を表す

0492	★★★	
憂鬱 （ユウウツ）		気持ちが晴れない様子
心理	depression　類 気鬱	+α「マイナス心情」を表す

0493	★★	
嫌悪 （ケン　オ）		強く嫌うこと
心理	hatred　類 憎悪	+α「マイナス心情」を表す

0494	★★	
苦悶 （ク　モン）		苦しみ悶えること （もだ）
心理	anguish　類 憂悶	+α「マイナス心情」を表す

0495	★★	
訝る （イブカ）		怪しいと思うこと
心理	doubt　類 疑う	+α「マイナス心情」を表す

0496	★★	
待ち倦む （マ　　アグ）		待ちわびること
心理	get tired of waiting	+α「マイナス心情」を表す

0497	★★	
蟠る （ワダカマ）		不平不満があって気が晴れないこと
心理	類 不満がくすぶる	+α「マイナス心情」を表す

0498	★★	
呆気 （アッ　ケ）		驚きあきれて 呆然とした状態であること
心理	speechless	+α「マイナス心情」を表す

醜態に周囲が 眉を顰める（マユをヒソめる）。

実戦 どうやって帰る？　千鶴が ___ 。 [センター]

優れた才能に 嫉妬（シット） する。

実戦 哀しくもある。怒りも ___ も落胆もある。いままで知らなかった質量で暗黒の感情が胸を満たす。 [三重大]

明日から学校が始まると思うと 憂鬱（ユウウツ） だ。

実戦 ただ保吉の覚えているのは、いつか彼を襲い出した、薄明るい ___ ばかりである。 [宮崎大]

彼は正義感が強く、あらゆる不正を 嫌悪（ケンオ） している。

実戦 自己 ___ に陥りながら私は、彼女とお茶の水駅で別れた。 [東海大]

酷暑に 苦悶（クモン） の表情を浮かべる。

実戦 僕は存在の権利を失った嫉妬心を抱いて、誰にも見えない腹の中で ___ し始めた。 [センター]

隣人の不審な行動を 訝る（イブカる）。

実戦 「へーえ、役者になりたい。」___ 間もなく蕣月は七ツ八ツのころによく三味線を弄物にした長吉の生立ちを回想した。 [千葉大]

留学した友人からの手紙を 待ち倦む（マチアグむ）。

実戦 陽の沈むのを ___ た子供たちが、道にうずくまってもう花火に火をつけている。 [四天王寺国際佛教大]

不吉な予感が胸に 蟠る（ワダカマる）。

実戦 私の大いなる疑問は常にそこに ___ っている。 [大阪電気通信大]

彼の突然の発言に 呆気（アッケ） にとられる。

実戦 それから ___ にとられている田中君を一人後に残して、鮮かな瓦斯の光を浴びた青物の中へ足を入れた。 [福岡教育大]

0499	★★	
オンネン **怨念**		**強い恨みの気持ち**
一心理	grudge　　　類 遺恨	+α 「マイナス心情」を表す

0500	★★	
フ テ クサ **不貞腐れる**		**不平不満から反抗したり、 投げやりになること**
一心理	sulk	+α 「マイナス心情」を表す

CHAPTER 3　文学的文章重要語300

**SECTION ❷　様子や言動を読むための
言葉**

0501	★★★	
メ ウタガ **目を疑う**		**信じられない様子**
一心理	cannot believe one's eyes	+α 「マイナスの反応」を表す

0502	★★	
ナマヘン ジ **生返事**		**いい加減な返事**
一言語	vague answer	+α 「マイナスの反応」を表す

0503	★★	
ノノシ **罵る**		**口汚く悪口を言うこと**
一言語	curse　　　類 罵倒する	+α 「マイナスの反応」を表す

0504	★★	
ロウ バイ **狼狽**		**慌てること**
一心理	confusion　　　対 泰然	+α 「マイナスの反応」を表す

0505	★★★	
ホウシン **放心**		**何かに心奪われて、 ぼんやりすること**
一心理	absentmindedness	+α 「マイナスの反応」を表す

0506	★★	
カタ ズ ノ **固唾を呑む**		**緊張で唾を飲み込むこと**
一心理	hold one's breath　　　類 注視する	+α 「マイナスの反応」を表す

彼は復讐によって [怨念（オンネン）] を晴らした。

実戦 演歌には「抑圧された日本の庶民の____」が反映されており、その意味において演歌は「日本の心」となり得た。 [法政大]

彼は注意されるとすぐに [不貞腐れる（フテクサれる）]。

実戦 会費の千五百円を、お釣りがなくて相手が____ように赤面することがないよう、きっちりかぞえてわたした。 [東北大]

久しぶりに会った幼馴染の変貌ぶりに [目を疑う（メをウタガう）]。

実戦 蝉しぐれで湖水が波立つかと思われるような静かさに、女はわが____た。 [長崎大]

テレビに集中していて、呼びかけに [生返事（ナマヘンジ）] をする。

実戦 「そうかも知れないよ。」どうだかと思いながら私は____をしました。 [宮城教育大]

借金を踏み倒した同僚を [罵る（ノノシる）]。

実戦 現に拙者が貴所の希望につき先生を訪うた日などは、先生の梅子嬢を____大声が門の外まで聞こえた。 [福岡教育大]

秘密が暴かれたことに [狼狽（ロウバイ）] する。

実戦 地の気を吸った瞬間、百足はアッというほど元気を取り戻し、全然本来の面目を取り戻し、妻を____させたという。 [成蹊大]

あまりの出来事に [放心（ホウシン）] 状態になる。

実戦 まるで____の状態で歩いていたとしか思えないように、その辺のところは記憶にない。 [京都大]

[固唾を呑む（カタズをノむ）] ようにして犯人の告白を聞く。

実戦 他の子供たちは、強烈な事件の成り行きを____で見守っていた。 [センター]

★★

号泣 ゴウキュウ

大声で泣くこと

一 心理　wail　類 悲鳴　+α 「マイナスの反応」を表す場合もある

★★

蒼白 ソウハク

血色の悪い様子

一 心理　pale　+α 「マイナスの反応」を表す

★★

嗚咽 オエツ

むせび泣くこと

一 心理　sobbing　対 慟哭　+α 「マイナスの反応」を表す

★★

頭を振る カブリ　フ

頭を左右に振って否定すること

一 心理　shake one's head　+α 「マイナスの反応」を表す

★★

自嘲 ジチョウ

自分を嘲ること あざけ

一 心理　self-mockery　対 自慢　+α 「マイナスの反応」を表す

★★

戦慄 センリツ

恐ろしくて震えること

一 心理　shudder　類 身震い　+α 「マイナスの反応」を表す

★★

託つ カコ

愚痴を言うこと

一 言語　complain　+α 「マイナスの言動」を表す

★★

苛む サイナ

❶ 責めること
❷ 悩ますこと

一 心理　torment　類 煩わす　+α 「マイナスの言動」を表す

★★

論う アゲツラ

非難の意を込めて些末な事柄を
議論すること

一 言語　find fault　+α 「マイナスの言動」を表す

母との再会に感動して ［号泣］（ゴウキュウ）する。

実戦 妹の死を看取った時の心境について、「以後にわたくしはこれほど純粋に ［　　　］ したことはない」と述懐している。　　　　　　　　　　　　　　　　　　　　　　　　　［愛媛大］

致命的な失敗に気づき、顔面 ［蒼白］（ソウハク）になる。

実戦 走り込んで来た母は、窓から顔を突き出し、［　　　］ になってカツノリくんを見ていた。
［センター］

遺体にすがって ［嗚咽］（オエツ）する。

実戦 窓をあけはなち、つき出すような ［　　　］ の聞こえる部屋で死者のそばに坐した経験がなくてはならない。　　　　　　　　　　　　　　　　　　　　　　　　　　　　　　　　　　　［慶應大］

問いかけに対して ［頭を振る］（カブリをふる）。

実戦 もういやだという時は ［　　　］ のね、賢いわ、この馬。　　　　　　　　　　　［信州大］

身の上話を ［自嘲］（ジチョウ）的に語る。

実戦 ワークホリックという言葉があるが、ウォークホリックなのではないか、と ［　　　］ したりもする。　　　　　　　　　　　　　　　　　　　　　　　　　　　　　　　　　　　　［学習院大］

怪談が聴衆を ［戦慄］（センリツ）させた。

実戦 人々は殆んど ［　　　］ をした、恐らく何人も其刹那に彼の農夫の顔が眼先に顕はれたゞらうと思ふ。　　　　　　　　　　　　　　　　　　　　　　　　　　　　　　　　　　　　　［香川大］

満員電車に不満を ［託つ］（カコつ）。

実戦 「万事如意」とは至上の幸福を祈っていうことばであるが、すべてに「如意」なる生き方は到底あり得べくもなく、不如意を ［　　　］ ことも少なくはない。　　　　　　　　　　　［早稲田大］

自分自身を責め、［苛む］（サイナむ）。

実戦 苦境にある多くの人々は相変わらず自己を ［　　　］ でいる。　　　　　　　　　［中央大］

人の欠点をいちいち ［論う］（アゲツラう）のは悪癖だ。

実戦 それ事は独り断ळべからず、必ず衆と与に宜しく ［　　　］ べし…　　　　　　　［明治大］

0516 心理	**画策** カクサク ★★ scheme 類企み	計画を立てること **+α** 人の「考え」を表す
0517 社会	**俎上に載せる** ソジョウ ★★ table for discussion	問題にすること **+α** 人の「考え」を表す
0518 社会	**棚上げ** タナア ★★ shelve 類保留	問題として取り上げることを 一時的にやめること **+α** 人の「考え」を表す
0519 心理	**他意** タイ ★★★ other intentions 対本意	他の特別な考え **+α** 人の「考え」を表す
0520 心理	**忖度** ソンタク ★★ conjecture 類推測	他人の気持ちを推し量ること **+α** 人の「考え」を表す
0521 心理	**反芻** ハンスウ ★★ rumination	言葉や記憶を繰り返し味わうこと **+α** 人の「考え」を表す
0522 心理	**是非も無い** ゼヒ ナ ★★ unavoidable	やむを得ないさま **+α**「マイナスの様子」を表す
0523 心理	**茶々を入れる** チャチャ イ ★★ interrupt	邪魔をすること **+α**「マイナスの言動」を表す
0524 心理	**減らず口** グチ ★★ retort	負け惜しみを言うこと **+α**「マイナスの言動」を表す

134

敵国を陥れることを [画策 カクサク] する。

実戦 武を持つ韓信に天下をとらせようと思い、八方□□□□した。　　　　　[センター]

教育改革を [俎上に載せる ソジョウにノせる]。

実戦 観念的な「近代西欧」をモデルに描いて、単線的に〈日本の集団主義〉を□□□□てきた。　　　　　[関西大]

法案の審議を [棚上げ タナアゲ] にする。

実戦 私の提案したいのは、散文というものをしばらく□□□□し、問いを詩歌の分野に限って実験してみることである。　　　　　[一橋大]

自分の好きなことをしたいという以外に [他意 タイ] はない。

実戦 出版・編集にたずさわられた方々に対しては、ひたすら感謝の念を抱きこそすれ、□□□□を含む筋合いはあるはずもない。　　　　　[立命館大]

社長の意図を [忖度 ソンタク] する。

実戦 相手の真意が□□□□できない人間は、鈍感だと片づけられてしまう。　　　　　[桜美林大]

先生の話を [反芻 ハンスウ] する。

実戦 演奏を終えたピアニストがいつまでもその演奏を□□□□していてもしょうがない。　　　　　[北海道大]

彼女の実力では信用されないのも [是非も無い ゼヒもナイ]。

実戦 彼自身は長く門外にたたずむべき運命をもって生まれてきたものらしかった。それは□□□□った。　　　　　[京都産業大]

大事な話に [茶々を入れる チャチャをイれる]。

実戦 しかし迷亭君見たように余計な□□□□て打ち壊こわすのは善くないと思う。　　　　　[夏目漱石『吾輩は猫である』]

完全に論破されてなお [減らず口 ヘらずグチ] をたたく。

実戦 余計な□□□□を利かないで勉強しろと云って、授業を始めてしまった。　　　　　[夏目漱石『坊ちゃん』]

★★

イッシ ムク
一矢を報いる

反撃すること

一文化 fight back 　類 恨みを晴らす　**＋α**「マイナスの言動」を表す場合もある

★★

ヤ ユ
揶揄

からかうこと

一心理 tease 　類 嘲笑　**＋α**「マイナスの言動」を表す

★★

シャレ
洒落

面白く言う冗談

一言語 ジョーク 　類 機智　**＋α**「プラスの言動」を表す

★★

ナダ
宥める

優しくすることで
相手の心を和らげること

一心理 soothe 　類 鎮める　**＋α**「プラスの言動」を表す

★★

ナジ
詰る

とが
咎めて問うこと

一心理 accuse 　類 こき下ろす　**＋α**「マイナスの言動」を表す

★★

カ シャク
仮借ない

見逃さないこと

一文化 relentless 　**＋α**「プラスの様子」を表す

★★

ヨ ネン ナ
余念が無い

一心に行う様子

一文化 devote oneself to 　**＋α**「プラスの様子」を表す

★★

キ チョウメン
几帳面

規則をよく守り、
いい加減にしない様子

一文化 meticulous 　類 まじめ　**＋α**「プラスの様子」を表す

★★

しおらしい

大人しくて、可愛らしい様子

一心理 modest 　**＋α**「プラスの様子」を表す

いつも言い負かされる相手に 一矢を報いる（イッシをムクいる） ことに成功する。

実戦 わかったような同情やいたわりには必ず冷笑で □□□ ずにはいなかった。　　　　［センター］

自分の努力を 揶揄（ヤユ） され、怒りを覚えた。

実戦 「安かろう悪かろう」と □□□ された製品やサービスが増え続ける時代…　　　［名古屋大］

彼は酔うとよく 洒落（シャレ） を飛ばす。

実戦 「百万ドルの名馬か？」ともうひとりの客は、げびた □□□ を言いました。　　　　［早稲田大］

嫌がる子供を 宥め（ナダめ） て病院に連れて行く。

実戦 何はともあれ、この人たちの苦しげな顔を □□□ なくてはならない。　　　　［金沢大］

親友の裏切りを 詰る（ナジる） 。

実戦 娘が私の代わりに、修理工を □□□ てくれた。　　　　　　　　　　　　　　　［センター］

犯罪は 仮借なく（カシャクなく） 罰するべきだ。

実戦 『源氏物語』の世界が私たちの心を強く打つのは、そうしためでたさよりも、その □□□
転変の相ではあるまいか。　　　　　　　　　　　　　　　　　　　　　　　　　［早稲田大］

自伝の執筆に 余念が無い（ヨネンがナい） 。

実戦 子供たちは縄とびや、ボール投げをして遊び、夫人たちはそのわきで編物に □□□ 。
　　　　　　　　　　　　　　　　　　　　　　　　　　　　　　　　　　　　　　［宮崎大］

時間を 几帳面（キチョウメン） に守る。

実戦 つくづくという調子で溜息を吐いてエゴの辛子酢味噌を □□□ な箸さばきで二つに切って
から口に運びかけた。　　　　　　　　　　　　　　　　　　　　　　　　　　　［福井県立大］

お見合いの席で しおらしく 振る舞う。

実戦 一体の小さな苔蒸した石仏が、笹むらのなかに何か □□□ 姿で、ちらちらと木洩れ日に光っ
て見えている。　　　　　　　　　　　　　　　　　　　　　　　　　　　　　　　［熊本大］

健気（ケナゲ）
★★
心理　admirable　類 勇敢

困難に挫けず、
立派に立ち向かう様子（くじ）

+α 「プラスの様子」を表す

鷹揚（オウヨウ）
★★
心理　generous　類 寛大

小さなものごとにこだわらないこと

+α 「プラスの様子」を表す

慇懃（インギン）
★★
心理　polite　対 無礼

礼儀正しく、丁寧にする様子

+α 「プラスの様子」を表す

従容（ショウヨウ）
★★
心理　calm　類 平静

ゆったり落ち着いている様子

+α 「プラスの様子」を表す

無骨（ブコツ）
★★
文化　rough　類 失礼

風流がわからない様子

+α 「マイナスの様子」を表す

鮸膠も無い（ニベもナい）
★★
文化　curt

とりつきようがないさま

+α 「マイナスの様子」を表す

闇雲（ヤミクモ）
★★
文化　at random

見通しもなくする様子

+α 「マイナスの様子」を表す

居丈高（イタケダカ）
★★
心理　intimidating　類 横柄

怖い顔つきをして、
脅かすような態度を取ること

+α 「マイナスの様子」を表す

姑息（コソク）
★★
文化　makeshift　類 卑劣

❶その場しのぎであること
❷ひきょうなこと

+α 「マイナスの様子」を表す

辛いことがあっても［健気（ケナゲ）］に振る舞おうと努力する。

実戦 もうやめるわけにはいかないのよ、と私が言うと、弟はしょうことなしにうなずいて、［　　］に遊びを続けようとする… ［日本大］

子供のいたずらを［鷹揚（オウヨウ）］に見過ごす。

実戦 高等学校時代には見られなかった［　　］さと落着きが、金子の物の言い方にも、身のこなし方にもついていた。 ［高崎経済大］

目上の人に［慇懃（インギン）］な挨拶をする。

実戦 あたかも隣りに店を出した洋服屋の存在を教えるように［　　］に神を教えるのである。 ［香川大］

どんなときでも［従容（ショウヨウ）］な立ち居振る舞いをする。

実戦 彫刻のように硬くこわばった死を、［　　］として受け入れるほど、枯れてはいなかった。 ［東北大］

［無骨（ブコツ）］な手つきで料理をする。

実戦 そのうちわざと［　　］な線を引き、わざとグロテスクに形を崩し、わざと下手なベタ塗りにするようにもなる。 ［北海道大］

嫌いな相手に［鮸膠も無い（ニベもナい）］返事をする。

実戦 さらに［　　］言い方をすれば、「自分のバカさ加減」についての自覚のことである。［埼玉大］

［闇雲（ヤミクモ）］に努力するだけでは成果は出ない。

実戦 福祉施設を［　　］に増やすのではなく、その質を高めることが重要である。 ［名古屋大］

調子に乗って［居丈高（イタケダカ）］に振る舞う。

実戦 顔を見知っていた九郎右衛門は、挨拶もそこそこに、「そなたに聞いてもらわねばならぬことがある」と［　　］な物言いをした。 ［佛教大］

仮病で学校を休むのは［姑息（コソク）］だ。

実戦 自分たちの半径五メートル以内の話題に終始するばかりで、そこに他人を入れようとしない彼らの距離の取り方が［　　］に思えた。 ［愛知大］

0543 心理	**横柄** オウヘイ ★★ arrogant 類 高飛車	威張っているような 態度を見せる様子 +α 「マイナスの様子」を表す
0544 心理	**さしでがましい** ★★ 類 分をわきまえない	出しゃばる様子 +α 「マイナスの様子」を表す
0545 心理	**しかつめらしい** ★★ formal 類 堅苦しい	勿体ぶって、堅苦しい様子 もったい +α 「マイナスの様子」を表す
0546 心理	**頭をもたげる** アタマ ★★ raise	❶少しずつ勢力を得て現れてくる ❷隠れていたことが考えに浮かぶ +α 「もたげる」は「持ち上げる」の意
0547 心理	**ぞんざい** ★★ rough 類 粗末	いい加減だったり、乱暴なさま +α 「マイナスの様子」を表す
0548 文化	**とりもなおさず** ★★ nothing but 類 すなわち	そのまま +α 様子を表す
0549 文化	**ひとしきり** ★★ for a while 類 暫時	しばらくの間 +α 様子を表す
0550 文化	**しらみつぶし** ★★ exhaustive	かたっぱしから処理すること +α 様子を表す
0551 文学	**いみじくも** ★★ aptly 類 首尾よく	非常に巧みに たく +α 「プラスの様子」を表す

部下に 横柄（オウヘイ）な態度を取る。

実戦 ［　　　］なポッツォはラッキーを奴隷のように扱っている。　［同志社大］

さしでがましい 意見をする。

実戦 私は叔母のこの平凡な文章を嘲笑したのではなく、寧ろ彼女の［　　　］さによって力づけられ慰められるのを知ったのである。　［センター］

上司に しかつめらしい 顔つきで挨拶をする。

実戦 実用の役には立たず、娯楽を前にしてはいささか［　　　］、野暮な読書というものが…　［明治大］

新党が 頭をもたげる（アタマをもたげる）。

実戦 このすさまじい消費社会は「水俣」の意味をも消費し呑みこんでしまうのだろうか、という危惧が［　　　］。　［神戸大］

仕事を ぞんざい にする。

実戦 人々の関心は魂の行き先の問題に集中し、この世に残された遺骸や骨が［　　　］に扱われる傾向さえ看取されるのである。　［筑波大］

勉強とは とりもなおさず 自分のためにするものだ。

実戦 この劇烈な活動そのものが［　　　］現実世界だとすると、自分が今日までの生活は現実世界に毫も接触していないことになる。　［熊本大］

彼女は夫に ひとしきり 文句を言うと、家を出て行った。

実戦 その内文部省の絵の展覧会が始まって、世の中は［　　　］その取沙汰で賑やかであった。　［センター］

しらみつぶし に過去の事例を調べる。

実戦 ［　　　］に探せばあるかもしれないがいま探す必要はない。　［立命館アジア太平洋大］

二つの違いを いみじくも 表現している。

実戦 松原の著書のタイトルが［　　　］表現しているように、自前で循環する底辺社会は「最暗黒」と名指され、不可視化されてきた。　［早稲田大］

うしろめたい ★★

心理　guilty

気がかりだったり不安な様子

＋α「マイナス心情」を表す

いたずらに ★★

文学　idly　類 不必要に

無駄に

＋α「マイナスの様子」を表す

あいにく ★★★

心理　unfortunately　類 折り悪く

予想に反して好ましくない様子

＋α「マイナスの様子」を表す

かまびすしい ★★

心理　noisy　類 騒がしい

やかましい様子

＋α「マイナスの様子」を表す

蓋し（ケダシ） ★★★

文学　certainly　類 偶さか

確かに、ひょっとして

＋α 様子を表す

気骨（キコツ） ★★★

心理　backbone　類 肝っ玉

なかなか人に屈服しない心

＋α「プラスの様子」を表す

偏屈（ヘンクツ） ★★

心理　obstinate　類 意固地

気難しくて頑固な様子

＋α「マイナスの様子」を表す

如才（ジョサイ） ★★★

心理　mistake

気を遣わずに、いい加減にすること

＋α「如才ない」で「気が利いていて抜かりがない」という「プラスの様子」を表す

老獪（ロウカイ） ★★

文化　crafty　類 狡猾

経験を積んで悪賢い様子

＋α「マイナスの様子」を表す

私の怠慢が彼の怪我を招いてしまい、非常に | うしろめたい |。

実戦 タバコの煙と坐業にふやけた躰が自分の内側の腐敗の気を嗅ぎ取り、□□く感じるのだ。
[京都大]

人生設計もなく | いたずらに | 日々を過ごす。

実戦 混沌にこそ真実が潜むとすれば、文明は □□ 世界を細分化してきたにすぎない。[神戸大]

| あいにく | だが、その日は予定が入ってしまっている。

実戦 私は、叔父たちに一泊していくことを勧められていたが、□□ その日も日帰りで東京へ
戻らなければならなかった。
[宮城教育大]

夏になるとセミが | かまびすしく | 鳴く。

実戦 運動場はすでに、早くから出てきた連中の□□声で満ちていた。
[東北大]

彼女の言い分は | 蓋し ^{ケダシ} | もっともであろう。

実戦 批評的(論理的)読法の細則は □□ 以心伝心にして自得自証せざる可からざるものと信ず
るが故に、敢て実例を挙げて細則を説かず。
[早稲田大]

今年の新人は | 気骨 ^{キコツ} | のある人物らしい。

実戦 君の心は丈夫だし、君は □□ があるから、ずっとここにいても、世界中を旅している奴
よりたくさんのものを見ることができるよ。
[センター]

| 偏屈 ^{ヘンクツ} | で有名な彼は周囲から敬遠されている。

実戦 相変わらず□□ね貴方は。まるで腕白小僧みたいだわ。
[センター]

| 如才 ^{ジョサイ} | なく受け答えする。

実戦 こういうお説教をする人は、だいたいものわかりのいい・□□ない・清濁併せ呑む人です。
[近畿大]

| 老獪 ^{ロウカイ} | な人ほど出世しやすい。

実戦 これは、「育児文化」という □□ な戦略を駆使して彼らを懐柔しようとする大人に対して
の、子どもたちの身体を張った戦いぶりの一つであろう。
[白百合女子大]

0561	★★	
文化	**華奢** キャシャ delicate　類 繊細	繊細で弱々しく感じられるさま **+α**「マイナスの様子」を表す

0562	★★	
文化	**独善** ドクゼン self-righteousness	自分だけが正しいと思うこと **+α**「マイナスの様子」を表す

0563	★★	
文化	**不世出** フセイシュツ unparalleled	めったにないほど優れていること **+α**「プラスの様子」を表す

0564	★★	
心理	**吝嗇** リンショク parsimony　類 守銭奴	けちであること **+α**「マイナスの様子」を表す

0565	★★	
心理	**有頂天** ウチョウテン overjoyed　類 狂喜	大得意になること **+α**「プラスの様子」を表す

0566	★★	
心理	**意固地** イコジ stubborn　類 強情	頑なに意地を張ること **+α**「マイナスの様子」を表す

0567	★★	
心理	**毅然** キゼン resolute　類 断固	意志が強く、動じないさま **+α**「プラスの様子」を表す

0568	★★	
言語	**寡黙** カモク reticent　対 饒舌	口数が少ないこと **+α**「人の様子」を表す

0569	★★	
言語	**能弁** ノウベン eloquent　類 口賢しい	弁舌が巧みなこと **+α**「人の様子」を表す

彼女は見た目は［華奢_{キャシャ}］だが、実にしっかりしている。

実戦 倒れたら毀れてしまいそうなあの□□□□なからだひとつで、受け止めながら…　　［立命館大］

彼は人の言うことを聞かない［独善_{ドクゼン}］的な人間だ。

実戦 国境に関する議論を積み重ねているうちに、利害が対立している相手国の主張が□□□的だと腹を立てたり、やり方が汚いと不満を持ったりする。　　［明治大］

一代で世界一の企業を作り上げた彼は［不世出_{フセイシュツ}］の天才だ。

実戦 その小僧の内部に□□□□の軍才が宿ってしまった。雀の体に天山を征く鷲のつばさがついたようなものです。　　［センター］

度が過ぎた［吝嗇_{リンショク}］家は評判が悪い。

実戦 ひとたび、古本を買はうといふ勇気を持ち、買つたことによつて、□□□の喜びでない一種美しい喜びを持つた。　　［京都大］

第一志望に合格して［有頂天_{ウチョウテン}］になる。

実戦 私は何ごとにも□□□□になり易い性質を持っているが、入学当時は銭湯へ行くのにも学校の制帽を被り、袴をつけた。　　［大阪市立大］

父は誰かに反論されるとかえって［意固地_{イコジ}］になる。

実戦 写真なんて見たくない、見ることなんてできない、とずっと□□□になっていたのに、ひとたびその枷が外れると、幾度繰り返し見ても足りなかった。　　［センター］

権力に［毅然_{キゼン}］として立ち向かう。

実戦 街なかで息子に背負われることを承諾し、恥ずかしがりながらも□□□としている母親の姿を、私はとても愛らしいと思った。　　［大阪市立大］

彼は［寡黙_{カモク}］な人だ。

実戦 詩人の死後、おなじく好ましい□□□さで、遺された作品を註釈し・編纂する研究者たちがあることも知っていた。　　［熊本大］

彼女は［能弁_{ノウベン}］な弁護士だ。

実戦 それかといって、評判に聞いている雪嶺の演説のように訥弁の□□□だというでもない。　　［一橋大］

★★

諭す
サト

目下の人に道理を言い聞かせること

言語　admonish　類 諌める　+α 「言動」を表す

★★

吐露
ト　ロ

隠さず打ち明けること

心理　reveal　類 他言　+α 「言動」を表す

★★

一瞥
イチベツ

ちょっとだけ見ること

文化　glance　対 凝視　+α 「行為」を表す

★★★

水を差す
ミ　ズ　　サ

邪魔をすること

心理　interrupt　類 出端を挫く　+α 「マイナスの行動」を表す

★★★

眺める
ナガ

❶ のんびりと広く見渡すこと
❷ 感情を込めてじっと見つめること

文化　look at　+α 「行為」を表す

★★

棹さす
サ　オ

❶ 棹を突いて舟を進めること
❷ ある事柄の勢いを増すこと

文化　punt　+α 比喩的に用いることが多い

★★

叱責
シッセキ

他人の失敗などを叱ること

言語　reproach　類 懲戒　+α 「マイナスの言動」を表す

★★

阿る
オモネ

**あるものに気に入られるように
合わせて振る舞うこと**

文化　flatter　類 媚びへつらう　+α 「行為」を表す

★★

歓心を買う
カンシン　　カ

人に気に入られるように努めること

文化　類 ゴマをする　+α 「言動」を表す

先生が授業態度について生徒に 　諭す　 。 （サトす）

実戦 少なくとも「大人の良識で子どもを＿＿＿＿」という構図の外で対応するだろう。　　　［成蹊大］

親友に内心の不安を 　吐露　 する。 （トロ）

実戦 彼らが同時に＿＿＿＿するのは、亡くなった人たちを弔ったり、供養することさえできなく
なった、ということの申し訳なさや虚しさである。　　　［立命館大］

　一瞥　 しただけで自分の持ち物を見つける。 （イチベツ）

実戦 彼を不良少年と思っていれば、＿＿＿＿を与えないのは当然である。　　　［宮崎大］

盛り上がっている話に 　水を差す　 。 （ミズをサす）

実戦 恭一がつぐみを見る瞳がまるで死にかけた子猫を見るような同情にあふれるまなざしだっ
たので、＿＿＿＿たくなかったのだ。　　　［センター］

状況を茫然と 　眺める　 。 （ナガめる）

実戦 江美利が篠原の全身に視線を走らせたのと同じように、篠原も江美利を上から下まで
＿＿＿＿て言った。　　　［三重大］

チームが勝っている中、流れに 　棹さす　 ような助っ人が現れた。 （サオさす）

実戦 智に働けば角が立つ。情に＿＿＿＿せば流される。意地を通せば窮屈だ。とかくに人の世は住
みにくい。　　　［夏目漱石『草枕』］

自分のミスで厳しく 　叱責　 される。 （シッセキ）

実戦 自分はなぜ、あの時再び振り向いて、＿＿＿＿してやらなかったかと悔やまれた。［大阪府立大］

大衆に 　阿る　 ようになってから彼の音楽は魅力を失った。 （オモネる）

実戦 いい加減な学問でもって世に＿＿＿＿。　　　［学習院大］

勉強することで母親の 　歓心を買う　 。 （カンシンをカう）

実戦 「礼」の精神も亦、本来、自らを持する「嗜み」の深さであります。徒らに相手の＿＿＿＿
ことではありません。　　　［岸田國士『青年の矜りと嗜み』］

0579	★★	
キョ ソ 挙措		立ち居振る舞い
文化 behavior		**+α** 「人の様子」を表す

0580	★★	
カッ ポ 闊歩		❶堂々と歩くこと ❷偉そうに行動すること
文化 stride		**+α** 「行為」を表す

0581	★★	
ホウコウ 彷徨		さまよい歩くこと
文化 wander	類 転々	**+α** 「行為」を表す

0582	★★	
ハイカイ 徘徊		あてもなく歩き回ること
文化 wander	類 散策	**+α** 「行為」を表す

0583	★★	
フイチョウ 吹聴		言いふらすこと
言語 spread	類 喧伝	**+α** 「言動」を表す

0584	★★	
トウカン フ 等閑に付す		ものごとを軽く見て いい加減に扱うこと
文化 neglect	類 蔑ろにする	**+α** 「マイナスの行動」を表す

0585	★★	
カッ パ 喝破		❶大声で叱ること ❷間違いを正し真実を明言すること
言語 disprove	類 叱咤	**+α** 「言動」を表す

0586	★★	
ウガ 穿つ		❶穴をあけること ❷突き通すこと
文化 dig into		**+α** 「行為」を表す

0587	★★	
ヨウセイ 夭逝		わかじ 若死にすること
文化 die young	対 長命	**+α** 「行為」を表す

突然の出来事に〔挙措 キョソ〕を失う。

実戦 原因は、初めのうち重松夫妻が矢須子の□□について迂闊であったことと、矢須子が重松夫妻に対して遠慮しすぎたことにある。　　　　　　　　　　　　［三重大］

人気のない大通りを〔闊歩 カッポ〕する。

実戦 「異邦人」「不条理」という言葉が、突然脳内を□□し始めたのだ。　　　　　　　　［慶應大］

暗い森を〔彷徨 ホウコウ〕する。

実戦 旅そのものが安定したアイデンティティの実践であることをやめ、行方のない□□を開始したのだ。　　　　　　　　　　　　　　　　　　　　　　　　　　　　　　　　　　　　　　［上智大］

街を〔徘徊 ハイカイ〕して時間を潰す。

実戦 二〇世紀は「家族の世紀」だった、と言ってよいかもしれない。あるいは「家族」という名の亡霊が□□した時代だった、と。　　　　　　　　　　　　　　　　　　　　　　　　　　　　［埼玉大］

他人の悪口を〔吹聴 フイチョウ〕する。

実戦 この人が生きているうちは自分には一日として安寧がなかった、という意味のことを、弔問にくる人ごとに、□□する。　　　　　　　　　　　　　　　　　　　　　　　　　　　　　　［センター］

格差問題は〔等閑に付す トウカンにフす〕べきではない。

実戦 □□れたところはやがて風化がおこるであろう。　　　　　　　　　　　　　　　　［四天王寺大］

進化論はダーウィンが〔喝破 カッパ〕した。

実戦 ついこのあいだ勇猛な批評家が出て、木村の翻訳は誤訳だらけだと□□した。　　［白百合女子大］

強い信念は石をも〔穿つ ウガつ〕。

実戦 ありゃあ、リットンが才筆を以て、人情の隠微を□□たまでで、元来ほめられた事じゃないのさ。　　　　　　　　　　　　　　　　　　　　　　　　　　　　　　　　　　　　　　　［千葉大］

〔夭逝 ヨウセイ〕した芸術家を悼む。

実戦 「天才は□□する」という伝説は喧伝されすぎた感がある。　　　　　　　　　　　［高知大］

追従 ツイショウ ★★

社会

flattery 類 恭順

❶ 他人に合わせた言動をすること
❷ こびへつらうこと

+α 「ツイジュウ」と読む場合は「他人などの言うことなすことに従うこと」という意味

物色 ブッショク ★★★

文化

look for

多くの中から適当なものを
探し出すこと

+α 「行為」を表す

首を捻る クビ ヒネ ★★

文化

wonder

理解できずに考え込むこと

+α 「マイナスの反応」を表す

咄嗟 トッサ ★★

文化

all of a sudden 類 一瞬

ごく短い時間

+α 「様子」を表す

駆る カ ★★

文化

drive

追い立てること、急がせること

+α 「行為」を表す

弄する ロウ ★★

文化

use

もてあそぶこと

+α 「行為」を表す

不意を突く フ イ ツ ★★

社会

take by surprise 類 虚を突く

相手が予期していないときを
狙って仕掛けること

+α 「行為」を表す

催促 サイソク ★★

文化

urge

ものごとを早くするように促すこと

+α 「行為」を表す

披露 ヒ ロウ ★★

社会

announcement 類 発表

広く人に知らせること

+α 「行為」を表す

顧客に 追従〔ツイショウ〕 して話を合わせる。

実戦 私のこの言葉を寧ろ青木南八は、彼に対しての____だと思ったらしく、彼は疎ましい顔
色をした。 [防衛医科大]

引っ越しのために適当な物件を 物色〔ブッショク〕 する。

実戦 私はO君を残し、川原で手頃な月見草を____した。 [センター]

難問に 首を捻る〔クビをヒネる〕。

実戦 聞いてみると一円と言うのに、少し____たが、硝子も割れていないし、額縁もたしかだ
から、爺さんに談判して、八十銭までに負けさせた。 [北海道教育大]

飛んできたボールを 咄嗟〔トッサ〕 に避ける。

実戦 毛はやっぱり陽を吸うと夢のようにふわっと動き、若い女の伸びをするすがたが____に
連想された。 [早稲田大]

好奇心が探求へと 駆る〔カる〕。

実戦 そんな「別の世界」への想像を____妖しい都市の隙間が、古木であり寺社であり場末だった。 [早稲田大]

罪を逃れるため、詭弁を 弄する〔ロウする〕。

実戦 詐術を____人ではないが、唯一の欠点は、韜晦を吝しむことです。 [関西学院大]

眠っている人を勝手に起こすのは 不意を突く〔フイをツく〕 行為だ。

実戦 「あの手描きの絵葉書き、とっても嬉しかったわ」「あっ、どうもへたな絵で」房雄は____
れた感じだった。 [大阪大]

貸した本を返して欲しいと 催促〔サイソク〕 する。

実戦 下島は金の____に来たのではないが… [熊本大]

スピーチで得意の英語を 披露〔ヒロウ〕 する。

実戦 自分の用立てた金で買った刀の____をするのに自分を招かぬのを不平に思って、わざと
酒宴の最中に尋ねて来たのである。 [熊本大]

★★

はばかる

一心理　hesitate

❶ 遠慮すること
❷ 幅を利かすこと

+α 「マイナスの心情」を表す

★★★

片腹痛い
（カタハライタ）

一心理　ridiculous

身の程知らずの相手が
おかしくて見ていられない様子

+α 「マイナスの心情」を表す

★★★

高が知れる
（タカ）（シ）

一心理　trifle　**類** 論ずるに値しない

程度がわかること

+α 「様子」を表す

★★

よんどころない

一心理　unavoidable　**類** 余儀ない

やむを得ない様子

+α 「様子」を表す

★★

人口に膾炙する
（ジンコウ）（カイシャ）

一文化　**類** 脚光を浴びる

人々に広く知れ渡るさま

+α 「様子」を表す

★★

はかがいく

一文化　get a lot done

はかどること

+α 「プラスの様子」を表す

★★

小康
（ショウコウ）

一文化　stable　**類** 小安

事態がしばらく収まり、
安定しているさま

+α 「プラスの様子」を表す

★★★

差し支えない
（サ）（ツカ）

一文化　fair to say　**類** 差し障りない

迷惑でないさま

+α 「プラスの様子」を表す

★★★

満更でもない
（マンザラ）

一心理　not too bad

❶ 必ずしも悪くはないさま
❷ かなり良いさま

+α 「プラスの様子」を表す

人目を　はばかる　ことなく、街中で派手な格好をする。

実戦 君ら二人の目は憂鬱な熱に輝きながら、互いに瞳を合わすのを□□ように、やや燃えかすれたストーブの火をながめ入る。　　　　　　　　　　　　　　　　[法政大]

勉強しないで難関大学に合格しようとは　片腹痛い（カタハライタい）。

実戦 師伝なき人の歌書読むをきけば、(中略)、□□き事なり。　　　　　　　　　　[日本女子大]

大自然を前に人間ができることなど　高が知れる（タカがしれる）。

実戦 たとえ世界タイトルマッチのレフェリーをつとめたとしても、ギャラは□□。　[信州大]

よんどころない　事情で卒業式を欠席する。

実戦 燭の灯ではあまり暗すぎると仰っしゃるお客様が多いものでございますから、□□くこういうふうにいたしました。　　　　　　　　　　　　　　　　　　　　　　[防衛大]

ヒットソングはすぐに　人口に膾炙する（ジンコウにカイシャする）。

実戦 □□した蕪村の句に、「桐火桶無絃の琴の撫ごゝろ」という吟がある。　　　[法政大]

適度に休憩を取りながら勉強すると　はかがいく。

実戦 唐木も同著でたしかめていることですが、「はかない」とは、「はか」がないこと、つまり、「□□」「はかどる」の「はか」がないことです。　　　　　　　　　　　　　[大阪大]

国際関係は　小康（ショウコウ）　を保っている。

実戦 どういう積もりで運命がそんな□□を私たちに与えたのかそれは分からない。　　　　　　　　　　　　　　　　　　　　　　　　　　　　　　　　　[神戸女子大]

多少ならば予定が変更されても　差し支えない（サシツカえない）。

実戦 日本ばかりでなく世界の自然主義の中で秋声は最も徹底した自然主義者であったと言って□□であろうと思う。　　　　　　　　　　　　　　　　　　　　　　　[福岡大]

周囲から褒められて　満更でもない（マンザラでもない）　顔をする。

実戦 「お父さんにはなんでも見抜かれてるんだからね」と綾子が子供たちに言うのを、少し照れながら、□□聞く。　　　　　　　　　　　　　　　　　　　　　　　　　[岡山大]

0606 一文化	**★★** インビ 隠微 obscure	外に現れず、目立たないさま **+α**「様子」を表す
0607 一文化	**★★★** アツラ ム お誂え向き ideal	注文通りであるさま **+α**「プラスの様子」を表す
0608 一文学	**★★** セイレツ 清冽 limpid	水などが清らかに澄んで冷たいさま **+α**「様子」を表す
0609 一文学	**★★** ハク ビ 白眉 the best	多数あるものや人の中で 最も優れているもの **+α**「プラスの様子」を表す
0610 一社会	**★★** ミ ゾ ウ 未曾有 unprecedented 類類のない	今までにないほど珍しいさま **+α**「様子」を表す
0611 一文化	**★★★** ヘン テツ 変哲もない ordinary 類ありふれた	平凡であるさま **+α**「様子」を表す
0612 一文化	**★★★** テイ サイ 体裁 appearance 類姿態	外から見える形 **+α**「様子」を表す
0613 一言語	**★★** メイジョウ ガタ 名状し難い indescribable 類えも言われぬ	言葉で表現できないさま **+α**「マイナスの様子」を表す
0614 一社会	**★★** シ キ お仕着せ livery	一方的に与えられること **+α**「マイナスの様子」を表す

154

この宝石はどこか　隠微（インビ）　な光を放っている。

実戦 「ヴェルサイユ」はもちろん宮廷と上流社会を表し、「舞踏会」はその上流社会の＿＿＿な側面をのぞかせている。　　　　　　　　　　　　　　　　　　　　　　　　　　　　　[関西学院大]

運動会に　お誂え向き（おアツラえムき）　な晴天だ。

実戦 難解なもの、手に負えぬものこそ＿＿＿だと思っている学生の無邪気さ…　　　[中央大]

山頂の　清冽（セイレツ）　な空気を吸い込む。

実戦 「抱き合って肩をたたきながら、そのたくましく＿＿＿なユーモアに泣いた」と村田医師は書いている。　　　　　　　　　　　　　　　　　　　　　　　　　　　　　　　　　[立命館大]

この作品は、ミステリー小説の　白眉（ハクビ）　だ。

実戦 その究極の発想は『学問のすゝめ』の＿＿＿をなす「一身独立して一国独立する事」（三編）の中の次の一文にある。　　　　　　　　　　　　　　　　　　　　　　　　　　　　　[防衛大]

原発事故は　未曾有（ミゾウ）　の災害だ。

実戦 ＿＿＿の災害で肉親を失った人々の悲しみに満ちた言葉に真摯に耳を傾ける。　　[関西大]

何の　変哲もない（ヘンテツもない）　町工場が日本の産業を支えている。

実戦 父親と二人で国府津の海岸へ行く、という何の＿＿＿空想が、どうしてこの幼女をこんなに仕合せにするのだろう。　　　　　　　　　　　　　　　　　　　　　　　　　　　　[京都大]

彼の悪文はもはや文章としての　体裁（テイサイ）　をなしていない。

実戦 人目を避けて＿＿＿ばかり気にしている自分の情けなさに突き上げるような怒りが噴出してきたのだ。　　　　　　　　　　　　　　　　　　　　　　　　　　　　　　　　[同志社女子大]

台風が過ぎた後の惨状は　名状し難い（メイジョウしガタい）　ものであった。

実戦 老婆は恥かしいような憤ろしいような、＿＿＿き不愉快さをもって周囲を見た。[関西学院大]

お仕着せ（おシキせ）　がましい祝辞は新入生の心には響かない。

実戦 笑顔や言葉のやり取りが＿＿＿の「愛想」となって「サーヴィス」される。　　[埼玉大]

0615 社会	**沽券に関わる** コ ケン カカ ★★ 類 面子がかかる	品位や体面に差し支えるさま ➕α「マイナスの様子」を表す
0616 心理	**確執** カクシツ ★★ dispute 類 軋轢	意見を譲らないことに起因する不和 ➕α「マイナスの様子」を表す
0617 心理	**魅惑** ミ ワク ★★ fascination 対 幻滅	心をひきつけ、理性を失わせること ➕α「プラスの様子」を表す
0618 心理	**魅了** ミ リョウ ★★ fascinate 対 幻滅	心をひきつけ、うっとりさせること ➕α「プラスの様子」を表す
0619 社会	**牛耳る** ギュウ ジ ★★ dominate 類 統べる	業界や組織を支配すること ➕α「行為」を表す
0620 文化	**佇まい** タタズ ★★ appearance 類 風格	そこにあるもののありさま ➕α「様子」を表す
0621 社会	**荒廃** コウハイ ★★ devastation 類 壊滅	建物や土地などが荒れ果てること ➕α「マイナスの様子」を表す
0622 文化	**身の丈に合う** ミ タケ ア ★★★ suitable	分相応であること ぶんそうおう ➕α「様子」を表す
0623 文化	**造作** ゾウ サ ★★ trouble	手間がかかること ➕α「造作もない」と否定語を伴って「プラスの様子」を表す

社長が頭を下げることは 沽券に関わる 。
コケンにカカわる

実戦 はじめ元重役であるからには月給十万円以下では ☐ といっていた父も、やがて五万円でもいいと言いだし…　　　　　　　　　　　　　　　　　　　　　　　[センター]

遺産の相続をめぐって兄弟の間に 確執 が生じる。
カクシツ

実戦 閉じられた場所で異なる人間がむきだしで接するとき、そこにはかならずといっていいほど ☐ や悲劇が起こる。　　　　　　　　　　　　　　　　　　　　　　　[弘前大]

人々を 魅惑 するような歌声を聞く。
ミワク

実戦 美味しそうに感じるとき、そこには ☐ される感じや渇望感のようなものが生じていよう。　　　　　　　　　　　　　　　　　　　　　　　　　　　　　　　　[青山学院大]

芸術家が作る世界観に 魅了 される。
ミリョウ

実戦 外界の彼方に潜む官能的な対象からの呼びかけに ☐ されるといったことも、起こらないではない。　　　　　　　　　　　　　　　　　　　　　　　　　　　　　　[立教大]

富裕層が一国の経済を 牛耳る 。
ギュウじる

実戦 己れの身体は、自ら ☐ ことのできない他の主観にとらえられる。　　　[神戸大]

日本庭園の落ち着いた 佇まい が人々の心をひきつける。
タタズまい

実戦 緑の濃い夏山の ☐ は、ふと私に故郷の山を思い出させた。　　　[センター]

戦争で国土が 荒廃 する。
コウハイ

実戦 ☐ し混乱した庭には静けさが微塵もなかった。　　　　　　　　[センター]

無理に背伸びせずに 身の丈に合う 生活をするべきだ。
ミのタケにアウ

実戦 魅力のないオスは無理のない範囲で ☐ ったシグナルを作り出すことになります。　　　　　　　　　　　　　　　　　　　　　　　　　　　　　　　　　　[岡山大]

彼にとって暗号の解読は 造作 もないことだ。
ゾウサ

実戦 そうして遊びに来ている間に、機会を見て大宅君の着古しの浴衣を盗み出すのは ☐ もないことだ。　　　　　　　　　　　　　　　　　　　　　　　[江戸川乱歩『鬼』]

0624 ★★★	押し並べて オ シ ナ ベ テ	一様に
社会 on the whole 類総じて		＋α「様子」を表す

0625 ★★	悲惨 ヒ サン	見るに堪えないほど痛ましいこと
社会 misery		＋α「マイナスの様子」を表す

0626 ★★★	疎遠 ソ エン	❶関係が薄いこと ❷音信が絶えていること
社会 estrangement 対親密		＋α「マイナスの様子」を表す

0627 ★★	のっぴきならない	どうしようもなく 動きが取れない様子
社会 類抜き差しならない		＋α「マイナスの様子」を表す

0628 ★★	身も蓋もない ミ フタ	言葉が露骨すぎるさま
言語 outspoken 類率直な		＋α「マイナスの様子」を表す

0629 ★★★	覚束ない オ ボ ツ カ	❶はっきりせず頼りないさま ❷成り行きが疑わしいさま
心理 uncertain 類おぼろげ		＋α「マイナスの様子」を表す

0630 ★★	よしんば	❶たとえそうであっても ❷仮に
文学 even if 類万が一		＋α「表現の問題」のポイントとなる

0631 ★★	禍々しい マ ガ マ ガ	不吉である様子
心理 ominous 類忌わしい		＋α「マイナスの様子」を表す

0632 ★★	裏腹 ウ ラ ハ ラ	反対であること
心理 the contrary 類あべこべ		＋α「様子」を表す

今年の新入生は 押し並べて(オシナベて) まじめだ。

実戦 実際に当時の洋楽家に ____ 表現力が不足していたのか否かは、今日では判断のしようがない。 [駒澤大]

災害の後の 悲惨(ヒサン) な光景を目にする。

実戦 長いこと ____ なニュースを伝えてきたせいか、いつしか物事を客観的に捉える癖がついた。 [佛教大]

地元の友人と 疎遠(ソエン) になる。

実戦 私たちは、そのまま ____ になり、中学校も高校も同じ学校に進みながら、決して交わらぬ間柄のまま、時をすごしたのだった。 [センター]

のっぴきならない 事情で早退する。

実戦 奥で、なにか ____ ことがおこったのかもしれない、と弟は想像した。 [センター]

才能がなければどうにもならないと言われれば 身も蓋もない(ミもフタもない)。

実戦 才能を数字に表現してくれる ____ 成績表となったのだ。 [北海道大]

現在の成績では合格は 覚束ない(オボツカない)。

実戦 過去に向き合った六十代後半の主人公とともに、この二年間 ____ 歩みを続けた。[東海大]

よしんば 私が急にいなくなっても、彼は悲しまないだろう。

実戦 ____、タンポポという名前は知らなくても、それを、「花」の一種としてみてしまうのである。 [明治大]

深夜の廃病棟は 禍々しい(マガマガしい) 雰囲気に満ちている。

実戦 事実、たとえ軽い病気であっても、家のなかに病人が寝ていたりすると、家の空気が一変して ____ くなることが多い。 [防衛大]

厳しい口調とは 裏腹(ウラハラ) に彼の言葉は優しさに満ちている。

実戦 外見の幼さとは ____ に、彼女の声にはあたりの静けさを乱さない落ち着きがあった。 [東北大]

無造作（ムゾウサ）　★★★

文化　careless

❶ たやすいこと
❷ 念入りでないこと

+α「マイナスの様子」を表す

なおざり　★★

文化　neglect　類 ないがしろ

いい加減にしておくさま

+α「マイナスの様子」を表す

聞こえよがし（キ）　★★★

言語　in a stage whisper

わざと本人に聞こえるように
悪口や皮肉を言うこと

+α「マイナスの様子」を表す

つまびらか　★★★

文化　in detail

細かいところまで
詳しくはっきりしているさま

+α「様子」を表す

切迫（セッパク）　★★★

社会　urgency　類 火急

❶ 期日などが迫ること
❷ 緊張した状態になること

+α「マイナスの様子」を表す

賑わう（ニギ）　★★★

文化　be crowded with　類 栄える

人が集まってにぎやかになること

+α「プラスの様子」を表す

圧巻（アッカン）　★★★

心理　ハイライト　類 見所

最も優れた部分

+α「プラスの様子」を表す

異数（イスウ）　★★

社会　unusual

めったにないこと

+α「プラスの様子」を表す

髣髴（ホウフツ）　★★

心理　remind　同 彷彿

ありありと想像すること

+α「行為」を表す

煙草の灰を｜無造作(ムゾウサ)｜に落とすと危険だ。

実戦 とにかく壁に映った男はレインコートを｜　　　｜に着流して、じつに気ままそうに歩いていた。

［京都大］

部活が忙しくて宿題を｜なおざり｜にする。

実戦 もともと、抽象は具象に始まっているはずで、具象は｜　　　｜にした抽象に説得力を望んでもそれは無理である。

［法政大］

先生の悪口を｜聞こえよがし(キこえよがし)｜に言う。

実戦 隣の士官室に寝ている少尉に｜　　　｜の大声で、こうつけ加えました。「よし、通船を廻せ、対岸へ行こう」…

［和歌山大］

いじめの事実を｜つまびらか｜にする。

実戦 理路を｜　　　｜にする、そういう説得にもはや「耳を貸す」「聞く耳をもつ」ことを拒む人たちが、暗殺といった惨劇を惹き起こしました。

［静岡大］

原稿の締め切りが｜切迫(セッパク)｜している。

実戦 短い文が連なり、｜　　　｜感を醸し出している。

［立命館大］

デパートが子供連れで｜賑わう(ニギわう)｜。

実戦 一時はスキャンダルでメディアを｜　　　｜せたこともあるそのひとの容貌を、わたしは写真で知っていた。

［明治大］

舞台での大物俳優の演技はいつも｜圧巻(アッカン)｜だ。

実戦 死ぬな。生きろ、千夏。もう一度生きて、歌うんだ。｜　　　｜だった。千夏は、すごい。千夏の歌は、すごい。

［東北大］

学生のうちに億万長者になるのは｜異数(イスウ)｜のことだ。

実戦 こうした点を照らしあわせてみると、日本という国は、世界諸国のうちでも、最も｜　　　｜の国であるように見える。

［オリジナル］

娘の笑顔は、亡くなった母親を｜彷彿(ホウフツ)｜とさせる。

実戦 そうしてその煙の中に、ふだんから頭の中に持っている、ある疑問を｜　　　｜した。［山形大］

0642		★★	
	ボッ カ テ キ **牧歌的**		素朴で叙情的なさま
文化	pastoral		➕α 「プラスの様子」を表す

0643		★★★	
	コッ ケ イ **滑稽**		❶ 面白いこと ❷ ばかばかしいこと
心理	funny	類 おかしい	➕α 「マイナスの様子」を表す

0644		★★★	
	ショウ シ **笑止**		ばかばかしいこと
心理	ridiculous	類 片腹痛い	➕α 「マイナスの様子」を表す

0645		★★	
	コ ウ カ ツ **狡猾**		悪賢いこと
文化	cunning	対 愚直	➕α 「マイナスの様子」を表す

0646		★★	
	カ ン ゼ ン **敢然**		困難や危険を覚悟のうえで 思い切って行うさま
心理	bravely	類 断固	➕α 「プラスの様子」を表す

0647		★★★	
	オボ **うろ覚え**		ぼんやりとだけ覚えていること
文化	vague memory		➕α 「マイナスの様子」を表す

0648		★★	
	シ サ イ **仔細**		詳しいこと
文化	detail	類 委細	➕α 「様子」を表す

0649		★★	
	ショ ザ イ **所在ない**		することがなくて退屈だ
心理	bored		➕α 「マイナスの様子」を表す

0650		★★	
	オモムロ **徐に**		ゆっくりと
文化	slowly		➕α 「様子」を表す

牧歌的(ボッカテキ) な風景を見ると心が休まる。

実戦 いわゆる深山幽谷的、花鳥風月的、田園□□□自然を純粋な自然と呼ぶとすれば、私の自然はもはや純粋ではない。 [津田塾大]

完全に見抜かれているのに嘘に嘘を重ねる態度は 滑稽(コッケイ) だ。

実戦 刺された指を片方の手でしっかりと包んで、眼を閉じて、むーッと息をつめているのが、何となく□□□でもあり、気の毒でもあった。 [成蹊大]

毎月のように金の無心に来るのは 笑止(ショウシ) 千万な話だ。

実戦 その顔色を変えて、心配した事と云ったら、はた眼にも□□□な位です。 [岡山大]

彼はいつも 狡猾(コウカツ) に立ち回って責任を逃れる。

実戦 つらい祖父の死は過ぎ去って再びないという安心、祖父をこんなに愛していたのだという安心、それは□□□な自己の満足でさえある。 [宇都宮大]

若者たちが 敢然(カンゼン) とデモに参加する。

実戦 しかし僕のいつ□□□と自殺出来るかは疑問である。 [青山学院大]

うろ覚え(うろオボえ) の漢字を暗記しようと努める。

実戦 □□□だが「島の榛原にほひこそ」という歌が『万葉集』にあったとおもう。 [早稲田大]

ことの 仔細(シサイ) を記録に残す。

実戦 私は之等の漁師のつり方を□□□に見ていて、素人と玄人の釣り方の差異をはっきり知ったのである。 [愛知大]

歩き回って 所在な(ショザイな) さを紛らわす。

実戦 おむら婆さんは□□□ままに実家の背戸から外へ出て、穏やかな陽を浴びている村道をすこし歩いてみた。 [桜美林大]

ポケットから 徐に(オモムロに) 携帯電話を取り出す。

実戦 そうしてその後には□□□一束四銭の札を打った葱の山が浮んで来る。 [福岡教育大]

0651 一文化	キツリツ 屹立 ★★ soaring 類 峭立	❶ 高くそびえ立つこと ❷ 人が動かずに立っていること +α 「様子」を表す
0652 一心理	★★★ しどろもどろ confused 類 支離滅裂	話し方がとりとめなく乱れたさま +α 「マイナスの様子」を表す
0653 一心理	ロウセイ 老成 ★★★ mature 類 老練	❶ 年齢の割に大人びているさま ❷ 年を取って熟達しているさま +α 「プラスの様子」を表す

CHAPTER 3　文学的文章重要語300

SECTION ❸ 表現を読むための言葉

0654 一文学	シャジツ 写実 ★★ realistic	ありのままに ものごとを描写すること +α 写実主義は現実に起こりうる因果関係により作られ たストーリーを重んじる
0655 一文学	ロウマン 浪漫 ★★ ロマンス	感情や理想を重視して ものごとを見ること +α 浪漫主義は非現実的な因果関係により作られたス トーリーを重んじる
0656 一文学	シテン 視点 ★★★ viewpoint 類 観点	ものごとを見たり考えたりする立場 +α 主人公が「一人称」かその他かで、文章の視点を判断 する
0657 一文学	キャッカンショウセツ 客観小説 ★★★	主人公が三人称で、 客観的な視点から語られる小説 +α 客観的な視点は「神の視点」とも言われることがある
0658 一文学	シ ショウセツ 私小説 ★★★ "I" novel	作者自身を主人公として 自己の体験と心境を吐露する小説 +α 主人公が「私」など一人称であり、主観的な視点から 語られる小説

市街には高層ビルが｜ 屹立（キツリツ） ｜している。

実戦 白い紙の上に決然と明確な表現を◯◯◯させること…　　　　　　　　[東京大]

大臣が｜ しどろもどろ ｜になりながら答弁する。

実戦 そしてこの挨拶の◯◯◯を取り直すつもりで、胸を張って出来るだけ尤もらしい顔付をして端坐した。　　　　　　　　[センター]

年齢の割に｜ 老成（ロウセイ） ｜した口をきく。

実戦 彼の落ち着き、きちっと線を引いたような◯◯◯したふるまい、そしてその瞳は、彼がそういう子供時代を過ごしてきたから身についたものなのだろう。　　　　　　　　[センター]

｜ 写実（シャジツ） ｜的な絵を鑑賞する。

実戦 一般に〈◯◯◯主義〉演劇と訳されるリアリズム演劇は、近代科学の考え方の洗礼を受けたものの捉え方を前提にして書かれ、演じられている。　　　　　　　　[東京都立大]

遺跡の発掘には｜ 浪漫（ロウマン） ｜がある。

実戦 美しい未亡人のことを、いくぶん◯◯◯的（ロマンチック）に、想像せずにはいられなかった。　　　　　　　　[宮崎大]

小説の主人公の｜ 視点（シテン） ｜に立って考える。

実戦 日本の「国際化」が語られる場合、常にこの二重の◯◯◯を頭においておく必要がある。　　　　　　　　[三重大]

｜ 客観小説（キャッカンショウセツ） ｜を好んで読む。

実戦 そこにおいてかれは現代の全体小説の書き手にいたる、すべての◯◯◯の書き手ととこなっている。　　　　　　　　[金沢大]

彼の作品は実質的には｜ 私小説（シショウセツ） ｜だ。

実戦 私の経験をいへば、◯◯◯の起りは、遺書を書くのと同じ気持から書きはじめたものだ。　　　　　　　　[上智大]

★★★

カイソウ
回想

文学　recollection　　類 追憶

過去のことを思い起こすこと

+α 小説においては現在の原因となる過去や、現在と類比的、対比的な過去が語られる

0660

★★★

スジダ
筋立て

文学　plot　　類 筋書き

話の展開の仕方

+α 物語の「因果関係」のこと

0661

★★★

ケイ イ
経緯

文学　details　　類 謂われ

ものごとの経過

+α 物語の「因果関係」のこと

0662

★★★

テンマツ
顛末

文学　everything　　類 成り行き

始めから終わりまでの事情

+α 物語の「因果関係」のこと

0663

★★★

フクセン
伏線

文学　ヒント

後のことがうまくいくように
前もって用意しておくこと

+α 物語の「因果関係」のこと

0664

★★★

ジュウソウ
重層

文学　multilayer

何重にも層になって重なること

+α 「重層的な時間」とは過去の回想シーンが挿入されていることを表す

0665

★★

ダツコウチク
脱構築

文学　deconstruction

二項対立の枠組みを解体して
新たな構築を試みる思考法

+α 「プラス」と「マイナス」を逆転させる

0666

★★

イ ショウ
意匠

文学　デザイン　　類 考案

芸術や装飾上の工夫

+α 「表現の問題」のポイントとなる

0667

★★

ホンアン
翻案

文学　adaptation　　対 原作

元々の趣旨を生かして
作り変えること

+α 「表現の問題」のポイントとなる

小学校時代の思い出を <ruby>回想<rt>カイソウ</rt></ruby> する。

実戦 この文章は、現在の「ぼく」と「おじい」を描いた部分と「おじい」の◻︎◻︎を描いた部分から構成されている。　[広島大]

作品の大体の <ruby>筋立て<rt>スジダて</rt></ruby> を思いつく。

実戦 出来事をつづり、それらをつなげ◻︎◻︎る。物語とはそのような構造をもつ…　[立教大]

新発見に至る <ruby>経緯<rt>ケイイ</rt></ruby> を尋ねる。

実戦 それがわからなくなってしまったことの◻︎◻︎ははっきりしている。　[亜細亜大]

目撃者から事件の <ruby>顛末<rt>テンマツ</rt></ruby> を聞く。

実戦 最近ある雑誌で「人面犬」を『ポップティーン』誌上で「仕掛け」たと称する人物が、その◻︎◻︎を誇らし気に語っていた。　[青山学院大]

映画の結末につながる <ruby>伏線<rt>フクセン</rt></ruby> に気づく。

実戦 物語を最後まで読み終え、すべての人物のすべての言動の、すべての謎めいた◻︎◻︎の「ほんとうの意味」を理解した「読み終えた私」…　[明治大]

その作品には <ruby>重層<rt>ジュウソウ</rt></ruby> 的な仕掛けが施されている。

実戦 幼い時代のカツノリくんが川に落ちたこととカツノリくんが亡くなった事故とにかかわる二つの時間を、寝台車の中の「私」が思い出すという◻︎◻︎的な時間構造…　[センター]

近代小説を <ruby>脱構築<rt>ダツコウチク</rt></ruby> 的に読み解く。

実戦 マイノリティが自己決定と表現を獲得することへの共感という点をとっても、彼の言説は八〇年代を風靡した◻︎◻︎主義といちじるしく整合的である。　[早稲田大]

その焼き物には日本人の心に響く <ruby>意匠<rt>イショウ</rt></ruby> が凝らされている。

実戦 植栽の多い近世の庭を見なれたわれわれは、一木一草のないこの庭の◻︎◻︎の大胆さに驚く。　[立命館大]

シェイクスピアの戯曲を <ruby>翻案<rt>ホンアン</rt></ruby> する。

実戦 小学六年生の男の子から聞いた話を◻︎◻︎すれば、「複数オニ」の演習の主題は裏切りである。　[センター]

★★★

推敲
スイコウ

文章を吟味して練り直すこと

文学 | revision | 類 研磨 | ＋α 「表現の問題」のポイントとなる

★★★

叙情
ジョジョウ

感情を述べること

文学 | lyricism | 対 叙事 | ＋α 「表現の問題」のポイントとなる

★★★

叙事
ジョジ

事件や事実をありのまま述べること

文学 | epic | 対 叙情 | ＋α 「表現の問題」のポイントとなる

★★

散文
サンブン

韻律や定型にとらわれない文章
いんりつ

文学 | prose | 対 韻文 | ＋α 「表現の問題」のポイントとなる

★★

韻文
インブン

一定の韻律を持つ形式の整った文章

文学 | verse | 対 散文 | ＋α 「表現の問題」のポイントとなる

★★

随想
ズイソウ

折々に思ったことをまとめた文章

文学 | エッセイ | 類 随筆 | ＋α 「表現の問題」のポイントとなる

★★

動機
ドウキ

創作の題材

文学 | motive | 類 契機 | ＋α 「表現の問題」のポイントとなる

★★

諧謔
カイギャク

しゃれや冗談

文学 | ジョーク | 類 戯言 | ＋α 「表現の問題」のポイントとなる

★★

機知
キチ

場に応じて適切な対応や発言が
とっさにできる才知

文学 | ウィット | 類 才覚 | ＋α 「表現の問題」のポイントとなる

卒業論文の ［ 推敲 ］(スイコウ)を重ねる。

実戦 実用の文章は、あらかじめよく考えて書き、書いたものは ［　　　］ するのがいいのである。

［成城大］

失恋の悲しみを ［ 叙情 ］(ジョジョウ)的に歌う曲がヒットする。

実戦 短歌的 ［　　　］ のなかにすべてを溶かし込むとは、つまり論理的に善悪の問題を追究する態度をそこで放棄したということでもある。

［清泉女子大］

［ 叙事 ］(ジョジ)的に歴史を描く。

実戦 写生文という言葉は使われてはいないが、写生文の方法を本格的に説いたものに、子規の「［　　　］文」という文章がある。

［立命館大］

［ 散文 ］(サンブン)の技法を学ぶ。

実戦 安吾は ［　　　］ から一切の形式をはぎとり、その純粋な内容を提示することができると考えた。

［上智大］

古代中国の ［ 韻文 ］(インブン)を解読する。

実戦 ホーマーやヘロドトスの名を挙げつつ「節奏文」（［　　　］）が「無調の文章」（散文）に先立って現われたのは、この朗読という発表形式と関連していると説明する。

［早稲田大］

彼の ［ 随想 ］(ズイソウ)を読む。

実戦 志賀が「精神のリズム」と呼ぶものと通ずる何かである。「リズム」と題された短い ［　　　］ から引用してみよう。

［立命館大］

作家が新作の ［ 動機 ］(ドウキ)を紹介する。

実戦 だが、それではあの恋愛の、成立つ ［　　　］ が薄弱だったかもしれない。

［東海大］

彼は ［ 諧謔 ］(カイギャク)が巧みで、いつも周囲を笑わせている。

実戦 馬琴は崋山が自分の絵の事ばかり考えているのを、妬ましいような心もちで、眺めながら、いつになくこんな ［　　　］ を弄した。

［山形大］

彼女はいつも ［ 機知 ］(キチ)に富んだアイデアを思いつく。

実戦 一種の戯作者として、獅子さんはそれから約二十年間、［　　　］ と笑いの文学を書きつづけて来た。

［南山大］

169

★★★

比喩
ヒ ユ

simile 類 形容

ものごとを類似するものごとを使っ
て表現する修辞法、たとえ

+α 「表現の問題」のポイントとなる

Ⅰ 文学

★★★

隠喩
イン ユ

メタファー 類 暗喩

「〜のようだ」などを用いず、
ものごとを他で表現する修辞法

+α 「表現の問題」のポイントとなる

Ⅰ 文学

★★★

直喩
チョク ユ

simile 類 明喩

「〜のようだ」などを用いて、
二つのものを比較して示す修辞法

+α 「表現の問題」のポイントとなる

Ⅰ 文学

★★★

擬人法
ギ ジンホウ

personification 類 活喩

人間以外のものを
人間に見立てて表現する修辞法

+α 「表現の問題」のポイントとなる

Ⅰ 文学

★★

擬態法
ギ タイホウ

mimicry

擬態語や擬声語・擬音語を使って
ものごとの様子を表現する修辞法

+α 「表現の問題」のポイントとなる

Ⅰ 文学

★★

擬音語
ギ オン ゴ

オノマトペ 類 声喩

動物の音声や物体が起こす音を
言語音によって表した語

+α 「表現の問題」のポイントとなる

Ⅰ 文学

★★

擬態語
ギ タイ ゴ

mimetic word

ものごとの状態や感じを
それらしく音声にたとえて表した語

+α 「表現の問題」のポイントとなる

Ⅰ 文学

★★

換喩
カン ユ

メトニミー

あるものごとを表すのに、
関係の深いもので置換する修辞法

+α 「表現の問題」のポイントとなる

Ⅰ 文学

★★

提喩
テイ ユ

シネクドキ

全体で部分を、部分で全体を
表現する修辞法

+α 「表現の問題」のポイントとなる

Ⅰ 文学

主人公の感情を表現するのに 比喩(ヒユ) を用いる。

実戦□□□：鹿どもの風にゆれる草穂のような気もちが、波になって伝わって来たのでした。 ［琉球大］

隠喩(インユ) ：彼は歩く辞書だ。

実戦□□□：精神的混乱が、劉青年という鏡にはっきりと写っている。 ［金沢大］

直喩(チョクユ) ：彼女は花のように美しい。

実戦□□□：ダイヤモンドみたいなスワロフスキーのラインストーンが、旧式の二つ折り携帯の表面にびっしり貼りつけてある。 ［三重大］

擬人法(ギジンホウ) ：海が怒り、波が踊っている。

実戦□□□：樋がごくりごくりと喉を鳴らし出した。 ［高崎経済大］

擬態法(ギタイホウ) ：虫歯がズキズキと痛む。

実戦□□□：今まで傍にいた人が遠くの向うの室に逃げて此方を見てにこにこ笑って立っていた。 ［センター］

擬音語(ギオンゴ) ：雨がざあざあと降る。

実戦□□□：ざあざあと力強く川音が響き、何もかもを白く泡立てて押し流してゆく。 ［愛知大］

擬態語(ギタイゴ) ：星がきらきら光る。

実戦□□□：月光がそこここの岩石にたわむれ、すべりおちてはキラキラと光った。 ［東北大］

換喩(カンユ) ：繁盛期には手が足りなくなる。

実戦□□□：外の子は「ごはんよー」と呼ばれるまで遊んでいるので、いつも「あーあーあー」と思っていた。 ［筑波大］

提喩(テイユ) ：日本人は花見を好む。

実戦□□□：反知性主義の類似物として、「パンとサーカス」の標語に象徴される愚民化政策というものが古代からある。 ［大阪大］

0686 一文学	**諷喩法** フウユホウ ★★ アレゴリー 類 寓喩	ものごとを直接表現するのではなく、暗示的に表現する修辞法 **+α**「表現の問題」のポイントとなる
0687 一文学	**寓意** グウイ ★★ アレゴリー	ある意味を直接表すのではなく、別のものごとに託して表現すること **+α**「表現の問題」のポイントとなる
0688 一文学	**諷刺** フウシ ★★ satire 類 皮肉	❶ 欠点を遠回しに批判すること ❷ それを嘲笑的に表現すること **+α**「表現の問題」のポイントとなる
0689 一文学	**警句** ケイク ★★ エピグラム 類 金言	真理を簡潔に突いた表現 **+α**「表現の問題」のポイントとなる
0690 一文学	**倒置法** トウチホウ ★★★ inversion	文の一部である語や文節を、普通の順序とは逆にする修辞法 **+α**「表現の問題」のポイントとなる
0691 一文学	**反語法** ハンゴホウ ★★★ rhetorical question	強調のために反対の内容を疑問の形で述べる修辞法 **+α**「表現の問題」のポイントとなる
0692 一文学	**皮肉法** ヒニクホウ ★★ アイロニー	遠回しに意地悪く相手を非難する修辞法 **+α**「表現の問題」のポイントとなる
0693 一文学	**感嘆法** カンタンホウ ★★ exclamatory sentence	感嘆符などを用いて感情の高まりを表現する修辞法 **+α**「表現の問題」のポイントとなる
0694 一文学	**反復法** ハンプクホウ ★★ repetition	同一か類似の表現を繰り返す修辞法 **+α**「表現の問題」のポイントとなる

昔話は 　諷喩法　 的に解釈される。
フウユホウ

実戦 ▢ ：所が親爺の方では代助を以て無論自己の太陽系に属すべきものと心得てゐるので、自己は飽まで代助の軌道を支配する権利があると信じて押して来る。 ［関西学院大］

　寓意　 を含んだ絵を読み解く。
グウイ

実戦 健三の人間関係はせまく、社会や現実へのアレゴリイ（▢）を許すだけの構造性に欠けている。 ［立命館大］

時代を 　諷刺　 する小説を書く。
フウシ

実戦 フィクションからアレゴリーを求めようとするこうした読み方自体を▢し、笑い飛ばしてみせる。 ［中央大］

祖父は何かにつけて 　警句　 を言いたがる。
ケイク

実戦 「建築は住むことのできる機械だ」というのは、あまりにも有名なル・コルビュジエの▢だ。 ［同志社大］

　倒置法　：「欲しがりません、勝つまでは。」
トウチホウ

実戦 ▢：そこから、もう一度始める。初恋に限りなく似た、けれども、まったく異なるつながりを… ［広島大］

　反語法　：優しい彼がそんなひどいことをするだろうか。
ハンゴホウ

実戦 ▢：自分ばかりか、総べての小学校の教員のうちで、よく餓鬼大将の沼倉以上に、生徒を感化し心服させ得る者があるだろうか。 ［宇都宮大］

　皮肉法　：隣人の歌声があまりにうるさかったので、「歌がお上手ですね」と言って聞かせた。
ヒニクホウ

実戦 ▢：何ごとであれ関わりたいが、関わられたくないという現代人気質にとって、電子愛玩動物はまさにぴったりだなどと、皮肉を言うこともできるだろう。 ［鹿児島大］

　感嘆法　：あの花は何て美しいのだろう！
カンタンホウ

実戦 ▢：お兄ちゃんが、「次に会えるのは誰かが死んだときだな」と言うので、「やめてよ！」と肩を叩いた。 ［宮城教育大］

　反復法　：前へ、前へ、私は走る。
ハンプクホウ

実戦 ▢：食事をしている俊介、海の俊介、山の俊介、草を抱く俊介、寺院の前の俊介、草原の俊介、温泉旅館の浴衣を着た俊介… ［センター］

★★

漸層法
ゼンソウホウ

文学 | クライマックス

徐々に意味を強めていき、
結論や結末を強調する修辞法

+α 「表現の問題」のポイントとなる

★★★

引用法
インヨウホウ

文学 | quotation

自説を導いたり補強するため、
他人の文章や言葉を用いる修辞法

+α 「表現の問題」のポイントとなる

★★★

対句法
ツイクホウ

文学 | antitheses

表現形式が類似した二つの句を並べ、
対照や強調の効果を与える修辞法

+α 「表現の問題」のポイントとなる

★★★

対照法
タイショウホウ

文学 | antithesis

相反するものごとを対照させ、
両者の状態をはっきりさせる修辞法

+α 「表現の問題」のポイントとなる

★★★

省略法
ショウリャクホウ

文学 | ellipsis

あえて言葉を簡潔にすることで、
言外の余韻を感じ取らせる修辞法

+α 「表現の問題」のポイントとなる

★★

現在法
ゲンザイホウ

文学

過去や未来のことなどを
現在を表す動詞で表現する修辞法

+α 「表現の問題」のポイントとなる

漸層法 ゼンソウホウ ：非常に強い揺れだった。窓をこじ開けると周りの家々が押し潰されている。遠方に煙が立ち込めているではないか。

実戦 ⬚：雲海がひかり、黒い峰がひかり、そして満天の星くずが影を失った。　　［東北大］

引用法 インヨウホウ ：アインシュタインが「天才とは努力する凡才のことである」と言っているように、人間は努力次第で変われるのだ。

実戦 ⬚：センは「貧困はたんに所得の低さというよりも、基本的な潜在能力が奪われた状態と見られなければならない」と主張する。　　［千葉大］

対句法 ツイクホウ ：空は青く、雲は白い。

実戦 ⬚：万有を建てながら、そのまま空である、万有を泯ぼしながら、そのまま色である。　　［立教大］

対照法 タイショウホウ ：最新の製品と十年前の製品とでは月とすっぽんだ。

実戦 文体とは他者からの浸透を借りて、他者へ浸透することである。その貸借に自分自身の⬚が存在することである。　　［関西学院大］

省略法 ショウリャクホウ ：花は桜木、人は武士。

実戦 トモは実はトテモカクテモの省略であることはもちろんであるが、この⬚は鎌倉時代以後の語法であるらしい。　　［広島大］

現在法 ゲンザイホウ ：怖いことがあった。夜中に目を覚まし、耳をすますと天井裏で音がする。侵入者だろうか。いや、そうではなさそうだ。

実戦 ⬚：(過去の回想シーンで) 昨日まで、鳥の鳴き声みたいに聞こえたOBの言葉が、今日はちゃあんと人間の話し声に聞こえる。　　［センター］

CHAPTER

書き取りで
問われる漢字600

書き取りでよく問われる漢字ですが、
いきなり書けるようになろうとすると時間がかかり、効率的ではありません。
これらの漢字も、まずは「読み」と「意味」から覚えていきましょう。
意味をきちんと覚えた後に書き取りの練習をすると、
ずっと効率よく漢字を覚えることができます。

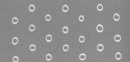

0701 社会	★★
シントウ **浸透**	思想・風潮・雰囲気などが次第に広い範囲に行き渡ること
penetration　類 普及	+α 元来は「水などが染み通ること」という意味

0702 社会	★★
ケンチョ **顕著**	際立って目につくさま
remarkable　類 卓抜	+α 「顕」は「あらわになる」、「著」は「いちじるしい」の意

0703 哲学	★★
ハアク **把握**	しっかりと理解すること
grasp　対 漫然	+α 「把」と「握」は共に「手に握り、摑むこと」の意

0704 言語	★★★
タンテキ **端的**	明確にそれとわかるさま
plain　対 冗長	+α 「要点」を捉えた表現になる

0705 心理	★★
カジョウ **過剰**	適当な分量や程度を超えていること
excess　類 余剰	+α 「過」は「すぎる」、「剰」は「あまる」の意

0706 文化	★★
リンカク **輪郭**	全体の要点を取りまとめたもの
アウトライン　類 概略	+α 「ものごとの大まかなありさま」や「概要」の意味でも用いる

0707 文化	★★
ソウグウ **遭遇**	不意に出会うこと
encounter　類 出会い	+α 「遭」も「遇」も「不意に会う」の意

0708 心理	★★
ヒンパン **頻繁**	しきりに行われること
frequently　対 稀有	+α 「頻」は「しきりに」という意味

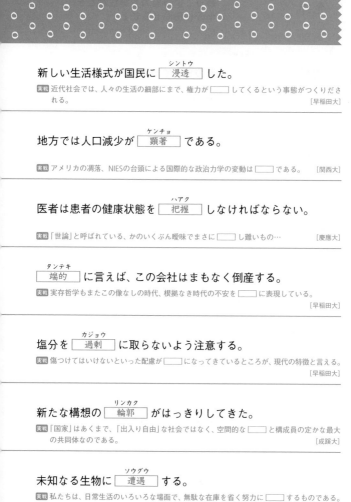

新しい生活様式が国民に **浸透**（シントウ）した。

実戦 近代社会では、人々の生活の細部にまで、権力が□□□□してくるという事態がつくりだされる。 [早稲田大]

地方では人口減少が **顕著**（ケンチョ）である。

実戦 アメリカの凋落、NIESの台頭による国際的な政治力学の変動は□□□□である。 [関西大]

医者は患者の健康状態を **把握**（ハアク）しなければならない。

実戦 「世論」と呼ばれている、かのいくぶん曖昧でまさに□□□□し難いもの… [慶應大]

端的（タンテキ）に言えば、この会社はまもなく倒産する。

実戦 実存哲学もまたこの像なしの時代、根拠なき時代の不安を□□□□に表現している。 [早稲田大]

塩分を **過剰**（カジョウ）に取らないよう注意する。

実戦 傷つけてはいけないといった配慮が□□□□になってきているところが、現代の特徴と言える。 [早稲田大]

新たな構想の **輪郭**（リンカク）がはっきりしてきた。

実戦 「国家」はあくまで、「出入り自由」な社会ではなく、空間的な□□□□と構成員の定かな最大の共同体なのである。 [成蹊大]

未知なる生物に **遭遇**（ソウグウ）する。

実戦 私たちは、日常生活のいろいろな場面で、無駄な在庫を省く努力に□□□□するものである。 [埼玉大]

銀行に **頻繁**（ヒンパン）に人が出入りする。

実戦 日本人は裏切りが関係の断絶に導きやすい義理的な関係の中で最も□□□□に罪悪感を経験する。 [上智大]

★★

発揮 _{ハッ キ}

持っている能力や特性などを
十分に働かせること

社会　exertion　　類 顕示　　+α 力を持っている手を「揮う」という意味

★★★

依然 _{イ ゼン}

元のままであるさま

歴史　still　　対 突然　　+α 「依」は「元のまま」、「然」は「その通り」という意味

★★★

獲得 _{カクトク}

努力して自分のものにすること

+α 「簡単には得られないものを、努力して手に入れる」
という意味

社会　acquisition　　類 取得

★★

放棄 _{ホウ キ}

投げ捨てて顧みないこと

哲学　abandonment　　対 保持　　+α 「棄」は「捨てる」という意味

★★★

享受 _{キョウジュ}

受け入れて自分のものとすること

+α 精神的な面でも物質的な面でも「楽しむこと」を意
味する

経済　enjoyment　　対 提供

★★★

厄介 _{ヤッカイ}

面倒なこと

文化　trouble　　類 面倒　　+α 「厄」は「わざわい」の意味

★★

基盤 _{キ バン}

ものごとを成立させるための
基礎となるもの

社会　ベース　　類 基礎　　+α 「基」は「もととなるもの」、「盤」は「皿」の意味

★★★

漠然 _{バクゼン}

ぼんやりとしてはっきりしないさま

+α 「漠」は「広すぎて、つかみどころのないさま」という
意味

科学　vague　　対 判然

★★★

維持 _{イ ジ}

ものごとの状態を保ち続けること

社会　maintenance　　類 持続　　+α 「維」は「保つ、つなぐ」という意味

昨日のコンクールでは実力を十分に ［ 発揮 ］ <ruby>発揮<rt>ハッキ</rt></ruby> できた。

実戦 ロゴスを中心とした力〈文明の思考〉を培ってきた欧米人が、形而上学的な論理構築においては断トツの強みを □□ する。 ［東洋大］

震災から一年経った今も ［ 依然 ］ <ruby>依然<rt>イゼン</rt></ruby> として復興は進んでいない。

実戦 彼は □□ として何かの犠牲者であることはかわりない。 ［香川大］

長い年月をかけて職人の技を ［ 獲得 ］ <ruby>獲得<rt>カクトク</rt></ruby> する。

実戦 子供は環境との相互作用を経て徐々に概念を形成し、言語を □□ する。 ［関西学院大］

彼は責任を ［ 放棄 ］ <ruby>放棄<rt>ホウキ</rt></ruby> し会社を辞めてしまった。

実戦 共産主義者・社会主義者が、政府の圧力の結果その思想を □□ する。 ［金沢大］

祖父から遺産を ［ 享受 ］ <ruby>享受<rt>キョウジュ</rt></ruby> した。

実戦 わたしたちは行政サービスや生産・消費システムに依存しながら、選択という形で個人の自由を □□ する。 ［早稲田大］

［ 厄介 ］ <ruby>厄介<rt>ヤッカイ</rt></ruby> なことには首を突っ込まない方が良い。

実戦 社会保障がどうしても現役層から高齢層へという世代間の所得移転を伴うとすれば、その充実は少し □□ な結果を生むことになる。 ［法政大］

生活の ［ 基盤 ］ <ruby>基盤<rt>キバン</rt></ruby> を固める。

実戦 民主主義的な決定の □□ を切り崩すことになる。 ［成蹊大］

自分の将来に対して ［ 漠然 ］ <ruby>漠然<rt>バクゼン</rt></ruby> とした不安を感じる。

実戦 大多数の人は、恐らく何等かの意味において □□ とした科学の限界を予想しているに違いない。 ［京都大］

彼は歳をとってもなお健康を ［ 維持 ］ <ruby>維持<rt>イジ</rt></ruby> している。

実戦 指導者の平和 □□ の努力が評価されるのは半世紀から一世紀後である。 ［中央大］

★★

繊細
センサイ

文学 | デリケート　類 精工

感情などが細やかなこと

+α 「繊細」は元々「ものの形が細くて小さくかつ優美である様子」を表した

★★★

覆う
オオ

社会 | cover　類 包む

**あるものが一面に広がって
その下のものを隠すこと**

+α 「蓋う」「被う」「蔽う」「掩う」という表記もある

★★

余儀
ヨ ギ

社会 | another method

他に取るべき方法

+α 「余儀なく」で「そうせざるを得ないさま」を表す

★★★

奨励
ショウレイ

経済 | encouragement　類 勧奨

**ある事柄を良いこととして、
それを人に強く勧めること**

+α 「奨」は「すすめる」、「励」は「はげます」の意味

★★★

回避
カイ ヒ

心理 | avoidance　類 忌避

**ものごとを避けて
ぶつからないようにすること**

+α 「回」は「まわる」、「避」は「よける」という意味

★★★

克服
コクフク

心理 | conquest　類 超克

努力して困難に打ち勝つこと

+α 「克」は「力を尽くして打ち勝つ」という意味

★★

蓄積
チクセキ

経済 | accumulation　類 累積

たくさん蓄えること

+α 「蓄」は「たくわえる」、「積」は「つもる」という意味

★★★

摂取
セッシュ

医学 | consumption

取り入れて自分のものにすること

+α 「摂」も「取」も「とる」という意味

★★★

謙虚
ケンキョ

心理 | modesty　対 横柄

控えめで、つつましいこと

+α 「謙」は「他人にゆずる」、「虚」は「己をむなしくする」という意味

彼女は 繊細（センサイ）で傷つきやすい。

実戦 われわれはつねに、「物がどこにどのようにあるか、その確かさはどの程度か」について、□□□な意識をもっている。 ［お茶の水女子大］

車をシートで 覆う（オオう）。

実戦 いま、地球上を□□□資本主義というシステム… ［早稲田大］

余儀（ヨギ）ない事情で学校を欠席する。

実戦 村落は都市に限りなく吸い取られ、都市に包みこまれてしか存在しえないものへと、変貌を□□□なくさせられた。 ［早稲田大］

学生にスポーツを 奨励（ショウレイ）する。

実戦 大量生産・大量消費・大量廃棄こそが現代社会を構築している基本構造であり、買い換え使い捨てが□□□されている。 ［日本大］

近隣住民とのトラブルを 回避（カイヒ）する。

実戦 眼球は動くことによって、盲点を□□□し、視野を拡げ、奥行きを認識する。 ［一橋大］

彼は努力して逆上がりを 克服（コクフク）した。

実戦 特定の問題や困難を□□□しようと探求していたもの… ［東京理科大］

学生時代に知識を 蓄積（チクセキ）する。

実戦 資本主義とは「差異の発見・活用・創出を通じて利潤を獲得し資本（貨幣）の永続的な□□□を追求するシステム」であるか… ［東京学芸大］

トレーニングの後はタンパク質の 摂取（セッシュ）が重要だ。

実戦 われわれは動物であり、一定の間隔をもって食物を□□□しなければならない。 ［神戸大］

他人とは 謙虚（ケンキョ）な態度で接するべきだ。

実戦 科学的根拠にもとづくリスク評価には常に□□□さが求められる。 ［埼玉大］

0727 心理	**模索** モ サク grope for ★★ 類 手探り	**手探りで探し求めること** +α 「模」は「手探りする」、「索」は「もとめる、さがす」という意味
0728 経済	**循環** ジュンカン circulation ★★ 類 回転	**一巡りして、 元へ戻ることを繰り返すこと** +α 「循」は「ぐるぐるまわる」、「環」は「円の形」という意味
0729 心理	**貫徹** カンテツ put through ★★★ 対 挫折	**意思・方針・考え方などを 貫き通すこと** +α 「貫」は「つらぬく」、「徹」は「とおす」という意味
0730 哲学	**連鎖** レン サ chain ★★★ 類 結合	**ものごとが 互いにつながっていること** +α 「連なった鎖」のイメージ
0731 文学	**暗黙** アンモク implicit ★★★ 類 沈黙	**口に出さないで黙っていること** +α 「黙」は「だまっている」という意味
0732 文化	**洗練** センレン sophisticated ★★★ 対 野暮	**人柄や趣味などを、 優雅または高尚なものにすること** +α 「練」は「きたえみがく」という意味
0733 心理	**渇望** カツボウ thirst ★★ 類 熱望	**心から望むこと** +α 「喉が渇いて水を欲するように望む」というイメージ
0734 社会	**徹底** テッテイ thorough ★★★	**中途半端でなく一貫していること** +α 「底まで貫き通ること」という意味
0735 社会	**露呈** ロ テイ exposure ★★★ 類 露見	**隠れていた事柄が 表面に現れ出ること** +α 「露」は「あらわになる」、「呈」は「示す」という意味

政府は最善の方法を 模索 [モサク] している。

実戦 現代の家族も、共同家族、週末同居、ルームシェアというふうに、多様なかたちを□□□□□している。 [弘前大]

血液が体内を 循環 [ジュンカン] する。

実戦 資本主義が、一本の長い槍のような右肩上がりの発展という物語を紡げたのは、その土台に持続的な□□□□システムがあったからである。 [早稲田大]

一度決めた目標を 貫徹 [カンテツ] する。

実戦 暴力とはその定義上、主体の意志□□のために暴力の対象を客体化することである。 [早稲田大]

悪いことが 連鎖 [レンサ] していく。

実戦 人の考えることは、考えるということの本質上、理由の□□□によって成り立っている。 [大阪大]

彼とは長い付き合いだから 暗黙 [アンモク] のうちに互いの気持ちがわかる。

実戦 辞書や文法書（あるいは、そのように実体化される以前の□□□知）の類いは、言葉を理解する際の大きな手掛かりにはなるだろう。 [関西大]

人間国宝の 洗練 [センレン] された芸。

実戦 摂関時代の宮廷文化は、高度に□□□された和歌や物語を生みだした。 [上智大]

優秀な人材を 渇望 [カツボウ] する。

実戦 あらゆる芸術的創造は、まさに人間の自由の最も純粋な顕現であり、自由に対する人間の□□□の最も端的な表現である。 [岡山大]

徹底 [テッテイ] した感染対策を行う。

実戦 テロへの対抗策として導入された、□□□したセキュリティの確保… [成蹊大]

彼の秘密が 露呈 [ロテイ] する。

実戦 〈情報化／消費化資本主義〉の限界を□□□することとなった。 [早稲田大]

邪魔
ジャマ

心理　disturb　類中断

妨げること

+α 元々「仏道修行に励むことを妨げるもの」の意味

★★★

含蓄
ガンチク

文化　implication　類内包

表面に現れない深い意味・内容

+α 「含」は「ふくむ」、「蓄」は「たくわえる」の意味

★★★

干渉
カンショウ

社会　interference　類妨害

**他人のことに立ち入って
自分の意思に従わせようとすること**

+α 国際法においては「一国が他国の内政・外交に介入
すること」という意味

★★★

普及
フキュウ

社会　spread　類伝播

広く行き渡ること

+α 「普」は「あまねく」、「及」は「およぶ」という意味

★★★

丁寧
テイネイ

心理　polite　対ぞんざい

**❶ 細かいところまで気を配ること
❷ 礼儀正しく、配慮ができること**

+α 「寧」は「心を込める」という意味

★★★

包括
ホウカツ

科学　comprehensive　対個別

全体をひっくるめてまとめること

+α 「包」は「つつむ」、「括」は「くくる」という意味

★★★

途方
トホウ

歴史　way

手立て、筋道

+α 「方途」となっても「手立て」という意味

★★★

脅威
キョウイ

心理　threat　類脅迫

強い力や勢いで脅かすこと

+α 「脅」は「おどかす」、「威」は「人をおそれ従わせる力」
の意味

★★

措置
ソチ

社会　measure　類方策

必要な手続きを取ること

+α 「措く」は「差し置く、除く」という意味

★★★

彼の勉強の **邪魔**（ジャマ）をする。

実戦 常識が □□□ して論理的な思考展開がかえって難しい。　　　　　［立教大］

この小説家は **含蓄**（ガンチク）のある文章を書く。

実戦 漢文は典故によって極度に微妙な □□□ を持たせることができる。　　　　［早稲田大］

子供の喧嘩に親は **干渉**（カンショウ）すべきではない。

実戦 傍からの □□□ ほど教育を阻害するものはない。　　　　　［富山大］

スマートフォンは急速に **普及**（フキュウ）した。

実戦 文字がごく一般に使われるようになり、読み書きが □□□ した近現代…　　　［名古屋大］

仕事の依頼を **丁寧**（テイネイ）に断る。

実戦 死者の扱い方は古代における遺棄、中世の納骨、近世の寺内墓地というように、一貫して □□□ な方向に向かっているようにみえる。　　　　　［筑波大］

全員の意見を **包括**（ホウカツ）して述べる。

実戦 AIが人間と同様の □□□ 的な知性である必要はない。　　　　　［埼玉大］

道に迷って **途方**（トホウ）に暮れる。

実戦 人間の生活や直観的な感覚からしたら、一〇万年どころか一千年でも、□□□ もなく長い時間である。　　　　　［岡山大］

ウイルスの **脅威**（キョウイ）にさらされている。

実戦 いわゆる「権力」の座にあるものにとって、言論の自由は自らの有する権力への □□□ ともなりうる。　　　　　［東京理科大］

彼の不正に対して相応の **措置**（ソチ）を行う。

実戦 体外授精に比してより身近に起こっている延命 □□□ の問題…　　　　　［東京大］

0745		★★★	
	ヨクヨウ 抑揚		話すときの音声や文章などで、調子を上げたり下げたりすること
文学	イントネーション	対 棒読み	+α 「抑」は「おさえる」、「揚」は「あげる」という意味

0746		★★★	
	コクメイ 克明		細かいところまで念を入れて手落ちのないこと
文学	detailed	類 丹念	+α 「克」は「力を尽くして事をしとげる」という意味

0747		★★	
	ケイカイ 警戒		危険や災害に備えて、あらかじめ注意し用心すること
社会	caution	類 用心	+α 「警」は「非常の事態に備える」、「戒」は「いましめる」という意味

0748		★★★	
	カンショウ 観賞		ものを見て、美しさや趣などを味わい楽しむこと
文学	admiration	類 享楽	+α 「観賞」は「美しいものを見て心を楽しませること」

0749		★★★	
	カンショウ 鑑賞		芸術作品の良さを味わい楽しみ理解すること
芸術	appreciation	対 批評	+α 「鑑賞」は「芸術作品の良さを味わうこと」

0750		★★★	
	ダキョウ 妥協		対立の一致点を見出し、穏やかに解決すること
社会	compromise	類 譲歩	+α 「和解」に対し「妥協」は多少不満を残すというニュアンスがある

0751		★★★	
	ジンソク 迅速		ものごとの進みぐあいや行動などが非常に速いこと
工学	quick	対 緩慢	+α 「迅」も「速」も「はやい」という意味

0752		★★	
	ケイサイ 掲載		新聞・雑誌などに、文章・写真などを載せること
文学	publish	類 記載	+α 「掲」は「かかげる」、「載」は「のせる」という意味

0753		★★	
	ケイショウ 継承		身分・権利・財産などを受け継ぐこと
歴史	succession	対 断絶	+α 「継承」は「文化などを受け継ぐこと」、「承継」は「権利または義務を引き継ぐこと」

彼は　[抑揚 ヨクヨウ]　をつけて話すので印象に残る。

実戦 □□に乏しく、くぐもるように続く日本語…　［青山学院大］

会話の内容を　[克明 コクメイ]　に記録する。

実戦 漱石は『道草』の中で、関係が金銭に変わるさまざまな形を□□に描いている。［立命館大］

夏は熱中症に　[警戒 ケイカイ]　しよう。

実戦 ポピュリズムは、「多数者の専制」を□□し、個人の理性や法の支配を原則とする自由主義的原理を嫌う。　［学習院大］

桜の花を　[観賞 カンショウ]　する。

実戦 作品を展覧会で□□するというのは近代になって始まった習慣である。　［千葉大］

クラシックコンサートを　[鑑賞 カンショウ]　する。

実戦 表現者と□□者の「自・他」関係がなによりも先にあって、そのあいだの理解と伝達が重大な関心事となる。　［関西大］

彼は　[妥協 ダキョウ]　してその案に従った。

実戦 間接民主制においては、多数派も議会において少数派と□□しなければ、政策を実現できない。　［早稲田大］

災害時に　[迅速 ジンソク]　な対応を行う。

実戦 技術の進歩は何人も知るように極めて□□である。　［京都大］

雑誌に広告を　[掲載 ケイサイ]　する。

実戦 雑誌に□□された料理レシピ（他人の著作物とする）をコピーし、自分用のレシピノートに貼り付けて家庭内で利用することは、合法的な行為である。　［信州大］

伝統芸能を　[継承 ケイショウ]　する。

実戦 神の日本的特性は今日のアニメーションにおいても□□されている。　［中央大］

0754		★★	
心理	**匹敵** ヒッテキ match	類 肩を並べる	同じような力量を持ったり、 地位を占めたりすること **+α**「匹」は「並んでいる二頭のウマの胸もとを線で書いたもの」なので「敵と並ぶ」という意味になる

0755		★★	
歴史	**不断** フダン constant	類 躊躇	絶えないこと、いつまでも続くこと **+α** 漢文読みで「絶えず」と読む

0756		★★★	
社会	**恩恵** オンケイ benefit	対 損害	慈しみ **+α**「恩」も「恵」も「めぐみ」という意味

0757		★★★	
心理	**寛容** カンヨウ tolerance	類 寛大	心が広くて、 よく人の言動を受け入れること **+α** 異なる意見や宗教や民族の人々に対して一定の理解を示し、許容する態度のこと

0758		★★	
社会	**弊害** ヘイガイ bad effect	類 害悪	他に悪い影響を与えるものごと **+α**「弊」も「害」も「悪いもの」という意味

0759		★★	
哲学	**核心** カクシン point	類 中心	ものごとの中心となる大切なところ **+α**「核」も「心」も「中心・中央」という意味

0760		★★★	
文学	**陶酔** トウスイ intoxication		心を奪われてうっとりすること **+α**「陶」は「緊張が和らいで楽しいこと」、「酔」は「気持ちを奪われること」という意味

0761		★★	
心理	**素朴** ソボク simple	対 洗練	自然のままに近く、 あまり手の加えられていないこと **+α**「素」は「ありのまま」、「朴」は「うわべを飾らない」という意味

0762		★★	
芸術	**卓越** タクエツ outstanding	類 卓抜	群を抜いて優れていること **+α**「卓」は「ひときわ高く抜きんでいる」、「越」は「こえる」という意味

給料の一年分に | 匹敵 （ヒッテキ） | する金額。

実戦 国内社会における国家に ___ するような力を持つ権力主体は存在しない。 ［信州大］

彼は | 不断 （フダン） | の努力によって成功を摑んだ。

実戦 資本主義社会は本質的に動く社会であり ___ の変化を伴う社会である。 ［京都大］

人は自然からの | 恩恵 （オンケイ） | なくして生きられない。

実戦 科学技術は社会に ___ をもたらすだけではなく、リスクをもたらす。 ［関西学院大］

彼は | 寛容 （カンヨウ） | な人だから、たいていのことは許してくれる。

実戦 他者への ___ と他者の自律性の承認という現代社会におけるきわめて重大な道徳的価値… ［中央大］

無理なダイエットには | 弊害 （ヘイガイ） | もある。

実戦 自由放任主義の ___ をどのようにして矯正するか… ［法政大］

話の | 核心 （カクシン） | に迫る質問。

実戦 批評家はすべて言葉を使うわけだが、すぐれた批評家とは対象の ___ を簡潔な言葉でいいあてる力がなければならない。 ［京都大］

彼の名演技に | 陶酔 （トウスイ） | してしまった。

実戦 さまざまな知識が、追憶を作りだすし、___ を生むのである。 ［名古屋大］

おばあちゃんの料理の | 素朴 （ソボク） | な味わい。

実戦 現在の科学者にとってまだ多くの未知の領域が残っていることなどを考慮すると、___ な科学万能論を信ずることはできない。 ［京都大］

彼は野球選手の中でも | 卓越 （タクエツ） | した技術を持っている。

実戦 日本人は奥深いイメージ世界を築き上げる能力において ___ しているというのが、私の印象である。 ［東洋大］

0763 文化	**希薄** キハク ★★ thin 対濃厚	**ある要素の乏しいこと** +α 「希」は「めったにない」、「薄」は「うすい」という意味
0764 心理	**感慨** カンガイ ★★★ impressive	**心に深く感じて、しみじみとした気持ちになること** +α 「慨」は「心を揺さぶる思いでいっぱいになる」という意味
0765 心理	**円滑** エンカツ ★★ スムーズ 対障害	**ものごとが滞りなく運ぶこと** +α 「滑」は「なめらかでよくすべる」という意味
0766 歴史	**分岐** ブンキ ★★ divergence 対合流	**行く先が別々に分かれること** +α 「分」も「岐」も「わかれる」という意味
0767 宗教	**架空** カクウ ★★ フィクション 対実在	**事実に基づかず、想像によって作ること** +α 「空に架ける」ということから
0768 社会	**容赦** ヨウシャ ★★ forgiveness 類寛大	**失敗や過失などを許すこと** +α 「容」も「赦」も「ゆるす」という意味
0769 宗教	**崇拝** スウハイ ★★★ worship 類尊崇	**崇め敬うこと** +α 「崇」は「あがめ敬う、とうとぶ」、「拝」は「おがむ」の意味
0770 文化	**便宜** ベンギ ★★ convenience 類便益	**都合の良いこと、良い機会** +α 「便」も「宜」も「都合が良い」という意味
0771 心理	**周到** シュウトウ ★★ careful 類綿密	**すみずみまで注意が行き届いて、手抜かりのないさま** +α 「周」は「十分に行き届く」、「到」は「至り尽くす」という意味

彼は仕事に対する熱意が ［希薄 キハク］ だ。

実戦 日本人は宗教心が ［ ］ だと、日本人自身が言うのをよく聴く。 ［一橋大］

すばらしい映画を見て ［感慨 カンガイ］ に浸る。

実戦 ［ ］、愛情、悲哀などの自覚を示す表現… ［早稲田大］

話し合いは ［円滑 エンカツ］ に進み、短時間で終わった。

実戦 分業的な労働が ［ ］ に行われるためには、各自が「時間を守る」必要がある。 ［名古屋大］

道がここで ［分岐 ブンキ］ している。

実戦 今、英語以外のどの「国語」も ［ ］ 点に立たされているのです。 ［慶應大］

聖徳太子は ［架空 カクウ］ の人物かもしれない。

実戦 最近の世界史をひもとけば、独裁的支配者が ［ ］ の人物像をつくりあげて体制を守ろうとする実例がいくつもある。 ［立命館大］

君が子供だからと言って ［容赦 ヨウシャ］ はしない。

実戦 理論的にではなく直接的な身体感覚として、［ ］ なく消滅しつつある。 ［センター］

信者たちは教祖を ［崇拝 スウハイ］ する。

実戦 福沢諭吉や内村鑑三は、仏教というものをほとんど偶像 ［ ］ としか考えない。 ［筑波大］

［便宜 ベンギ］ 上、この方針で進めていくことにする。

実戦 生活の ［ ］ にかかわるサービス等の商品化… ［広島大］

彼は几帳面でいつも用意 ［周到 シュウトウ］ だ。

実戦 楽しく快適な日常世界のただ中で、最新テクノロジーを駆使した監視が広範かつ ［ ］ に広まりつつある。 ［埼玉大］

0772 芸術	★★ **傑作** ケッサク マスターピース **類** 名著	**非常に優れたできばえであること** **+α** 「傑」は「優れている」という意味
0773 経済	★★ **停滞** テイタイ stagnation **類** 沈滞	**一箇所にとどまって動かないこと** **+α** 「停」は「とどまる」、「滞」は「とどこおる」という意味
0774 心理	★★ **果敢** カカン bold **類** 壮烈	**決断力に富み、ものごとを思い切ってするさま** **+α** 「果」も「敢えて」も「思い切って～する」という意味
0775 社会	★★★ **糾弾** キュウダン impeachment **類** 非難	**罪や責任を問いただし、非難すること** **+α** 「糾」は「取り調べる」、「弾」は「罪を問いただす」「責め立てる」という意味
0776 社会	★★ **妨げる** サマタげる disturb **類** 阻止	**ものごとが行われるのを邪魔する** **+α** 「女」＋「方(両側に柄の張り出した鋤)」で「女性に近づかせまい」という意味
0777 心理	★★ **融通** ユウズウ flexibility	**その場で適切な処置をとること** **+α** 「融」も「通」も「とおる」という意味
0778 文化	★★ **高尚** コウショウ refined **対** 低俗	**知性や品性の程度が高いこと** **+α** 「尚」は「重んずる、たっとぶ」という意味
0779 科学	★★ **伐採** バッサイ deforestation	**山などから木を切り出すこと** **+α** 「伐」は「切る」、「採」は「とる」という意味
0780 哲学	★★★ **純粋** ジュンスイ ピュア **類** 無垢	**混じりけのないこと、邪念や私欲のないこと** **+α** 「純」も「粋」も「混じりけがない」という意味

194

あの作品は映画史に残る[傑作]（ケッサク）だ。

実戦 話す言葉を存分に使える文章で、世界の[　　]の一つ『源氏物語』…

[東京理科大]

数年間景気が[停滞]（テイタイ）している。

実戦 経済や賃金の長期[　　]と同時に、生活者の生活レベルが向上しているという一見不可思議な現象…

[東京学芸大]

彼はどんなに難しいことでも[果敢]（カカン）に挑戦する。

実戦 [　　]な飛躍と丹念に整合性をもとめる努力…

[大阪府立大]

不祥事を起こした政治家を[糾弾]（キュウダン）する。

実戦 「差別語」や「差別現象」の存在を指摘し、告発[　　]する運動…

[中央大]

騒音が私の睡眠を[妨げる]（サマタげる）。

実戦 権力は人々が行為するのを[　　]のではない。

[慶應大]

彼は[融通]（ユウズウ）が利くため、色々な場面で役に立つ。

実戦 「柔軟性を欠く」と書くと、[　　]がきかず頭が悪いみたいに聞こえるかもしれない。

[立教大]

彼女は生け花という[高尚]（コウショウ）な趣味を持っている。

実戦 論理的思考力を養うといった、[　　]な教養主義…

[慶應大]

森林の[伐採]（バッサイ）により砂漠化が進む。

実戦 都市の建造が計画され、やがて森を大々的に[　　]しはじめる。

[早稲田大]

少年のような[純粋]（ジュンスイ）な気持ち。

実戦 生産に寄与しない[　　]な消費を正当に評価してこなかった。

[中央大]

0781 ジョウセイ **醸成** 文化　create	★★	❶ 原料を発酵させて作ること ❷ ある状態を徐々に作り上げること **＋α**「醸」は「時をかけて自然に作り上げる」という意味
0782 オチイ **陥る** 心理　fall into	★★	❶ 落ちて中に入ること ❷ 望ましくない状態になること **＋α**「陥」は「落ち入る」という意味
0783 モウレツ **猛烈** 心理　fierce　類 強烈	★★	勢いが強く激しいさま **＋α**「猛」も「烈」も「はげしい」という意味
0784 マイボツ **埋没** 心理　be buried　対 隆起	★★★	うずもれて見えなくなること **＋α**「埋」は「うめる」、「没」は「地の中にうずまる」という意味
0785 コ ブ **鼓舞** 心理　encourage　類 激励	★★★	大いに励まし 気持ちを奮い立たせること **＋α**「鼓」も「舞」も「奮い立たせる」という意味
0786 セイミツ **精密** 科学　precise　類 細密	★★	きわめて細かい点にまで 注意が行き届いているさま **＋α**「精」も「密」も「こまやか」という意味
0787 エイ イ **営為** 経済　occupation　類 行為	★★★	人間が日々営む仕事や生活 **＋α**「営」は「いとなむ」、「為」は「おこなう」という意味
0788 エイビン **鋭敏** 文学　sharp　類 聡明	★★	感覚などの鋭いこと **＋α**「鋭」は「するどい」、「敏」は「すばやい」という意味
0789 キ ガ **飢餓** 経済　starvation　対 飽食	★★	食べ物がなくて飢えること **＋α**「飢」も「餓」も「うえる」という意味

長い年月をかけて部下との信頼関係を 醸成 （ジョウセイ）していく。

実戦 資本主義もまた危機を□□□してしまったのである。 [明治大]

深刻な状況に 陥る （オチイル）。

実戦 また逆に近代主義の価値観にただ反撥するならば、前近代的な反合理主義、反ヒューマニズムに□□□ことになってしまう。 [東京理科大]

政治家が 猛烈 （モウレツ）な批判を受ける。

実戦 新幹線は日本列島を□□□なスピードで突っ走り、自動車、オートバイに乗って人は走る。 [青山学院大]

土砂に 埋没 （マイボツ）した民家。

実戦 近世的秩序の下においても、「個」は組織の全体性の中に□□□されることなく、自立性を保持していた。 [関西大]

仲間を 鼓舞 （コブ）して目標を成し遂げる。

実戦 戦争とは集団をもってする暴力であり、各人の行為は集団の意識によって制約され□□□される。 [関西大]

ロケットは 精密 （セイミツ）に作られている。

実戦 写真の科学性をもって、□□□に記録描写をする機能だけを利用する。 [九州大]

小説を書くという 営為 （エイイ）。

実戦 翻訳という□□□は、諸々の言語・文化の差異のあいだを媒介し、可能なかぎり横断していく営みである。 [東京大]

犬は嗅覚がとても 鋭敏 （エイビン）だ。

実戦 苦味は極めて微量で検知される□□□な感覚です。 [高崎経済大]

難民が 飢餓 （キガ）に苦しむ。

実戦 □□□地帯の人々にとっては、飢えるしかないほどに今日の食料価格は高い。 [同志社大]

0790	**配慮** ハイリョ ★★	気を配ること
心理	consideration 類 考慮	+α 「配」は「くばる」、「慮」は「おもんぱかる」という意味

0791	**慰める** ナグサ ★★	何かをして、一時の悲しみや 苦しみを紛らすこと
心理	comfort 類 労る	+α 「尉」は「しわを伸ばす」という意味であり、「心のしわを伸ばす」ことで「なぐさめる」というイメージ

0792	**栽培** サイバイ ★★	植物を植え育てること
経済	cultivation 対 自生	+α 「栽」は「うえる」、「培」は「つちかう」という意味

0793	**凡庸** ボンヨウ ★★★	平凡で取り柄のないこと
文化	mediocrity 類 平凡	+α 「凡」は「ふつう」、「庸」は「なみ」という意味

0794	**生涯** ショウガイ ★★	生きている間
歴史	life 類 一生	+α 「涯」は「かぎり」という意味

0795	**冒頭** ボウトウ ★★★	ものごとの初めの部分
文学	beginning 対 末尾	+α 「冒」は「つき進む」、「頭」は「最初」という意味

0796	**恒常** コウジョウ ★★	一定していて変わらないこと
科学	constancy 類 不易	+α 「恒」も「常」も「いつも変わらない」という意味

0797	**懸命** ケンメイ ★★	力を尽くして頑張るさま
心理	earnest 類 熱心	+α 「命」を「懸ける」という意味

0798	**連綿** レンメン ★★	長く続いて絶えないさま
歴史	be passed down	+α 「採取した綿花の山を持ち上げると、繊維が絡まり連なること」から

安全性に 配慮（ハイリョ） をする。

実戦 難民問題では人間の安全保障の点から、最大限の□□を惜しまなかった。　[立命館大]

落ち込んでいる友人を 慰める（ナグサめる）。

実戦 彼は自分の疲れを□□ために、彼の眼に触れる空間の存在物を尽く美しく見ようと努力し始めた。　[上智大]

果物を 栽培（サイバイ） する。

実戦 無農薬野菜の□□やフロンガス処理器の開発…　[お茶の水女子大]

どこにでもいる 凡庸（ボンヨウ） な人物。

実戦 型通りの行為は、ふつう□□の極みとして馬鹿にされる。　[東京都立大]

君との思い出は 生涯（ショウガイ） 忘れることはないだろう。

実戦 儒学の教育に培われた子規の知性は、彼の□□を支配する二つの主要な要素のひとつである。　[日本女子大]

ドラマは 冒頭（ボウトウ） から凄まじい展開だった。

実戦 中国哲学の重要な文献の一つである『老子』の□□に次のような言葉があります。[駒澤大]

温度を 恒常（コウジョウ） に保つ。

実戦 自然における生命の循環過程とは異なる□□性と持続性が、世界の時間的性格をなす。　[関西学院大]

川で溺れている少女を 懸命（ケンメイ） に救助する。

実戦 大人は、なにかどこかに仕掛けがあると考え、それを探り当てて一生□□に解こうとする。　[千葉大]

明治時代から 連綿（レンメン） と続く旅館。

実戦 効率化を図るという発想はとくに現代特有のものではなく、人類史に□□と受け継がれてきた発想です。　[関西大]

***

★★★

誇張
コ チョウ

文学　exaggeration　　類 壮語

実際の様子よりも大げさに表すこと

+α 「誇」は「実際より大きく言う」、「張」は「実際より大きくする」という意味

***

★★

膨張
ボウチョウ

科学　expansion　　対 収縮

膨れ上がること

+α 「膨」は「ふくれて大きくなる」という意味

***

CHAPTER 4　書き取りで問われる漢字600

SECTION ❷ 頻出漢字②

***

★★

猶予
ユウヨ

社会　extension　　類 保留

実行の期日を延ばすこと

+α 「猶」は「ためらう」、「予」は「ぐずぐずする」という意味

***

★★

同僚
ドウリョウ

社会　colleague　　類 僚友

職場や地位・役目が同じである人

+α 「僚」は「同じ役目にある仲間」という意味

***

★★

徴候
チョウコウ

哲学　サイン　　類 先触れ

ものごとの起こる前触れ

+α 「徴」は「しるし」、「候」は「ものごとの状態」という意味

***

★★

傾斜
ケイシャ

心理　slope　　類 勾配

❶ 斜めになること
❷ 傾いていること

+α 「傾」は「かたむき」、「斜」は「ななめ」という意味

***

★★★

微妙
ビ ミョウ

文学　subtle

少々、やや

+α 「微」は「ごくわずか」、「妙」は「すぐれている」という意味

***

★★

承諾
ショウダク

心理　consent　　対 拒絶

相手の意見・要求などを聞いて、受け入れること

+α 「承」は「うけたまわる」、「諾」は「ひきうける」という意味

彼はいつも事実を　[コチョウ 誇張]　して話す。

実戦 日本の軍隊が日本の社会の縮図であったように、日本の高校野球もまた日本人の精神構造のシンボルである、といったら[＿＿＿]が過ぎるであろうか。　　　　　　　　　　　[一橋大]

飛行機の中でお菓子の袋が　[ボウチョウ 膨張]　する。

実戦 第二次世界大戦以後、科学技術という営みの存在は[＿＿＿]を続ける。　　　[センター]

メロスに三日間の　[ユウヨ 猶予]　を与える。

実戦 青年たちはオトナ社会(親や教師)に、[＿＿＿]を与えているというひけ目や負い目を抱いていた。　　　　　　　　　　　　　　　　　　　　　　　　　　　　　　　　　　　[中央大]

同い年で仲の良い　[ドウリョウ 同僚]　。

実戦 会社の上司や[＿＿＿]、恋人やコンビニの店員など、具体的な、多種多様な人々である。　　　　　　　　　　　　　　　　　　　　　　　　　　　　　　　　　　　　　[明治大]

病の　[チョウコウ 徴候]　が見られる。

実戦 いわゆる「情報過剰」というすぐれて現代的な[＿＿＿]…　　　　　　　　[早稲田大]

[ケイシャ 傾斜]　の急な坂道。

実戦 ポピュリズムは、国民であるための核となる人種的アイデンティティヘとますます[＿＿＿]している。　　　　　　　　　　　　　　　　　　　　　　　　　　　　　　　[早稲田大]

彼と彼女の話は　[ビミョウ 微妙]　に食い違っている。

実戦 個人の顔というものはそれぞれに[＿＿＿]にちがう。　　　　　　　　[青山学院大]

一生に一度のお願いを　[ショウダク 承諾]　する。

実戦 脳死での臓器提供には、本人の書面による生前の意思表示と家族の[＿＿＿]が必要である。　　　　　　　　　　　　　　　　　　　　　　　　　　　　　　　　　[茨城県立医療大]

0807 クウ ソ **空疎** ★★★	形だけで、内容がなく貧弱なこと
言語 empty **類** 空虚	**+α**「疎」は「間が空いている」という意味

0808 シン ボウ **辛抱** ★★	辛いことや苦しいことを 我慢すること
心理 patience **類** 堪忍	**+α**「辛」は「つらい」、「抱」は「心にいだく」という意味

0809 キ セキ **軌跡** ★★	車輪の通った跡、先人の言動の跡
科学 path **類** 道筋	**+α**「軌」は「車の輪の通った跡」、「跡」は「以前に行われ たものごとの残っているしるし」という意味

0810 リュウセイ **隆盛** ★★	勢いが盛んなこと
文化 flourish **対** 衰退	**+α**「隆」も「盛」も「さかんになること」という意味

0811 ケッ カン **欠陥** ★★	必要なものが欠けていること
工学 defect **類** 欠損	**+α**「欠」も「陥」も「かける」という意味

0812 キ ソ **基礎** ★★★	あるものごとを成り立たせる、 おおもとの部分
科学 foundation **類** 基盤	**+α** 元々は「建築や装置の一番下にすえ、全体を支える もの、いしずえ」という意味

0813 カン カ **看過** ★★★	あることを目にしていながら、 そのまま放っておくこと
心理 overlook **対** 摘発	**+α**「看」は「注意してみる」、「過」は「とおりこす」とい う意味

0814 スイショウ **推奨** ★★	ある事物または人を褒めて、 他人にすすめること
文化 recommendation **類** 勧告	**+α**「推」も「奨」も「すすめる」という意味

0815 コクイン **刻印** ★★	印を彫ること、刻みつけること
文化 carved seal **類** 印判	**+α**「刻」は「彫りつける」、「印」は「しるし」という意味

会議は 空疎（クウソ） な論争ばかりだった。

実戦 社会の統一性は、平和な時代には見失われがちであり、□□□□な言説のうちに消えがちである。　　　　　　　　　　　　　　　　　　　　　　　　　　　　　　　　　［早稲田大］

この店で十年間 辛抱（シンボウ） してきた。

実戦 ある種の□□□□つよさも読書には必要である。　　　　　　　　　　　　　　　　　　［山梨大］

偉大な先人の 軌跡（キセキ） を辿る。

実戦 光源からスクリーンまで、光子がどのような□□□を辿るかを観測してみるのだ。
　　　　　　　　　　　　　　　　　　　　　　　　　　　　　　　　　　　　　　　［名古屋市立大］

歌舞伎は江戸時代に 隆盛（リュウセイ） を極めた。

実戦 日本では、一九九〇年代以降の「民営化」の波や、「自己責任」論の□□□、「格差社会」の到来などを考えればよい。　　　　　　　　　　　　　　　　　　　　　　　　　　　　［法政大］

欠陥（ケッカン） がある商品を返品する。

実戦 問題が発生し続けることを構造上の□□□としてとらえるのが、「市場の失敗」や「政府の失敗」という考え方である。　　　　　　　　　　　　　　　　　　　　　　　　　　　［中央大］

基礎（キソ） 練習を怠らない。

実戦 技術は実用性があり、社会の要求に応じるものだけれど、□□□研究は直接社会の役に立つものではない。　　　　　　　　　　　　　　　　　　　　　　　　　　　　　　　［早稲田大］

彼の過失は 看過（カンカ） できない。

実戦 少子高齢化による財政負担の増加だけでなく、経済のグローバル化という事情もあることは□□□してはならないだろう。　　　　　　　　　　　　　　　　　　　　　　　　　　［新潟大］

国ががん検診を 推奨（スイショウ） する。

実戦 教室をハローキティで飾ることを□□□すれば、いじめはなくなるかもしれない。
　　［早稲田大］

心に深く 刻印（コクイン） された記憶。

実戦 演奏は、人間の身体に音楽を深く□□□する契機となる。　　　　　　　　　　　　［同志社大］

0816	カン ワ 緩和	★★	厳しい状態を和らげたり 緩めたりすること
社会	relaxation	対 強化	+α 「緩」は「ゆるめる」、「和」は「やわらげる」という意味

0817	フ シン 腐心	★★★	あることを成し遂げようと 心を砕くこと
心理	struggle		+α 「腐」は「心を苦しめて工夫する、頭を悩ます」という 意味

0818	ヘン ケン 偏見	★★★	偏った見方・考え方
文化	バイアス	類 先入見	+α 「偏」は「かたよった」、「見」は「みかた」という意味

0819	カンソウ 乾燥	★★	湿気や水分がなくなること
社会	dryness	対 湿潤	+α 「乾」は「水気がなくなる」、「燥」は「火をたいて物を かわかす」という意味

0820	ソク ザ 即座	★★	すぐその場で
心理	immediately	類 やにわに	+α 「座っている場に即して」から転じて「その場で」に なった

0821	ロウ ヒ 浪費	★★	金などを無駄に使うこと
経済	waste	類 乱費	+α 「浪」は「みだりに」、「費」は「ついやす」という意味

0822	ミ リョク 魅力	★★	人の心をひきつけて 夢中にさせる力
芸術	attraction	類 魅惑	+α 「魅」は「不思議な力で人をひきつけ、心を惑わす」と いう意味

0823	センカイ 旋回	★★	円を描くように回ること
文化	turn	類 転回	+α 「旋」も「回」も「グルグルまわる」という意味

0824	シン ビ 審美	★★	自然や美術などの本当の美しさを 的確に見極めること
芸術	aesthetic		+α 「審」は「はっきりと見分ける」という意味

渋滞が 緩和（カンワ） する。

実戦 さまざまの規制□もともなって、ショッピングモールとか大型の量販店が地方に進出していった。 ［早稲田大］

会社の建て直しに 腐心（フシン） する。

実戦 科学者は神をより遠い宇宙へ追いやろうと□してきたと言えるかもしれない。［駒澤大］

外国人に対して 偏見（ヘンケン） を持つのは良くない。

実戦 最近では〈演劇〉に対する□や固定観念が大分払拭されてきた。 ［東京都立大］

濡れた服を 乾燥（カンソウ） させる。

実戦 □した冷温帯から亜寒帯、あるいは長く乾季がつづく□地帯… ［岡山大］

質問に 即座（ソクザ） に答える。

実戦 勉強が出来るということは、「定石」をすばやく理解し□に応用する反射神経があるということ、そしてその反射能力を磨いたということである。 ［熊本県立大］

彼はついついお金を 浪費（ロウヒ） してしまう。

実戦 □とは、必要を超えて物を受け取ること、吸収することである。 ［上智大］

彼女の 魅力（ミリョク） 的な笑顔。

実戦 二一世紀を迎えてからの東京は、かつてのように□的な存在ではなくなった。［大阪大］

飛行機が上空を 旋回（センカイ） する。

実戦 餌を求めていっせいに巣から出発した働きバチは、蜜をみつけると、まず上空にあがって「8」の字を描くように□し続ける。 ［青山学院大］

鑑定士は日々 審美（シンビ） 眼を磨いている。

実戦 旧劇の美と一口に云つても其処にはいろいろな□的味覚がある。 ［早稲田大］

0825	ショウヘキ ★★ 障壁	囲いや仕切りの壁
心理	obstacle　類 防壁	+α 「障」は「間に立ちふさがってじゃまになる」という意味

0826	リョウイキ ★★ 領域	ある者が領有し、また勢力下に置く区域
科学	field　類 地域	+α 「領」は「支配している土地」という意味

0827	カンペキ ★★ 完璧	欠点が全くないこと
芸術	perfection　類 完備	+α 元々は「傷のない玉」という意味。「壁」にしないように注意

0828	カンパ ★★ 看破	見破ること
哲学	detection　類 見透かす	+α 「看」は「みる」、「破」は「やぶる」という意味

0829	シュンカン ★★ 瞬間	きわめて短い時間
芸術	moment　類 刹那	+α 「瞬」は「まばたきする」、「間」は「あいだ」という意味

0830	タイマン ★★★ 怠慢	すべきことをしないこと
心理	neglect　対 勤勉	+α 「怠」も「慢」も「おこたる」という意味

0831	ショウメツ ★★ 消滅	消えてなくなること
社会	disappearance　対 出現	+α 「消」は「きえる」、「滅」は「なくなる」という意味

0832	スイイ ★★ 推移	時が経って状態が変化すること
歴史	changes　類 遷移	+α 「推」は「後ろから力を加え、ものごとをさらに前方へと押しやる」という意味

0833	コウハン ★★ 広範	範囲の広いさま
社会	extensive　対 局限	+α 「範」は「決まった区切り」という意味

言葉の 障壁 [ショウヘキ] を乗り越えて国際結婚をする。

実戦 明治大正の十二階から遠景を眺めるにあたっては、□□らしい□□はなかった。

[成蹊大]

他国の 領域 [リョウイキ] を侵す。

実戦 医療や戦略など、限定された□□で生じる条件の組みあわせとその対処法についての判断は、AIの方が優れているに違いない。

[青山学院大]

彼女には 完璧 [カンペキ] なアリバイがある。

実戦 無病息災は強健な身体と健康保持への□□な努力によって生まれる。

[九州大]

彼の悪だくみを 看破 [カンパ] する。

実戦 マルクスは人間は自由に思考しているつもりで、実は階級的に思考している、ということを□□しました。

[九州大]

事故は 瞬間 [シュンカン] の出来事だった。

実戦 ニュートンが万有引力の法則を発見した□□…

[高崎経済大]

彼は 怠慢 [タイマン] で仕事を一週間サボった。

実戦 未来を創造すべき日本の政治家や行政官、教育者の□□の証し…

[青山学院大]

生き残る可能性が 消滅 [ショウメツ] する。

実戦 ラテン語は、スペイン語やフランス語が成立した時点で□□したのだとしてよいでしょう。

[関西大]

都市の人口の 推移 [スイイ] を表したグラフ。

実戦 幼児の筆記具の操作の発達□□と表象機能や象徴機能の発達の関係…

[中央大]

この問題は 広範 [コウハン] な領域を含む。

実戦 本物の動物に似た玩具、動物図像の□□な商業的拡大…

[早稲田大]

0834	**範囲** ハン イ ★★★	**ある一定の限られた広がり**
哲学	range 類 領域	+α 「範」は「区切られた枠」、「囲」は「かこむ」という意味

0835	**効率** コウリツ ★★★	**使った労力に対する、 得られた成果の割合**
工学	efficiency 類 能率	+α 「効」は「力を尽くして行った結果」、「率」は「割合」 という意味

0836	**規模** キ ボ ★★	**構え・仕組みの大きさ**
社会	スケール	+α 元々は「規」も「模」も「正しい手本となる形象」とい う意味だったが、現在は「形の大きさ」を表す

0837	**柔軟** ジュウナン ★★	**一つの立場や考え方にこだわらず、 場に応じた処置・判断のできるさま**
心理	flexible 対 強硬	+α 「柔」も「軟」も「やわらかい」という意味

0838	**冗談** ジョウダン ★★	**ふざけていう言葉**
文学	ジョーク 類 戯言	+α 「冗」は「むだ、あまる」、「談」は「はなす」という意味

0839	**冗長** ジョウチョウ ★★	**文章・話などが、 無駄が多くて長いさま**
文学	lengthy 対 端的	+α 「冗」は「むだ、あまる」という意味

0840	**悠長** ユウチョウ ★★	**動作や態度などが 落ち着いていて気の長いさま**
心理	easygoing 対 短気	+α 「長」は「のびる、のばす」という意味

0841	**悠久** ユウキュウ ★★	**果てしなく長く続くこと**
歴史	eternity 類 終古	+α 「悠」は「遠く長くして、尽きない」という意味

0842	**透徹** トウテツ ★★	**透き通っていること、 筋が明確に通っていること**
哲学	coherence	+α 「透」は「すける」、「徹」は「つらぬき通す」という意味

被害は広い <u>範囲</u>（ハンイ）にわたる。

実戦 クオリティ・オブ・ライフの□□はきわめて広く、その何を求めるかということは、結局は当人以外には判断できない。 ［防衛大学校］

<u>効率</u>（コウリツ）の良い作業方法を見つける。

実戦 ものごとをゲームに見立てることで人間を対象に没入させ、□□化を図るという発想… ［関西大］

壮大な <u>規模</u>（キボ）の計画。

実戦 生態系破壊リスクや原子力発電事故など大□□事故のリスクなど、個人でも社会でも対処しきれない人工的な環境リスクを生み出してきた。 ［早稲田大］

ものごとに縛られず <u>柔軟</u>（ジュウナン）な対応をする。

実戦 政策の選択の幅を最大限確保してその場その場の□□な対応を可能にするか。 ［慶應大］

彼はいつも <u>冗談</u>（ジョウダン）を真に受ける。

実戦 漫才なら、相手がボケたときツッコミを入れることで、□□だということが強調される。 ［立命館大］

<u>冗長</u>（ジョウチョウ）な論文は読みたくない。

実戦 シンプルとは、複雑さや□□さ、過剰さとの相対において認識される概念である。 ［明治大］

彼はピンチにもかかわらず <u>悠長</u>（ユウチョウ）に構えている。

実戦 「教育が仕事に役立つ必要はない」という□□な主張をし、教育という巨大な社会的事業を浪費していられる状況… ［中央大］

宇宙の <u>悠久</u>（ユウキュウ）の歴史。

実戦 わが国の生活民たちがその□□の歴史を通じて保持して来た伝統的感性… ［東京大］

彼の話には <u>透徹</u>（トウテツ）した論理がある。

実戦 数学者が外なる宇宙に□□した眼を向ける時、内なる混沌は、澄んだ眼を曇らせるばかりである。 ［大阪市立大］

	★★	
0843 シュウ チ **周知** 社会　well-known　類 公		世間一般に広く知れ渡っていること +α 「周」は「十分に行き届く」という意味

	★★	
0844 ゲンシュク **厳粛** 宗教　solemn　類 荘厳		おごそかで、心が引き締まるさま +α 「厳」も「粛」も「きびしい」という意味

	★★	
0845 キ ゾク **帰属** 社会　belonging　類 所属		特定の組織体などに所属し従うこと +α 「帰」は「あるべきところへおさまる」、「属」は「つき従う」という意味

	★★	
0846 ム ボウ **無謀** 心理　reckless　対 堅実		よく考えずに行うこと、 結果も考えずものごとを行うこと +α 「謀」は「計画を立てる、手段方法を考える」という意味

	★★	
0847 カイ コ **回顧** 歴史　retrospection　類 追憶		過ぎ去ったことを思い起こすこと +α 「顧」は「思いをめぐらす」という意味

	★★	
0848 キュウクツ **窮屈** 社会　tight　類 狭小		空間や場所にゆとりがなく、 自由に動きが取れないこと +α 「窮」は「行きづまって身動きが取れない」、「屈」は「つきる」という意味

	★★	
0849 ソ マツ **粗末** 文化　poor　類 劣悪		作りが雑なこと、 扱い方が疎かなこと +α 「粗」は「あらい」、「末」は「つまらない」という意味

	★★	
0850 ジョウ ト **譲渡** 経済　transfer		権利・財産・法律上の地位などを 他人に譲り渡すこと +α 「譲」は「ゆずる」、「渡」は「わたす」という意味

	★★	
0851 ソウカツ **総括** 言語　summary		行ってきた活動を評価すること +α 「総」は「すべて」、「括」は「まとめる」という意味

重要な情報を社員に <ruby>周知<rt>シュウチ</rt></ruby> させる。

実戦 □□□ のように、ディズニーランドの空間は、それぞれ固有のテーマを担った五つのゾーンに分割されている。 [早稲田大]

結果を <ruby>厳粛<rt>ゲンシュク</rt></ruby> に受け止める。

実戦 宗教的儀礼はとくに □□□ である(serious)という点で日常生活を超えるのにたいし、遊戯は遊びである。 [一橋大]

収益は主催者に <ruby>帰属<rt>キゾク</rt></ruby> する。

実戦 家庭崩壊におびえている現代の都市民は、□□□ 地を喪った漂民のような言いようのない孤独と根源的な不安を抱えている。 [立教大]

ボスに喧嘩を売るとは <ruby>無謀<rt>ムボウ</rt></ruby> だ。

実戦 手段を無視した □□□ な行動に妙な快感を求める性格… [近畿大]

学生時代を <ruby>回顧<rt>カイコ</rt></ruby> する。

実戦 イギリスでは有名な政治家は □□□ 録を書いてはじめて職務を終える、といわれている。 [日本女子大]

三人掛けの席に四人で座るのは <ruby>窮屈<rt>キュウクツ</rt></ruby> だ。

実戦 戦前から柳田は、官僚の作った公文書用の言葉が日本語を □□□ なものにしたと指摘していた。 [早稲田大]

<ruby>粗末<rt>ソマツ</rt></ruby> な食事に文句を言う。

実戦 所信表明演説などを丁寧に読んでみると、その論理性のお □□□ さに、日本の将来を悲観したくなってくる。 [東海大]

建物を息子に <ruby>譲渡<rt>ジョウト</rt></ruby> する。

実戦 教育の権利は政府にも、教師にも □□□ されることはないのである。 [中央大]

活動内容を <ruby>総括<rt>ソウカツ</rt></ruby> する。

実戦 伝記は、読者にとっては作品理解の手がかりとなり、研究者にとっては、作品理解の □□□ の意味をもっていたのです。 [青山学院大]

ホッ タン
発端

歴史

beginning　　類 序開

★★

ものごとの始まり

+α 「発」は「おこす」、「端」は「いとぐち、きっかけ」という意味

ド ジョウ
土壌

文化

soil　　類 大地

★★

作物を生育させる土

+α 「壌」は「耕作に適した土地」という意味

シャッ ケイ
借景

芸術

borrowed scenery

★★★

庭園外の山や樹木などの風景を、庭の背景として取り入れたもの

+α 「景観の借用」という意味

トク イ
特異

文化

unique　　類 異例

★★

普通と特に異なっていること

+α 「特」は「他と比べてとびぬけている」、「異」は「ことなる」という意味

シ ゲキ
刺激

心理

stimulus　　類 触発

★★

外から作用して、ものごとを活発にすること

+α 「刺」は「とげやはりなどでつきさす」、「激」は「感情をはげしく動かす」という意味

ダイ ショウ
代償

経済

price　　類 対価

★★★

目標を達成するために失ったもの

+α 「代」は「かわりになる」、「償」は「つぐなう」という意味

シュウ カク
収穫

文化

harvest　　類 結実

★★

農作物を取り入れること

+α 「穫」は「穀物を刈り入れる」という意味

カン サン
閑散

社会

quiet　　対 繁忙

★★

ひっそりと静まりかえっていること

+α 「閑」は「ひま」、「散」は「ちらばる」という意味

シン チョウ
慎重

心理

careful　　対 軽率

★★

注意深くて、軽々しく行動しないこと

+α 「慎」は「気をつける」、「重」は「落ち着いている」という意味

大統領暗殺が戦争の 発端 （ホッタン）となった。

実戦 技術の □□ とされる「石器」は、人間がある種の動物に対するときの応答の仕方を表現しているという意味で、コミュニケーションの媒体でもある。 ［三重大］

植物には良い 土壌 （ドジョウ）が欠かせない。

実戦 □□ という暗闇の世界では無数の小動物、昆虫、バクテリアが活動している。 ［早稲田大］

富士山を 借景 （シャッケイ）にしたお庭。

実戦 遠くにある山や海や川や森や木や滝を、社寺を庵を、塩焼く煙、炭焼く煙も積極的に □□ としてわが宿の眺めにしている。 ［関西学院大］

彼は 特異 （トクイ）な才能を持つ。

実戦 個人が自由に発信できるというインターネットの利点が、逆にその信頼性を個人の見識に依存した □□ なものにしてしまう。 ［成蹊大］

彼の好奇心を 刺激 （シゲキ）する。

実戦 心のブラックボックス化とは、□□ に対して複雑な判断ができず、型にはまった反応しかできなくなることだ。 ［専修大］

かけた迷惑の 代償 （ダイショウ）を支払う。

実戦 おとなしく墓に留まる □□ として、死者は供養の継続と縁者の来訪を約束された。 ［筑波大］

収穫 （シュウカク）を祝う祭りが行われる。

実戦 四季の推移、新旧の年の交替、農産物の成熟や □□ が人生に弾みを加えていた。 ［大阪市立大］

地方の 閑散 （カンサン）とした商店街。

実戦 上野の博物館なども、特別な催しものでもない限りは、広い館内は □□ としている。 ［明治大］

慎重 （シンチョウ）に検討を重ねる。

実戦 そこで何がなされているかを、もっと □□ に見きわめておくことが必要であろう。 ［同志社大］

指摘 シテキ
★★

言語

point out

欠点や過失、
重要なことを指し示すこと

+α 「指」は「さししめす」、「摘」は「選んで取り出す」という意味

根幹 コンカン
★★

文化

the basis　対 末節

ものごとの最も重要なところ

+α 「根」は「ものごとのもと」、「幹」は「ものごとの主要部分」という意味

派生 ハセイ
★★

文化

derivation　類 導出

元のものから分かれて生ずること

+α 「派」は「元から分かれて出る」という意味

格段 カクダン
★★

文化

significant　類 格別

程度の差がはなはだしいこと

+α 「格」は「程度」、「段」は「分かつもの」という意味

唯一 ユイイツ
★★

芸術

only　類 無二

ただ一つだけでそれ以外にないこと

+α 「唯」は「それだけ」という意味

迎合 ゲイゴウ
★★★

心理

catering　対 反抗

自分の意見や態度を
相手に合わせて変えること

+α 「迎」は「他人の心に合うよう立ち回る」という意味

顧慮 コリョ
★★★

心理

consideration　類 熟思

あることをしっかり考えに入れて、
心を配ること

+α 「顧」も「慮」も「思いめぐらす」という意味

明瞭 メイリョウ
★★

文化

distinct　類 明快

はっきりしていること

+α 「瞭」は「目がよく見える」という意味

頑固 ガンコ
★★

心理

stubborn　類 義強

他人の意見を聞こうとせず、
自分の意見や態度などを守ること

+α 「頑」は「物の道理がのみこめない」という意味

議論の欠点を <u>指摘</u>〔シテキ〕する。

実戦 社会心理学の領域では、コンピュータを介した会話において、意見が極端な方向に傾きやすいことがつとに□□されていた。 [早稲田大]

政府の <u>根幹</u>〔コンカン〕を揺るがす失態。

実戦 不登校という概念の□□には、「人が合理的な理由なく他者や社会とつながらない状態」がある。 [神奈川大]

この問題から新たな問題が <u>派生</u>〔ハセイ〕する。

実戦 プライバシーの権利から□□して、近年、一部で認められるようになってきた「自己情報コントロール権」という考え方… [早稲田大]

彼女の腕前は一年前より <u>格段</u>〔カクダン〕に上達した。

実戦 資本主義は自己をコントロールする技術を□□に獲得したから、それは二九年の恐慌ほどには悲惨な光景を生まない。 [早稲田大]

私の <u>唯一</u>〔ユイイツ〕の趣味。

実戦 彼岸への命綱のごとく、言葉は自分を他人につなぐ□□の手段なのだ。 [中央大]

上司の意見に <u>迎合</u>〔ゲイゴウ〕する。

実戦 このポピュリズムについては、日本の新聞をはじめとする有力メディアでは「大衆□□主義」といった訳語や説明を添えるのが普通である。 [青山学院大]

相手の立場を <u>顧慮</u>〔コリョ〕する。

実戦 身体構造についての説明や理解においては、その生物自身の視点を□□しなくてもよさそうに思える。 [成蹊大]

組織の目的が <u>明瞭</u>〔メイリョウ〕になる。

実戦 平和が続くにつれて家庭も社会も世間も国家も、全体の様相は複雑化、不□□化し、見渡しが利かなくなる。 [中央大]

<u>頑固</u>〔ガンコ〕な親父は言うことを聞かない。

実戦 宗教改革の主唱者たちは、自然科学については□□な守旧派であった。 [早稲田大]

堅固 ケンゴ ★★

一社会 strong 類 頑丈

❶ かたくて、壊れにくいこと
❷ 意志がしっかりしていること

+α 「堅」も「固」も「かたい」という意味

凝固 ギョウコ ★★

一科学 solidification 対 融解

凝り固まること

+α 「凝」も「固」も「こる、かたまる」という意味

凝視 ギョウシ ★★

一心理 gaze 類 注視

目を凝らしてじっと見つめること

+α 「凝」は「こらす、気持ちを集中する」という意味

高揚 コウヨウ ★★

一心理 exaltation 対 消沈

精神や気分などが高まること

+α 「揚」は「あがる」という意味

準拠 ジュンキョ ★★

一文化 follow 類 準則

あることをよりどころとして、
それに従うこと

+α 「準」は「めあてとして従う」、「拠」は「よりどころ」
という意味

取捨 シュシャ ★★

一文化 selection 類 採択

必要なものを選んで
不要なものを捨てること

+α 「取」は「とる」、「捨」は「すてる」という意味

旋律 センリツ ★★

一芸術 メロディー 類 曲節

リズムを伴った音の連なりで、
音楽的な内容を持ったもの

+α 「旋」は「いったりもどったりする」、「律」は「音の高
さ」という意味

攻撃 コウゲキ ★★

一社会 attack 対 防御

進んで敵を攻め撃つこと

+α 「攻」は「せめる」、「撃」は「たたく」という意味

網羅 モウラ ★★

一文化 cover 対 抜粋

そのことに関するすべてを
残らず集めること

+α 「網」も「羅」も「あみにかける」という意味

_{ケンゴ}
堅固 なつくりのお城。

実戦 人間観ないし社会観を育んだ都市国家が、もはやかつての ☐ 不抜さを保てなくなったのがアリストテレスの時代だった。 [早稲田大]

血液が _{ギョウコ} **凝固** する。

実戦 ものを大事にするストックの思想と作法は停滞や ☐ を招く。 [鹿児島大]

相手の目を _{ギョウシ} **凝視** する。

実戦 自分の死を ☐ するとき他の人びととの関係は輝きを失い、孤独な自己自身に突き当たります。 [早稲田大]

イベントを前にして気持ちが _{コウヨウ} **高揚** する。

実戦 時間についていえば、集まりには始めと中と終わりがあって、そのなかで気分の ☐ と沈静の適度のリズムがなければならない。 [神戸大]

漫画に _{ジュンキョ} **準拠** した実写映画。

実戦 実在＝実像との関係は二次的なアリバイにすぎず、それらの模像の群れはじつは自己 ☐ 的な記号（シミュラークル）になっている。 [近畿大]

材料を _{シュシャ} **取捨** する。

実戦 インターネットを見ている側が情報をいかに正しく ☐ 選択できるかによって、得られた情報の信頼性も大きく左右されるからである。 [成蹊大]

ピアノで悲しげな _{センリツ} **旋律** を奏でる。

実戦 独奏では、ロマンチックな ☐ に合わせて、演奏者が目を閉じてその響きに浸るごとき風情を見せることがある。 [駒澤大]

敵を _{コウゲキ} **攻撃** する。

実戦 非人間的だ、とうっかりいえば、それは非難の言葉、 ☐ の言葉と受けとめられざるをえない。 [一橋大]

この雑誌は就職活動に関わる情報を _{モウラ} **網羅** している。

実戦 新聞報道や株価情報は現在の時点で正確であり、一つずつ眼にはいりやすくて、できるだけ ☐ 的であることが重視される。 [早稲田大]

0879		★★★	
社会	トウギョ **統御** control	類 管制	**全体をまとめて支配すること** +α 「統」は「まとめおさめる」、「御」は「あやつる」という意味

0880		★★★	
工学	セイギョ **制御** control	対 暴走	**相手を抑えて 自分の思うように動かすこと** +α 「制」は「おしとどめる」という意味

0881		★★	
文学	ホンヤク **翻訳** translation	対 原著	**ある言語で表された文章を 他の言語に置き換えて表すこと** +α 「翻」は「形をかえてうつす」、「訳」は「体系の異なった言葉を別の言葉にうつす」という意味

0882		★★	
社会	ルイセキ **累積** accumulation	類 集積	**次々に重なり積もること** +α 「累」は「かさねる」、「積」は「つもる」という意味

0883		★★	
心理	ユズ **譲る** transfer	類 譲歩	**自分のもの・地位・権利などを 他人に与えること** +α 「譲」は「与える」だけでなく「ひかえめにする、へりくだる」という意味もある

0884		★★	
文化	キュウキョク **究極** ultimate	類 極限	**ものごとをつきつめ、極めること** +α 「究」も「極」も「きわめる」という意味

0885		★★	
経済	ケンヤク **倹約** thrift	対 浪費	**金やものを無駄遣いしないように 努めること** +α 「倹」は「無駄金を使ったり、ぜいたくをしたりしない」という意味

0886		★★★	
文化	コクジ **酷似** close resemblance	類 類似	**非常によく似ていること** +α 「酷」は「程度がはげしい」という意味

0887		★★	
文学	サクイン **索引** インデックス	類 目録	**ある書物の中の語句や事項などを、 一定の順序で所在を示した表** +α 「索」は「探し求める」という意味

部隊を　統御（トウギョ）する。

実戦 全体を指導し、ほかのさまざまな活動を □ することを仕事とするような、権力の存在…
[名古屋大]

自分の欲望を　制御（セイギョ）する。

実戦 自身を取りまく自然や宇宙に対する知識が乏しく、人間の手で □ できる範囲が今よりもずっと狭かった時代…
[同志社大]

スペイン語を日本語に　翻訳（ホンヤク）する。

実戦 「意識」は漢語であるけれども、大乗仏典の □ によく使われた言葉である。　[法政大]

疲労が　累積（ルイセキ）する。

実戦 日本では □ 婚姻率（生涯に一度でも結婚したことのある人の割合）は六〇年代高度成長期の半ばにピークに達する。
[埼玉大]

老人に席を　譲る（ユズる）。

実戦 人間に最も近縁なゴリラとチンパンジーは、他者に乞われると採食場所や食物を □ ことがある。
[東北大]

究極（キュウキョク）のスープが完成した。

実戦 生物学の □ の課題は、生命とは何か、という問いに答えることである。　[法政大]

小遣いを　倹約（ケンヤク）する。

実戦 鎌倉時代の東国武士は、平安時代の貴族の華美な宮廷文化の対極として、簡素、□ 、質実剛健を求めた。
[東洋大]

彼は指名手配犯と　酷似（コクジ）している。

実戦 ある曲に耳を傾けている人々の心のうちに起こっていることは、□ しているのだ。
[東京女子大]

巻末の　索引（サクイン）を引く。

実戦 この本には幸い □ があった。　[福岡教育大]

0888 宗教	セツリ **摂理** law 類 冥利 ★★★	**万象を支配している理法** +α 「摂」は「とりおこなう」、「理」は「おさめる」という 意味
0889 文化	ハクシャ **拍車** spur ★★	**乗馬靴のかかとに取りつける金具** +α 「拍車をかける」は「ものごとの進行を一気に早める」 という意味
0890 心理	ヒヘイ **疲弊** exhaustion 類 消耗 ★★	**心身が弱って疲れること** +α 「疲」は「つかれる」、「弊」は「ぼろぼろになる」とい う意味
0891 心理	カンアン **勘案** consideration ★★	**あれこれと考え合わせること** +α 「勘」も「案」も「調べて、考え出す」という意味
0892 文化	センク **先駆** pioneering 対 後継 ★★	**他に先がけてものごとをすること** +α 「駆」は「はしる」という意味
0893 芸術	ソウショク **装飾** オーナメント 類 粉飾 ★★	**美しく飾ること** +α 「装」は「よそおう」、「飾」は「かざる」という意味
0894 心理	カクゴ **覚悟** resolution 類 諦念 ★★	**危険なこと、困難なことを予想して、 それを受け止める心構えをすること** +α 「覚」も「悟」も「さとる」という意味
0895 医学	モウマク **網膜** retina ★★	**眼球内壁を覆う膜** +α 神経細胞の細胞体が整然と配置され、モザイク模様 を形成していることから
0896 心理	イッカン **一貫** consistency 類 整合性 ★★	**一つの方針・方法・態度で、 始めから終わりまで貫き通すこと** +α 「貫」は「つらぬく」という意味

自然の **摂理**〔セツリ〕には逆らえない。

実戦 神話は歴史を素材として用いながら、その具体性を蒸発させ、一定不変の自然の□□□へと変形させる。 [埼玉大]

主演映画が彼の人気に **拍車**〔ハクシャ〕をかけた。

実戦 自分を合理化し、正当化する自己主義、自国主義、自宗教主義がさらに欲求に□□□をかける。 [鹿児島大]

国の財政が **疲弊**〔ヒヘイ〕する。

実戦 □□□した国家の再建のためには、膨大な「時間と費用と人員」のかかる司法手続きに訴えることは困難だった。 [早稲田大]

様々な意見を **勘案**〔カンアン〕する。

実戦 住宅のために支出できる資金と住宅の面積、勤務先までの所要時間を□□□して、住宅を購入するひとが多い。 [信州大]

その分野の **先駆**〔センク〕者。

実戦 まさに三内丸山の縄文人たちは、〈木を伐る人〉の群れであり、大がかりな森林破壊の□□□者であった。 [九州大]

店内を **装飾**〔ソウショク〕する。

実戦 私たちは、服装、髪型、化粧、□□□品、しぐさ、態度といった「自己の表看板」を整える。 [立教大]

手術を受ける **覚悟**〔カクゴ〕がようやく固まる。

実戦 写真と言葉が大胆に組み合わされた本全体から、凄まじい□□□のようなものが迸〔ほとばし〕っていた。 [近畿大]

目に入ってきた光は **網膜**〔モウマク〕で像を結ぶ。

実戦 デジカメのモニタはいわば外在化された、あるいは客体化された□□□であり、その□□□に結ばれた画像を撮影者は追認しているのである。 [早稲田大]

態度が **一貫**〔イッカン〕している。

実戦 日本の安全を直接左右する日米安保体制などの観点から、米国の社会、経済、政策には□□□して強い関心を示してきた。 [慶應大]

0897 心理	傾倒 ケイトウ ★★ devotion 類 愛慕	事物に興味を持ち、夢中になること
		+α 「傾」は「かたむく」、「倒」は「動作の激しい」という意味

0898 社会	粗野 ソ ヤ ★★ rudeness 対 優雅	言動が下品で荒々しくて、洗練されていないこと
		+α 「粗」は「あらい」、「野」は「いやしい」という意味

0899 社会	摩擦 マ サツ ★★ friction 類 軋轢	利害・意見の違いなどから生まれる揉めごと
		+α 「摩」も「擦」も「こする」という意味

0900 社会	応酬 オウシュウ ★★ exchange 類 反論	互いにやり取りすること
		+α 「応」は「おうじる」、「酬」は「むくいる」という意味

CHAPTER 4 書き取りで問われる漢字600

SECTION ③ 頻出漢字③

0901 文化	多岐 タ キ ★★★ many ways 対 一本道	道筋がいくつにも分かれていること
		+α 「岐」は「分かれる」という意味

0902 心理	憤慨 フンガイ ★★ indignation 類 念怒	非常に怒ること
		+α 「憤」は「いきどおり」、「慨」は「なげく」という意味

0903 社会	功績 コウセキ ★★ contribution 類 功労	あることを成し遂げた手柄
		+α 「功」も「績」も「労力を尽くしてことを成し遂げた結果や手柄」という意味

0904 心理	支障 シ ショウ ★★★ obstacle 類 障害	ことをなす妨げとなるものごと
		+α 「支」は「つかえる」、「障」は「じゃまをする」という意味

仕事に **傾倒**〔ケイトウ〕する。

実戦 なぜ、わたしたちは他者の認識や選定について、これほどまでに「顔」に◻◻◻してしまっているのだろうか。 [日本女子大]

ヤンキーの **粗野**〔ソヤ〕な振る舞い。

実戦 柔軟さを欠き、繊細さを欠いた、◻◻◻で鈍重な動き… [熊本大]

地面との **摩擦**〔マサツ〕によって車が減速する。

実戦 国家社会の永続と安全に関係しない末梢的な◻◻◻に際しても容易に煽動されるようになる。 [中央大]

議論では会話の **応酬**〔オウシュウ〕が激しかった。

実戦 「仕返し」の原理とは、報復にたいするさらなる報復という報復の◻◻◻を招く原理である。 [埼玉大]

多岐〔タキ〕にわたって活躍する俳優。

実戦 縮充時代の課題は◻◻◻にわたるが、そのひとつは行政依存型住民の意識だといえよう。 [名古屋大]

彼の無礼な振る舞いに **憤慨**〔フンガイ〕する。

実戦 言葉の乱れを指摘して嘆いたり◻◻◻したりする。 [青山学院大]

彼の生前の **功績**〔コウセキ〕を称える。

実戦 古代、中世においてはアジア人の◻◻◻に帰せられるものがきわめて大きいのである。 [上智大]

アルコール中毒が日常生活に **支障**〔シショウ〕をきたす。

実戦 大雨のときに一部の農地で排水を適切にしなければ、周囲の農地の排水にも◻◻◻が出る。 [法政大]

0905	ケンメイ ★★★ **賢明** 文化　wise　　対 愚昧	ものごとの判断が適切であること +α 「賢」は「かしこい」、「明」は「あきらか」という意味
0906	コユウ ★★★ **固有** 文化　inherent　　対 普遍	本来備わっていること、 そのものだけが持っているさま +α 「固」は「もともと、はじめから、もとより」という意味。「個」と書き間違い注意
0907	サイゲン ★★★ **際限** 科学　end　　類 限度	移り変わっていく状態の最後の部分 +α 「際」は「きわ」、「限」は「さかいめ、くぎり」という意味
0908	ソンゲン ★★ **尊厳** 心理　dignity　　類 貫禄	尊くおごそかでおかしがたいこと +α 「尊」は「たっとぶこと」、「厳」は「すきがなくておかしがたい」という意味
0909	ユウヘイ ★★ **幽閉** 社会　confinement　　類 禁固	ある場所に閉じ込めて 外に出さないこと +α 「幽」は「奥深くもの静か、暗い」、「閉」は「とじこめる」という意味
0910	トウガイ ★★ **当該** 社会　concerned	話題になっている事柄に 直接関係すること +α 「当」も「該」も「あたる、あてはまる」という意味
0911	ゾウフク ★★ **増幅** 心理　amplification　　対 減衰	❶ 振幅を大きくすること ❷ ものごとの程度を大きくすること +α 「増」は「ふえる」、「幅」は「はば」という意味
0912	ニンタイ ★★★ **忍耐** 心理　patience　　類 堪忍	苦しみ・怒り・辛さなどを、 耐え忍ぶこと +α 「忍」は「しのぶ」、「耐」は「たえる」という意味
0913	キレツ ★★ **亀裂** 社会　crack　　類 割れ目	亀の甲の模様のように、 ひびが入ること +α 元々は「裂け目が亀の甲の模様のような形であった」ことによる

失敗は早めに相談した方が｜賢明（ケンメイ）｜だ。

実戦 「少数者」や「差別」の問題は、"できるだけ触れないほうが□□□なタブー"として「囲い込まれる」のである。　　[中央大]

その地域に｜固有（コユウ）｜の風習。

実戦 自然には□□□の法則があるので、それを正しく知れば自然をいたずらに恐れる必要はなくなるという合理的な態度…　　[神奈川大]

彼への不満を挙げれば｜際限（サイゲン）｜がない。

実戦 球面はどこまでいっても□□□はないが、それでもひとつの「閉域」である。　　[早稲田大]

人間の｜尊厳（ソンゲン）｜を尊重する。

実戦 「かけがえのない人格」であればこそ、個々の人格はそれ自身として冒しがたい□□□性を持つと考えられる。　　[一橋大]

人質を地下室に｜幽閉（ユウヘイ）｜する。

実戦 動物保護の立場からする動物園批判も、それが野生の動物を無惨な監獄に□□□する人間の勝手な企てだという点に集中する。　　[駒澤大]

A選手の不正により｜当該（トウガイ）｜選手については出場停止を命じる。

実戦 言語・習慣・伝統・社会観など□□□社会に長きにわたって蓄積されてきたもの…　　[学習院大]

国民の不安が｜増幅（ゾウフク）｜される。

実戦 六〇年代のロックではアコースティック・ギターの音量的□□□という本来の目的とはまったく異なった使用法が開拓されていく。　　[同志社大]

｜忍耐（ニンタイ）｜を持って修行を乗り切る。

実戦 人類は、勇気とか、□□□とか、愛とか、死といった抽象名詞を手に入れ、そのようにして精神的な存在となりました。　　[青山学院大]

社内での｜亀裂（キレツ）｜が深まる。

実戦 電話空間は、回線上の身体と現実の身体との□□□・分断を抱えこんでいる。　　[筑波大]

0914 一文学	シッピツ **執筆** ★★★ writing 類作文	筆を執ること、文を書くこと +α 「筆」を「執る」ことで、「書く」という意味
0915 一科学	フ カ **負荷** ★★★ load 類負担	❶ 責任などを負い担うこと ❷ 身に引き受けること +α 「荷を負う」ことから
0916 一芸術	インエイ **陰影** ★★★ shade 類機微	光の当たらない、暗い部分 含み・深みのあること +α 「陰」も「影」も「かげ」という意味
0917 一宗教	スウコウ **崇高** ★★ sublime 類高遠	気高くて、尊いこと +α 「崇」は「気高く尊い」という意味
0918 一文化	ヘンキョウ **辺境** ★★ frontier 類辺隅	中央から遠く離れた地帯 +α 「辺」は「くにざかい」、「境」は「地域と地域の区切り目」という意味
0919 一文化	キ カン **帰還** ★★ return 類帰省	遠方の地から帰ってくること +α 「還」は「もとへ戻る」という意味
0920 一芸術	ショウゾウ **肖像** ★★ ポートレート 類真影	人物の顔・姿などを 描きうつした絵や彫刻 +α 「肖」は「にせる」、「像」は「似せてつくられたかたち」という意味
0921 一工学	ソウジュウ **操縦** ★★ manipulation 類管制	航空機や大型機械を動かすこと、 人を思い通りに操ること +α 「操」は「あやつる」、「縦」は「自分の望む通りにする」という意味
0922 一心理	ト ロウ **徒労** ★★★ vain effort 対有意義	骨折って働いても役に立たないこと +α 「徒」は「むだ、いたずら」、「労」は「骨折ってはたらく」という意味

原稿を｜ 執筆 ｜する。
〔シッピツ〕

実戦 大学教授の一部は、知的中間層のために外国書の翻訳を行い、啓蒙書の解説を｜　　｜しました。
[立命館大]

練習で｜ 負荷 ｜をかけすぎて怪我をした。
〔フカ〕

実戦 あらゆる「観察」や「実験」は特定のパラダイムの中で理論｜　　｜性をおびている。 [成城大]

｜ 陰影 ｜に富んだ文章を書く。
〔インエイ〕

実戦 引き締まった画面の｜　　｜が、人柄の深さを表すこともあるし、人生の時間を感じさせることもある。
[岡山大]

｜ 崇高 ｜な精神で自分を律する。
〔スウコウ〕

実戦 軍服などの制服は、場の雰囲気と相まって平凡な老人にも一見の｜　　｜さを与える。
[中央大]

｜ 辺境 ｜の地でひっそりと暮らす。
〔ヘンキョウ〕

実戦 ほとんどの動物は、人間の生活圏が広がるに応じて、｜　　｜に追いやられてきた。[北海道大]

宇宙飛行士が無事に｜ 帰還 ｜する。
〔キカン〕

実戦 ファッションは、他者から見られることを通して、世界の外に出る逸脱から世界の内部へと｜　　｜し、世界に復帰する。
[埼玉大]

ナポレオンの｜ 肖像 ｜画。
〔ショウゾウ〕

実戦 ｜　　｜画や｜　　｜彫刻をみるように、顔だけで人を表象することはできても、顔を除いて特定の人物を表象することはできない。
[早稲田大]

陰でうまく人を｜ 操縦 ｜する。
〔ソウジュウ〕

実戦 テレビの画面の中では、パイロットは｜　　｜ミスを犯しても決して死ぬことはない。
[立命館大]

努力が｜ 徒労 ｜に終わる。
〔トロウ〕

実戦 エース級社員やダメ社員といった社内評価のはっきりした人以外は、評価に差をつけること自体が｜　　｜なのだ。
[明治大]

0923 一文化	シッソウ **疾走** ★★ sprint　類 疾駆	非常に速く走ること +α 「疾」は「はやい」という意味
0924 一哲学	キョウギ **狭義** ★★★ narrow sense　対 広義	ある言葉の狭い方の意味 +α 「狭」は「範囲がせまい」、「義」は「意味」という意味
0925 一心理	キョウリョウ **狭量** ★★★ narrow-minded　対 広量	人を受け入れる心が狭いこと +α 「量」は「容積、かさ」という意味
0926 一歴史	カッ キ テキ **画期的** ★★★ epock-making　類 革命的	時代に一つの区切りをつけるような 新しい事態の現れるさま +α 「画」は「区切る」、「期」は「一定の時点から時点までの間」という意味
0927 一心理	ケッペキ **潔癖** ★★ clean　対 不潔	不潔なもの、不正なものを 極度に嫌う性質 +α 「潔」は「汚れがなくて清らか」、「癖」は「かたまった習性」という意味
0928 一文学	カンケツ **簡潔** ★★★ concise　類 簡約	簡単で、しかも要領を得ているさま +α 「簡」は「大まかな」、「潔」は「いさぎよい」という意味
0929 一哲学	ケッシュツ **傑出** ★★ excellent　類 特出	多くのものの中で ずば抜けて優れていること +α 「傑」は「抜きんでて、優れている」という意味
0930 一文化	キタ **鍛える** ★★★ strengthen　類 鍛錬	❶ 熱した金属を打ち、強くすること ❷ 訓練して技術を向上させること +α 「鍛」は「高温で熱した金属を打ったり、冷やしたりして、硬度・密度を高める」ことによる
0931 一言語	ソ ツウ **疎通** ★★★ communication	❶ 滞りなく通じること ❷ 筋道がよく通ること +α 「疎」は「まばら、あらい」という意味から「よく通る」という意味に転じる

全力で 疾走【シッソウ】 する。

実戦 私は真っ暗な中でわざと目をつぶったり両手をハンドルから放したり、寒さしのぎにただもうペダルを踏んだりして □□□□ していた。
[岡山大]

その言葉は通常は 狭義【キョウギ】 の意味で用いられている。

実戦 ヒューマニズムは □□□□ にはルネッサンス以降の人文主義のことだが、転じて博愛、人道、教養を謳う態度を指すようになった。
[学習院大]

彼は 狭量【キョウリョウ】 であるから、もっと他人の意見を受け入れるべきだ。

実戦 よく、自分の狭い内部世界だけに基づいて他人を裁いてしまう人を「□□□□ な」人と呼ぶ。
[早稲田大]

画期的【カッキテキ】 な商品を生み出す。

実戦 技術の世界においても、ここ二十年、従来存在しなかった □□□□ な新技術・新製品の大半を、日本から生み出してきた。
[東京理科大]

彼は 潔癖【ケッペキ】 で何度も手を洗う。

実戦 言葉の過剰な働きにたいする □□□□ さ、これはたしかに日本の小説の美点である。[成城大]

要旨を 簡潔【カンケツ】 に述べる。

実戦 こうした「熱い近代」のあり方を、福沢は巧みにも「一身独立して一国独立す」と □□□□ に表現した。
[立命館大]

彼は学者として 傑出【ケッシュツ】 している。

実戦 柳田が一人、□□□□ した政治的手腕を備えていたがゆえにか、それを「民俗学」の名において組織することに成功した。
[早稲田大]

足腰を 鍛える【キタえる】 。

実戦 昨今の科学者による不正行為事件を見ると、創造的能力を □□□□ ことなく研究者になった人には、やはり科学をするのは無理だと感じる。
[東京理科大]

意思の 疎通【ソツウ】 をはかる。

実戦 我々は日々言葉による意思 □□□□ を行っているのである。
[関西大]

0932 心理	自負 _{ジ フ} self-confidence	★★ **類** 矜恃	自分の才能や仕事に自信を持ち、 誇らしく思うこと **+α**「自ら背負う」という意味から「自信」となる。ポジ ティブな意味であることに注意
0933 社会	任意 _{ニン イ} optional	★★★ **対** 強制	思いのままに任せること **+α**「任」は「まかせる」、「意」は「考え」という意味
0934 社会	詐欺 _{サ ギ} fraud	★★★ **類** 詐取	巧みに偽って金品を騙し取ったり、 相手に損害を与えたりすること **+α**「詐」は「うそを言ってだます」、「欺」は「あざむく」 という意味
0935 文化	磨く _{ミガ} polish	★★ **類** 研ぐ	❶ 表面を研いで滑らかにすること ❷ 努力して芸などを上達させること **+α**「磨」は「石や玉をすりみがく」という意味
0936 文化	濁す _{ニゴ} 	★★ **対** 率直	❶ にごるようにすること ❷ 言葉などを曖昧にすること **+α**「液体・気体に他の物質が混じって透明でなくなる」 ということ
0937 文化	追随 _{ツイ ズイ} follow	★★ **対** 率先	後に従うこと **+α**「追」は「おう」、「随」は「進むものの後についていく」 という意味
0938 心理	退屈 _{タイ クツ} boredom	★★ **対** 熱中	何もすることがなく 暇を持て余すこと **+α**「退」は「消極的になる」、「屈」は「ゆきづまる」とい う意味
0939 社会	陪審 _{バイ シン} jury	★★	法律の専門家でない人が、 裁判の審理に参加すること **+α**「陪」は「つきそう」、「審」は「はっきりさせる」とい う意味
0940 心理	険悪 _{ケン アク} tense	★★ **類** 険相	情勢・雰囲気などが 危険をはらんでいること **+α**「険」は「けわしい」、「悪」は「わるい」という意味

自分には才能があると　| 自負 |（ジフ）している。

実戦 私は旧時代の人間で、紙の本への愛着と執心は誰にも負けないと□□している。［法政大］

アンケートの回答は　| 任意 |（ニンイ）です。

実戦 他人の言葉や文章を□□に引用して、しかもその責任を引用者が負わずにもとの発言者や筆者に帰することがまかり通っている。［法政大］

高齢者が　| 詐欺 |（サギ）の被害に遭う。

実戦 文学教育なるものを捏造するような□□の手口ではなく、真に文学教育と呼ぶにふさわしい教育の方法が求められているのである。［神戸学院女子大］

メガネのレンズを　| 磨く |（ミガく）。

実戦 小学生の頃、趣味といえば急須を□□ことだった。［筑波大］

工場の廃液が川を　| 濁す |（ニゴす）。

実戦 いやあ、まあ、そういう場合もあるでしょうけど、と言葉を□□。［センター］

先頭を走る彼に　| 追随 |（ツイズイ）する。

実戦 日本映画は礼賛モードの支持であれ、諦観モードの□□であれ、スクリーンにおいて同時代の資本主義を肯定し続けた。［法政大］

長くて　| 退屈 |（タイクツ）な映画だった。

実戦 検索結果のリストからリンクを次々とチェックしていくのは、□□しのぎにテレビのチャンネルを替えているのとあまり変わらない。［成蹊大］

| 陪審 |（バイシン）員が正しい判断をするために厳密なルールがある。

実戦 アメリカの裁判制度は□□員制度という極めて外国に不利な制度…［群馬大］

私が反論すると、彼は　| 険悪 |（ケンアク）な表情を見せた。

実戦 無二の親友のように見えたふたりの男の関係が次第に□□なものになっていく過程…［同志社大］

0941	シンコウ **★★** **振興**	学術・産業などを盛んにすること
経済	プロモーション 類 栄転	+α 「振」も「興」も「盛んになる」という意味

0942	タンポ **★★** **担保**	将来の不利益に対して、 それを補うことを保証するもの
経済	security 類 保障	+α 「担」は「引き受ける」、「保」は「たもつ」という意味

0943	キゲン **★★** **機嫌**	人の気分の状態
心理	mood	+α もとは「譏嫌」と書き「そしりきらう、世間の人に嫌 悪される」という意味

0944	ジンジョウ **★★** **尋常**	特別でなく、普通であること
文化	ordinary 対 異常	+α 「尋」も「常」も「ふつう」という意味

0945	タイキュウ **★★** **耐久**	長い間持ちこたえること
工学	endurance	+α 「耐」は「たえる」、「久」は「長い時間」という意味

0946	コウギ **★★** **講義**	学問の方法や成果などを 説き聞かせること
哲学	レクチャー 類 講習	+α 「講」は「説き明かす」、「義」は「わけ、意味」という意味

0947	ソウサク **★★** **捜索**	探し求めること
社会	search 類 探索	+α 「捜」も「索」も「さがし求める」という意味

0948	ヨウソウ **★★** **様相**	ありさま、姿
芸術	aspect 類 様態	+α 「様」は「ありさま」、「相」は「外にあらわれたかたち」 という意味

0949	シュウゼン **★★** **修繕**	建物や品物の悪い箇所や 破損した箇所を直すこと
工学	repair 類 修正	+α 「修」も「繕」も「直す、つくろう」という意味

観光業を **振興**〔シンコウ〕する。

実戦 文化復興の共同事業は教育□□の共同事業と融合する。 [同志社大]

土地を **担保**〔タンポ〕に入れる。

実戦 ある社会のまとまりを論じるためには正当な権威とその権威を□□する権力が必要となる。 [信州大]

相手の **機嫌**〔キゲン〕をうかがう。

実戦 まだ言葉をしゃべることができない赤ちゃんでも、ご□□の良いときは「バブバブ」と何か言いたげに発音することがあるだろう。 [筑波大]

尋常〔ジンジョウ〕な方法では解決しない。

実戦 西洋の音楽文化では、演奏者が曲想にあわせて自らの感情を表情や身振りで表出することは□□である。 [駒澤大]

この椅子の **耐久**〔タイキュウ〕性を調べる。

実戦 人工物は、自然の風化に逆らって存続するという一定の□□性を示す。 [関西学院大]

心理学の **講義**〔コウギ〕を行う。

実戦 □□というような、学生には日常的なものでさえ、素朴に不変な実在とは言いにくい。 [センター]

山で迷子になった少女を **捜索**〔ソウサク〕する。

実戦 彼は、日本人のために理由なしに家宅□□をせられたことがあった。 [信州大]

広場には人が集まり、混沌とした **様相**〔ヨウソウ〕を呈していた。

実戦 発展的な□□をみせるなぐり描き後期の描線は、他の能力と並行して引き出されるのではないだろうか。 [中央大]

古びた屋根を **修繕**〔シュウゼン〕する。

実戦 打つ手なしのスタグフレーション、政治的後発性と不毛、空転する文化状況など、いずれをとっても□□のきかない裂け目なのである。 [一橋大]

0950 歴史	チョウリュウ **潮流** ★★ current 類 風潮	❶ 潮の流れ ❷ 時勢の動き +α 「潮流」は元々は「潮の満ち干によって起こる海水の流れ」を意味した
0951 歴史	カ チュウ **渦中** ★★ vortex	事件などの中心を意味する語 +α 「渦」は「うずまき」という意味
0952 文化	サンサク **散策** ★★ stroll 類 散歩	これといった目的もなく、 ぶらぶら歩くこと +α 「散」は「ぶらぶらする」、「策」は「つえをつく」という意味
0953 芸術	シ キ **指揮** ★★ command 類 牽引	多くの人々を指図して、 統一ある動きをさせること +α 「指」は「指図する」、「揮」は「ふるう」という意味
0954 文化	ト クチョウ **特徴** ★★ feature 類 特色	他と比べて特に目立つ点 +α 「特」は「抜きん出る」、「徴」は「しるし」という意味
0955 言語	ラ レツ **羅列** ★★ list 対 整列	連ね並べること +α 「羅」も「列」も「つらなる、ならべる」という意味
0956 社会	カンユウ **勧誘** ★★ invitation 類 招待	あることをするように勧めること +α 「勧」は「すすめる」、「誘」は「さそう」という意味
0957 社会	ユ ウ チ **誘致** ★★ invitation 類 招致	積極的に招き寄せること +α 「誘」は「さそう」、「致」は「招き寄せる」という意味
0958 社会	ジュウ ジ **従事** ★★ engaged in 類 関与	もっぱらその仕事に携わること +α 「従」は「携わる、仕事につく」という意味

時代の 潮流（チョウリュウ）に乗る。

実戦 一九世紀後半のイギリスにおけるフェビアン社会主義やイギリス歴史学派、あるいは
ニュー・リベラリズムといった思想の□□□… ［早稲田大］

彼は今、騒動の 渦中（カチュウ）にいる。

実戦 地域紛争というカオスの□□□から新しい地域再生のモデルの誕生という「偉大な物語」が
語り始められている。 ［同志社大］

近くの公園を 散策（サンサク）する。

実戦 古来、ものを考える人が□□□をし逍遥をするのは偶然ではない。 ［立教大］

新しいチームの 指揮（シキ）を執る。

実戦 神の役割は、オーケストラの□□□者のように全体世界を統括し、多様な宇宙の形態を創
ることになる。 ［駒澤大］

君が探しているものの 特徴（トクチョウ）を教えて。

実戦 リスク社会のリスクには、二つの顕著な□□□がある。 ［成蹊大］

参加者の名前を 羅列（ラレツ）する。

実戦 子どもは可愛げのない優等生になるだけで、百人一首を歌というより記号の□□□として
記憶し反復する機械と変わりがない。 ［早稲田大］

劇団に 勧誘（カンユウ）される。

実戦 思想的□□□には、健全な警戒心を持った人でも、簡単にのせられてしまうものです。
［香川大］

カジノを 誘致（ユウチ）する。

実戦 アジア各国、とりわけ中国は、自国に産業集積地域を作るため官民あげての企業□□□政
策をグローバル・スタンダードで実施してきた。 ［同志社大］

医療に 従事（ジュウジ）する人たち。

実戦 「ひきこもり＝若年層の病い」という認識と、治療には家族のサポートが不可欠であるとい
う医療□□□者の実感が色濃く反映されている。 ［静岡大］

★★

繊維
センイ

工学　ファイバー

微細な糸状物質
びさい

+α 「繊」は「細い糸」、「維」は「すじ、糸」という意味

★★

技巧
ギコウ

芸術　art　　類 技芸

技術上の工夫

+α 「技」は「わざ、うでまえ」、「巧」は「上手である、たくみ」という意味

★★

派遣
ハケン

社会　dispatch　　対 召還

任務を負わせて、
他の場所に行かせること

+α 「派」も「遣」も「つかわす、さしむける」という意味

★★

故意
コイ

心理　deliberately　　対 過失

❶ わざとすること
❷ わざとする気持ち

+α 「故」は「ことさらに、わざわざ」、「意」は「考え」という意味

★★

要領
ヨウリョウ

工学　point　　類 核心

❶ ものごとの最も大事な点
❷ 要点を摑んだうまい処理の仕方

+α 「要」も「領」も「かなめ、大切なところ」という意味

★★

妄想
モウソウ

文学　delusion　　類 迷妄

根拠なくあれこれと想像すること

+α 「妄」は「道理からはずれている」、「想」は「おもいめぐらす」という意味

★★

容易
ヨウイ

工学　easy　　類 簡易

たやすいこと、やさしいこと

+α 「容」も「易」も「たやすい」という意味

★★

礎石
ソセキ

工学　foundation　　類 根元

❶ 建造物の土台として据える石
❷ ものごとの土台

+α 「礎」は「いしずえ」という意味

★★

希求
キキュウ

心理　longing　　類 希望

強く願い求めること

+α 「希」は「のぞむ、こいねがう」、「求」は「もとめる」という意味

洋服の 繊維 の種類を調べる。
（センイ）

実戦 瞼は神経の筋 ◻︎ 分布の密度が人体中で最大である。　　　　　　　　　　　［信州大］

芸術的な 技巧 を凝らした作品。
（ギコウ）

実戦 感覚の他者性という「問題」は、理由の他者性という問題にくらべて遥かに ◻︎ 的な「問題」であるといえる。　　　　　　　　　　　［九州大］

自衛隊を被災地に 派遣 する。
（ハケン）

実戦 企業が収益構造を高めるために労働コストを引き下げ、人員の縮小や ◻︎ などの不安定就労者をふやすこと…　　　　　　　　　　　［同志社大］

彼女は 故意 に交通事故を起こした。
（コイ）

実戦 嘘とは ◻︎ に事実として述べられた非＝事実である。　　　　　　　　　　　［神戸大］

彼は仕事の 要領 が良い。
（ヨウリョウ）

実戦 教育は「検定教科書」に基づき、「指導 ◻︎ 」に従って行われるものであるということが、いわば暗黙の前提とされてしまっているのだろう。　　　　　　　　　　　［関東学院大］

一人で 妄想 にふける。
（モウソウ）

実戦 自分だけが見えるものなら ◻︎ であるかもしれないが、他者にも見えるものであれば、幻想以上の存在になってくる。　　　　　　　　　　　［金沢大］

容易 に解ける問題。
（ヨウイ）

実戦 共同体秩序の綻びは古代ギリシャ史の大きな流れが強いたものというべく、都市国家の再建は ◻︎ にかなうものではなかった。　　　　　　　　　　　［早稲田大］

市民運動の 礎石 を築く。
（ソセキ）

実戦 僕は僕自身を ◻︎ とすることによってほかのものを恐れる必要がなくなったということである。　　　　　　　　　　　［九州大］

平和を 希求 する。
（キキュウ）

実戦 真剣な平和 ◻︎ は、すでに西ドイツの若者の冷戦下のスローガンのように、消極的な "Ohne mich"（自分抜きでやってくれ）にとって変わってゆきがちである。　　　　　　　　　　　［中央大］

0968	★★	一つの方面をもっぱら研究したり、それに従事したりすること
センモン **専門**		
哲学	specialty	**+α** 「専」は「そのことだけをする」、「門」は「分野、そのみち」という意味

0969	★★	混乱を収め、状態を整えること
シュウシュウ **収拾**		
社会	settlement　**類** 支配	**+α** 「収」は「おさめる、まとめる」、「拾」は「ひろう、あつめる」という意味

0970	★★	推測して知ること
サッチ **察知**		
心理	sense　**類** 検出	**+α** 「察」は「あきらかにする、くわしく調べる」という意味

0971	★★	❶ 始めと終わり ❷ ものごとの成り行きや結果
シュ ビ **首尾**		
社会	outcome　**類** 成果	**+α** 「首」は「はじめ」、「尾」は「おわり」という意味

0972	★★	付け加えて与えること
フ ヨ **付与**		
社会	invest　**類** 進上	**+α** 「付」も「与」も「あたえる」という意味

0973	★★	広がり、散らばること
カクサン **拡散**		
社会	spread　**類** 伝播	**+α** 「拡」は「ひろめる」、「散」は「ちらす」という意味

0974	★★	❶ 使ってすり減ること ❷ 体力・気力などを使い果たすこと
ショウモウ **消耗**		
経済	exhaustion　**対** 蓄積	**+α** 「消」は「なくなる」、「耗」は「すり減らす」という意味

0975	★★	ゆっくり進行・変化するさま
ジョジョ **徐々**		
歴史	gradually　**類** 漸進的	**+α** 「徐」は「ゆっくりと」という意味

0976	★★	しゅうしん 執心が残って思い切れないこと
ミ レン **未練**		
心理	attachment　**類** 愛慕	**+α** 「未」は「いまだ〜ない」、「練」は「手をかけ、質のよいものにする」という意味

感染病について ［ **専門** ］^{センモン} 家の意見を聞く。

実戦 「移動体通信(mobile communication)」は、たぶん通信行政の現場で工夫された新しい ［　　　　］用語である。 ［筑波大］

事態の ［ **収拾** ］^{シュウシュウ} がつかない。

実戦 ［　　　　］のつかない混乱の中で、私は答を探し求める。 ［京都教育大］

危険を ［ **察知** ］^{サッチ} して逃げる。

実戦 ケアするジャーナリズムは当事者たちの主観的苦痛を聞き出してニーズを ［　　　　］し、それ によって当事者たちを支えるだけではない。 ［早稲田大］

彼は ［ **首尾** ］^{シュビ} よく上司への報告を済ませる。

実戦 戦争遂行の不［　　　　］はみずからの努力が足りないゆえだと各人に責任を感じるようにさせる。 ［中央大］

奨学金が ［ **付与** ］^{フヨ} される。

実戦 幼児は自らの様々な形態をもつ描線に命名したり注釈を ［　　　　］したりする。 ［中央大］

情報がSNSで急速に ［ **拡散** ］^{カクサン} する。

実戦 「顔」こそが個体識別の有力な手段だから、「顔を立てる」「顔にドロを塗られた」「顔パス」な ど、「顔」という観念は比喩的に ［　　　　］している。 ［青山学院大］

神経を ［ **消耗** ］^{ショウモウ} する作業。

実戦 ひよわな家屋の ［　　　　］的な建てかえ、押し寄せる車社会や郊外のスーパーマーケット革命 などの大きな社会経済の変動… ［成蹊大］

産休明けで ［ **徐々** ］^{ジョジョ} に仕事を再開する。

実戦 時代が下ってくると、古き良き童謡をまるごと抱え上げ、その重要性と継承を訴えるよう な言説が ［　　　　］に散見されるようになります。 ［法政大］

別れた彼女に ［ **未練** ］^{ミレン} が残る。

実戦 しめきり時間ギリギリで、なお ［　　　　］がましく文章をなおしたりしている。 ［島根大］

0977	横行 オウコウ ★★★ rampant 社会	❶ 勝手気ままに歩き回ること ❷ 悪事が盛んに行われること +α 「横」は「ほしいまま、わがまま」という意味
0978	貯蔵 チョゾウ ★★ store 類 保存 文化	ものを蓄えておくこと +α 「貯」は「たくわえる、ためる」、「蔵」は「おさめる、しまっておく」という意味
0979	矯正 キョウセイ ★★ correction 類 修正 医学	欠点などを正しく改めさせること +α 「矯」は「ただす、まっすぐにする」という意味
0980	該当 ガイトウ ★★ apply to 社会	ある条件・資格などに、 当てはまること +α 「該」は「当たる、当てはまる」という意味
0981	災厄 サイヤク ★★ misfortune 類 災難 宗教	不幸な出来事 +α 「災」も「厄」も「わざわい」という意味
0982	感銘 カンメイ ★★ impression 心理	忘れられないほど深く感じること +α 「銘」は「深く心にきざむ」という意味
0983	一掃 イッソウ ★★ sweep 類 追い払う 社会	残らず払い去ること +α 「掃」は「はらう、とりのぞく」という意味
0984	驚異 キョウイ ★★ marvel 類 驚嘆 心理	不思議で驚くべきこと +α 「驚」は「おどろく」という意味
0985	愉快 ユカイ ★★ pleasant 対 不快 心理	楽しく気持ちの良いこと +α 「愉」は「たのしい」、「快」は「よろこばしい」という意味

汚職が <u>横行</u>（オウコウ）する。

実戦 表現力不足という定番的批判が□□□□した背景としては、もう一つ、当時の批評家の力量を考えておく必要があろう。 [駒澤大]

災害に備えて食糧を <u>貯蔵</u>（チョゾウ）する。

実戦 生物は「脳」という情報の□□□□メディアを作り出し、「脳情報」を通じて様々な情報の蓄積や伝達を行うようにした。 [明治大]

歯の <u>矯正</u>（キョウセイ）をする。

実戦 中国全土に見られた纏足などの身体□□の伝統は消滅した。 [早稲田大]

<u>該当</u>（ガイトウ）する箇所に丸をつける。

実戦 「コミュニケーション下手でキレやすい」というステレオタイプの、しかし、実際に□□□する若者はあまりいなさそうな「若者イメージ」を解体する。 [近畿大]

<u>災厄</u>（サイヤク）が次から次へと起こる。

実戦 電子アイデンティティの時代が生み出す□□を風刺的に描いた映画… [学習院大]

彼の話に <u>感銘</u>（カンメイ）を受ける。

実戦 旅行先のはじめて訪れた町でなにか特別に印象深い光景に接した場合、はじめに私たちをとらえるのはその印象の全体、全体としての□□であろう。 [青山学院大]

町から暴力を <u>一掃</u>（イッソウ）しよう。

実戦 携帯通信機器のいちじるしい進化は、車内の同時多発的な通話がひきおこす「そうぞうしいアノミー」を□□してしまった。 [慶應大]

<u>驚異</u>（キョウイ）的なスピードで走る。

実戦 初期茶人による高麗茶碗の発見は、まさにひとつの□□であり、奇蹟と言うに値するものだった。 [早稲田大]

<u>愉快</u>（ユカイ）な仲間と遊ぶ。

実戦 「パノラマ」という響きによって、遠い憧憬を志向し、非人情さを発動させ、自らの不□□を洗う。 [成蹊大]

0986	帯びる（オ） ★★ be tinged with　類 備える	❶ 任務などを身に引き受けること ❷ ある性質や要素を含むこと
文化		+α「おび状の細長いもので、身につける」ということから

0987	搭載（トウサイ） ★★ be equipped with	機器・自動車などに、 ある装備や機能を組み込むこと
工学		+α「搭」も「載」も「のせる」という意味

0988	境遇（キョウグウ） ★★ circumstances　類 状態	その人の環境や身辺の諸事情
社会		+α「境」は「人が置かれた状態」、「遇」は「たまたま、おりよく」という意味

0989	殻（カラ） ★ shell　類 外殻	植物の実などを覆う堅いもの
科学		+α「穀」も同じ意味

0990	落胆（ラクタン） ★★ disappointment　対 奮起	期待通りにならず、 がっかりすること
心理		+α「落」は「おちこむ」、「胆」は「こころ、きもち」という意味

0991	補佐（ホ サ） ★★★ アシスタント　類 補助	傍らでその人の仕事を助けること
社会		+α「補」も「佐」も「たすける」という意味

0992	歓迎（カンゲイ） ★★ welcome　類 優待	喜んで迎えること
心理		+α「歓」は「よろこぶ」、「迎」は「むかえる」という意味

0993	歓喜（カン キ） ★★ delight　対 悲痛	非常に喜ぶこと
心理		+α「歓」も「喜」も「よろこぶ」という意味

0994	擁立（ヨウリツ） ★★ support　対 打倒	支持し、盛り立て、 高い地位に就かせようとすること
社会		+α「擁」は「まもる、たすける」という意味

重大な使命を 帯びる 。
（オびる）

実戦 国際人権という、基本的に人道的問題であると同時に政治的色彩を □ こともある問題…

[慶應大]

この船は無線機を 搭載 している。
（トウサイ）

実戦 内燃機関を □ した自動車が登場して以来、またたく間に普及し、二〇世紀はモータリゼーションの世紀と呼ばれるまでになった。

[同志社大]

恵まれた 境遇 に育つ。
（キョウグウ）

実戦 効用は、ひとの □ の良さを測るのに適切な尺度なのでしょうか。

[大阪大]

卵の 殻 を割る。
（カラ）

実戦 人間はそれぞれの時代の □ の中に閉じ込められて生涯を送っている。

[東京電機大]

テストの点数に 落胆 する。
（ラクタン）

実戦 民主政に対する主権者の深い疑念と □ を原動力とした政治現象だ。

[学習院大]

上司を 補佐 する。
（ホサ）

実戦 看護が治療の □ 役という位置から独立して、ある種の成人病では対策の主役になる。

[東京理科大]

来場者を 歓迎 する。
（カンゲイ）

実戦 やさしく、読みやすい文章が □ され、議論には具体例を添えることが要求された。

[明治大]

彼の偉業に日本中で 歓喜 の声が上がる。
（カンキ）

実戦 信仰の動揺より来りし厭世懐疑の世は過ぎて、生命の力の発揮する処愛に深甚の □ と悲痛を求む。

[上智大]

新人の候補者を 擁立 する。
（ヨウリツ）

実戦 大統領選挙に候補者を □ し、とくに中西部や西部の農業州で支持を集めることができた。

[青山学院大]

0995 医学	テンテキ **点滴** drip	★★	❶ しずく ❷ 静脈注射の一つ **+α**「点」は「そそぐ、つぐ」、「滴」は「しずく、したたり」という意味

0996 科学	キョリ **距離** distance	★★★ **類** 懸隔	二つの場所やものごとの間の隔たり **+α**「距」も「離」も「かけ離れる、へだたり」という意味

0997 心理	キョウジュン **恭順** allegiance	★★ **類** 追従	命令に対して慎み従うこと **+α**「恭」は「かしこまる、つつしむ」、「順」は「したがう、すなお」という意味

0998 心理	ケンジツ **堅実** steady	★★ **対** 軽挙	手堅く確実なこと **+α**「堅」は「かたい、たしかに」という意味

0999 芸術	ハクシン **迫真** realistic	★★ **類** 真実味	真に迫っていること **+α**「迫」は「さしせまる、近づく」、「真」は「まったくそのまま」という意味

1000 社会	エンカク **遠隔** リモート	★★ **対** 近接	遠く離れていること **+α**「遠」は「とおい」、「隔」は「へだてる、離れる」という意味

CHAPTER 4 書き取りで問われる漢字600

SECTION 4 頻出漢字④

1001 経済	サットウ **殺到** rush	★★★	多数の人やものが 一度にどっと押し寄せること **+α**「殺」は「程度がはなはだしい、多く」、「到」は「いたる」という意味

1002 科学	ヒョウハク **漂白** bleaching	★★	天日や水にさらしたり、 薬品を使ったりして白くすること **+α**「漂」は「水にさらす」という意味

患者に ［ 点滴 ］ をする。
_{テンテキ}

実戦 □□□や検温の技術があるだけでは看護師の「資格」があるとは言えない。 ［関西学院大］

君とは ［ 距離 ］ を置きたい。
_{キョリ}

実戦 現在における世代間の精神の「□□□」を測定すると、「新人類」以降の世代に差異がなくなってきている。 ［早稲田大］

家来たちは王に ［ 恭順 ］ の意を表した。
_{キョウジュン}

実戦 徳川家救済と江戸開城のために尽力し、彰義隊にも新政府への□□□を説いてみせた行動… ［明治大］

確実に成功するために ［ 堅実 ］ な方法で取り組む。
_{ケンジツ}

実戦 私は文法の研究をするとき、日本語の文法が全体として、実に確実で□□□で整然としてしっかりしているのを実感する。 ［武蔵大］

彼女は ［ 迫真 ］ の演技を見せた。
_{ハクシン}

実戦 実際、映画はほとんどの場合、見立てを必要としないほどの□□□の描写的再現を行う。 ［富山大］

別荘は ［ 遠隔 ］ の地にある。
_{エンカク}

実戦 人類の歴史における商人の役割は、□□□地などの間における価値体系の差異を発見し、そこから利潤を獲得することであった。 ［東京学芸大］

申し込みが ［ 殺到 ］ する。
_{サットウ}

実戦 人はなぜ海岸に打ち上げられた鯨の死骸に□□□したのか。 ［早稲田大］

洗濯で ［ 漂白 ］ 剤を使う。
_{ヒョウハク}

実戦 判断から絶縁され、解釈から□□□された、純粋にただ見えるもの、そういうものはないのである。 ［横浜市立大］

★★

オウセイ
旺盛

心理 flourishing 　対 不振

活動力が非常に盛んであること

+α 「旺」は「さかん」という意味

★★

グウゾウ
偶像

宗教 idol 　類 写像

❶ 木・石・土などで作った像
❷ 憧れの対象である人やもの

+α 「偶」は「ひとがた、人形」という意味

★★★

クッセツ
屈折

文学 refraction 　類 屈曲

❶ 折れ曲がること
❷ 素直でなく、わかりにくいこと

+α 「屈」も「折」も「おれまがる」という意味

★★★

シュウフク
修復

工学 restoration 　類 修正

❶ 傷んだ箇所を直して元に戻すこと
❷ もとの良い関係を取り戻すこと

+α 「修」は「直す、繕う」、「復」は「戻す」という意味

★★

ノウコウ
濃厚

科学 rich 　対 淡白

❶ 味・においなどが濃いさま
❷ ある可能性が強く感じられること

+α 「濃」は「こい」、「厚」は「あつい」という意味

★★

ザセツ
挫折

心理 failure 　対 栄光

仕事や計画などが、
中途で失敗しだめになること

+α 「挫」は「くじける」という意味

★★★

マイキョ
枚挙

文学 enumeration 　類 列挙

一つ一つ数えあげること

+α 「枚挙にいとまがない」は「数えられないほどたくさんあること」という意味

★★★

セイゴウ
整合

科学 consistency 　類 整理

ずれや矛盾がなく、
前後・上下などがそろうこと

+α 「整」は「ととのう」、「合」は「あう」という意味

★★★

ホウガン
包含

科学 include 　類 含有

包み含んでいること

+α 「包」は「つつむ」、「含」は「ふくむ」という意味

彼は好奇心が オウセイ｜旺盛｜だ。

森は、「無限」の環境容量として現象し、□□な増殖のための「征服」の対象である。

［早稲田大］

グウゾウ｜偶像｜を崇拝する。

仏教というものをほとんど□□崇拝としか考えない楽天的信念…　　　　　［筑波大］

彼は クッセツ｜屈折｜した心理を持っている。

明治の廃藩置県以後の沖縄の歴史と、その中で多くの□□を持って生きてきた沖縄の人たちの意識…　　　　　［明治大］

お寺を シュウフク｜修復｜する。

すでに二〇世紀末から、映画やテレビの一部資料については保存と□□、アーカイブ化が始まった。　　　　　［早稲田大］

ノウコウ｜濃厚｜なソフトクリームを食べる。

現在生活している場所に対しては生活感が□□であるだけに、そこに愛着をもち、帰属意識をもつということになる。　　　　　［大阪府立大］

資金不足で事業が ザセツ｜挫折｜する。

第二次大戦の敗北という深刻な□□を体験した日本…　　　　　［慶應大］

同様の事例は マイキョ｜枚挙｜にいとまがない。

科学技術によって産み落とされた環境破壊が、それを取り戻すために、新たな技術を要請するといった事例は、およそ□□にいとまがない。　　　　　［東京大］

このデータは セイゴウ｜整合｜性がある。

声でのふるまいが、身なり身ぶりとの□□性から離れていくことになった。　　　　　［筑波大］

たくさんの問題を ホウガン｜包含｜する。

色々な側面と色々な要素とそしてそれらから成る色々な傾向を□□した構造的な時代…　　　　　［一橋大］

	★★★	
ヨクアツ **抑圧**		無理やりおさえつけること
心理	suppression 類 鎮圧	**+α**「抑」も「圧」も「おさえつける」という意味

	★★	
チンモク **沈黙**		❶口をきかないこと ❷物音もなく静かなこと
文学	silence 対 雄弁	**+α**「沈」は「もの静か、落ち着いてる」、「黙」は「だまっ ている」という意味

	★★★	
ボウキャク **忘却**		すっかり忘れてしまうこと
歴史	oblivion 類 遺却	**+α**「忘」は「わすれる」、「却」は「～してしまう」という 意味

	★★	
レイコク **冷酷**		思いやりがなく、 冷たく、むごいこと
社会	cruel 類 残酷	**+α**「冷」は「情がうすい」、「酷」は「むごい」という意味

	★★	
モ **漏らす**		❶液体などをもれるようにすること ❷隠していることを知らせること
社会	リーク 類 吐露	**+α**「情報漏洩」という形でよく出る

	★★★	
リュウ ホ **留保**		今の状態のままとどめておくこと
社会	reservation 対 放棄	**+α**「保」は「たもつ」、「留」は「とどめる」という意味

	★★★	
ジョコウ **徐行**		電車や自動車などが、 速度を落として進むこと
社会	go slow	**+α**「徐」は「ゆっくりと」という意味

	★★	
ギ キョク **戯曲**		❶劇の上演のために書かれた脚本 ❷台本の形で書かれた文学作品
芸術	drama 類 芝居	**+α**「戯」は「芝居、演技」という意味

	★★	
ショウアク **掌握**		❶手の中におさめること ❷ものごとを意のままにすること
社会	command	**+α**「掌」は「手のひら」、「握」は「にぎる」という意味

言論の自由を ヨクアツ 抑圧 する。

実戦 二〇世紀型社会主義革命がすべて、おぞましい □□□ 的な管理社会を実現してしまった。 [埼玉大]

彼はとうとう チンモク 沈黙 を破った。

実戦 学校や職場、就職活動などの場面で、コミュニケーションがうまくいかず、気詰まりな □□□ を招いてしまった。 [神奈川大]

嫌な思い出を ボウキャク 忘却 した。

実戦 文学はつねに、科学がその起源を □□□ しないように執拗に科学の周辺をとりかこみつづけてきた。 [大阪大]

夫の レイコク 冷酷 な仕打ちに耐えられず家出をする。

実戦 身内の死に直面しても冷静である場合、悲しみ方が足りないとか「□□□ な人物」であると見なされる。 [立教大]

秘密をうっかり モらす 漏らす 。

実戦 世間には、彫刻の面白味を解せず、といってむしろ彫刻に対する侮辱の意を □□□ 人がよくある。 [早稲田大]

政府は決定を リュウホ 留保 した。

実戦 予測の言語は、持ち前の知識と分析法によって、特定の問題に関しては □□□ つきの針路を示すことができる。 [学習院大]

右折するときに ジョコウ 徐行 する。

実戦 酒を飲んで運転し、注意力が鈍ったために横断歩道の前で □□□ しなかった。 [早稲田大]

シェイクスピアの初期の ギキョク 戯曲 。

実戦 AとBとの二つの力の対立は、次のような順序で □□□ として展開する。 [早稲田大]

政権を ショウアク 掌握 する。

実戦 日本全国を領土として □□□ する儀礼としての巡幸… [法政大]

1021 哲学	コウソウ **構想** ★★ プラン 類 設計	これからしようとするものごとの 骨組みをまとめること +α 「構」は「かまえる、組み立てる」、「想」は「おもう、考える」という意味
1022 心理	ヘンキョウ **偏狭** ★★ narrow 対 寛大	❶ 考えが偏っていて狭いこと ❷ 土地などが狭いこと +α 「偏」は「かたよる」、「狭」は「せまい」という意味
1023 心理	タンソク **嘆息** ★★ sigh 類 吐息	悲しんだりがっかりしたりして、 ため息をつくこと +α 「嘆」は「なげく、悲しむ」という意味
1024 心理	ジョウチョ **情緒** ★★ emotion 類 情感	❶ 感慨を催させる、独特の味わい ❷ ものごとに触れて起こる感情 +α 「情」も「緒」も「こころ、きもち」という意味
1025 科学	ハンエイ **反映** ★★★ reflection 類 返照	❶ 反射して光って見えること ❷ あるものの性質が現れること +α 「反」は「はねかえす」、「映」は「うつす」という意味
1026 哲学	エンヨウ **援用** ★★★ quotation 類 引用	自分の説を補強するために 他の文献・事例などを用いること +α 「援」は「ひきよせる」、「用」は「もちいる」という意味
1027 工学	クドウ **駆動** ★★★ drive 類 推進	動力を伝えて動かすこと +α 「駆」は「かける、ウマが走る」という意味
1028 芸術	ザンシン **斬新** ★★ novel 対 陳腐	発想などが革新的・独創的であること +α 「斬」は「きわだつ、抜きんでる」という意味
1029 心理	クウキョ **空虚** ★★★ vacant 類 空疎	❶ 内部に何もないこと ❷ 実質的な内容や価値がないこと +α 「虚」は「むなしい」という意味

街を再開発するという 構想 【コウソウ】。

実戦 どのような社会を現実に実現するのかという、肯定性の □□□ なしに、とりあえずの打倒を唱導し扇動する否定主義的な革命や運動…　　　　　　　　　　　[埼玉大]

彼は 偏狭 【ヘンキョウ】 な性格だ。

実戦 □□□ な民族主義や人種的偏見にたいするもっとも力づよい反証…　　　　　　[上智大]

仕事で失敗して 嘆息 【タンソク】 を漏らす。

実戦 この人間世界のいかんともしがたい〈不条理〉に対する、いかんともしがたい □□□ …
　　　　　　　　　　　　　　　　　　　　　　　　　　　　　　　　　　　　[駒澤大]

異国の 情緒 【ジョウチョ】 溢れる街並み。

実戦 知識や情報、コミュニケーション、関係性、□□□ 的反応といった非物質的な生産物を創り出す労働…　　　　　　　　　　　　　　　　　　　　　　　[早稲田大]

国民の意見が 反映 【ハンエイ】 された政策。

実戦 形容詞、動詞のような、生活から現れる感情を率直に □□□ する言葉を豊かにすること…
　　　　　　　　　　　　　　　　　　　　　　　　　　　　　　　　　　　　[早稲田大]

海外の論文を 援用 【エンヨウ】 する。

実戦 思考が脅かされているということ自体を、切実に考えようとするなら、ただ哲学を □□□ することによって、この脅かしを退けることはできそうにない。　　　　　[上智大]

前輪を 駆動 【クドウ】 する方式の車。

実戦 物質的欲望が科学を □□□ している。　　　　　　　　　　　　　　　　　[日本大]

斬新 【ザンシン】 な意見を取り入れる。

実戦 大きな帝国を維持するために、□□□ な政策を次々とうちだした。　　　　　[東京理科大]

空虚 【クウキョ】 感に苦しめられる。

実戦 人は □□□ の空間を見るとき、そこに何ものかを置いて空間を充実させたいと願う。
　　　　　　　　　　　　　　　　　　　　　　　　　　　　　　　　　　　　[立命館大]

温床 オンショウ ★★

ある傾向が育つのに都合の良い環境

社会 hotbed 対 冷床 +α 普通「悪いもの」について言う

随伴 ズイハン ★★★

❶ お供としてつき従うこと
❷ あるものごとに伴って起こること

社会 accompany 類 同伴 +α 「随」は「したがう」という意味

付随 フズイ ★★★

主たるものごとに関係して
成り立っていること

社会 accompany 類 伴う +α 「随」は「したがう」という意味

撲滅 ボクメツ ★★

完全に滅ぼすこと

社会 eradication 類 殲滅 +α 「撲」は「うつ、たたく」、「滅」は「ほろぼす」という意味

揮発 キハツ ★

液体が、常温で気体となって
発散すること

科学 volatile +α 「揮」は「ちる」という意味

想定 ソウテイ ★★

状況・条件などを仮に決めること

哲学 assumption 類 推測 +α 「想」は「おもう」、「定」は「きめる」という意味

間隔 カンカク ★★

ものとものとの間の距離・時間

社会 インターバル 類 合間 +α 「隔」は「へだてる」という意味

捕獲 ホカク ★★

捕らえること

経済 capture 対 解放 +α 「捕」も「獲」も「とらえる」という意味

監督 カントク ★★

❶ 取り締まり、指図すること
❷ そうする人や機関

社会 supervision 類 監視 +α 「監」は「みる」、「督」は「ひきいる、統べる」という意味

あの学校は不良の ┃オンショウ 温床┃ だ。

実戦 忘却の機能はすべての人に恵まれている創造の ▢ である。 [関西学院大]

大統領に ┃ズイハン 随伴┃ する。

実戦 近代化の動向は、当然ながら危険な ▢ 物だけをもたらすものではない。 [北海道大]

地震に ┃フズイ 付随┃ して土砂災害や火事が発生する。

実戦 名前には、ある独自の個性が ▢ すると考えることは、我々の社会においても見られることである。 [東京都立大]

伝染病を ┃ボクメツ 撲滅┃ する。

実戦 いじめ ▢ キャンペーンの発端となったMさんの遺書には「いじめ」の字はなかった。 [新潟大]

こぼした水が ┃キハツ 揮発┃ してなくなる。

実戦 油は ▢ 性が高いものも多いため、貯蔵の際には密閉する必要がある。 [オリジナル]

地震を ┃ソウテイ 想定┃ した避難訓練。

実戦 震災の直後に多くの人の怒りを買ったのは、科学技術者が思わずもらした「▢外」という言葉でした。 [大阪大]

隣の人との ┃カンカク 間隔┃ を空ける。

実戦 五線譜においては、まるで方眼紙のように、縦線と横線とが等 ▢ で整然と引かれている。 [日本女子大]

くじらを ┃ホカク 捕獲┃ する。

実戦 身の回りにある植物やら木の実やら他の動物やらを食物として摂取・▢ し、それで生きていた。 [同志社大]

工事現場を ┃カントク 監督┃ する。

実戦 スポーツのチームにおける「▢」「コーチ」「主将」「マネージャー」もそれぞれ、父、叔父、兄、母ないしは姉のイメージにも重ね合わされる。 [弘前大]

1039 —心理	ショウガイ **障害** ★★ obstacle 類 妨害	ものごとの成立や進行の 邪魔をするもの ➕α 「障」は「さわる、さしつかえる」、「害」は「さまたげる」という意味
1040 —社会	アンタイ **安泰** ★★ secure 類 安全	無事で安らかなこと ➕α 「安」は「落ち着いている」、「泰」は「おだやか」という意味
1041 —社会	イタク **委託** ★★ entrust 対 受託	自分の代わりを 人や機関に頼み委ねること ➕α 「委」は「ゆだねる」、「託」は「たよる、あずける」という意味
1042 —社会	イッセイ **一斉** ★★ at once 対 個別	❶ 同時にそろって何かをすること ❷ 一様にそろうこと ➕α 「斉」は「そろう、そろえる」という意味
1043 —工学	ボウセキ **紡績** ★★ spinning	糸をつむぐこと ➕α 「紡」も「績」も「つむぐ」という意味
1044 —工学	オセン **汚染** ★★ pollution 類 汚濁	汚れに染まること ➕α 「汚」は「よごす、よごれる」、「染」は「そまる」という意味
1045 —心理	タンセイ **丹精** ★★ carefully 同 丹誠	❶ 飾りけや偽りのない心 ❷ 心を込めてものごとをすること ➕α 「丹」は「まごころ」という意味
1046 —心理	シコウ **志向** ★★★ aim at 類 目指す	意識をある目的へ向けること ➕α 「志」は「心のめざすところ」という意味
1047 —心理	ショウテン **焦点** ★★ フォーカス 類 中核	人々の注意や関心の集まるところ ➕α 「焦」は「こげる」という意味

道路に 障害 物がある。
（ショウガイ）

実戦 人間の____とは、たえざる幻想にほかならない。 ［大阪大］

君の将来は 安泰 だろう。
（アンタイ）

実戦 大きな企業に勤めれば生涯____だという日本の戦後的常識はすでに虚無化している。 ［早稲田大］

販売を業者に 委託 する。
（イタク）

実戦 幼少期からはじまるすべての教育施設（スポーツ、音楽、学習塾などもここに含める）への子どもの____… ［神奈川大］

全校生徒が 一斉 に立ち上がる。
（イッセイ）

実戦 学歴獲得過程において特に目立つ方式だが、全員____実施による学力筆記試験には、科学実験のような論理が埋め込まれている。 ［慶應大］

紡績 業が近代日本を支えた。
（ボウセキ）

実戦 ナショナリズムと伝統的な手動____（charka）と偶像崇拝を主張し、非暴力主義的な抵抗を組織した。 ［鹿児島大］

工場から出る煙による大気 汚染 。
（オセン）

実戦 日本中に「反原発・脱原発」運動や放射能____問題をテーマにする集会活動が広がった。 ［早稲田大］

丹精 を込めて育てた野菜を販売する。
（タンセイ）

実戦 せっかく____込めてつくった食材や料理でも、客が来れば惜しげもなく与えるのが礼儀である。 ［東北大］

最近は健康 志向 の人が増えてきた。
（シコウ）

実戦 正解よりも誤解の方がより個性的であるから、誤解は個人の____の傾向を示す指標にもなり得る。 ［上智大］

問題に 焦点 を合わせる。
（ショウテン）

実戦 近代社会における正義の問題の____となってきたこと、つまり「経済的な格差」の問題について考えてみよう。 ［明治大］

1048 一科学	★★ ケッショウ **結晶** クリスタル　　類 結実	❶ 規則正しく配列されている固体物質 ❷ 積み重ねられた努力などが形を成すこと +α 「晶」は「純粋な鉱物に見られる規則的な一定の形」 　という意味
1049 一社会	★★ コ リツ **孤立** isolation　　対 連帯	一つまたは一人だけ他から離れて、 つながりや助けのないこと +α 「孤」は「ひとり」という意味
1050 一哲学	★★★ タイケイ **体系** システム　　類 系統	個々の部分が連関して まとまった機能を果たす組織体 +α 「系」は「つながり」という意味
1051 一社会	★★★ カ ソ **過疎** depopulation	極度にまばらなこと +α ある地域の人口が他に流出して少なすぎること
1052 一社会	★★ フ タン **負担** burden　　類 負荷	❶ 仕事などを引き受けること ❷ 能力以上に課せられた仕事や責任 +α 「負」は「おう」、「担」は「になう」という意味
1053 一社会	★★ シンニュウ **侵入** invasion　　類 侵攻	他の領分を侵して 強引に入り込むこと +α 「侵」は「他人の領分をおかす」という意味
1054 一心理	★★ オダ **穏やか** mild　　対 険しい	静かで平穏無事なさま +α 「穏」は「おだやか」という意味
1055 一社会	★★ シ セツ **施設** facility　　類 設備	❶ 建造物などをこしらえ設けること ❷ その設備 +α 「施」は「しく」、「設」は「もうける」という意味
1056 一文化	★★★ エン **縁** relation　　類 関係	❶ 人と人を結ぶ、不思議な力 ❷ 知り合いの間柄 +α 「縁」は「ゆかり、つながり」という意味

彼の勝利は彼の努力の 結晶（ケッショウ） だ。

実戦 原子がほとんど動かない絶対零度のような静謐な □ の世界…　　　　　　　　[東京大]

会社で 孤立（コリツ） する。

実戦 おのずから理性的であるような、□ し、それ自身に完結した「自我」なるものは存在しない。　　　　　　　　　　　　　　　　　　　　　　　　　　　　　[お茶の水女子大]

レポートを 体系（タイケイ） 的にまとめる。

実戦 人類の歴史における商人の役割は、遠隔地などの間における価値 □ の差異を発見し、そこから利潤を獲得することであった。　　　　　　　　　　　　　　　[東京学芸大]

地方の 過疎（カソ） 化が進んでいる。

実戦 □ で沈滞した村を活性化させようとするのは、藁にもすがる思いであったに違いない。　　　　　　　　　　　　　　　　　　　　　　　　　　　　　　　　　[早稲田大]

費用は僕が 負担（フタン） する。

実戦 年齢間で偏在するリスクに社会保障という仕組みで備えようとすると、結果的に、現役層が保険料や税の形で財源を □ するという姿が生まれる。　　　　　　[法政大]

泥棒が僕の家に 侵入（シンニュウ） した。

実戦 移民を迎える側も、異質な要素の □ による自分の環境の変化に不安を抱く。[早稲田大]

彼は 穏やか（オダやか） な人柄だ。

実戦 作曲家を軽んじていると批判されれば心 □ ではいられない。　　　　　　　[同志社大]

図書館などの公共 施設（シセツ） 。

実戦 貧困と圧政、経済的機会の乏しさと制度に由来する社会的窮乏、公的な □ の欠如…　　　　　　　　　　　　　　　　　　　　　　　　　　　　　　　　　　[千葉大]

彼とは 縁（エン） を切った。

実戦 母親は、本家の人たちとは、まったく □ を切っている。　　　　　　　　　[筑波大]

1057 社会	ムエン **無縁** ★★★ unrelated 対 有縁	**関係のないこと** +α 「縁」は「ゆかり、つながり」という意味
1058 社会	ショウカク **昇格** ★★ promotion 対 降格	**資格・地位などが上がること** +α 「昇」は「のぼる」、「格」は「身分」という意味
1059 哲学	ヒッス **必須** ★★★ essential 類 不可欠	**必ず用いるべきこと、欠かせないこと** +α 「必」は「かならず」、「須」は「もちいる、もとめる」という意味
1060 哲学	ショウオウ **照応** ★★★ correspondence 類 対応	**二つのものごとが対応し関連し合っていること** +α 「照」は「てらしあわせる」、「応」は「したがう」という意味
1061 社会	チョウハツ **挑発** ★★ provocation 類 触発	**事件や紛争などを引き起こすように相手を刺激すること** +α 「挑」は「いどむ、しかける」、「発」は「はなつ」という意味
1062 文学	ロウドク **朗読** ★★ reading aloud 対 黙読	**声を出して詩・文章などを読むこと** +α 「朗」は「声が高く澄みわたる」という意味
1063 社会	テッカイ **撤回** ★★ withdrawal 類 撤去	**いったん提出・公示したものなどを、取り下げること** +α 「撤」は「捨てる」、「回」は「もとにもどす」という意味
1064 芸術	ユウガ **優雅** ★★ エレガント 対 粗野	**上品でみやびやかなこと** +α 「優」も「雅」も「上品で美しい」という意味
1065 社会	サンヨ **参与** ★★ participation 類 参画	**❶ ものごとに関わり合うこと** **❷ 相談などにあずかること** +α 「参」は「まじわる」、「与」は「関係する」という意味

あの俳優はスキャンダルとは **無縁**（ムエン）だ。

実戦 人間的という言葉は、もはや人間とは切り離されてしまっており、人間とは ☐☐ なものです。　［一橋大］

昇格（ショウカク）して給料が上がる。

実戦 「出版語」とは、〈書き言葉〉に ☐☐ した、「口語俗語」を指す概念である。　［大阪大］

住所の記入は **必須**（ヒッス）となっている。

実戦 生命が生命であるためには、代謝活動が ☐☐ である。　［明治大］

鍵と鍵穴が **照応**（ショウオウ）している。

実戦 社会的生産における物質的生産力とそれに ☐☐ する生産関係とからなる社会の経済的構造…　［神奈川大］

彼は先生に **挑発**（チョウハツ）的な態度を取る。

実戦 ☐☐ は ☐☐ を呼び、脇から加勢する人や火に油を注ぐ人まで出て、事態は収拾がつかなくなる。　［学習院大］

小説を **朗読**（ロウドク）する。

実戦 市民改革期に ☐☐ された新聞のように、ラジオの情報は文盲や子供にも届いた。　［早稲田大］

政治家が発言を **撤回**（テッカイ）する。

実戦 政治家一つとっても、少なくともあんなに簡単に前言 ☐☐ して、しかもそのことを恥に感じないといった人々は明らかに戦後の産物です。　［清泉女子大］

セレブの **優雅**（ユウガ）な生活に憧れる。

実戦 イギリスのサッカーには多少とも荒っぽさがあり、オーストラリアのは多少とも ☐☐ である。　［成城大］

開発計画に **参与**（サンヨ）する。

実戦 仕事について働くということは、そうした相互依存のネットワークに自ら能動的に ☐☐ する、ということに他ならない。　［中央大］

1066	心理	**残酷** ザンコク ★★	無慈悲でむごたらしいこと
		cruel　類 冷酷	+α 「残」も「酷」も「むごい」という意味

1067	経済	**購入** コウニュウ ★★★	物を買うこと
		purchase　対 売却	+α 「購」は「買い求める、あがなう」という意味

1068	経済	**購買** コウバイ ★★★	買うこと
		purchase　対 販売	+α 「購」は「買い求める、あがなう」という意味

1069	心理	**標的** ヒョウテキ ★★	❶ 射撃や弓術などに使う的 ❷ 攻撃目標
		ターゲット　類 獲物	+α 「標」は「しるし」、「的」は「まと」という意味

1070	科学	**業績** ギョウセキ ★★	事業や研究などで成し遂げた実績
		achievement　類 功績	+α 「業」は「しごと」、「績」は「成果」という意味

1071	心理	**傾聴** ケイチョウ ★★	耳を傾けて、熱心に聞くこと
		listen	+α 「傾」は「心を寄せる」、「聴」は「きく」という意味

1072	社会	**完遂** カンスイ ★★	完全にやり遂げること
		accomplishment　対 頓挫	+α 「完」は「まっとうする」、「遂」は「なしとげる」という意味

1073	社会	**宣誓** センセイ ★★	多くの人の前で 誓いの言葉を述べること
		pledge　類 誓言	+α 「宣」は「広く告げ知らせる」、「誓」は「ちかう」という意味

1074	心理	**縦横** ジュウオウ ★★	❶ 縦と横 ❷ 四方八方
		length and breadth	+α 「縦横無尽」は「自由自在にものごとを行うこと」という意味

猫を殺すなんて [残酷 (ザンコク)] だ。

実戦 耳が不自由になり、初めて私は、頑張れ、という言葉の□□さを知った。 [大阪大]

ずっと欲しかったバッグを [購入 (コウニュウ)] する。

実戦 おもしろくてためになるという不得要領の原理は、要領を得ないまま、現在の私たちの書籍□□の動機のなかにも働いている。 [愛知学院大]

バッグを現金で [購買 (コウバイ)] する。

実戦 確かにデパート側は客に対して□□欲をそそるよう仕向けるのであるから、ここはその留学生の言うように使役表現を取るのが妥当である。 [中央大]

犯人の [標的 (ヒョウテキ)] は君だ。

実戦 各国のポピュリズム政党が□□とするのは、民主主義それ自体というよりは、代表者を通じた民主主義、代表制民主主義(間接民主主義)である。 [弘前大]

エジソンは多くの [業績 (ギョウセキ)] を残した。

実戦 プロの物理学者として多くの□□があり、それについて私などがあれこれ口を挟む余地はない。 [京都大]

私は黙って彼の話を [傾聴 (ケイチョウ)] した。

実戦 被災者の口から出た話は、しっかりと□□するという謙虚さを身につけていた。 [関西大]

難しい事業を [完遂 (カンスイ)] した。

実戦 既存の政治が自己改革を含むイノベーションを□□し、政策の実効性を高める。 [学習院大]

選手を代表して [宣誓 (センセイ)] する。

実戦 □□、読経、祝詞一みな、声の力が文字を凌駕している。 [大阪大]

国内を [縦横 (ジュウオウ)] に走る鉄道。

実戦 約三間(五・四メートル)幅ぐらいの道路を□□無尽に配置するのだという。 [同志社大]

★★

シンサン
辛酸

辛い目や苦しい思い

心理　hardship　類 苦痛　+α 「辛」も「酸」も「つらい、苦しい」という意味

★★

カイメツ
壊滅

組織などが壊れてなくなること

工学　destruction　対 復興　+α 「壊」は「こわれる」、「滅」は「ほろびる」という意味

★★

カクシン
確信

固く信じて疑わないこと

心理　confidence　類 信念　+α 「確」は「かたい、しっかりしている」という意味

★★

カンレキ
還暦

数え年で六十一歳をいう語

歴史　sixtieth birthday　+α 「還」は「元へ戻る」、「暦」は「めぐる」という意味

★★

キョショウ
巨匠

その方面で際立って優れた人

芸術　master　類 師匠　+α 「匠」は「先生」という意味

★★

ホウサク
方策

はかりごと

社会　measure　類 施策　+α 「策」は「くわだて、はかりごと」という意味

★★

ケ ハイ
気配

状況から何となく感じられる様子

心理　indication　類 表徴　+α 「気」は「息、心の動き」→「様子」という意味

★★

ケイエン
敬遠

**面倒なことや嫌なことに
近づかないようにすること**

心理　avoidance　+α 「敬」は「うやまう」、「遠」は「とおざける」という意味

★★

センタク
選択

**多くのものの中から
目的にかなうものなどを選ぶこと**

哲学　チョイス　類 採択　+α 「選」も「択」も「えらぶ」という意味

試合で負けが続いて ［辛酸 シンサン］ をなめる。

実戦 今日の大学生が就職活動において嘗める □ は、単に就職先がないということだけではない。 [中央大]

地震で街が ［壊滅 カイメツ］ した。

実戦 明治維新一五〇年の半ば、日本はまさしく「敗戦」という腹が裂ける、□ 的な破綻を経験した。 [立命館大]

勝利を ［確信 カクシン］ する。

実戦 無病息災を □ し自負する者は、おのずからにして誇りにみち、やがては傲慢に傾く。 [九州大]

二年後に ［還暦 カンレキ］ を迎える。

実戦 制度とはいえないけれど、□、古稀、喜寿、米寿等々の長寿の祝いもまた年齢の節目の表現であるだろう。 [学習院大]

モネは印象派の ［巨匠 キョショウ］ だ。

実戦 西行、宗祇、雪舟、利休という、中世の始めから終りに至る間の四人の □ … [駒澤大]

事故防止の ［方策 ホウサク］ を立てる。

実戦 大学教育において「職業的意義」を高めるためには、文科系の定員を減少させて、理科系で学ぶ学生の数を増加させるという □ が考えられる。 [慶應大]

ただならぬ ［気配 ケハイ］ を感じる。

実戦 真面目で粛然とした、笑いを伴わず、笑いの □ すらしないパロディが存在していた。 [慶應大]

彼はうるさくて周囲から ［敬遠 ケイエン］ されている。

実戦 〈身ぶり〉を誤るとき、私たちは、他者からの □ や拒絶に出会うことになる。 [神戸大]

レポートのテーマを ［選択 センタク］ する。

実戦 政策の □ の幅を最大限確保してその場その場の柔軟な対応を可能にする。 [慶應大]

1084 文化	★★ ショウ ミ **賞味** relish　　類 享受	**食べ物のおいしさを よく味わって食べること** +α 「賞」は「ほめる」という意味
1085 文化	★★ シ ジョウ **至上** supremacy　　類 秀抜	**この上もないこと** +α 「至」は「きわめて」という意味
1086 社会	★★★ フク シ **福祉** welfare　　類 厚生	**公的なサービスにより社会の成員が 等しく受けられる充足や安心** +α 「福」も「祉」も「さいわい」という意味
1087 社会	★★★ ジュウ ゾク **従属** subordination　　対 支配	**強力なもの、 中心となるものにつき従うこと** +α 「従」も「属」も「したがう」という意味
1088 文化	★★ イッ キョ **一挙** once and for all	**❶ 一回の行動・動作 ❷ 一度にものごとをやること** +α 「挙」は「ものごとを行う」という意味
1089 社会	★★ オウ ライ **往来** come and go　　類 往還	**行ったり来たりすること** +α 「往来する場所＝道路、通り」という意味もある
1090 文化	★★ カン ソ **簡素** simple　　類 質素	**無駄がなく質素なこと** +α 「簡」は「手軽な」、「素」は「あっさりとした」という 意味
1091 文化	★★ キ チョウ **基調** keynote　　類 主音	**絵画や装飾などで、 その中心となっている色** +α 思想・行動・学説・作品などの根底にある基本的な 考えや傾向
1092 社会	★★ ケン エツ **検閲** censorship　　類 校閲	**公権力が書籍などの表現内容を 強制的に調べること** +α 「検」も「閲」も「しらべる」という意味

地元の料理を ┌─────┐ する。
　　　　　　│ 賞味 │
　　　　　　└─────┘
　　　　　　ショウミ

実戦 世界の成り立ちについてのあらゆる理説には ┌───┐ 期限があり、かつそれが適用される範囲は限定されている。　　　　　　　　　　　　　　　　　　　　　　[埼玉大]

彼の絵からはこの世のものとは思えない ┌─────┐ の美を感じ
　　　　　　　　　　　　　　　　　　　│ 至上 │
　　　　　　　　　　　　　　　　　　　└─────┘
　　　　　　　　　　　　　　　　　　　シジョウ
た。

実戦 物質における満足を求めるのではなく、精神の自由な飛翔を得ることこそを ┌───┐ とする社会…　　　　　　　　　　　　　　　　　　　　　　　　　　　　　　　[日本大]

彼の行動は公共の ┌─────┐ に反する。
　　　　　　　　　│ 福祉 │
　　　　　　　　　└─────┘
　　　　　　　　　フクシ

実戦 空前の高度成長、純完全雇用、┌───┐ 国家の実現をもたらした。　　　[早稲田大]

大国に ┌─────┐ する。
　　　│ 従属 │
　　　└─────┘
　　　ジュウゾク

実戦 人間的という言葉は、本来は人間に関するとか、人間に属するという意味ですから、人間に受身的に ┌───┐ している言葉であるはずです。　　　　　　　　[一橋大]

仕事を ┌─────┐ に仕上げる。
　　　│ 一挙 │
　　　└─────┘
　　　イッキョ

実戦 人間は、万物の生起の全部を、┌───┐ に把握する神ではない。　　　[日本大]

自動車の ┌─────┐ が激しい。
　　　　│ 往来 │
　　　　└─────┘
　　　　オウライ

実戦 扉の本質は内から外そして外から内へという双方向の自由な ┌───┐ にあるのではない。　　　　　　　　　　　　　　　　　　　　　　　　　　　　　[日本女子大]

結婚式は ┌─────┐ に済ませる。
　　　　│ 簡素 │
　　　　└─────┘
　　　　カンソ

実戦 ┌───┐、明快、調和こそは、日本の美の本質である。　　　　　[國學院大]

赤を ┌─────┐ とした作品。
　　　│ 基調 │
　　　└─────┘
　　　キチョウ

実戦 戦後の ┌───┐ をした「世間並み」を追い求めた欲望は、充分に私化された利欲ではなく「私利私欲」に還元できない共同体性をもっていた。　　　　　　　　　　[中央大]

政府によって ┌─────┐ されている雑誌。
　　　　　　　│ 検閲 │
　　　　　　　└─────┘
　　　　　　　ケンエツ

実戦 ソ連が崩壊して言語に対する統制も ┌───┐ もなくなり、西側の文明がどっと入ってきた。　　　　　　　　　　　　　　　　　　　　　　　　　　　　　　[一橋大]

1093 社会	ヘンザイ 偏在 ★★ uneven distribution 対均等	あるところにだけ 偏って存在すること +α 「偏」は「かたよる」という意味
1094 工学	ジュクレン 熟練 ★★ proficiency 対未熟	十分に経験を積んで、上手なこと +α 「熟」は「十分に」、「練」は「きたえる」という意味
1095 文学	イツ ワ 逸話 ★★ anecdote	その人についての、 あまり知られていない興味深い話 +α 「逸」は「世に知られない」という意味
1096 文学	ソウ キ 想起 ★★ recall 類回想	前にあったことを思い浮かべること +α 「想」は「思いめぐらす」、「起」は「おこす、はじめる」という意味
1097 科学	ジュウマン 充満 ★★ be filled with 対払拭	❶あるものがいっぱいに満ちること ❷満ち足りること +α 「充」も「満」も「みちる、みたす」という意味
1098 科学	ショウ カ 昇華 ★★ sublimation 対凝華	ものごとが一段上の状態に 高められること +α 元来は「固体が、液体を経ないで直接気体になること。また、気体が直接固体になること」を意味する
1099 社会	セイヤク 制約 ★★ restriction 対自由	制限や条件をつけて、 自由に活動させないこと +α 「制」は「おさえる」、「約」は「とりきめ」という意味
1100 社会	キ セイ 規制 ★★ regulation 類準則	❶従うべき決まり ❷規則でものごとを制限すること +α 「規」は「ただす、いましめる」、「制」は「おさえる」という意味

人口が都市部に　**偏在**（ヘンザイ）　する。

実戦 現代的リスクには、平等性と不正義をもたらす◻︎◻︎性、両者の性質がある。　[早稲田大]

ベテランの選手が　**熟練**（ジュクレン）　の技を見せつける。

実戦 使用法の方法化されていない道具は使用者の側での◻︎◻︎や才能や個性的な条件によるところが大きい。　[早稲田大]

エジソンについての多くの　**逸話**（イツワ）　。

実戦「臥遊」という言葉は、南北朝時代の画人、宗炳（生没年不詳）の◻︎◻︎に由来するものである。　[同志社大]

このおでんの味はおふくろの味を　**想起**（ソウキ）　させる。

実戦 過去は知覚的に見ることも、聞くことも、触ることもできず、ただ◻︎◻︎することができるだけです。　[東京大]

室内にガスが　**充満**（ジュウマン）　する。

実戦 わたしたちを包み込んでいるこの海には、すでに情報を乗せた電磁波が◻︎◻︎している。　[お茶の水女子大]

大衆芸能を芸術に　**昇華**（ショウカ）　させる。

実戦 ロシアの革命家にとって戦争は革命と結びついて「革命戦争」に◻︎◻︎される政治表現の一つだった。　[専修大]

法律上の　**制約**（セイヤク）　を受ける。

実戦 駆け引きは政治戦略でもあり、闘争的であり、そしてたいていは宗教的儀礼的な約束事に◻︎◻︎されている。　[東洋大]

法律によって　**規制**（キセイ）　する。

実戦 道徳は習慣に根ざしていたから、おのずから身につき、内から自然に行動を◻︎◻︎することができた。　[関西学院大]

1101 心理

ボットウ ★★
没頭

absorption 　**対** 退屈

熱中して他を顧みないこと

+α 「没」は「うちこむ、はまりこむ」という意味

1102 科学

テキカク ★★
的確

accurate 　**類** 正確

的を外れず確かなこと

+α 「的」は「要点をつく」、「確」は「まちがいない」という意味

1103 哲学

テイショク ★★
抵触

infringe 　**類** 矛盾

❶ 触れること
❷ 行為が法律や規則に反すること

+α 「抵」も「触」も「あたる、ふれる」という意味

1104 社会

テイケイ ★★
提携

tie-up 　**類** 協調

協力してことを行うため
互いに力を合わせること

+α 「提」は「たすけあう」、「携」は「たずさわる」という意味

1105 歴史

キセイ ★★
既成

existing 　**対** 未成

すでにできあがって
存在していること

+α 「既」は「すでに」、「成」は「できあがる」という意味

1106 哲学

ガイハク ★★
該博

profound

学問・知識が広く、
何にでも通じていること

+α 「該」は「あまねく、ことごとく」、「博」は「広く行きわたる」という意味

1107 心理

ケンシン ★★
献身

devotion 　**類** 傾注

あるものごとや人のために、
自分を犠牲にして力を尽くすこと

+α 「献」は「ささげる」という意味

1108 社会

カンレイ ★★
慣例

custom 　**対** 異例

繰り返し行われて
習慣のようになった事柄

+α 「慣」も「例」も「ならわし」という意味

研究に **没頭**（ボットウ）する。

実戦 レヴィ＝ストロースは、若いころに十年間ブラジルで先住民族の現地調査に_____した。
[駒澤大]

自分の意図を **的確**（テキカク）に伝える。

実戦 名批評家とは端的な言葉で_____に特性指摘のできる人をさす。
[京都大]

法に **抵触**（テイショク）する行為。

実戦 平等な資源としての時間の大切さを唱えることは、平等な社会という理念に_____しないのである。
[名古屋大]

他社と **提携**（テイケイ）する。

実戦 他者危害の原則（自己決定権）と欲望自由主義が_____したのである。
[新潟大]

既成（キセイ）のやり方では十分でない。

実戦 文化摩擦を乗り越え、異文化の相互理解を進めるためには、_____のステレオタイプを解体していくことが重要な課題となってくるのである。
[関西大]

彼は **該博**（ガイハク）な知識を持っている。

実戦 彼としばらく話した人は、とても感激して視野の広さや知識の_____さに感嘆した。
[青山学院大]

彼女の夫に対する **献身**（ケンシン）的な看護。

実戦 義理人情とは一般にある特定の人間に対する共感であり_____ではあっても、なんらかの抽象的な観念へのロイヤルティではないからである。
[金沢大]

毎朝の朝礼が **慣例**（カンレイ）となっている。

実戦 豊かな教養と専門性に裏打ちされた、組織や_____に縛られない、賢明な判断力と建設的な批判力と果敢な行動力。
[学習院大]

| 1109 経済 | キ カク
企画
プロジェクト　**類** 設計 | ★★ | ❶ 実現に向けての計画を立てること
❷ その計画や案
+α「企」は「くわだてる」、「画」は「考えをめぐらす」という意味 |

| 1110 医学 | バイ ヨウ
培養
cultivation　**類** 教化 | ★★ | 動植物の胚や組織または微生物を
人工的に生活・発育・増殖させること
+α「培」は「つちかう」、「養」は「育てる」という意味 |

| 1111 科学 | キ カン
基幹
core　**対** 末端 | ★★ | ものごとの中心となるもの
+α「基」は「もと、よりどころ」、「幹」は「みき、ものごとの主要な部分」という意味 |

| 1112 心理 | キョ ウドウ
挙動
behavior　**類** 振る舞い | ★★ | 立ち居振る舞い
+α「挙」も「動」も「振る舞い」という意味 |

| 1113 社会 | センコク
宣告
sentence　**類** 審判 | ★★ | その人にとって重大な事柄を
告げ知らせること
+α「宣」は「のべる、のたまう」、「告」は「つげる」という意味 |

| 1114 言語 | シツ ギ
質疑
inquiry　**類** 査問 | ★★ | 疑問の点を問いただすこと
+α「質」は「問いただす」、「疑」は「うたがう」という意味 |

| 1115 社会 | ボウサツ
忙殺
very busy | ★★ | 仕事などに追われ非常に忙しいこと
+α「忙」は「いそがしい」、「殺」は「程度がはなはだしい」という意味 |

| 1116 哲学 | ハ クシキ
博識
erudition　**類** 博学 | ★★ | ひろく知識があること
+α「博」は「ひろい」、「識」は「知ること、考え」という意味 |

| 1117 心理 | ヨウ チ
幼稚
childish　**対** 老練 | ★★ | 考え方などが未熟であること
+α「幼」も「稚」も「おさない」という意味 |

面白いイベントを 企画（キカク） する。

実戦 製造業のコア業務は、□□□開発と販売なのです。 ［成蹊大］

ウイルスを 培養（バイヨウ） する。

実戦 大腸菌などの世代時間が短く実験室での□□□が可能な生物種… ［中央大］

国の産業の 基幹（キカン） となる産業。

実戦 欧米系の資本を排した国内産業の育成、□□□産業の国有化、社会政策の充実、ナショナリズムの称揚などが進められた。 ［青山学院大］

あの男は 挙動（キョドウ） 不審だ。

実戦 戦争を繰り返すうちに、人類は戦闘者の服装、□□□、行為などの美学を洗練させてきたのであろう。 ［中央大］

患者に余命を 宣告（センコク） する。

実戦 「残りの日々をどのようにすごしたいのかを知りたい」と余命を□□□し希望を聞いたうえで、終末期の医療を話し合う。 ［法政大］

新しい事業について 質疑（シツギ） を行う。

実戦 その朝、氏は庭の椅子に腰掛けて、やはり神父と□□□応答を交していた。 ［専修大］

面倒な仕事に 忙殺（ボウサツ） される。

実戦 残業や会社での付き合いに□□□され、家庭や社会的な役割はすべて家族に任せっぱなしの猛烈サラリーマン… ［南山大］

彼の 博識（ハクシキ） ぶりにはいつも驚かされる。

実戦 既成の知の集積やソフィスト的□□□に対して満足することなく、さらなる知の高みへの希求を表明しているのである。 ［青山学院大］

君のアイデアは 幼稚（ヨウチ） だ。

実戦 考え方が□□□で、道徳もあまり持っていないような者ほど、この弊害に陥りやすいものだ。 ［日本大］

1118		★★	
	テッパイ **撤廃**		行われてきた制度や決まりなどを とりやめること
社会	abolition	類 撤回	+α 「撤」も「廃」も「すてる」という意味

1119		★★	
	ヘイオン **平穏**		変わったこともなく、 穏やかであるさま
社会	peaceful	対 不穏	+α 「平」も「穏」も「おだやか」という意味

1120		★★	
	オンケン **穏健**		考え方や言動などが穏やかで、 しっかりしているさま
社会	moderate	対 過激	+α 「穏」は「おだやか」、「健」は「すこやか」という意味

1121		★★	
	カンシ **監視**		不都合な事の起こらぬように 警戒して人の動きなどを見張ること
社会	surveillance	類 看守	+α 「監」も「視」も「みる」という意味

1122		★★	
	キヨウ **器用**		❶ 芸事や工作をうまくこなすこと ❷ 要領よくものごとを処理すること
工学	clever	類 巧妙	+α 「器」は「才能」、「用」は「役に立つ」という意味

1123		★★	
	キフク **起伏**		地形が高くなったり 低くなったりしていること
文学	ups and downs	対 平坦	+α 「起」は「おきる、高くなる」、「伏」は「ふせる、低く なる」という意味

1124		★★	
	キンリン **近隣**		隣り合ったごく近いあたり
社会	neighboring	類 付近	+α 「近」は「ちかい」、「隣」は「となり」という意味

1125		★★★	
	フジョウリ **不条理**		筋が通らないこと
哲学	absurdity	類 不合理	+α 「条理」は「ものごとの筋道や道理」という意味

1126		★★	
	チョウコク **彫刻**		石・金属などに 文字や絵などを彫り込むこと
芸術	sculpture	類 彫像	+α 「彫」は「ほる」、「刻」は「きざむ」という意味

無意味な規則を【撤廃 テッパイ】する。

実戦 「洋学紳士」は、民主主義制度の徹底、軍備□□□、世界政府を提唱する。　　　　［早稲田大］

【平穏 ヘイオン】な毎日を送る。

実戦 負傷者のなかには、事故のことなど感じさせない、一見すると□□な日常を送っているように見えてしまう方々も少なくない。　　　　［早稲田大］

彼は【穏健 オンケン】な思想を持っている。

実戦 社会における反逆的少数派から□□的主流派へという変容…　　　　［法政大］

生徒の行動を【監視 カンシ】する。

実戦 □□と処罰とを結びつけたシステムは、見えない部分をコントロール不能な領域として残すことをも意味した。　　　　［信州大］

彼は手先が【器用 キヨウ】だ。

実戦 この怪物は不□□で危険な存在でもあり、適切に制御しなければ主人を破壊する威力を持っている。　　　　［センター］

【起伏 キフク】に富んだ人生。

実戦 オハイオ川の両岸には□□のある土地が広がり、土壌は毎日農夫にその尽きざる恵みを与える。　　　　［大阪大］

【近隣 キンリン】に迷惑をかける。

実戦 ドイツを取り巻く□□諸国との間に、日韓、日中の間のような緊張が走っているわけでもない。　　　　［立命館大］

優秀な彼が若くして亡くなるなんて、【不条理 フジョウリ】なことだ。

実戦 犯人の「内面」は、□□□の壁をぎりぎりまで登りつめることはあっても、決してそれを向こう側に乗り越えてはならない。　　　　［青山学院大］

大きな石に【彫刻 チョウコク】する。

実戦 うるしと金箔と彩色□□にみたされた東照宮は、単なる「装飾品の堆積」であり、「浮麗の美」にすぎなかった。　　　　［國學院大］

インターネットの　コウザイ［功罪］を考える。

実戦 子どもを幼いころからデジタル環境に住まわせる電子教科書の□□…　　［北海道大］

がんの　チリョウ［治療］方法。

実戦 中絶はそもそも話題にされることがなかったし、終末期の延命□□も医療技術がない以上、問われようもない問題だった。　　［関西学院大］

彼はいつも注意力が　サンマン［散漫］だ。

実戦 改札口から吐き出された客は、広場に出ると、思い思いの方向へ□□な散り方で散っていた。　　［岩手大］

友人を結婚式に　ショウタイ［招待］する。

実戦 それぞれの国の大統領や首相は相互に□□したり訪問したり、定例の会議を開催したりして、「個人的関係」を構築することにつとめる。　　［青山学院大］

知り合いと　ダンショウ［談笑］する。

実戦 武士も町人も男も女も自由にあつまって勝手な詩文を弄し、飲食をともにして□□しているのである。　　［同志社大］

十二時間仕事をして　ヒロウ［疲労］が溜まる。

実戦 現代日本社会はあちらこちらで制度□□を起こしており、さまざまな課題の解決の企図は袋小路に陥っている。　　［立命館大］

キバツ［奇抜］なデザインの服を着る。

実戦 彼が並の記念写真屋と違っていたのは、なかなか□□な合成写真を作ることだった。　　［筑波大］

難民を　キュウサイ［救済］する。

実戦 ベーシック・インカムが生活に困っている人のための□□措置としてのものならわかるが、お金持ちにも給付するのは馬鹿らしくはないか、というものである。　　［新潟大］

薬の　リンショウ［臨床］試験をする。

実戦 基礎医学は大事にされるが□□は一段下とみなされる。　　［成城大］

1136	フ ユウ **★★**	浮いて漂うこと
科学	浮遊	
	float 対 沈殿	+α 「浮」は「うかぶ」、「遊」は「動きまわる」という意味

1137	フ ユウ **★★**	財産が多くあって、生活が豊かなこと
経済	富裕	
	wealthy 対 貧困	+α 「富」は「とむ」、「裕」は「ゆたか、ゆとりがある」という意味

1138	コウ ギ **★★★**	言葉の広い方の意味
哲学	広義	
	broad sense 対 狭義	+α 「広」は「ひろい範囲」、「義」は「意味」という意味

1139	ユウベン **★★**	説得力を持って力強く話すこと
言語	雄弁	
	eloquence 対 訥弁	+α 「雄」は「ひいでる」、「弁」は「かたる、のべる」という意味

1140	ト **★★**	写真や映画を撮影すること
芸術	撮る	
	take	+α 元々は「指でつまんで取る」という意味

1141	ヒョウシキ **★★**	目印として設けられたもの
社会	標識	
	sign 類 標記	+α 「標」は「目印」、「識」は「しるし」という意味

1142	ヒ フ **★★**	動物の体表を覆っている一層または多層の組織
医学	皮膚	
	skin 類 素肌	+α 「膚」は「体の表皮」という意味

1143	セイフク **★★★**	武力で敵を負かし、支配下におくこと
社会	征服	
	conquest 類 占拠	+α 「征」は「武力でただす」、「服」は「したがう、くだる」という意味

1144	ホ カン **★★**	不十分なところを補って完全なものにすること
科学	補完	
	supplement 類 補充	+α 「補」は「おぎなう」、「完」は「欠けたところがない」という意味

空気中に 　浮遊　 するほこり。
<フユウ>

実戦 大地や旧来の共同体との結びつきを失って都会に群集として□□□する。 ［早稲田大］

彼は 　富裕　 な生活を送っている。
<フユウ>

実戦 潜在能力の欠如は、世界におけるもっとも□□な国々においても驚くほど広く見られる。 ［千葉大］

　広義　 に解釈する。
<コウギ>

実戦 □□のエディターシップがないために、選ぶということが重視されない。 ［法政大］

彼は 　雄弁　 な政治家だ。
<ユウベン>

実戦 活版印刷の登場で、聴衆の心を畏怖せしめた巡回説教師の演説や、圧倒的な言葉の力で兵士たちを奮起させた君主の□□術は廃れ、失われた。 ［北海道大］

彼女の写真を 　撮る　 。
<トる>

実戦 ドキュメンタリーは現実を□□。 ［早稲田大］

道に通行止めの 　標識　 が立っていた。
<ヒョウシキ>

実戦 地名が示していた最小単位の「文化」の中身が消え、その地名だけが空の□□のように残っている、と感じられる場所もある。 ［早稲田大］

恐竜の 　皮膚　 について調べる。
<ヒフ>

実戦 皮下脂肪の最後の残りまで費やされてしまうと、われわれは□□とその上にいくらかボロを纏った骸骨のように見えるのであった。 ［早稲田大］

敵国に 　征服　 される。
<セイフク>

実戦 もともとデカルトは、人間どうしが争うよりも、自然を□□して平和を築いたほうがいい、と考えていました。 ［成城大］

彼の欠点を 　補完　 する。
<ホカン>

実戦 AIの真価は、その類い希な記憶と計算力によって、人知を□□することまでだ。 ［埼玉大］

1145	★★	
ユウワク **誘惑**		**心を迷わせて、誘い込むこと**
心理	temptation　**類** 勾引	**+α** 「誘」は「おびき寄せる」、「惑」は「まどわす」という 意味

1146	★★★	
アンガイ **案外**		**予想が外れること、思いのほか**
心理	unexpectedly　**対** 案の定	**+α** 「案」は「考え」、「外」は「そと」という意味

1147	★★	
アザ **鮮やか**		**色や形がはっきりとしていて、 美しいさま**
芸術	brilliant　**類** 明解	**+α** 「鮮」は元々「生魚」の意味

1148	★★	
ショウゴウ **称号**		**身分・資格などを表す呼び名**
社会	degree　**類** 肩書き	**+α** 「称」は「となえる」、「号」は「なまえ」という意味

1149	★★	
イ ギョウ **偉業**		**偉大な事業、立派な仕事**
文化	feat　**類** 功績	**+α** 「偉」は「すぐれている」、「業」は「行い」という意味

1150	★★	
カクセイ **隔世**		**時代・世代が隔たっていること**
歴史	another age	**+α** 「隔」は「間をおいて」、「世」は「時の大きな区切り」 という意味

1151	★★	
コウセツ **巧拙**		**ものごとの巧みなことと、拙いこと**
芸術	skill	**+α** 「巧」は「うまい」、「拙」は「つたない」という意味

1152	★★	
シュウチャク **執着**		**一つのことに心をとらわれて、 そこから離れられないこと**
心理	adherence　**類** 根気	**+α** 「執」は「こだわる、とりつく」、「着」は「くっつく」と いう意味

1153	★★	
ツイキュウ **追究**		**学問的に不明なことを どこまでも探究すること**
科学	pursuit　**類** 詮索	**+α** 「追」は「たずね求める」、「究」は「きわめる」という 意味

ユウワク
誘惑 に負けてケーキを食べてしまった。

実戦 ルールは暴力を誘発し、□□する。 ［明治大］

アンガイ
九九ができない人も 案外 多い。

実戦 市民精神に近いものは、□□、われわれの精神の基底を静かに流れ続けているものなのではないか、とも思うのだ。 ［信州大］

アザやか
鮮やか な色合いの絵画。

実戦 色□□な民族衣装を共に身にまとっていることもあれば、親だけが華やかだったり、二人とも薄汚れた身なりのこともある。 ［近畿大］

ショウゴウ
人間国宝の 称号 を得る。

実戦 「明治」の□□は宮廷の都合の結果として生まれたものではなく、維新の社会変動の結実として発生したものであった。 ［一橋大］

イギョウ
五連覇という 偉業 を達成した。

実戦 ある時代に□□を残した経営者が、別の時代に通用するとは思えない。 ［東京理科大］

カクセイ
故郷の変化に 隔世 の感を覚える。

実戦 祖父母が□□的に孫に生まれ替わってくるといった信仰の痕跡を、日本の各地方の伝承の中に見出すことができる。 ［成城大］

コウセツ
作品の 巧拙 は問わない。

実戦 使い手個人の□□によらずに、常によい結果を得られるように道具を工夫する。［法政大］

シュウチャク
彼は金に 執着 している。

実戦 花の美観の成立の過程は、同時に花への□□の切断を説く教えの普及してゆく時代だった。 ［青山学院大］

ツイキュウ
宇宙の謎を 追究 する。

実戦 科学史上よく知られた例として、錬金術と永久機関の□□がある。 ［東京理科大］

	★★★
追及 ツイキュウ	責任・欠点・原因などを 食い下がって問いただすこと
科学 inquiry　**対** 免責	**+α** 「追」は「たずね求める」、「及」は「およぶ」という意味

	★★
唱える トナ	❶ 声に出して言うこと ❷ 人に先んじて主張すること
言語 advocate	**+α** 元々は「声をあげてうたう」という意味

	★★★
危険 キケン	身体や生命に危害や損失が 生ずる恐れがあること
心理 dangerous　**対** 安全	**+α** 「危」も「険」も「あやうい、あぶない」という意味

	★★
立脚 リッキャク	自分のよって立つ場を そこに定めること
哲学 be based on	**+α** 「立」は「たつ」、「脚」は「足場、立場」という意味

	★★★
意義 イギ	ものごとの存在・実行などにおける 価値や重要性
哲学 importance　**類** 旨趣	**+α** 「意」は「わけ、内容」、「義」は「わけ、意味」という意味

	★★★
清潔 セイケツ	❶ 汚れがないこと ❷ 嘘やごまかしなどがないこと
文化 sanitary　**類** 律儀	**+α** 「清」も「潔」も「けがれがない」という意味

	★★★
憎悪 ゾウオ	ひどく憎むこと
心理 hatred　**類** 嫌悪	**+α** 「憎」も「悪」も「にくい」という意味

	★★
対処 タイショ	適当な処置をとること
社会 handle　**類** 取扱う	**+α** 「対」は「応ずる」、「処」は「とりはからう」という意味

	★★★
当否 トウヒ	❶ あたりはずれ ❷ 道理に合うことと合わないこと
科学 right or wrong	**+α** 「当」は「あてはまる」、「否」は「そうではない」という意味

責任を | 追及 | する。
<small>ツイキュウ</small>

実戦 肉眼では見えないようなものを出すということも、メカニズムを手段として、肉眼での□□の目標にしたということがいえる。 [九州大]

僧侶が念仏を | 唱える | 。
<small>トナえる</small>

実戦 科学の中にいる者としては、ある一つの技術に反対を□□か否かでなく、この問いが生まれたところを探しにいかなければなりません。 [大阪大]

夜道を一人で歩くのは | 危険 | だ。
<small>キケン</small>

実戦 「自分と違うものを作る」という、秩序を破壊する、ある種、□□を伴った動的な行為… [東京大]

確かな根拠に | 立脚 | した論文。
<small>リッキャク</small>

実戦 戦後の柳田国男が著した「窓の灯」(一九四六年一二月)は、当時の彼の□□点をよく示している。 [早稲田大]

人生の | 意義 | を問う。
<small>イギ</small>

実戦 様々な社会的課題に対し、その解決に向けての議論の場を提供し、合意形成を促していくことが「クローズアップ現代」の存在□□だと思ってきた。 [熊本大]

からだを | 清潔 | に保つ。
<small>セイケツ</small>

実戦 四面の壁が白で塗り尽くされた病院の個室のような部屋は、□□であるどころか、子どもにとっては不安と苛立ちを呼び起こす場所である。 [國學院大]

人種差別を | 憎悪 | する。
<small>ゾウオ</small>

実戦 人間がこれら己れの敵に対してもっている□□と、本質的には寸分の違いもないといいうるだろう。 [東京大]

環境の変化に | 対処 | する。
<small>タイショ</small>

実戦 石油等の化石燃料の枯渇はリスクだが、それに□□しようとして原子力発電を導入した場合には、それが新たなリスクの源泉となる。 [成蹊大]

その主張の | 当否 | を検討する。
<small>トウヒ</small>

実戦 電子書籍の出現によって紙の本の命脈が尽きるのではないかという論が巷間に流布しているので、その□□を身を以て吟味してみようというのである。 [明治大]

1163 歴史	カイ コ 懐古 retrospection	★★ 類 郷愁	昔のことを懐かしく思うこと
			+α 「懐」は「なつかしむ」、「古」は「過ぎ去った昔」という意味

1164 心理	フン ゼン 憤然 indignantly	★★	激しく怒るさま
			+α 「憤」は「激しく腹を立てる」、「然」は「状態を表す」という意味

1165 文化	ヒョウ ハク 漂泊 wandering	★★ 類 漂流	一定の住居や生業なしにあてもなくさまよい歩くこと
			+α 「漂」は「ただよう」、「泊」は「自宅以外のところにとまる」という意味

1166 社会	ジ タイ 事態 シチュエーション	★★★ 類 情態	ものごとの状態・成り行き
			+α 「事」は「できごと」、「態」は「ありさま」という意味

1167 科学	セイ タイ 生態 ecology	★★★ 類 環境	生物が自然環境のもとで生活しているありさま
			+α 「生」は「いきる」、「態」は「ありさま」という意味

1168 経済	キ ギョウ 企業 company	★★★ 類 実業	営利を目的として、継続的経済活動を営む組織体
			+α 「企」は「くわだてる」、「業」は「しごと」という意味

1169 文学	ソウ ゾウ 想像 imagination	★★ 類 推測	既知の事柄をもとに推し量ったり、非現実のことを思ったりすること
			+α 「想」は「思いめぐらす」、「像」は「すがた、かたち」という意味

1170 心理	カ コク 苛酷 severe	★★ 類 酷烈	扱い方などが厳しくて容赦ないさま
			+α 「苛」も「酷」も「きびしい、むごい」という意味

1171 文化	セイ ツウ 精通 be familiar with	★★★ 類 熟達	あることについて詳しく知っていること
			+α 「精」は「くわしい、こまかい」、「通」は「くわしく知る」という意味

学生時代を <u>懐古</u>（カイコ）する。

実戦 昔はよかったなどと_____趣味にひたるつもりはない。　　　　　　［神戸学院大］

身勝手な振る舞いに <u>憤然</u>（フンゼン）とする。

実戦 耕作は_____とした。　　　　　　　　　　　　　　　　　　　　［三重大］

各地を <u>漂泊</u>（ヒョウハク）して歩く。

実戦 出家、隠遁、雲水の旅に_____するというのは、生涯をかけたカタルシスである。　［立教大］

不測の <u>事態</u>（ジタイ）に直面する。

実戦 一度に大量の移民が流入するなどという_____は、できうるかぎり避けられなければならない。　　　　　　　　　　　　　　　　　　　　　　　　　　　［学習院大］

野鳥の <u>生態</u>（セイタイ）を調べる。

実戦 現在の地球上に溢れる、大きさも見た目も複雑さもその_____も、まったく違う様々な生命…　　　　　　　　　　　　　　　　　　　　　　　　　　　　　［東京大］

<u>企業</u>（キギョウ）の成長をサポートする。

実戦 二十世紀の_____資本主義によって完結をみる激動は、十九世紀の欧米に始まる。　［早稲田大］

父親になった自分を <u>想像</u>（ソウゾウ）する。

実戦 現在は、危険や崩壊の影響が、たちまちグローバルに、人びとの_____可能な範囲を超えて広がるし複雑化する。　　　　　　　　　　　　　　　　　　　　　［早稲田大］

<u>苛酷</u>（カコク）な労働を強いる。

実戦 結核やハンセン病の患者たちは、社会的な偏見から赤裸々に疎外され排斥されたがゆえに、追放された異邦人として、_____な人生を送ることになった。　　　　　　［慶應大］

日本史に <u>精通</u>（セイツウ）している。

実戦 医師は、人間身体に起こるさまざまな類型的事例に_____している。　　　　［國學院大］

1172		
ゾクセツ **俗説** *** 文化 common view	確かな根拠もなく、 世間に言い伝えられている話	
	+α「俗」は「よのなか、世間」、「説」は「考え」という意味	

1173		
リエキ **利益** *** 経済 benefit　**類** 利潤	❶ 儲け ❷ ためになること	
	+α「利」も「益」も「儲け、得」という意味	

1174		
カンゲン **甘言** *** 心理 honeyed words　**類** 口車	人の気に入るような 口先だけのうまい言葉	
	+α「甘」は「あまい、うまい」、「言」は「言葉」という意味	

1175		
アッパク **圧迫** *** 心理 pressure　**類** 圧制	❶ 強く押しつけること ❷ 武力や権威で押さえつけること	
	+α「圧」は「おさえつける」、「迫」は「せまる」という意味	

1176		
チャクガン **着眼** *** 心理 aim	目をつけること	
	+α「着」は「つける」、「眼」は「目の付け所」という意味	

1177		
タイシャク **貸借** ** 経済 borrowing and lending	貸すことと借りること	
	+α「貸」は「かす」、「借」は「かりる」という意味	

1178		
カイサイ **開催** ** 社会 hold　**類** 挙行	集会や催し物を開き行うこと	
	+α「開」は「ひらく」、「催」は「もよおす」という意味	

1179		
ア **飽きる** *** 心理 get tired of　**類** 退屈	同じものごとが何度も続いて、 嫌になること	
	+α「飽」は「食べすぎてお腹がいっぱいになる」イメージ	

1180		
ロコツ **露骨** ** 文化 frank　**対** 婉曲	感情などを隠さずに、 ありのまま外に表すこと	
	+α「露」は「あらわになる」、「骨」は「ほね」という意味	

本当は間違っている **俗説**〔ゾクセツ〕。

実戦 人間が生活から学ぶという ___ はおそらく前世紀の実証主義が人心に植えつけた最大の迷妄であろう。 [成城大]

大きな **利益**〔リエキ〕を得る。

実戦 安全保障と経済繁栄という、人間にとって最も切実でかつ分かりやすい二大 ___ 領域… [慶應大]

甘言〔カンゲン〕を以って誘ってくる人には注意が必要だ。

実戦 看護婦による囁き、___、舌ペロリはそれにごく自然につづいた「機転」と「ユーモア」ないし「愛嬌」であったようだ。 [青山学院大]

保険料が家計を **圧迫**〔アッパク〕する。

実戦 絶えず何ものかの脅威にさらされ、一言一行、目に見えぬ力の ___ を意識しなければならぬというような状態… [成城大]

操作のしやすさに **着眼**〔チャクガン〕した商品。

実戦 こいつはたいへん卓抜な ___ だと私は思った。 [中央大]

金銭を **貸借**〔タイシャク〕する。

実戦 近代的・市民的社会が、金銭 ___ 的、バランス・シート的人生観によって支えられていることは周知のこと。 [國學院大]

オリンピックを **開催**〔カイサイ〕する。

実戦 明治維新以降、自国での万博の ___ は日本の悲願であった。 [東海大]

このゲームに **飽きる**〔アきる〕。

実戦 幼児は同じ話でも簡単に ___ ことがないし、むしろ自分がすでに知っている世界を確認しながら、そこに深く入っていくことが楽しいと感じている。 [青森公立大]

不機嫌を **露骨**〔ロコツ〕に顔に出す。

実戦 ___ なのは、紙面の下段に掲載されている広告だ。 [聖心女子大]

1181 文化	セイジュク **成熟** maturity ★★ 類 熟成	❶ 果物・穀物などが熟すること ❷ 十分に成長し発達すること ➕α 「成」は「できあがる」、「熟」は「うれる、みのる」という意味
1182 工学	セイゾウ **製造** production ★★★ 類 生産	原料に手を加えて製品にすること ➕α 「製」も「造」も「つくる」という意味
1183 文化	キョジュウ **居住** residence ★★★ 類 住居	住むこと ➕α 「居」も「住」も「すむ」という意味
1184 科学	チクイチ **逐一** one by one ★★ 類 詳細	順を追って、 一つ残らず取り上げていくこと ➕α 「逐」は「順をおう」という意味
1185 社会	ソシキ **組織** organization ★★★ 類 構成	❶ 組み立てること ❷ 目標達成のために構成された集団 ➕α 「組」も「織」も「組み合わせる」という意味
1186 芸術	ドクソウ **独創** ingenious ★★ 類 創意	他人の真似をせず、 自分の考えでものを作り出すこと ➕α 「独」は「ひとりで」、「創」は「はじめて作る」という意味
1187 歴史	ヘンヨウ **変容** transformation ★★★ 類 変転	姿や形が変わること ➕α 「変」は「かわる」、「容」は「すがた、かたち」という意味
1188 文学	ヘンゲン **変幻** phantasmagoria ★★	すばやく現れたり消えたりすること ➕α 「変」は「かわる」、「幻」は「現れたり消えたりするもの」という意味
1189 心理	ビショウ **微笑** smile ★★ 類 微笑み	ほほえむこと ➕α 「微」は「かすか」、「笑」は「わらう」という意味

セイジュク
成熟 した桃を食べる。

実戦 市民社会の□□□とともにレストランは普及し始める。 　　　　　　[亜細亜大]

セイゾウ
部品を **製造** する。

実戦 産業構造が□□□業主体からサービス中心に変わり、生産においても知識や情報の重要性が著しく高まってきた。 　　　　　　[早稲田大]

キョジュウ
マンションの **居住** 者。

実戦 戸籍は家長の下にどんな人が□□□しているか、そしてそうした人びととの血縁、姻戚関係はどのようなものであるかを把握するための資料でもあった。 　　　　　　[早稲田大]

チクイチ
留守中の出来事を **逐一** 報告する。

実戦 日々のコミュニケーションにおける「いい・わるい」の用法を□□□分析することはしない。 　　　　　　[玉川大]

ソシキ
新社長が **組織** の改革を進める。

実戦 フードコートは、世界中の人間、□□□、社会のつながりの末端に位置する。 　　　　　　[亜細亜大]

ドクソウ
独創 的なアイデアを生み出す。

実戦 皆が見落としている変化に気が付けば、新たなコンテクストに対応した□□□的な戦略を組み立てる余地が生まれます。 　　　　　　[東京理科大]

ヘンヨウ
街がめまぐるしく **変容** する。

実戦 イメージの表象から「エクスポジション」への□□□… 　　　　　　[早稲田大]

ヘンゲン
変幻 自在な怪盗。

実戦 遊び方を教えてくれ、あるときは頼もしい同志、ときには極悪非道の「敵キャラ」にもなる、□□□自在の遊び相手… 　　　　　　[神田外語大]

ビショウ
彼女が優しく **微笑** する。

実戦 皆さんは普段、誰かと目が合うと短い□□□を交わしたり、すれ違うときに会釈をしたり、仕事の手をとめて挨拶をしたりすることはないだろうか。 　　　　　　[立教大]

1190 心理	**無邪気** ムジャキ ★★ イノセント 類 天真爛漫	あどけなくて、素直なさま +α 「邪気」は「悪い心、ねじれた気持ち」という意味
1191 社会	**署名** ショメイ ★★ signature 類 自署	自分の名を書類などに書くこと +α 「署」は「書きしるす」、「名」は「名前」という意味
1192 歴史	**遺物** イブツ ★★ remains	❶ 過去の人類の残したもの ❷ 遺品 +α 「遺」は「のこされた」という意味
1193 歴史	**脱却** ダッキャク ★★★ get out of 対 踏襲	古い考えや欠点などを捨て去ること +α 「脱」は「抜け出す」、「却」は「すっかり～してしまう」という意味
1194 社会	**是認** ゼニン ★★★ approval 類 裁可	良いと認めること +α 「是」は「正しい」、「認」は「みとめる」という意味
1195 歴史	**伝統** デントウ ★★★ tradition 対 革新	ある民族・社会・集団の中で、 規範として受け継がれてきた事柄 +α 「伝」は「つたわる」、「統」は「つながり」という意味
1196 心理	**意外** イガイ ★★★ surprising 類 不意	思いがけないさま +α 「意」は「思ったこと」、「外」は「ほか」という意味
1197 社会	**接触** セッショク ★★★ コンタクト 類 接点	近づいて触れること +α 「接」は「近づく」、「触」は「ふれる」という意味
1198 心理	**頑強** ガンキョウ ★★ stubborn 類 屈強	頑固で容易に屈しないさま +α 「頑」は「かたい」、「強」は「つよい」という意味

子供が 無邪気（ムジャキ）に遊んでいる。

実戦 嫉妬のまじらない　　　な好奇心というものは如何に稀であるか。 [中京大]

契約書に 署名（ショメイ）する。

実戦 彼は会社の年賀状に自分の名を　　　しないで出す。 [国士舘大]

おじいちゃんの 遺物（イブツ）。

実戦 今日の社会学ではそれは、せいぜい歴史的な　　　として扱われるにすぎない。[早稲田大]

古い考えから 脱却（ダッキャク）する。

実戦 理性があるために個々人は自然状態において闘争に陥り、理性があるために社会契約を締結してそこから　　　する。 [埼玉大]

その申し立てを 是認（ゼニン）する。

実戦 演奏家が自らの個人的感情を表出することが　　　されるかどうか… [駒澤大]

歌舞伎の 伝統（デントウ）を守る。

実戦 キリスト教の　　　からボランティアは生まれたのではないか。 [法政大]

事件は 意外（イガイ）な展開を見せた。

実戦 インフォームド・コンセントをめぐる困難の原因の一つが、日本における「死者」の観念とかかわると述べると、それは　　　なものと受け取られるに違いない。 [法政大]

外部との 接触（セッショク）を断つ。

実戦 「体感」というのは、おおげさにいえば全人的　　　ということである。 [青山学院大]

敵は 頑強（ガンキョウ）に抵抗した。

実戦 自己の感覚は　　　である一方で、脆弱でもある。 [早稲田大]

1199 哲学	★★★ トラ **捉える** grasp　　**類** 補捉	❶ 知識などの中におさめること ❷ 手でしっかりと摑むこと **+α**「捉える」は「ものごとの本質を理解する」のに対し、「捕らえる」は「逃げようとしている生物をつかまえる」こと
1200 心理	★★★ ケツボウ **欠乏** deficiency　　**対** 潤沢	乏しいこと、不足 **+α**「欠」は「かける」、「乏」は「とぼしい」という意味

SECTION ❻ 頻出漢字⑥

1201 哲学	★★★ イ ト **意図** intention　　**類** 企図	何かをしようと考えること **+α**「意」は「考え」、「図」は「はかる」という意味
1202 心理	★★ コンワク **困惑** embarrassment　　**類** 当惑	判断がつかず迷うこと **+α**「困」は「こまる」、「惑」は「まどう」という意味
1203 文化	★★ ヒ ソウ **皮相** superficial　　**対** 深層	❶ ものごとの表面 ❷ 表面だけを見て判断すること **+α**「皮」は「表面」、「相」は「見た目」という意味
1204 心理	★★★ ジ サン **自賛** praise oneself	自分で自分の行為などを褒めること **+α**「自」は「みずから」、「賛」は「ほめる、たたえる」という意味
1205 経済	★★ ハンエイ **繁栄** flourish　　**対** 没落	勢いがよくて栄えること **+α**「繁」も「栄」も「さかんになる」という意味
1206 社会	★★★ ヒ ナン **非難** reproach　　**対** 擁護	人の欠点や過失などを 取り上げて責めること **+α**「非」は「そしる、よくないと言う」、「難」は「とがめる」という意味

話の本質を **捉える**。
（トラえる）

実戦 現代社会を◻️◻️にはソーシャルメディアを前提とした大きなゲームともいうべきモデルについて考える必要がある。 ［関西大］

資金が **欠乏** する。
（ケツボウ）

実戦 集約的農業は深刻な土地破壊をまねき、新しい形の◻️◻️と脆弱性を生み出し、資源利用のあらたな非能率を招いた。 ［一橋大］

意図 した通りの結果を得る。
（イト）

実戦 思考や◻️◻️や期待には、理由の他者性はあっても感覚の他者性はないのだ。 ［九州大］

困惑 した表情を見せる。
（コンワク）

実戦 現在心ある人びとを◻️◻️させ、嘆かせる傍若無人の「他人の眼」を意識しない若者たちを生み育てたのはいったい誰なのか… ［九州大］

皮相 的な見解を述べる。
（ヒソウ）

実戦 インテリ層が古くさいものを否定するのを◻️◻️なものであると理解する見識… ［立命館大］

彼は自分の作った曲を自画 **自賛** する。
（ジサン）

実戦 人々の間に攻撃的な嫉妬（ジャパン・バッシング）や傲慢な自画◻️◻️（日本成功物語）の情緒を生み出していた。 ［早稲田大］

子孫が **繁栄** する。
（ハンエイ）

実戦 社会はあらゆる種類の変貌を蒙り、危機と◻️◻️の時代を通って来ました。 ［学習院大］

彼の態度を **非難** する。
（ヒナン）

実戦 途上国政府による人権侵害への消極的荷担という◻️◻️… ［慶應大］

1207	**不謹慎** フ キン シン ★★	**慎みに欠けていること**
社会	imprudent	**+α**「謹慎」は「言行をつつしむ」「つぐないとして家に閉じこもる」という意味

1208	**出立** シュッタツ ★★	**❶ 旅に出発すること** **❷ ものごとを始めること**
文学	departure 類 門出	**+α**「出」は「外にでる」、「立」は「出発する」という意味

1209	**険しい** ケワ ★★	**傾斜が急で登るのに困難であるさま**
心理	steep	**+α**「困難や危険な事柄が予想されるさま」「言葉や表情がとげとげしいさま」の意もある

1210	**平衡** ヘイコウ ★★★	**ものの釣り合いが取れていること**
経済	バランス	**+α**「平」は「たいら」、「衡」は「つりあい」という意味

1211	**奇妙** キ ミョウ ★★	**❶ 珍しく、不思議なこと** **❷ 風変わりなこと**
芸術	strange 類 奇異	**+α**「奇」は「あやしい」、「妙」は「不思議な」という意味

1212	**興亡** コウボウ ★★	**興ることと滅びること**
社会	rise and fall 類 盛衰	**+α**「興」は「おこる、盛んになる」、「亡」は「ほろびる」という意味

1213	**匿名** トクメイ ★★	**自分の実名を隠すこと**
言語	anonymous 対 記名	**+α**「匿」は「かくす」、「名」は「名前」という意味

1214	**奇跡** キ セキ ★★	**常識で考えては起こりえない、** **不思議な出来事・現象**
宗教	ミラクル	**+α**「奇」は「めずらしい」、「跡」は「あとかた」という意味

1215	**硬直** コウチョク ★★	**硬くなり、自由が利かなくなること**
心理	rigidity 類 硬化	**+α**「硬」は「かたい」、「直」は「まっすぐである」という意味

彼の死に対して [不謹慎] (フキンシン) な発言をする。

実戦 歴史ばなれは、いささか □ な表現を使えば、歴史学にとっての"顧客"の離散を意味する。 [一橋大]

明日の朝に [出立] (シュッタツ) する。

実戦 高いレベルの表現活動の場を求めたり自らの才能を大きく開花させたいという意識から、異邦の地に □ した人々… [慶應大]

[険しい] (ケワしい) 崖を登る。

実戦 社員旅行で皆と一緒に天城山に登り始めたが、思いのほか □ 坂路で次第に遅れ始める。 [京都大]

彼は [平衡] (ヘイコウ) 感覚に優れている。

実戦 急須磨きにのめり込むことで崩れそうになる精神の □ を保とうとしていた。 [筑波大]

非科学的で [奇妙] (キミョウ) な現象。

実戦 言葉以前の言葉、□ な失語というべき状態につつまれている。 [京都女子大]

平家の [興亡] (コウボウ) を学ぶ。

実戦 かつて □ した帝国と文明のあるものは芸術をのこし、あるものは残さなかった。 [近畿大]

彼に [匿名] (トクメイ) で手紙を書く。

実戦 知識や情報が繰り返しコピーされて流通することにより、多くの人々がその □ 的な情報を共有することになる。 [立命館大]

彼は [奇跡] (キセキ) 的に一命をとりとめた。

実戦 恋人たちが運命の □ にのぼせ上がることが可能なのは、明日には何もかも忘れて「運命なんてありっこない」と言える限りにおいてなのだ。 [学習院大]

男性は死んで [硬直] (コウチョク) している。

実戦 エントロピーの低い状態を「秩序」と言ったが、□ 的な格子のような秩序ではない。 [中央大]

衆知
シュウ チ
★★

哲学 the wisdom of many

多くの人々の知恵

+α 「衆」は「多くの人」、「知」は「知恵」という意味

撤去
テッ キョ
★★

社会 removal　　対 設置

建物やものなどを取り去ること

+α 「撤」は「すてる」、「去」は「取りさる」という意味

奥義
オウ ギ
★★

芸術 secret　　類 極意

学問・技芸・武芸などの
最も奥深い大切な事柄

+α 「奥」は「奥深く、知りがたいこと」、「義」は「行うべき道」という意味

徒弟
ト テイ
★★

芸術 apprentice

芸道などの門人・弟子

+α 「徒」も「弟」も「弟子」という意味

恒久
コウ キュウ
★★★

歴史 permanent　　類 永遠

ものごとの状態が不変であること

+α 「恒」は「いつも」、「久」は「ながい間」という意味

娯楽
ゴ ラク
★★

文学 アミューズメント

余暇にする遊びや楽しみ

+α 「娯」も「楽」も「楽しみ」という意味

万全
バン ゼン
★★★

文化 the surest

完全で手落ちのないこと

+α 「万」は「決して」、「全」は「欠けたところがない」という意味

資質
シ シツ
★★★

芸術 nature　　類 才能

生まれつきの性質や才能

+α 「資」も「質」も「生まれつき」という意味

随時
ズイ ジ
★★

歴史 at any time

❶ 好きなときにいつでも
❷ 気が向いたときに時々

+α 「随」は「したがう」、「時」は「そのとき」という意味

シュウチ
　衆知　を結集させワクチン作りに取り組む。

実戦 □□□ を集めて異常原因解明のためのマラソン会議を開かなければならない。　[日本大]

テッキョ
路上の看板を　撤去　する。

実戦 自衛隊の車両が通行できるよう敷地内に散乱した瓦礫を □□□ する作業を命じられた。　[長崎大]

オウギ
師から　奥義　を伝授される。

実戦 教養教育を徹底し、かつ学問の □□□ をきわめることが大学の存在意義なので、学生の教養・学問を高めることを大学に求める考え方である。　[慶應大]

トテイ
役者の世界では　徒弟　制がとられていた。

実戦 かつて職人の □□□ 制度のなかに存在していた技術…　[関西大]

コウキュウ
世界の　恒久　の平和を祈る。

実戦 身体変工は自分に □□□ 的な社会的役割を担わせる。　[埼玉大]

ゴラク
暇な時間を　娯楽　にあてる。

実戦 映画、蓄音機といった □□□ メディア、加えて電信、郵便システムといったパーソナル・メディア…　[千葉大]

バンゼン
　万全　の準備をして本番に臨む。

実戦 決断と不屈の精神と □□□ の計画を遂行していく力…　[大阪学院大]

シシツ
スケーターとしての　資質　を持つ。

実戦 官僚的な生真面目さなど、むろん文学とはまったく無縁の □□□ である。　[明治大]

ズイジ
　随時　情報を更新する。

実戦 生物は自らの内部環境を絶えず調節しているが、この一定に保たれた内部環境のおかげで、変化に富んだ外界に □□□ 適応しながら生存できている。　[大阪市立大]

1225	率直 ソッチョク ★★	ありのままで隠すところがないこと
心理	frank　対 婉曲	**+α** 「率」は「ありのまま」、「直」は「すなお」という意味

1226	偽善 ギゼン ★★	本心からではない、うわべだけの善行
心理	hypocrisy　対 偽悪	**+α** 「偽」は「いつわる」、「善」は「正しい」という意味

1227	陰湿 インシツ ★★	暗くてじめじめしていること
心理	gloomy　類 陰険	**+α** 「陰」は「人目につかない」、「湿」は「しめる」という意味

1228	休憩 キュウケイ ★★	何かを行なっている途中で、少しの間休むこと
文化	rest　類 休息	**+α** 「休」は「やすむ」、「憩」は「いこう」という意味

1229	激励 ゲキレイ ★★	励まして、奮い立たせること
心理	encouragement　類 応援	**+α** 「激」も「励」も「はげます」という意味

1230	業務 ギョウム ★★★	職業や事業などに関して、日々継続して行う仕事や作業
経済	business　類 任務	**+α** 「業」も「務」も「つとめ」という意味

1231	刷新 サッシン ★★	弊害を除き去って、全く新しいものにすること
文化	reform　対 踏襲	**+α** 「刷」は「はく、ぬぐう」、「新」は「あたらしくする」という意味

1232	授与 ジュヨ ★★★	ものを授け与えること
文化	awarding　対 剥奪	**+α** 「授」は「さずける」、「与」は「あたえる」という意味

1233	狩猟 シュリョウ ★★	山野の鳥獣を銃・罠などで捕らえること
経済	hunting	**+α** 「狩」も「猟」も「かる」という意味

ソッチョク
[率直] な感想を述べる。

実戦 編集者からの、□□かつ具体的な提案… [立命館大]

ギゼン
誰もが彼女を [偽善] 者だと見なしている。

実戦 人間は、自分自身に対しても、他人に対しても、偽装、虚偽、□□にほかならない。 [大阪大]

インシツ
[陰湿] ないじめを受ける。

実戦 校内暴力に対する厳しい取り締まりは、逸脱行動を□□化するから客観的にいじめが増えるということ… [新潟大]

キュウケイ
仕事に疲れて少し [休憩] を取る。

実戦 □□の時間が来たとき、私は離れた席にいる友だちに目配せをして人びとの肩の間を屋外に出た。 [福島大]

ゲキレイ
友人からの [激励] を嬉しく思う。

実戦 叱咤□□して、整理のつかない気持ちの吐露を抑えてしまうのは、何の援助にもならない。 [東海大]

ギョウム
[業務] 内容について詳細な説明を受ける。

実戦 日々の庭仕事は、たんにデザインを維持する受動的な管理□□から、それ自体創造的な庭づくりへと変貌した。 [お茶の水女子大]

サッシン
会社の役員人事を [刷新] する。

実戦 知性とはそういう知の自己□□のことを言うのだろうと私は思っている。 [東京大]

ジュヨ
紫綬褒章を [授与] する。

実戦 利益の□□に関する表現である「てやる」「てくれる」に見られるもの… [北海道教育大]

シュリョウ
縄文時代の人々は [狩猟] により食料を得ていた。

実戦 他の生物に感情を認めるというのは、科学的に正しくはなくとも、おそらく□□採集民時代の初期人類には実用的な価値があったのだろう。 [慶應大]

1234	セツレツ 拙劣	★★★	技術などが劣っていること
芸術	poor	対 巧妙	+α 「拙」は「つたない」、「劣」は「おとる」という意味

1235	チョウコウ 兆候	★★	何かが起こる前触れ
言語	symptom	類 前兆	+α 「兆」も「候」も「きざし」という意味

1236	フウイン 封印	★★	中のものが外に出ないように、 ふさぐこと
文化	seal	対 開封	+α 「封」は「とじる」、「印」は「しるし、はんこ」という意味

1237	ヘイサ 閉鎖	★★	❶出入り口などを閉ざすこと ❷組織体がその活動や機能を 　停止すること
社会	close	対 開放	+α 「閉」も「鎖」も「とじる、とざす」という意味

1238	ヒレキ 披歴	★★	心の中を打ち明けること
文学	express		+α 「披」は「打ち明ける」、「歴」は「はっきりしている」 という意味

1239	コジ 固辞	★★	かたく辞退すること
社会	firmly refuse	対 快諾	+α 「固」は「あくまでも」、「辞」は「ことわる」という意味

1240	ショリ 処理	★★	ものごとを取りさばいて 始末をつけること
工学	disposal	類 処置	+α 「処」は「とりはからう」、「理」は「ととのえる」とい う意味

1241	レキゼン 歴然	★★	はっきりとして 間違えようもないさま
文化	obvious	類 明白	+α 「歴」は「はっきりしている」、「然」は「状態を表す形 容詞の後に添える」

1242	ヨウサイ 要塞	★★	国防上の要所につくった 軍事的防備施設
社会	fort		+α 「要」は「かなめ、大切なところ」、「塞」は「とりで」と いう意味

運転技術の <u>拙劣</u>（セツレツ）さにより事故を起こす。

実戦 表面視と側面視とをごちゃまぜにしたような人間像を描いたのは、技術が □ だったからではなくて、事実そのように人間を「見て」いたからである。　［京都大］

四葉のクローバーは幸運の <u>兆候</u>（チョウコウ）だ。

実戦 再び市場で支持されはじめているというのは、喜ばしい □ である。　［法政大］

昔の嫌な思い出を <u>封印</u>（フウイン）する。

実戦 自らが生き延びるための殺人が正当化され、罪障感は連続的に □ されていく。　［早稲田大］

やむなく工場を <u>閉鎖</u>（ヘイサ）する。

実戦 現在の安倍自公政権下においてのみならず、前民主党政権下でもしばしば言われていたことであるが、□ 的な我が国は、「開国」せねばならないというわけである。　［学習院大］

母親に本心を <u>披歴</u>（ヒレキ）する。

実戦 宣長は端をあらため、その人間観を詳細に □ する。　［早稲田大］

彼は部長への昇進を <u>固辞</u>（コジ）した。

実戦 学問の道にあるまじき流儀を張りて □ を以てつねに勝たんことのみを巧む人…　［福岡大］

コンピュータが複雑な計算を <u>処理</u>（ショリ）する。

実戦 問題は、著作権法上の例外規定の □ にあった。　［信州大］

両者の格の違いは <u>歴然</u>（レキゼン）だ。

実戦 手すきの紙と機械すきの紙の間には □ とした違いがある。　［日本大］

強固な <u>要塞</u>（ヨウサイ）を築く。

実戦 戦国時代の権力者は、軍事 □ として城を築き、その近くに商人や職人たちを集めて町をつくった。　［中京大］

1243 文化	**偶発** グウハツ ★★ accidental 対 必然	偶然に発生すること **+α**「偶」は「たまたま」、「発」は「生じる」という意味
1244 社会	**不穏** フオン ★★ threating 対 平穏	世相などが穏やかでないこと **+α**「穏」は「おだやか」という意味
1245 経済	**競合** キョウゴウ ★★★ competition 類 競争	互いに競り合うこと **+α**「競」は「きそう」、「合」は「あう」という意味
1246 文化	**反響** ハンキョウ ★★ response	❶ 音波が反射し、再び聞こえる現象 ❷ 発表された事柄・出来事などの影響によって起こる様々の反応 **+α**「反」は「かえる」、「響」は「ひびき」という意味
1247 心理	**一喝** イッカツ ★★ scold	ひと声、大声で叱りつけること **+α**「喝」は「しかる」という意味
1248 心理	**威力** イリョク ★★ force 類 権勢	相手を圧倒する強い力 **+α**「威」は「おどす、おびやかす」という意味
1249 社会	**与件** ヨケン ★★★ datum	解決されるべき問題の前提として 与えられたもの **+α**「与」は「あたえられた」、「件」は「事柄」という意味
1250 文化	**未詳** ミショウ ★★★ unknown	まだはっきりしないこと **+α**「未」は「いまだ〜ない」、「詳」は「くわしい」という意味
1251 宗教	**降臨** コウリン ★★★ descent	神仏が天界から地上に下りること **+α**「降」は「おりる」、「臨」は「のぞむ」という意味

戦争が <ruby>偶発<rt>グウハツ</rt></ruby> してしまった。

実戦 スポーツのゲームは □ 的な要素を多分に含み、こちらの意図どおりにはならない相手の存在との関係がそこにある。 [明治大]

夫妻の間に <ruby>不穏<rt>フオン</rt></ruby> な空気が漂う。

実戦 新しい家並みは光を浴び、その向こうの海もまた光を浴びて明るいのに、海を覆う空は □ な雲でぴったりと閉じられて暗い。 [広島大]

この市場には <ruby>競合<rt>キョウゴウ</rt></ruby> 他社が多すぎる。

実戦 一つの事象をめぐって多数の学説が対立し、□ し、共存しているのが、学問の現実である。 [早稲田大]

雑誌に特集されて大きな <ruby>反響<rt>ハンキョウ</rt></ruby> を呼ぶ。

実戦 彫刻や画像をふんだんに盛り込むよう計画されただけでなく、音の奥深い □ にも意を用いたとされる。 [名古屋大]

駄々をこねる息子を <ruby>一喝<rt>イッカツ</rt></ruby> する。

実戦 全体的に自由な雰囲気ではあったが、それでもあれこれ言ったときに、「へ理屈を言うな」と □ された経験がある。 [愛媛大]

金の <ruby>威力<rt>イリョク</rt></ruby> とは恐ろしいものだ。

実戦 国民国家の競争の時代になると、科学は技術的な □ と結びつくことによって、この競争の重要な戦力としての力を発揮し始める。 [センター]

<ruby>与件<rt>ヨケン</rt></ruby> を踏まえることで大きな失敗を回避する。

実戦 人種差別や民族紛争は差異という □ を原因とするのではない。 [早稲田大]

その物語の成立年代は <ruby>未詳<rt>ミショウ</rt></ruby> だ。

実戦 成立時期は □ なれど恐らく十四世紀前半… [上智大]

ここに天照大神が <ruby>降臨<rt>コウリン</rt></ruby> したと言われている。

実戦 天竺様の南大門は、天から □ した仏の座を連想させようとするデザインなのかもしれない。 [白百合女子大]

1252 社会	リンセツ **隣接** ★★ adjacent	隣り合っていること **+α**「隣」は「となり」、「接」は「近づく」という意味
1253 医学	リンジュウ **臨終** ★★★ deathbed 　**類** 最期	死に臨むこと **+α**「臨」は「目の前にする」、「終」は「おわり」という意味
1254 文化	ジュンカツ **潤滑** ★★ lubrication	潤いがあって、動きの滑らかなこと **+α**「潤」は「うるおう」、「滑」は「なめらか」という意味
1255 文化	ヒョウジュン **標準** ★★★ スタンダード	❶ ものごとのよりどころとなるもの ❷ 平均的であること **+α**「標」は「めあて」、「準」は「めやす」という意味
1256 社会	ジュンカイ **巡回** ★★★ パトロール 　**類** 巡視	❶ 各地を順次に移動すること ❷ ある一定区域内を見て回ること **+α**「巡」は「めぐる」、「回」は「まわる」という意味
1257 言語	フ カ **付加** ★★★ addition 　**対** 削除	つけ加えること **+α**「付」は「つける」、「加」は「くわえる」という意味
1258 心理	ケイフク **敬服** ★★★ admiration 　**類** 感服	感心して尊敬の念を抱くこと **+α**「敬」は「うやまう」、「服」は「つきしたがう」という意味
1259 文化	ヤクジョ **躍如** ★★ vivid	はっきり表れているさま **+α**「躍」は「おどりあがる」という意味、「如」は「状態を表す語に添える」助字
1260 心理	レンボ **恋慕** ★★ love 　**類** 慕情	特定の他者を恋い慕うこと **+α**「恋」は「恋しく思う」、「慕」は「したう」という意味

リンセツ
隣接 する店舗と提携関係を結ぶ。

[実戦] われわれは「売る」という動作に□□□して配置という行為が行われることを容易に想像する。
[名古屋市立大]

リンジュウ
祖父の **臨終** の場に立ち会う。

[実戦] 「生」と「死」は、ふつう、□□□としての「死」を挟んだそれ以前とそれ以後を意味している。
[高知大]

ジュンカツ
挨拶は人間関係を **潤滑** にする。

[実戦] 日常生活の□□□油としての紋切型なら問題はない。
[東京都立大]

ヒョウジュン
健康のため **標準** 的な体型を目指す。

[実戦] 現在のアメリカで□□□的となった大学教員の雇用形態は、「学問の自由」を確保するための闘争の一環として、以後数十年をかけて獲得されていった。
[一橋大]

ジュンカイ
巡査が夜の街を **巡回** する。

[実戦] 活版印刷の登場で、聴衆の心を畏怖せしめた□□□説教師の演説や、圧倒的な言葉の力で兵士たちを奮起させた君主の雄弁術は廃れ、失われた。
[北海道大]

フカ
従来品に新しい価値を **付加** する。

[実戦] 公共部門の活動については、□□□価値額ではなくコストで評価されている。[東京学芸大]

ケイフク
彼の向上心の強さには **敬服** する。

[実戦] 私はこういう話を聞いて、非常にダーウィンという人に□□□した。
[上智大]

ヤクジョ
波しぶきが **躍如** として表現された浮世絵。

[実戦] 神を怪・力・乱と同列にならべたところに、無神論者としての孔子の面目が□□□としている。
[防衛大]

レンボ
年上の女性に **恋慕** する。

[実戦] 彼が恋情告白の美文を綴りたくなったのは、彼の内に、一人の少女に対する□□□の情が存在したからに違いない。
[中京大]

1261 経済	**チョウ ボ** **帳簿** book	★★ 金銭・物品の出納など、 事務上に必要なことを記入する帳面 **+α**「帳」も「簿」も「ものを書くために紙をとじたもの」 という意味
1262 社会	**シュウ ジツ** **終日** all day	★★★ 朝から晩まで、一日中 **+α**「終」は「終わりまで」、「日」は「いちにち」という意味
1263 芸術	**リツ ドウ** **律動** rhythm	★★★ 周期的に運動が繰り返されること **+α**「律」は「音楽の調子」、「動」は「うごき」という意味
1264 科学	**キ テイ** **基底** foundation	★★★ あるものごとの基礎となるもの **+α**「基」も「底」も「もとになるもの」という意味
1265 社会	**キン キュウ** **緊急** urgent　**類** 喫緊	★★ 非常に重大な事態となり、 その対応・処置に急を要すること **+α**「緊」も「急」も「さしせまる」という意味
1266 科学	**トウ カ** **透過** transmit　**対** 遮断	★★ ❶ 透き通ること ❷ 光線などが物質を通り抜けること **+α**「透」は「すきとおる」、「過」は「すぎる」という意味
1267 心理	**ショウ ヨウ** **称揚** admiration　**類** 称賛	★★★ 褒め称えること **+α**「称」も「揚」も「ほめる」という意味
1268 社会	**レン タイ** **連帯** solidarity　**対** 孤立	★★★ ❶ 二つ以上のものが結びついていること ❷ 二人以上のものが共同で責任をとること **+α**「連」は「つらなる」、「帯」は「行動を共にする」とい う意味
1269 哲学	**サイ リョウ** **裁量** discretion	★★ その人の考えによって判断し、 処理すること **+α**「裁」は「さばく」、「量」は「ちから」という意味

お金の流れを正確に把握するために **帳簿**〔チョウボ〕をつける。

実戦 われわれの級友は三人の学生監にとり囲まれ □ に彼の名前を違犯者として自署することを迫られていました。 ［福島大］

今日は **終日**〔シュウジツ〕自由行動です。

実戦 古い巷の路頭に鳥籠を提げて □ 悠然と坐り込む老人の姿… ［九州大］

心臓の **律動**〔リツドウ〕的な動き。

実戦 表記文字の奥に潜む □ を感じることを求める。 ［神奈川大］

この運動の **基底**〔キテイ〕となる思想。

実戦 青年たちにとって、現在よりもずっとすばらしい未来、よい未来、ゆたかな未来が必ず来るということは、ほとんど当然の □ 感覚であった。 ［早稲田大］

緊急〔キンキュウ〕の用事により会議を欠席する。

実戦 民法で、他人の不法行為から自己または第三者の権利を守る行為である「正当防衛」や「 □ 避難」は不法行為の成立を否定する。 ［早稲田大］

β線は紙を **透過**〔トウカ〕する。

実戦 事件に対して □ 的であるような視点を拒んだ。 ［立命館大］

彼の功績を **称揚**〔ショウヨウ〕する。

実戦 移民の受け入れを □ すること… ［学習院大］

私たちのチームは **連帯**〔レンタイ〕感がある。

実戦 計画都市には見られない人間の知恵が、協同防禦という □ 意識の枠の中で美しく結晶しているのである。 ［東京女子大］

店の経営は君の **裁量**〔サイリョウ〕に任せる。

実戦 あるバカげた規制をはずすことによって、その規制のグレーゾーンで □ 権を発揮していた行政官の権力は弱まるかもしれない。 ［成城大］

彼はビジネスの <ruby>才覚<rt>サイカク</rt></ruby> を持っている。

実戦 消費がすべてであり、金銭がすべてであり、あらゆる知識も[　　]もそれに奉仕するために組織されている社会… ［成城大］

国土を他国に <ruby>割譲<rt>カツジョウ</rt></ruby> する。

実戦 おそらく帝政ロシアは、朝鮮半島から対馬海峡へと南下政策をとって、圧倒的な武力を背景に日本に対し、領土の[　　]を要求したに違いありません。 ［東京理科大］

彼の秘密をねたにして彼を <ruby>恐喝<rt>キョウカツ</rt></ruby> する。

実戦 取り調べで、被害者のO君は、現金を[　　]され、暴行を加えられたにもかかわらず、「なにをしてもさからわなかった」といっている。 ［新潟大］

作品を評価するうえの <ruby>基準<rt>キジュン</rt></ruby> を設ける。

実戦 社会的変化の速さ、変り身の素早さ、[　　]枠の転換の唐突さ… ［早稲田大］

<ruby>寸暇<rt>スンカ</rt></ruby> を惜しんで勉強する。

実戦 人々は[　　]を惜しんで働き、それで受けとった報酬をさらに産業へと資本投資して、アメリカは本家イギリスをも追い越して世界最大の資本主義国となったのだった。［早稲田大］

この機械は一日十二時間 <ruby>稼働<rt>カドウ</rt></ruby> している。

実戦 原発再[　　]反対(あるいは賛成)や地球温暖化問題について声高に議論するコミュニティサイト… ［早稲田大］

彼は音に <ruby>過敏<rt>カビン</rt></ruby> に反応する。

実戦 東大神経内科の豊倉康夫教授は抗生物質への[　　]反応によるショックで昏睡状態に陥った。 ［信州大］

本の返却を <ruby>督促<rt>トクソク</rt></ruby> する。

実戦 邑宰は先例に従って厳重に期限を定めて[　　]した。 ［蒲松齢 田中貢太郎訳『促織』］

<ruby>有用<rt>ユウヨウ</rt></ruby> な人材を登用する。

実戦 つまり探検してどこかに到達することが社会の発展のために圧倒的に価値あること、[　　]なこと、進歩だとされたのが近代という時代だった。 ［法政大］

1279 社会	**迂回** ウ カイ ★★ make a detour　**対** 直行	ある場所を避けて遠回りすること **+α**「迂」は「遠回り」、「回」は「まわる」という意味
1280 芸術	**極致** キョク チ ★★ ideal	到達することのできる最高の地点 **+α**「極」は「きわめる」、「致」は「いたらせる」という意味
1281 心理	**懸念** ケ ネン ★★ apprehension　**類** 憂慮	気にかかって不安に思うこと **+α**「懸」は「かかる」、「念」は「おもう」という意味
1282 社会	**風紀** フウ キ ★★★ public morals	日常生活のうえで守るべき 道徳上の規律 **+α**「風」は「しきたり」、「紀」は「きまり」という意味
1283 哲学	**不可避** フ カ ヒ ★★ inevitable　**類** 必至	避けようがないこと、 必ず起こること **+α**「不可」は「できない」、「避」は「さける」という意味
1284 工学	**機構** キ コウ ★★★ mechanism	❶ 機械の内部の構造 ❷ 会社・団体などの組織 **+α**「機」は「しくみ」、「構」は「組み立てる」という意味
1285 文学	**幻影** ゲンエイ ★★ illusion　**類** 幻	実際には存在しないのに、 存在するかのように見えるもの **+α**「幻」も「影」も「まぼろし」という意味
1286 歴史	**必至** ヒッ シ ★★★ inevitable　**類** 必定	必ずそうなること **+α**「必」は「かならず」、「至」は「いたる」という意味
1287 心理	**殊勝** シュショウ ★★ admirable　**類** 立派	❶ とりわけ優れているさま ❷ 心がけや行動などが感心なさま **+α**「殊」は「特に」、「勝」は「優れている」という意味で、 仏教では「謙虚な心」を指す

道路が工事中のため **迂回**〔ウカイ〕する。

実戦 世界世論の優先順位が核問題にあることをわきまえたうえで、それに賛同することを通じて□□して進むほか道はあるまい。 [香川大]

ピカソの絵画は芸術の **極致**〔キョクチ〕だ。

実戦 山に登るとは楽天の□□だと若い頃には我ながら思ったものだが [立教大]

感染拡大を **懸念**〔ケネン〕する。

実戦 共通化によって一般消費者の感覚と齟齬を生じたり、特定の価値観だけが広まったりする□□もあります。 [高崎経済大]

校内の **風紀**〔フウキ〕を正す。

実戦 歌舞伎のみならず舞台芸術全般の思想的□□的弾圧に根拠を与える次のような通達を出した。 [青山学院大]

彼との衝突は **不可避**〔フカヒ〕に思われた。

実戦 政治闘争の過程で生まれる嫉妬と怨望こそ、共産主義下における不正・犯罪そして粛清を□□にしてきた元凶だったはずである。 [成城大]

流通 **機構**〔キコウ〕を整える。

実戦 科学は、混沌とした世界に、法則やそれを担う分子□□といった何かの実体、つまり「形」を与えていく人の営為と言える。 [東京大]

敵の **幻影**〔ゲンエイ〕に怯える。

実戦 自分だけでなく、他人にも同じように見えている□□なのだ。 [金沢大]

この問題は間違えること **必至**〔ヒッシ〕だ。

実戦 金融工学の破綻は□□と知りながらなお巨額を投資する投資家などは、破滅への道を先急いでいる。 [立命館大]

綿密に計画を立てるとは **殊勝**〔シュショウ〕な心がけだ。

実戦 ふだんは親不孝な息子が□□な口ぶりで感心してみせる。 [近畿大]

1288	工学	★★	
ホウ ト **方途** means		**ものごとを実現するための方法**	
		+α 「方」は「やりかた」、「途」は「手段、方法」という意味	

1289	工学	★★	
ヨウ ト **用途** use		**ものや金銭などの使いみち**	
		+α 「用」は「もちいる」、「途」は「手段、方法」という意味	

1290	文化	★★	
シ ワザ **仕業** work 類所業		**したこと、行為**	
		+α 「仕」は「しごと」、「業」は「行い」という意味	

1291	文学	★★	
コ ショウ **呼称** name		❶ **名をつけて呼ぶこと** ❷ **呼び名**	
		+α 「呼」は「よぶ」、「称」は「呼び名」という意味	

1292	哲学	★★★	
シン ギ **真偽** true or false 類虚実		**真実と偽り**	
		+α 「真」は「正しいこと」、「偽」は「正しくないこと」という意味	

1293	科学	★★	
ギン ミ **吟味** examination 類精査		❶ **ものごとを念入りに調べること** ❷ **念入りに調べて選ぶこと**	
		+α 「吟」は「確かめる」、「味」は「ものごとを考えて理解する」という意味	

1294	社会	★★	
ホ ショウ **保障** guarantee		**ある状態が損なわれないよう 保護すること**	
		+α 「障」は「しきり」という意味で、重点は「保護」にある	

1295	社会	★★	
ホ ショウ **保証** assurance		**将来の結果や行動について 問題ないと責任を持つこと**	
		+α 「証」は「あかし立てる」という意味で、重点は「責任」にある	

1296	科学	★★	
チ ミツ **緻密** precise 類綿密		❶ **布地・紙などのきめが細かいこと** ❷ **注意が行き届き手落ちのないこと**	
		+α 「緻」も「密」も「細かい」という意味	

事業拡大の ホウト 方途 を見出す。

実戦 基本的人権の一つとして最低限保障することを提唱し、ケアする者に対する政府の支援を権利として要求する □□□ を探ろうとする。　　　　　　　　　　　　　　　　　　　　[慶應大]

器具の ヨウト 用途 を明確に記載する。

実戦 機械翻訳を行う人工知能は □□□ を限れば既に実用レベルだし、言語を文章に書き起こす音声認識だって結構な精度だ。　　　　　　　　　　　　　　　　　　　　　　　　[関西学院大]

花瓶が割れたのは飼い猫の シワザ 仕業 だった。

実戦 ホロコーストが精神異常者の □□□ ではなく、正常な心理機制を通して普通の人々によって遂行された事実…　　　　　　　　　　　　　　　　　　　　　　　　　　　[成蹊大]

新種の生物の コショウ 呼称 を決定する。

実戦 明治三十年代における自然という □□□ の定着…　　　　　　　　　　　　[早稲田大]

噂の シンギ 真偽 を確かめる。

実戦 ネット上でも、□□□ のほどが定かでないツイートやデマの影響力が拡大している。
　　　　　　　　　　　　　　　　　　　　　　　　　　　　　　　　　　　　[専修大]

食材をよく ギンミ 吟味 して選ぶ。

実戦 自分の魂の動きを □□□ するために散歩が利用されたのだ。　　　　　　[名古屋大]

保険によって生活を ホショウ 保障 する。

実戦 基本的人権である「表現の自由」が、法によってあらゆる人々に □□□ されている。
　　　　　　　　　　　　　　　　　　　　　　　　　　　　　　　　　　　[早稲田大]

製品の品質を ホショウ 保証 する。

実戦 「自由を権利として □□□ するだけでは正義に値しない」という社会主義からの問題提起…
　　　　　　　　　　　　　　　　　　　　　　　　　　　　　　　　　　　　[明治大]

チミツ 緻密 に練り上げた計画。

実戦 一定の目的意識により条件を純化し、可能な限り感覚受容を装置によって代替させることで、□□□ さの保証をする。　　　　　　　　　　　　　　　　　　　　　　[京都大]

	★★	
キ ト **企図** 心理　attempt　類 意図		❶ あることを行おうと企てること ❷ 行おうと企てた内容 **+α**「企」は「くわだてる」、「図」は「はかる」という意味

	★★	
コウテイ **肯定** 哲学　affirmation　類 同意		その通りだと認めること **+α**「肯」は「うなずく」という意味

	★★	
ハイハン **背反** 哲学　contradiction　類 矛盾		❶ 食い違うこと ❷ 従うべきものに背くこと **+α**「背」は「そむく」、「反」は「はんする」という意味

	★★	
ホウロウ **放浪** 文化　wander　類 流浪		さまよい歩くこと **+α**「浪」は「さすらう、さまよう」という意味

COLUMN

「漢字の筆順」ってなんで大事なの?

　漢字には筆順がありますが、「筆順がメチャクチャだ」と叱られた経験のある人もいると思います。「筆順なんて合理的な理由がない」「なんでこんなルールを守らなければいけないんだ」という声も実際によく聞きますし、筆順が漢字嫌いの原因になっているケースも少なくなさそうです。ところで、なぜ筆順は大事なのでしょうか?

　それは、崩し字にするときに筆順が正しくないと、字が認識できないからなのです。例えば、「右」と「左」は筆順の最初が違います。これを同じところから書き始めてしまうと、崩し字にしたときに同じように見えてしまうのです。

　また、筆順は縦書きをするときに合理的な順番になっています。

企業の再建を［ 企図（キト） ］する。

実戦 現代日本社会はあちらこちらで制度疲労を起こしており、さまざまな課題の解決の□□□□は袋小路に陥っている。 ［立命館大］

辛いときこそ自分を［ 肯定（コウテイ） ］して受け入れるべきだ。

実戦 次に、学問は必ずしも常識的な知覚を、そのまま□□□□するものではないが、しかし、人間の現実生活は常識と自然知覚を無視してはありえない。 ［同志社大］

科学の知見と直感はときに［ 背反（ハイハン） ］する。

実戦 誘惑しながら拒絶する、保護しながら破損する、といったたがいに□□□□する運動、対立するヴェクトルが、衣服の構造のなかでしのぎを削っている。 ［九州大］

自分探しのために各地を［ 放浪（ホウロウ） ］する。

実戦 彼らは生まれ故郷を捨てて、目的地もなく、ただひたすら□□□□していく。 ［明治大］

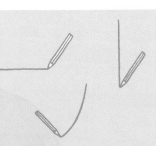

崩し字の縦書きでサラサラと筆を走らせるときに合理的な動きができるように、筆順は作られているのです。

　楷書体で横書きをすることのほうが多い受験生からすると、筆順は必ずしも合理的な手の動かし方ではないという一面もあるにはあるので、メチャクチャになってしまうのも理解できなくはありません。しかし、筆順にもちゃんと理由があるのだとわかると、みなさんの中にも筆順をしっかり守ろうという意識が芽生えてくると思います。

BIBLIA 2000
EFFECTIVE WORDS AND IDIOMS FOR YOUR BRIGHT FUTURE

CHAPTER

読みが問われる
漢字300

読みがよく問われる漢字は難しいものが多いです。
このような難しい漢字は書き取りではあまり問われません。
書く練習は省いてしまい、「読み」と「意味」に絞って、
効率よく覚えていくと良いでしょう。
「意味」までしっかり覚えることで読解力をつけることもできます。
難関大志望者はとりわけ注意して覚えてください。

1301

ボウダイ
膨大 ★★

経済 enormous

ものごとの数や量がふくれ上がり、
非常に多いこと

+α 「ばくだい」と読み間違えないように注意

1302

ゾウショク
増殖 ★★

科学 multiplication 対 減少

ふえること、ふやすこと

+α 「ぞうちょく」と読み間違えないように注意

1303

ドウサツ
洞察 ★★★

哲学 insight

鋭い観察力でものごとを見通すこと

+α 「とうさつ」と読み間違えないように注意

1304

カラ
絡む ★★

文化 entangle

❶ ものに巻きつくこと
❷ 他のものごとが密接に結びつくこと

+α 「らくむ」と読み間違えないように注意

1305

コウミョウ
巧妙 ★★

文化 clever 対 稚拙

やり方などが優れてたくみなこと

+α 「こうしょう」と読み間違えないように注意

1306

ゲンミツ
厳密 ★★★

哲学 strict 類 綿密

誤りのないように
細かいところまですきがないさま

+α 「がんみつ」と読み間違えないように注意

1307

ツチカ
培う ★★

科学 cultivate 類 養う

時間をかけて育てること

+α 「ばいう」と読み間違えないように注意

1308

ニナ
担う ★★

社会 take on 類 担当する

❶ ものを肩に支え持って運ぶこと
❷ ものごとを支え、推し進めること

+α 「たんう」と読み間違えないように注意

※読みが問われる漢字300では「読み」を赤シートで隠せるようにしています

毎日 膨大（ボウダイ） な量の食料が廃棄される。

実戦 日本の先端技術が、□□□□なアマチュア歌手の登場をささえたというのは、たいへん興味ぶかい現象であった。　　　　　[同志社大]

細菌が 増殖（ゾウショク） する様子を観察する。

実戦 現代の都市は "新宿" に代表されるように、まるで生きているアミーバのように変容し、□□□□している。　　　　　[立教大]

人間の深層心理を 洞察（ドウサツ） する。

実戦 鷗外は津和野の人であり、国際的にも科学的にも豊富な知識と□□□□をもっており、東京に長く住んでいたが、東京は異郷であった。　　　　　[明治大]

当時のシリア情勢を 絡めて（カラ） 内容読解をはかる。

実戦 私がとくに取り上げたいと思うのは、後者のようなメンタルな部分に□□□□「影響」である。　　　　　[広島大]

巧妙（コウミョウ） な手口の詐欺に遭う。

実戦 紋切型は社会的行為としてはなかなかに□□□□かつ狡智である。　　　　　[京都大]

類似する二つの単語を 厳密（ゲンミツ） に定義し直す。

実戦 一方に□□□□な自然科学があり、他方に文学があって歴史は後者の中に入れられていたのであります。　　　　　[中央大]

学生時代に 培った（ツチカ） 経験を活かす。

実戦 われわれ東洋人の心理は、知性発生以前、論理万能主義以前の所に向かって、その根を下ろし、その幹を□□□□ことになった。　　　　　[一橋大]

彼はこのプロジェクトにおいて重要な役割を 担う（ニナ） 。

実戦 このような輻輳した構造は反省においてだけではなく、思考とそれを□□□□言語一般に指摘されることができる。　　　　　[お茶の水女子大]

1309	★★	
ナラ		すでにあるやり方を真似て、
倣う		その通りにすること
文化	follow　類 真似る	+α 「ほうう」と読み間違えないように注意

1310	★★	
タイ ダ		
怠惰		なまけてだらしないこと
心理	laziness　対 勤勉	+α 「たいじょう」と読み間違えないように注意

1311	★★	
ゴウ マン		
傲慢		おごりたかぶって人を見くだすこと
心理	arrogant　類 尊大	+α 「ほうまん」と読み間違えないように注意

1312	★★	
シ セイ		
市井		人が多く集まり住むところ
社会	citizen	+α 「いちい」と読み間違えないように注意

1313	★★	
ヨウ ゴ		危害を加えようとするものから、
擁護		かばいまもること
社会	protection　対 侵害	+α 「じょうご」と読み間違えないように注意

1314	★★	
オビヤ		❶ おどかして恐れさせること
脅かす		❷ 危険な状態にすること
心理	threaten　類 脅迫する	+α 「きょうかす」と読み間違えないように注意

1315	★★	
タダヨ		❶ 浮かんで揺れ動くこと
漂う		❷ 香りなどが満ちること
文化	float	+α 「はくう」と読み間違えないように注意

1316	★★	
イチジル		
著しい		程度が際立っていて目立つさま
文化	remarkable	+α 「ちょしい」と読み間違えないように注意

1317	★★	
ツム		❶ 繊維をよって糸にすること
紡ぐ		❷ 言葉をつなげて文章にすること
歴史	spin	+α 「ぼうぐ」と読み間違えないように注意

手本に 傲って（ナラ） 踊る。

実戦 「習う」は□□□□であって、その根本は「真似る」である。 [千葉大]

怠惰（タイダ） な性格のせいで宿題を溜めてしまう。

実戦 しかし、単純化や一般化は度が過ぎると、ただおおざっぱで雑な扱いになり、細かな判断をしないまま□□□□な対応になってしまう。 [立教大]

自身の非を認めないのはあまりに 傲慢（ゴウマン） だ。

実戦 「かくありし」事実が書けると信じているのは□□□□であり、「かくあるべかりし」真実への接近、あたう限りの接近、こそが表現の誠意である。 [金沢大]

一 市井（シセイ） 人として生涯を終える。

実戦 庶民は□□□□に投げ出されたままの人間である。 [日本大]

味方の選手を 擁護（ヨウゴ） する。

実戦 経済的自由を強力に□□□□する人々は保守派と呼ばれる… [法政大]

デフレが人々の生活を 脅かす（オビヤ） 。

実戦 かつて、人間の生活と生命の安全を□□□□ものは「自然」であった。 [大阪大]

会議室に緊張した空気が 漂う（タダヨ） 。

実戦 人はそこで誰でもない存在となり、まるで水のなかを□□□□ように、異次元の波動の旅へ出てゆくことになる。 [同志社大]

感染者数に 著しい（イチジル） 増加が見られる。

実戦 不平等が社会の常識になっているときには、最も□□□□不平等にも人は気づかない。 [大阪市立大]

ある作家の 紡ぐ（ツム） 物語に魅了される。

実戦 歴史を語ることは、そこにあったもの、そこに起こったこと、そこにいた人々を、言語という記号に置き換えて物語を□□□□ことである。 [埼玉大]

1318	★★	
タズサ 携わる		あるものごとに従事すること
一社会 be engaged in		**＋α** 「けいわる」と読み間違えないように注意

1319	★★	
ヒタ 浸す		ものを液体の中につけること
一科学 soak		**＋α** 「おかす（侵す）」と読み間違えないように注意

1320	★★	
オカ 侵す		❶ 他者の権利などを損なうこと ❷ 他国の土地に不法に入り込むこと
一社会 invade	**類** 侵入する	**＋α** 「ひたす（浸す）」と読み間違えないように注意

1321	★★	
オモム 赴く		❶ ある場所に向かって行くこと ❷ ものごとがある状態に向かうこと
一社会 go	**類** 訪問する	**＋α** 「とく」「ふく」と読み間違えないように注意

1322	★★	
アフ 溢れる		水などがいっぱいになって 外にこぼれること
一科学 overflow		**＋α** 「こぼれる」とも読むが、「あふれる」が一般的

1323	★★	
タド 辿る		❶ 道筋に沿って目指す方へ進むこと ❷ 歩きにくい道を苦労して行くこと
一文化 trace	**類** 追う	**＋α** 「やまる」と読み間違えないように注意

1324	★★★	
ル フ 流布		世間に広まること
一社会 circulation	**類** 普及	**＋α** 「りゅうふ」と読み間違えないように注意

1325	★★	
カテ 糧		❶ 食糧 ❷ 精神・生活の活力の源泉
一経済 food		**＋α** 単独で用いられた場合「りょう」と読み間違えない ように注意

1326	★★	
シバラ 暫く		長くなくすぐとも言えないほどの 時間が経過するさま
一文学 for a while	**類** 暫時	**＋α** 「ようやく（漸く）」「ことごとく（悉く）」と読み間違 えないように注意

新商品の開発に　携わる<small>タズサ</small>　。

実戦 奴隷が市民でない理由は、一言でいえば、奴隷には倫理的・政治的活動に◻◻に充分な理性が備わっていない、と見なされているからである。　　　　　　　　　　［早稲田大］

じゃがいもを水に　浸す<small>ヒタ</small>　。

実戦 おじいは指先を酒に◻◻と、テーブルに滴を作った。　　　　　　　　　　　　　［広島大］

思想の自由を　侵す<small>オカ</small>　ことはあってはならない。

実戦 他人の領域を◻◻事は、真正の自分本位の生活においては、赦すべからざる越権に外ならないからである。　　　　　　　　　　　　　　　　　　　　　　　　　　　［一橋大］

事故のあった現場に　赴く<small>オモム</small>　。

実戦 人間以外の動物は普通〈本能〉の◻◻ままに行動するとき、そこに迷いや不安はない。　［早稲田大］

あまりの嬉しさで目に涙が　溢れる<small>アフ</small>　。

実戦 彼らは、その生命の◻◻ままに、泣き、笑い、歌っていなければいけない。　　　　［京都大］

山頂に着くまでに長い道のりを　辿る<small>タド</small>　。

実戦 心で◻◻まぼろしの旅路はちょうど宛名のないラブレターに似ている。　　　　　　［立教大］

一度　流布<small>ルフ</small>　した噂は取り返しがつかない。

実戦 長大なロビンソン物語は、このトポスへと切り縮められた形態で◻◻してきた。［法政大］

学んだことを　糧<small>カテ</small>　に演習に取り組む。

実戦 しかし、それでは青年は炭が焼けず、暮らしの◻◻に困る。　　　　　　　　　　［九州大］

　暫く<small>シバラ</small>　黙ったのち、彼はついに口を開いた。

実戦 ◻◻すると、雀の群はばらばらと、その樫の樹の枝を離れて、又隣にある空地の奥の杉の樹の方へ飛んで行った。　　　　　　　　　　　　　　　　　　　　　　　　　［東京都立大］

321

1327 心理	**★★** カエリ **顧みる** reflect on　類 回顧する	❶ 過ぎ去った事を思い起こすこと ❷ 心にとどめ考えること **+α**「かんがみる（鑑みる）」と読み間違えないように注意
1328 言語	**★★** ヒルガエ **翻す** change	ひらりと裏を出すこと **+α**「くつがえす（覆す）」と読み間違えないように注意
1329 言語	**★★** セイチ **精緻** elaborate　類 精密	きわめて詳しく細かいこと **+α**「せいび」と読み間違えないように注意
1330 言語	**★★** サ サイ **些細** trivial　対 重大	取るに足りないさま **+α**「しさい」と読み間違えないように注意
1331 心理	**★★** コウデイ **拘泥** adhere　類 執着	こだわること、 必要以上に気にすること **+α**「こうどろ」と読み間違えないように注意
1332 心理	**★★** サエギ **遮る** block　類 遮断する	❶ 向こうを見えなくすること ❷ 進行を邪魔してやめさせること **+α**「しゃる」と読み間違えないように注意
1333 社会	**★★** ハンラン **氾濫** flood	❶ 川などが勢いよく溢れ出ること ❷ 事物があたり一杯に出回ること **+α**「はんかん」と読み間違えないように注意
1334 哲学	**★★★** ニョジツ **如実** reality	実際の通りであること **+α**「じょじつ」と読み間違えないように注意
1335 心理	**★★★** ウト **疎い** ignorant　対 詳しい	❶ 親しい間柄でないこと ❷ 知識や理解が不十分であること **+α**「そい」と読み間違えないように注意

過去の失敗を | 顧みる |（カエリ）。

実戦 そういう観点から □□□ とき、日本の能舞台は、目立たないかたちで実に絶妙な仕掛けと構造を持っているのです。 ［早稲田大］

幕府に反旗を | 翻す |（ヒルガエ）。

実戦 せわしなく明滅し、絶えず方向を転じるような自我であるなら、いつ前言を □□□ かわからない。 ［成蹊大］

| 精緻 |（セイチ）な細工の施された芸術品。

実戦 我々一人ひとりのからだは、すごく □□□ な構造をもっていて、人と人との差がまったくない。 ［東京大］

| 些細 |（ササイ）な出来事で言い合いになる。

実戦 ごくつまらない □□□ なことでも、その場所へ来ると思い出してはその通りにした。 ［大阪大］

持論に | 拘泥 |（コウデイ）せず他人の意見を受け入れる。

実戦 その敵討に成功するか否かなどに □□□ すべきではなかった。 ［明治大］

相手の話を途中で | 遮る |（サエギ）。

実戦 逆説的なことではあるが、見ることを □□□ こと、見ること自体から離れることが必要だ、ということである。 ［東京学芸大］

大雨で河川が | 氾濫 |（ハンラン）する。

実戦 そうした種類のたいくつで華麗な批評が □□□ していて、うんざりしてしまう。 ［神戸大］

決断力のなさが | 如実 |（ニョジツ）に現れる。

実戦 ここ数年、車のシートベルトをめぐる議会での論争で、こうしたイギリス人の態度、気概が □□□ に表れた。 ［愛媛大］

流行のファッションに | 疎い |（ウト）。

実戦 言語史に □□□ わたしには、その間の事情はよくわからない。 ［立教大］

1336		★★★	
	育む ハグク		❶ 子を養い育てること ❷ 大事に守って発展させること
文化	develop	類 養成する	+α 「いくむ」と読み間違えないように注意

1337		★★	
	真摯 シン シ		まじめでひたむきなこと
心理	シリアス	対 軽薄	+α 「しんげき」と読み間違えないように注意

1338		★★★	
	所作 ショ サ		❶ 行い、振る舞い ❷ 身のこなし
文化	posture	類 挙動	+α 「しょさく」と読み間違えないように注意

1339		★★	
	疾病 シッペイ		病気
医学	disease		+α 「しつびょう」と読み間違えないように注意

1340		★★★	
	挿話 ソウ ワ		❶ 文章や談話の間に挟む、短い話 ❷ ちょっとした面白い話
文学	エピソード		+α 「さしわ」と読み間違えないように注意

1341		★★	
	鋳型 イ ガタ		❶ 溶かした金属を流し込む型 ❷ ものごとをはめ込む一定の枠
文学	mold		+α 「ちゅうがた」と読み間違えないように注意

1342		★★	
	滴る シタタ		❶ 液体がしずくとなって落ちること ❷ 溢れるばかりに満ちていること
医学	drop		+α 「てきる」と読み間違えないように注意

1343		★★	
	翻弄 ホン ロウ		思うままにもてあそぶこと
文化	at the mercy of		+α 「はんろう」と読み間違えないように注意

1344		★★★	
	平生 ヘイゼイ		ふだん、常日頃
文化	usually		+α 「へいせい」と読み間違えないように注意

子供の豊かな創造力を　育む（ハグク）　。

実戦 歴史に残るものを□□世界が失われ、精神が散乱してしまったからである。　[千葉大]

鋭い指摘を　真摯（シンシ）　に受け止める。

実戦 近代日本社会において、さまざまな矛盾や困難の解決のためにささげられた広汎な人々の□□で懸命な人間的努力は、きわめて厖大なものであっただろう。　[中央大]

舞妓の美しい　所作（ショサ）　に見惚れる。

実戦 電話におけるこのような距離の設定は、物理的な身体の距離や□□によってはコントロールすることができない以上、声の調子や話し方によってなされる他はない。　[立教大]

正体不明の　疾病（シッペイ）　が蔓延する。

実戦 なかでも、□□リスクや稼得能力の低下リスクに晒（さら）される度合いは、高齢になるほど高まる。　[法政大]

小説の中の　挿話（ソウワ）　に面白みを感じる。

実戦 それは一編の□□でありながら、要領のいい人物紹介を兼ねている。　[京都大]

　鋳型（イガタ）　にはまったようなつまらない人間。

実戦 □□に溶かした青銅を流し込んで固める技術は、今日においてすら簡単ではない。　[明治大]

激しい運動をして汗が　滴る（シタタ）　。

実戦 その雲海から昇る日の出、□□血のような夕陽など、風景そのものによって感動を受けるときである。　[お茶の水女子大]

自分勝手な人に　翻弄（ホンロウ）　される。

実戦 その政治的変革にとまどい、□□され、そして小躍りする人びとの顔は私どもにとりじつに印象的であった。　[中央大]

健康を維持するためには　平生（ヘイゼイ）　の心がけが必要だ。

実戦 □□は年相応のところを保っていても、難事が身に起こると、あるいは長い矛盾が露呈すると、幼年の苦に付いてしまう。　[京都大]

1345		
		★★

カンセイ
陥穽

心理　pitfall　　類 引掛

❶落とし穴
❷人をおとしいれる策略

+α 「かんい」と読み間違えないように注意

1346		
		★★

フ カン
俯瞰

哲学　bird's-eye view　　対 近視眼的

高いところから見下ろすこと

+α 「ふがん」と読み間違えないように注意

1347		
		★★★

サ
割く

経済　spare

❶一つのものを、二つに離すこと
❷時間などを用件にあてること

+α 「わりく」と読み間違えないように注意

1348		
		★★

カタク
頑な

心理　stubborn　　類 意固地

自分の主張や態度を
意地を張って変えないさま

+α 「がんな」と読み間違えないように注意

1349		
		★★

オコタ
怠る

心理　neglect

しなければならないことを、
しないままでいること

+α 「なまける（怠ける）」と読み間違えないように注意

1350		
		★★

スタ
廃れる

歴史　obsolete　　類 寂れる

栄えていたものが衰えること

+α 「はいれる」と読み間違えないように注意

1351		
		★★

コウテツ
更迭

社会　dismissal　　類 降任

ある地位・役目にある人を
他の人と代えること

+α 「こうそう」と読み間違えないように注意

1352		
		★★

キ ネン
祈念

宗教　pray　　類 祈願

強く念じ、祈ること

+α 「いのりねん」と読み間違えないように注意

1353		
		★★

メイ キ
銘記

心理　keep in mind

心に深く刻みつけて忘れないこと

+α 「きんき」と読み間違えないように注意

詐欺師の 陥穽（カンセイ） に陥る。

実戦 ところが市民の学問が完全な勝利を収めたかにみえた二十世紀に大きな [　　　] がまちうけていた。 ［筑波大］

文章全体を 俯瞰（フカン） して考える。

実戦 この連作を見て誰もが気づくのは、風景が [　　　] 的に描かれていることだ。 ［青山学院大］

難しい課題に大量の時間を 割く（サ）。

実戦 社会が富んでいくと、人は生きていくための労働にすべての時間を [　　　] 必要がなくなる。 ［同志社大］

男性の誘いを 頑な（カタク）に断り続ける。

実戦 自由主義の概念はこれまで、近代進歩主義の枠組の中でいささか [　　　] な形で考えられ過ぎてきたきらいがあるだろう。 ［早稲田大］

毎日の花の水やりを 怠る（オコタ）。

実戦 信任義務を [　　　] と、たとえ契約書に書かれていなくとも、司法の手で裁かれることになる。 ［上智大］

商店街が 廃れる（スタ）。

実戦 こうした科学に対する信仰は、今日では [　　　] どころか、殆ど決定的にさえなった感がある。 ［法政大］

大臣を 更迭（コウテツ） する。

実戦 イーデン内閣も鳩山内閣も共に、政策の行き詰まりで [　　　] したのではない。 ［東京女子大］

世界平和を 祈念（キネン） する。

実戦 その段階の要所、要所を無事に乗り越えることが、順調な経過のためには [　　　] される。 ［中央大］

師の教えを心に 銘記（メイキ） する。

実戦 数学は孤立した学問ではなく、他の学問文化との連帯のなかで発展してきた、ということは常に [　　　] しておく必要がある。 ［上智大］

★★

粗雑 （ソ ザツ）

一文化

messy 対 精密

細かい点にまで
注意が行き届かないこと

+α 「あらざつ」と読み間違えないように注意

★★

沈潜 （チンセン）

一心理

sinking

❶ 水底深く沈み隠れること
❷ ものごとに深く没頭すること

+α 「ちんぼつ（沈没）」と読み間違えないように注意

★★

自戒 （ジ カイ）

一心理

self-admonition

自分の言動を自分で戒め慎むこと

+α 「じせい」と読み間違えないように注意

★★

主宰 （シュ サイ）

一社会

preside

❶ 全体を取りまとめること
❷ 人々の上で全体をまとめる人

+α 「しゅこう」と読み間違えないように注意

★★

澄む （ス）

一科学

become clear 対 濁る

水や空気などに濁りがなくなり、
透き通った状態になること

+α 「とむ」と読み間違えないように注意

★★

済む （ス）

一歴史

finish

❶ ものごとがすっかり終わること
❷ 予想していた範囲内で収まること

+α 「せいむ」と読み間違えないように注意

★★

耳目 （ジ モク）

一文化

attention

❶ 聞くことと見ること
❷ 人々の注意・注目

+α 「みみめ」と読み間違えないように注意

★★

穏便 （オンビン）

一心理

peacefully 対 過激

ものごとをかどを立てず
おだやかに行うこと

+α 「おんべん」と読み間違えないように注意

★★

弛緩 （シ カン）

一心理

relaxation 対 緊張

たるんだようになって緩むこと

+α 「ちかん」と読み間違えないように注意

彼はいつも 粗雑 〔ソ ザツ〕 な字を書く。

実戦 森の第三点は、実に □□□ な議論で、彼自身の日本語に関する無知を示しているにすぎない。 ［日本大］

思索に 沈潜 〔チンセン〕 する。

実戦 しょせん世界を動かしているのは小さな領域に □□□ してはいるが、その小さな世界を知り尽くし、考え尽くした「専門家」たちなのだ、ということなのか。 ［青山学院大］

長期休暇中になまけないよう 自戒 〔ジ カイ〕 する。

実戦 □□□ の念をこめて言えば、およそ翻訳という作業は多かれ少なかれ普通ではない日本語を生産してしまうものである。 ［東京学芸大］

同人誌を 主宰 〔シュサイ〕 する。

実戦 彼自身ユダヤ系と思われる著者は、「パリ文学」という非合法出版物を、ナチが壊滅するまで □□□ しつづけたと、あとがきに書かれていた。 ［大阪大］

川の水は冷たく 澄ん 〔ス〕 でいた。

実戦 心が □□□ ことは、心が落ちつくことであり、心の落ちつきは、身体の置き所がしっかりしてはじめて可能になるからである。 ［立命館大］

涼しいので上着一枚で 済む 〔ス〕 。

実戦 現代の情報テクノロジーのもとでは、そもそも他者に出会わなくても □□□ ような環境を構築することが容易になっているということである。 ［法政大］

そのニュースは国民の 耳目 〔ジ モク〕 を集めた。

実戦 ちょうどこれと同じように、事物を直接に □□□ でとらえようとする時、われわれの精神はかえって盲目となって何ものも見ることができなくなる。 ［鹿児島大］

事態を 穏便 〔オンビン〕 に済ませようとする。

実戦 もし思い当たる節があったら正直に言ってほしい。そうすれば話は □□□ につくんだ。 ［愛知大］

こわ張っていた筋肉が 弛緩 〔シ カン〕 する。

実戦 つまり、筋肉の緊張と □□□ との交互作用であって自然に起る運動である。 ［東北大］

1363	**堪忍** カンニン ★★	❶怒りを抑えて人の過ちを許すこと ❷こらえてしのぶこと
心理	patience 類 容赦	+α 「じんにん」と読み間違えないように注意

1364	**薄情** ハクジョウ ★★	冷たい性格・あしらいで 相手への愛情がうすいこと
心理	cold 類 冷酷	+α 「うすじょう」と読み間違えないように注意

1365	**勤勉** キンベン ★★	仕事や勉強などに、 一生懸命に励むこと
文化	hard-working 対 怠惰	+α 「ごんべん」と読み間違えないように注意

1366	**隠居** インキョ ★★	❶仕事を退いて静かに暮らすこと ❷仕事を退いて静かに暮らす人
文化	retirement	+α 「おんきょ」と読み間違えないように注意

1367	**患う** ワズラう ★★	病気で苦しむこと
心理	suffer from	+α 「かんう」と読み間違えないように注意

1368	**鎮座** チンザ ★★	❶神霊な場所にとどまっていること ❷どっかりと場所を占めていること
宗教	enshrined	+α 「しんざ」と読み間違えないように注意

1369	**皆目** カイモク ★★	（下に打ち消しを伴って）全く
文学	entirely 類 一切	+α 「みなめ」と読み間違えないように注意

1370	**完膚** カンプ ★★	❶傷のない完全な皮膚 ❷（完膚なきまでに）徹底的にやっつけるさま
文学	decisively	+α 「かんふ」と読み間違えないように注意

1371	**執念** シュウネン ★★	ある一つのことを深く思いつめる心
心理	persistence	+α 「しつねん」と読み間違えないように注意

<u>　堪忍　</u>（カンニン）袋の緒が切れた。

実戦 彼の顔は見る見る赤くなり遂に□□袋の緒が切れました。　　　　　［北海道大］

友人の<u>　薄情　</u>（ハクジョウ）な仕打ちに胸が痛む。

実戦 一旦その者が失脚したり死亡したりすると、もう弊履のごとくこれを捨てて顧みなくなる世人のあざとさ、□□さ。　　　　　［早稲田大］

<u>　勤勉　</u>（キンベン）さを買われて昇進した。

実戦 □□な労働が新しい技術革新を生み、生産性を向上させ、会社に利益をもたらしてきた。　　　　　［慶應大］

社長のポストを譲り<u>　隠居　</u>（インキョ）する。

実戦 □□の老人は口少なに控え目な姿でこの部屋に坐っていた。　　　　　［東京大］

重い病を<u>　患う　</u>（ワズラ）。

実戦 時間的にも、空間的にも場所を失った私たちは「失郷症（atopia）」を□□。　　　　　［千葉大］

寺の講堂には仏像が<u>　鎮座　</u>（チンザ）していた。

実戦 本もやはり一種の貴重品として、書庫という宝物殿に□□するのである。　　　　　［同志社大］

私には<u>　皆目　</u>（カイモク）見当もつかない。

実戦 言葉を発した人の考え・意図が□□分からなければ、およそコミュニケーションにはならないし、その人の言葉に応じようもない。　　　　　［青山学院大］

<u>　完膚　</u>（カンプ）なきまでに敗北する。

実戦 今日バルトやレヴィ＝ストロースの言葉がポストモダニズムの先端を行くと考える日本人の間で歓迎されると同じことだが、坂口は□□なきまでにそれを斥けた。　　　　　［東京学芸大］

<u>　執念　</u>（シュウネン）を持って課題に取り組む。

実戦 芸の道を極めるには□□が要る。　　　　　［同志社大］

1372 文化	アンギャ 行脚 ★★ pilgrimage　類 巡行	❶ 僧が修行のため諸国をまわること ❷ 徒歩で諸国を旅すること +α 「ぎょうきゃく」と読み間違えないように注意
1373 心理	イチル 一縷 ★★ slight	❶ 糸のように細いもの ❷ ごくわずかであること +α 「いっし」と読み間違えないように注意
1374 社会	インペイ 隠蔽 ★★ concealment　類 隠匿	あるものを他のもので覆い隠すこと +α 「おんぺい」と読み間違えないように注意
1375 歴史	エイゴウ 永劫 ★★ forever　類 恒久	限りなく長い年月 +α 「えいきゃく」と読み間違えないように注意
1376 文学	エンセイ 厭世 ★★★ ペシミズム	世の中・人生をうとましく思うこと +α 「けんせい」と読み間違えないように注意
1377 心理	カンダイ 寛大 ★★ generosity	むやみに人を責めず、心の広いさま +α 「ひろだい」と読み間違えないように注意
1378 宗教	オウジョウ 往生 ★★ die	❶ 他の世界に生まれ変わること ❷ 抵抗などを諦めること +α 「おうせい」と読み間違えないように注意
1379 文学	カツアイ 割愛 ★★ omit	やむを得ず省略すること +α 「わりあい」と読み間違えないように注意
1380 宗教	キエ 帰依 ★★ become a believer　類 信仰	神仏を信じてその力にすがること +α 「きい」と読み間違えないように注意

僧侶が全国を　行脚（アンギャ）する。

実戦 伝には諸国を経歴して広く仏事を作した、とあるが、別に□□□の苦修談などは伝へられてゐない。 ［早稲田大］

一縷（イチル）の望みをかけ彼を見やる。

実戦 入学試験の合否はすでに決定済みであることを承知しつつ、なお□□□の望みをかけて祈りはしないだろうか。 ［名古屋大］

自身の誤りを　隠蔽（インペイ）する。

実戦 われわれは死の刻印を押されているが、日々を正気で生き伸びるために、われわれのうちなる死を□□□しようとする。 ［立命館大］

戦争の苦しみを未来　永劫（エイゴウ）忘れてはならない。

実戦 日本には□□□の苦しみも、永遠の救いもなかったということです。 ［一橋大］

厭世（エンセイ）観が染みついて離れない。

実戦 現実の世界でのいろいろな現象が悉く、嘘、いつわりであるというふうに思われる□□□家にとって、恋愛だけは一点の嘘、いつわりも含まないものである。 ［青山学院大］

寛大（カンダイ）な心で人を許す。

実戦 マレーグマは、人はケチであってはならない、□□□な心を持つべきだという、人に範を垂れる存在として描かれている。 ［名古屋大］

元帥は大　往生（オウジョウ）を遂げた。

実戦 □□□際悪くじたばたして、そこでまた軋轢を生んで。 ［東北大］

時間の都合上　割愛（カツアイ）する。

実戦 できる筈もないことを無理にするのだから何かを我慢するか□□□するかの手しか残されていない。 ［金沢工業大］

仏教に　帰依（キエ）する。

実戦 その際の「別の処」に向かう関心は、昔なら神様や彼岸などに□□□する方向を探るのが一般的であった。 ［神戸大］

功徳 クドク ★★

一宗教

virtue 類 善行

❶ 良い果報を得られるような善行
❷ 神仏の恵み

+α 「こうとく」と読み間違えないように注意

勾配 コウバイ ★★

一科学

slope 類 傾斜

傾斜面の傾きの程度

+α 「こうはい」と読み間違えないように注意

権化 ゴンゲ ★★★

一宗教

incarnation 類 化身

抽象的なものが、具体的な姿をとって現れたかのように思える人やもの

+α 「けんか」と読み間違えないように注意

困憊 コンパイ ★★

一心理

exhaustion

ひどく疲れること

+α 「こんび」と読み間違えないように注意

暫時 ザンジ ★★

一社会

for a while 対 恒久

少しの間、しばらく

+α 「ぜんじ」と読み間違えないように注意

老舗 シニセ ★★

一経済

old store

代々同じ商売を続けている、由緒正しい古い店

+α 「ろうほ」と読むこともある

煮沸 シャフツ ★★

一科学

boiling

水などを火にかけて煮立たせること

+α 「にふつ」と読み間違えないように注意

斟酌 シンシャク ★★

一心理

make allowance 類 推察

❶ 相手の事情や心情を汲み取ること
❷ 照らし合わせて取捨すること

+α 「かんしゃく」と読み間違えないように注意

脆弱 ゼイジャク ★★

一工学

fragile 対 強靭

もろくて弱いこと

+α 「きよわ」と読み間違えないように注意

こつこつと 功徳〔クドク〕 を積む。

実戦 生活で美を味わったことこそ、茶道の絶大な ⬚ である。 [上智大]

勾配〔コウバイ〕 の急な坂道を上る。

実戦 上り ⬚ がきつくなって、道の両側は草原から木立に変わり、枝の間から漏れた夕日が目を射った。 [大阪市立大]

悪の 権化〔ゴンゲ〕 と言われるような人。

実戦 しかも日本主義の ⬚ のような人であってみれば、日本在来の音楽の真価を理解して、それを高く買っていない筈はないのである。 [成蹊大]

ランニングをして疲労 困憊〔コンパイ〕 だ。

実戦 前なる精解の法は最上の者なれども、其の進み方甚だ遅々にして、且つ読者を ⬚ せしむること多し。 [京都大]

暫時〔ザンジ〕 の暇を頂戴する。

実戦 しかしその対立は持続的でなく ⬚ 的である。 [京都大]

老舗〔シニセ〕 の和菓子屋を訪れる。

実戦 手堅い取引の ⬚ も新参の無謀な冒険商人も、市場にはさまざまな人間模様があるであろう。 [中央大]

試験管の水を 煮沸〔シャフツ〕 する。

実戦 麹は自家採取したとしても、海水を ⬚ して塩を作るところから始める家はあまりないはずだ。 [青山学院大]

彼が新人であることを 斟酌〔シンシャク〕 して大目に見る。

実戦 わたしたちがとるべきでないのは、周囲（つまりはマジョリティ）の意向を ⬚ しあうというかたちでたがいに同調を強いる、そういう行動である。 [中央大]

システムの 脆弱〔ゼイジャク〕 性が浮き彫りになる。

実戦 そしてその負債を、もっとも ⬚ な者たちの苦難において一時的に決済しながら進行するのである。 [慶應大]

★★

漸次 <ruby>漸<rt>ゼン</rt>次<rt>ジ</rt></ruby>

次第に、だんだん

歴史 gradually 　対 即時 　+α 「ざんじ（暫時）」と読み間違えないように注意

★★★

羨望 <ruby>羨<rt>セン</rt>望<rt>ボウ</rt></ruby>

うらやましく思うこと

心理 envy 　対 幻滅 　+α 「びぼう」と読み間違えないように注意

★★★

造詣 <ruby>造<rt>ゾウ</rt>詣<rt>ケイ</rt></ruby>

その分野についての深い知識や
優れた技量

文化 deep knowledge 　+α 「ぞうし」と読み間違えないように注意

★★

弾劾 <ruby>弾<rt>ダン</rt>劾<rt>ガイ</rt></ruby>

不正や罪過をあばき、
責任を追及すること

社会 impeachment 　類 糾弾 　+α 「だんこう」と読み間違えないように注意

★★

知己 <ruby>知<rt>チ</rt>己<rt>キ</rt></ruby>

❶自分をよく理解してくれる人
❷知り合い、知人

文化 friend 　類 友人 　+α 「ちこ」と読み間違えないように注意

★★

追悼 <ruby>追<rt>ツイ</rt>悼<rt>トウ</rt></ruby>

死者の生前をしのんで、
悲しみに浸ること

宗教 メモリアル 　類 哀悼 　+α 「ついたく」と読み間違えないように注意

★★

伝播 <ruby>伝<rt>デン</rt>播<rt>パ</rt></ruby>

次々に伝わって広まること

文化 spread 　類 波及 　+α 「でんばん」と読み間違えないように注意

★★

逐次 <ruby>逐<rt>チク</rt>次<rt>ジ</rt></ruby>

順を追ってものごとがなされるさま

歴史 one by one 　類 順次 　+α 「ついじ」と読み間違えないように注意

★★

剝奪 <ruby>剝<rt>ハク</rt>奪<rt>ダツ</rt></ruby>

はぎ取ってうばうこと

社会 deprivation 　対 付与 　+α 「りだつ」と読み間違えないように注意

老年人口が <u>漸次</u>（ゼンジ）増加する。

実戦 美の ___ 的変貌に注目すると、美にはその刻々の変化の裡に、極美ともいうべく、最も輝く瞬間があるのではないだろうか。　　　　　　　　　　　　　[九州大]

<u>羨望</u>（センボウ）の眼差しを受ける。

実戦 そこには自分より優れた文化、進んだ文明に対する憧れ、尊敬、そして ___ といった相手に対する肯定的な心情が強く流れている。　　　　　　　　　　　[明治大]

彼は日本画に <u>造詣</u>（ゾウケイ）が深い。

実戦 「英語ができる人」がアメリカ文化やイギリス文化やカナダ文化やニュージーランド文化について ___ が深いということはない。　　　　　　　　　　　　　[一橋大]

政治の腐敗を <u>弾劾</u>（ダンガイ）する。

実戦 私が、たまたま中国で、靖国神社へ参詣する日本の首相を ___ する中国の知人と出会ったとしよう。　　　　　　　　　　　　　　　　　　　　[早稲田大]

かけがえのない <u>知己</u>（チキ）を得る。

実戦 私はここ数年、そうした近現代ヨーロッパの著作家たちを自分の師表に仰ぎ、あるいは彼らと友人 ___ として交際した。　　　　　　　　　　　　[同志社大]

<u>追悼</u>（ツイトウ）の意を表する。

実戦 無腸上田秋成が、蕪村の死の報らせを受けて書いた長い前書きつきの ___ 句のことは、よく知られているだろう。　　　　　　　　　　　　　　　[一橋大]

悲しみが <u>伝播</u>（デンパ）する。

実戦 このように、時代を経て言語が変わればもとの語は古語ということになり、これがもし地方に ___ して生きのびていれば方言に古語が残っているということになる。[横浜市立大]

<u>逐次</u>（チクジ）状況を報告する。

実戦 人間が環境へのアジャストメントのために学ぶべき事項が ___ 増加し、これと比較して先天的なるものの役割が ___ 縮小しつつあるとフィスクは考える。　[一橋大]

社会権を <u>剥奪</u>（ハクダツ）される。

実戦 土地を ___ された人の気持は年とともに忘れられていく。　　　　　[北海道大]

★★

ハット
法度

社会 タブー

❶ 禁じられていること
❷ おきて、法

+α 「ほうど」と読み間違えないように注意

★★★

ハンレイ
凡例

文学 explanatory notes

編集方針・使い方などを
書物の始めにまとめて記した部分

+α 「ぼんれい」と読み間違えないように注意

CHAPTER 5 読みが問われる漢字300

SECTION ❷ 頻出漢字②

★★

イ ブ キ
息吹

心理 breath

❶ 息を吐くこと
❷ 生気や活気のあること

+α 「いきふき」と読み間違えないように注意

★★

ブ リョウ
無聊

心理 tedium

退屈で、気が晴れないこと

+α 「むりゅう」と読み間違えないように注意

★★

サカノボ
遡る

歴史 go back 類 遡及

❶ 水の流れに逆らって進むこと
❷ 根源となる事柄に戻ること

+α 「そる」と読み間違えないように注意

★★

ヒ ソ
潜む

心理 lurk

❶ ひそかに隠れること
❷ 外に現れない状態にあること

+α 「せんむ」と読み間違えないように注意

★★

サ ラ
晒す

社会 expose 同 曝す

❶ 外気などに当てて放置すること
❷ 広く人目に触れるようにすること

+α 「せいす」(「ばくす」)と読み間違えないように注意

★★

カ モ
醸す

文化 produce 類 醸造する

❶ 発酵させて酒などを作ること
❷ 状態・雰囲気などを生み出すこと

+α 「じょうす」と読み間違えないように注意

そのような行いはご　法度（ハット）　だ。

実戦 昌平黌や藩校でのむやみな政談はご＿＿＿だったのではないか、とか、いくらでも議論や検証を行う余地はあります。　　　　　　　　　　　　　　　　　　　　　　　　　　　[センター]

辞書の　凡例（ハンレイ）　に目を通す。

実戦 玄白は、『解体新書』の翻訳について、その書の＿＿＿で興味深いことを述べている。
　　[埼玉大]

生命の　息吹（イブキ）　を感じる。

実戦 それはやがて、市民革命とともにふたたびよみがえり、国家論に新たな＿＿＿をあたえるのだ。　　　　　　　　　　　　　　　　　　　　　　　　　　　　　　　　　　　　　[大阪市立大]

酒を飲んで　無聊（ブリョウ）　を慰める。

実戦 雨や雪つづきで＿＿＿をかこっていた私は、彼らの会話をニヤニヤしながら聞くともなしに聞いていた。　　　　　　　　　　　　　　　　　　　　　　　　　　　　　　　　　　[同志社大]

鮭が川を　遡る（サカノボ）　。

実戦 起源に＿＿＿かのようにして身体教育を問うことは、その未分化の状態へ素朴に帰ることではない。　　　　　　　　　　　　　　　　　　　　　　　　　　　　　　　　　　　　[早稲田大]

文中に　潜む（ヒソ）　真意。

実戦 こうしてチカーナの体内に＿＿＿言語と文化の交錯の意識は、自らの体を舞台とした世界遍歴へと姿を変えてゆく。　　　　　　　　　　　　　　　　　　　　　　　　　　　　　　[神戸大]

ごぼうのささがきを水に　晒す（サラ）　。

実戦 そういう意味では、現在のわたしたちのように素顔を外に＿＿＿よりも、ヴェールで覆っておくほうが、よほど理にかなっているように思われる。　　　　　　　　　　　　　　　　[名古屋大]

彼女の発言が物議を　醸す（カモ）　。

実戦 現代において「本能のおもむくままに生きる人」がいたとしたら、社会的に大きな物議を＿＿＿だろう。　　　　　　　　　　　　　　　　　　　　　　　　　　　　　　　　　　[神奈川大]

ウカガ **窺う** ★★	❶ 物陰や隙間から様子を見ること ❷ 好機の訪れるのを待つこと
心理　peep	**+α** 「きう」と読み間違えないように注意

ハ ラ **孕む** ★★	❶ 胎内に子を宿すこと ❷ その中に含み持つこと
心理　become pregnant　**類** 内包する	**+α** 「ようむ」と読み間違えないように注意

イキドオ **憤る** ★★	❶ 腹を立てること ❷ 不満を抱くこと
心理　indignant　**類** 憤慨する	**+α** 「ふんる」と読み間違えないように注意

ダイタイ **代替** ★★	それに見合う他のもので代えること
文化　substitution	**+α** 「だいがえ」と読み間違えないように注意

イマシ **戒める** ★★	❶ 前もって注意を与えること ❷ してはいけないと命ずること
社会　warn　**類** 警告する	**+α** 「かいめる」と読み間違えないように注意

マ レ **稀** ★★	実現・存在することが 非常に少ないさま
文化　レア　**類** 稀有	**+α** 「き」と読み間違えないように注意

タ **長ける** ★★	十分に備わっていること
文化　be good at	**+α** 「ながける」と読み間違えないように注意

ボウゼン **呆然** ★★	あっけにとられているさま
心理　petrified	**+α** 「ほぜん」と読み間違えないように注意

クワダ **企てる** ★★	ことを始める前に、 その手順を考えること
心理　attempt　**類** 謀る	**+α** 「きてる」と読み間違えないように注意

上司の顔色を｜ 窺う ｜。（ウカガ）

実戦 村のいずれの家も丘を背に、前を畠にしているが、それは見知らぬ者が谷戸に入ってきた時、家から｜　　｜ことができるためである。 ［静岡大］

その論理は矛盾を｜ 孕む ｜。（ハラ）

実戦 それゆえに、たぶん現代の冒険は見世物化の危険を多分に｜　　｜ことになる。 ［上智大］

失礼な態度に｜ 憤る ｜。（イキドオ）

実戦 それで「あいつは挨拶もしなかった」と｜　　｜こともなく、未知の人として互いに不干渉になる。だから一見冷たく見える。 ［愛媛大］

路面電車をバスで｜ 代替 ｜する。（ダイタイ）

実戦 なぜなら私はかけがえのない一人の人間として仕事をしているつもりなのに、経済活動のなかでは、｜　　｜可能な一個の労働力にすぎないことを知らされるからである。 ［同志社大］

自分自身を｜ 戒める ｜。（イマシ）

実戦 素朴に道徳的な解釈をするなら、この聖書の一節は、自分のことをたなにあげて人を批判することの非を｜　　｜ものとして読めるだろう。 ［関西大］

そのような成功例は非常に｜ 稀 ｜である。（マレ）

実戦 暗く寂しい雪空に日のめを仰ぐことも｜　　｜な頃になると、浅間のけぶりも隠れて見えなかった。 ［京都大］

彼女は方向感覚に｜ 長ける ｜。（タ）

実戦 政治が劇場型になり、政治家はテレビを活用して人々の耳目を惹きつけることに｜　　｜ようになった。 ［桜美林大］

あまりの惨状に｜ 呆然 ｜とする。（ボウゼン）

実戦 そして(広義における)自国語の見慣れた光景がにわかに変貌するさまを前にして、しばし｜　　｜と立ちすくむこと。 ［東京学芸大］

悪事を｜ 企てる ｜。（クワダ）

実戦 ここには「私利」のために仲間を打ち捨てて立身出世を｜　　｜「私智・私徳」のみに凝り固まった人物を礼賛してきた日本の民情への強い批判が込められている。 ［明治大］

1416 社会	阻む ハバ prevent　類 妨害	★★ 進もうとするのを妨げること +α 「そむ」と読み間違えないように注意
1417 社会	熾烈 シ レツ fierce　類 強烈	★★ 勢いが盛んで激しいさま +α 「かれつ（苛烈）」と読み間違えないように注意
1418 文化	時雨 シ グ レ autumn shower	★★ 秋の末から冬の初めにかけて、 ぱらぱらと通り雨のように降る雨 +α 「じあめ」と読み間違えないように注意
1419 文化	稚拙 チ セツ poor　対 巧妙	★★ 幼稚で未熟なこと +α 「ちしゅつ」と読み間違えないように注意
1420 社会	委ねる ユダ leave	★★ ❶ 処置などを人に任せること ❷ 身を捧げること +α 「いねる」と読み間違えないように注意
1421 社会	滞る トドコオ delayed　対 捗る	★★ ものごとが順調に進まないこと +α 「たいる」と読み間違えないように注意
1422 文学	常套 ジョウトウ conventional	★★ ありふれたやり方 +α 「じょうだつ」と読み間違えないように注意
1423 心理	厭う イト mind	★★ 嫌がること +α 「えんう」と読み間違えないように注意
1424 文化	渾然 コンゼン harmoniously	★★ 溶け合って区別がないさま +α 「きぜん」と読み間違えないように注意

相手チームのシュートを 阻む 〔ハバ〕。

実戦 そしてこの怒りや反感の感覚はますます互いの了解を □ ものとなるのである。［中央大］

熾烈 〔シレツ〕 な戦いが幕を開ける。

実戦 一般の会社では、社内での競争が □ だ。［法政大］

時雨 〔シグレ〕 の降る冷たい夜。

実戦 京都の □ の雨はなるほど宵暁ばかりに、物の三分か四分ほどの間、何度となく繰り返してさっと通り過ぎる。［津田塾大］

自分の文章の 稚拙 〔チセツ〕 さが恥ずかしい。

実戦 あまりに □ な表現もあるが、しかしそれは画家の能力不足のゆえではない。［京都大］

場の進行を 委ねる 〔ユダ〕。

実戦 患者はもはや自分の痛みと闘う必要も耐える必要もなく、すべてを医師に □。［関西学院大］

雑事のせいで仕事が 滞る 〔トドコオ〕。

実戦 銀行、通信・放送サービス、大型スーパー、コンビニという全国に張られたネットワークを外れたところでは、個人の生活もとたんに □。［駒澤大］

それがあの人の 常套 〔ジョウトウ〕 手段だ。

実戦 雑誌のタイトルになるほど □ 句と化した言葉の裏にはいったい何があるのか。［法政大］

自身の怪我も 厭わ 〔イト〕 ず救助にあたる。

実戦 各交通機関は帰省客で混雑し、道路も渋滞何十キロなどという難行苦行を □ ず、故郷に帰る人の姿に羨望の眼差しを注ぐ人がいるのである。［大阪府立大］

映像と音楽が 渾然 〔コンゼン〕 一体となる。

実戦 時間を忘却した場で両者が □ 一体の経験をしているのである。［立命館大］

1425	**煽る** アオる	★★		❶ 風がものを動かすこと ❷ 人をある行動に駆り立てること
心理	stir	対 鎮める		+α 「せんる」と読み間違えないように注意

1426	**甦る** ヨミガエる	★★		衰退したものが、 再び盛んになること
宗教	revive	類 再生する		+α 「そる」と読み間違えないように注意

1427	**貶める** オトシめる	★★		❶ 劣ったものと軽蔑すること ❷ 成り下がらせること
心理	despise			+α 「さげすめる」と読み間違えないように注意

1428	**興隆** コウリュウ	★★		勢いが盛んになって栄えること
文化	prosperity	類 隆盛		+α 「こうせい」と読み間違えないように注意

1429	**喚問** カンモン	★★		公的な機関に呼び出して 問いただすこと
社会	summons	類 審問		+α 「ごうもん（拷問）」と読み間違えないように注意

1430	**重篤** ジュウトク	★★		病状が、著しく重いこと
医学	critical	類 重体		+α 「じゅうあつ」と読み間違えないように注意

1431	**間隙** カンゲキ	★★		❶ ものとものとのあいだ ❷ 空間的・時間的すきま
文学	gap			+α 「ますき」と読み間違えないように注意

1432	**普請** フシン	★★		家屋を建てたり修理したりすること
文化	construction			+α 「ふせい」と読み間違えないように注意

1433	**骨董** コットウ	★★		❶ 希少価値のある古美術品 ❷ 古いが役には立たなくなったもの
芸術	アンティーク			+α 「こつじゅう」と読み間違えないように注意

344

意図せず彼女の競争心を　[煽]（アオ）ってしまった。

実戦 〈わたし〉がこわれるのではないかといった不安を [＿＿＿] ことになっているのではないか。 [神戸大]

かつての記憶が　[甦る]（ヨミガエ）。

実戦 過去の中で目ざめを待つ新しさは、未来において [＿＿＿] 新しさである。 [早稲田大]

人を　[貶める]（オトシ）ような言い方をするべきではない。

実戦 デマは「政治的な意図を持ち、相手を [＿＿＿] ために流される情報」のことです。 [日本大]

新たな文化が　[興隆]（コウリュウ）する。

実戦 いまむしろ注目しなければならないのは、エコロジーをイメージ戦略として利用したビジネスの [＿＿＿] である。 [お茶の水女子大]

法廷に証人を　[喚問]（カンモン）する。

実戦 おかげで大学の総長が国会に [＿＿＿] されたりする。 [獨協大]

[重篤]（ジュウトク）な患者が搬送される。

実戦 原発のすぐ傍に住む住民が、原発関係者の再三の主張にも拘わらず想定外の事故が起き、[＿＿＿] な被曝を受けるという危険性。 [北海道大]

守備の　[間隙]（カンゲキ）を突かれる。

実戦 われわれは身体を、今や、巨大な地球規模の空間と時間の [＿＿＿] で味わう経験との関係で考察しなければならなくなったのである。 [明治大]

別棟を　[普請]（フシン）する。

実戦 「結」は地域の人々が総出で行う協働作業のことであり、みんなで協力して道をつくる道 [＿＿＿] などもそのひとつだった。 [名古屋大]

[骨董]（コットウ）品を収集する。

実戦 [＿＿＿] の目利きになるためには、よい物を、まず一流品を見続けなければだめだといいます。 [立命館大]

1434	★★	
ネンゴ 懇ろ 心理　kind　類親密	❶ 心の込もっているさま ❷ 親しいさま **+α** 「こんろ」と読み間違えないように注意

1435	★★	
コトゴト 悉く 言語　entirely　同尽く	それに関するものすべてに及ぶさま **+α** 「しばらく(暫く)」「ようやく(漸く)」と読み間違え ないように注意

1436	★★	
コウム 蒙る 社会　suffer　同被る	❶ 行為や恩恵などを受けること ❷ 災いなどを身に受けること **+α** 「もうる」と読み間違えないように注意

1437	★★	
アラカジ 予め 心理　in advance	将来の事態に先立って、 あるものごとを行うさま **+α** 「よめ」と読み間違えないように注意

1438	★★	
リュウチョウ 流暢 言語　fluent	言葉が滑らかに出てよどみないこと **+α** 「りゅうい」と読み間違えないように注意

1439	★★	
シノ 凌ぐ 心理　exceed　類超越する	❶ 苦痛や困難に耐え忍ぶこと ❷ あるものを超えること **+α** 「りょうぐ」と読み間違えないように注意

1440	★★	
ツ 憑かれる 宗教　be possessed　類憑依される	霊魂などが 乗り移った状態になること **+α** 「ひょうかれる」と読み間違えないように注意

1441	★★	
ニジ 滲む 文化　run	❶ 液体がしみて広がること ❷ 液体がうっすらと出てくること **+α** 「さんむ」と読み間違えないように注意

1442	★	
カカト・キビス 踵 文化　heel	❶ 足の裏の後部、足首の下に当たる部分 ❷ (踵を返す) 後戻りすること **+α** 「じゅう」と読み間違えないように注意

彼らはすでに 懇ろ（ネンゴ）な間柄だ。

実戦 敵兵を◻◻に葬る人道的寛容性は、それまでの敵我双方の敵意を消失させ、和解への道を開く基礎的条件となった。　　　　　　　　　　　　　　　　　　　　　　［清泉女子大］

財産を 悉く（コトゴト）投げ打つ。

実戦 自分の一念を◻◻果たして死ぬなどということは、まずない。　　　　　　　　　　［立教大］

多大な恩恵を 蒙る（コウム）。

実戦 この身体の変様とはなにかといえば、世界のなかで外界の事物からの働きかけによってわれわれの身体が◻◻変様（受動による変化）のことである。　　　　　　　　　　　　　　［上智大］

予め（アラカジ）了解を得ておく。

実戦 映画撮影においては、疾走する馬や車を捉えるために、カメラは◻◻作られたレールの上を滑らかに運動しながら、撮影が行われる。　　　　　　　　　　　　　　　　　［一橋大］

流暢（リュウチョウ）なフランス語に聞き惚れる。

実戦 回診に和夫が付いたとき、香坂は◻◻な英語でふたつの質問をした。　　　　　［大阪大］

プロ選手を 凌ぐ（シノ）実力の持ち主。

実戦 セクシュアリティの境界ひとつとっても、ストリートでのその溶解ぶりはときにアートによるイメージの表出やファッション・デザインの冒険をも◻◻ほどである。　　　　［秋田大］

疫病神に 憑かれる（ツ）。

実戦 こうした解釈は、それに取り◻◻度に私を苦しめた。　　　　　　　　　　　　　［千葉大］

包帯に血が 滲む（ニジ）。

実戦 やがてぐるりと寝返りをうって、向こうへ向いたが、その時の頬のあたりは、今でも思い出すと涙が◻◻。　　　　　　　　　　　　　　　　　　　　　　　　　　　　　［法政大］

彼は 踵（キビス）を返して帰っていった。

実戦 随員のロシア武官たちが一斉に拍車のついた長靴の◻◻を鳴らして敬礼する。　［中央大］

★★

弔問
チョウモン

宗教 condolence

故人をとむらうために
葬祭の場や遺族のもとを訪ねること

+α 「いもん」と読み間違えないように注意

★★

委細
イサイ

社会 details　　対 概略

❶ こまかく詳しいこと
❷ こまかいことまですべて

+α 「きさい」と読み間違えないように注意

★

胸襟
キョウキン

心理 heart　　類 内心

心の中、胸中

+α 「むなえり」と読み間違えないように注意

★

軋む
キシ

文化 creak

ものとものとがすれ合って
きしきしなどと音を立てること

+α 「あつむ」と読み間違えないように注意

★★

礼讃
ライサン

宗教 praise　　類 賞賛

すばらしいものとして、
褒め称えること

+α 「れいさん」と読み間違えないように注意

★

凍てつく
イ

心理 freeze

こおりつくこと

+α 「とうてつく」と読み間違えないように注意

★★

背く
ソム

心理 disobey　　類 裏切る

❶ 人の意志に従わないこと
❷ 世間や、人のもとから離れること

+α 「せく」と読み間違えないように注意

★

恢復
カイフク

医学 recovery　　類 回復

悪い状態になったものが、
元の状態に戻ること

+α 「はいふく」と読み間違えないように注意

★★

括る
ク

文化 bind　　類 まとめる

❶ 紐などを巻いて締めること
❷ 全体を一つにまとめること

+α 「かつる」と読み間違えないように注意

大勢の関係者が 弔問 （チョウモン）した。

実戦 加藤の葬儀が行われた日の朝、出入りの植木職人が □ に訪れた。 ［立命館大］

委細 （イサイ）は追って通知することとした。

実戦 そのうちにも □ かまわず鞄が買われて、厚紙の筆入れや、大きな手習いの筆や、すっかりそろってしまった。 ［千葉大］

胸襟 （キョウキン）を開いて話したい。

実戦 自然は □ をひらき、草木も情をかわしあうというのです。 ［成城大］

古い家の床が 軋む （キシ）。

実戦 打ちすえると声を発するのは身体の中のバネが □ 音にすぎない。 ［同志社大］

先人の偉業を 礼讃 （ライサン）する。

実戦 伝統というと、様式に対する □ が先に立って、それを支える心の問題が忘れられやすい。 ［京都大］

凍てつく （イ）ような寒さの中で散歩する。

実戦 お前のいうように □ 冬の寒さもなければ、日照りの夏の暑さもない。 ［広島大］

彼はいつも先生の指示に 背く （ソム）。

実戦 しかし人間は、動物とは違って、規範的な慣習の中で生きており、そうした慣習に従うこともできれば、 □ こともできる。 ［筑波大］

温泉に入って疲労が 恢復 （カイフク）する。

実戦 生と死が周期的に循環しているように、人間の社会にも秩序の破壊とその □ という生理的なサイクルがある。 ［大阪大］

髪の毛を一つに 括る （ クク）。

実戦 あまたの可能性のひとつの着地点にすぎない「民俗学」をもって、柳田の生涯にわたる思想のすべてを □ ことには、とうてい同意しがたい。 ［早稲田大］

1452		★★	
心理	**含羞** ガンシュウ shy	**瀏** 羞恥	恥ずかしいと思う気持ち **+α**「がんちく（含蓄）」と読み間違えないように注意

1453		★★	
心理	**強靱** キョウジン strong	**対** 脆弱	強くしなやかで粘りのあるさま **+α**「ごうじん」と読み間違えないように注意

1454		★★	
心理	**具える** ソナえる prepare	**同** 備える	これから先に起こる事態に 対応できるように準備しておくこと **+α**「ぐえる」と読み間違えないように注意

1455		★★	
心理	**咆哮** ホウコウ roar		獣が激しい勢いでほえること **+α**「こうほう」と読み間違えないように注意

1456		★★	
心理	**示威** ジイ デモンストレーション		威力や気勢を他に示すこと **+α**「しい」と読み間違えないように注意

1457		★★	
社会	**席巻** セッケン sweep	**同** 席捲	片端から勢いよく 自分のものにしていくさま **+α**「せきかん」と読み間違えないように注意

1458		★★	
心理	**緩慢** カンマン slow	**対** 迅速	❶ 動きがゆったりしてのろいこと ❷ 処理の仕方が手ぬるいこと **+α**「だんまん」と読み間違えないように注意

1459		★★	
文化	**杜撰** ズサン careless	**対** 綿密	ものごとがいい加減で、 誤りが多いこと **+α**「ぼくせん」と読み間違えないように注意

1460		★	
文化	**胡乱** ウロン suspicious		❶ 疑わしく怪しいこと ❷ 不確実であること **+α**「こらん」と読み間違えないように注意

彼女は褒められて頬に 含羞（ガンシュウ）の色を浮かべた。

実戦 それは慈善者の笑いというより、むしろ□□□の幽かなわらいであった。　　［センター］

強靭（キョウジン）な意志を持って困難に立ち向かう。

実戦 変化の激動に生命が耐え、新しい「自己」を作り上げることができるのは、むしろその□□□なホメオスタシスの作用あってこそである。　　［明治大］

徳を身に 具える（ソナ）。

実戦 個人の体験が、人々によって語られ、集団の共有する物語へと移行した時点で、風景と呼ばれるにふさわしい形を□□□ようになる。　　［明治大］

ライオンが 咆哮（ホウコウ）する。

実戦 或る身構えを必要とする動物の□□□には、それに応じた身の処し方があったから、耳は鋭敏であった。　　［法政大］

国会前で 示威（ジイ）行進をする。

実戦 たとえば、日本の町の夏祭りなどでは、町内そろいの浴衣というのをあつらえて、それぞれの町が一種の□□□効果をつくりあげた。　　［青山学院大］

新製品が市場を 席巻（セッケン）する。

実戦 日本ではピンと来ないかもしれないが、今やヨーロッパ林業は、世界の木材産業を□□□する存在だ。　　［同志社大］

緩慢（カンマン）な対応に苛立つ。

実戦 長い持続性の場合でも、□□□で、制度改正まで時間のかかる変化の場合でもある。　　［北海道大］

仕事の 杜撰（ズサン）さを注意される。

実戦 小説を書く基礎になるのは、日常、事物を□□□にではなく「見る」習慣、「見る」力だと知らされる。　　［法政大］

胡乱（ウロン）なところを辞書で調べる。

実戦 さはいへ、模写々々とばかりにて、如何なるものと論定めておかざれば、此方にも□□□の所あるといふもの。　　［上智大］

| 1461 | 言語 | ウツブ
嘯く | ★
boast | ❶ とぼけて知らないふりをすること
❷ 偉そうに大きなことを言うこと
+α「ささやく（囁く）」と読み間違えないように注意 |

| 1462 | 宗教 | アガナ
贖う | ★
atone for　**類** 贖罪する | 罪の償いをすること
+α「まかなう（賄う）」と読み間違えないように注意 |

| 1463 | 心理 | ショウスイ
憔悴 | ★
exhausted　**類** 疲弊 | 心配や疲労・病気のために
やせ衰えること
+α「しょうそつ」と読み間違えないように注意 |

| 1464 | 心理 | オノノ
慄く | ★★
shiver　**類** 慄然とする | 恐ろしさ・寒さ・興奮などのために
からだや手足が震えること
+α「りつく」と読み間違えないように注意 |

| 1465 | 心理 | イザナ
誘う | ★★
invite　**類** 誘導する | さそうこと、勧めること
+α「さそう」という読み方もある |

| 1466 | 文化 | シツラ
設える | ★★★
set | ❶ こしらえもうけること
❷ 部屋などを整え、飾りつけること
+α「せつえる」と読み間違えないように注意 |

| 1467 | 心理 | ナイガシ
蔑ろ | ★★★
think little of　**類** 軽蔑 | ないもののように軽んじること
+α「むしろ（寧ろ）」と読み間違えないように注意 |

| 1468 | 文化 | スコブ
頗る | ★
very | 普通の程度を大きく超えているさま
+α「こうむる（蒙る）」と読み間違えないように注意 |

| 1469 | 心理 | （ソゾ）
スズ
漫ろ | ★
somehow | ❶ 特に理由もなしにそうなるさま
❷ そわそわするさま
+α「まんろ」と読み間違えないように注意 |

絶対に優勝してみせると <ruby>嘯く<rt>ウソブ</rt></ruby> 。

実戦 「個人として生きているのであって、私は自分のアイデンティティを日本人であることにはおいていない」と□□□だけではもちろん何にもならない。 ［成蹊大］

自分の犯した罪を <ruby>贖う<rt>アガナ</rt></ruby> 。

実戦 また、年限の長短は、株主の元手を取り戻し労を□□□ほどの利分を得べき歳月を計りて、これを定むるよし。 ［明治大］

彼女は <ruby>憔悴<rt>ショウスイ</rt></ruby> しきった顔をしている。

実戦 何となしにだが、ぼく自身のなかにも、降り積もっている□□□の影をかんじた。［センター］

迫りくる恐怖に <ruby>慄く<rt>オノノ</rt></ruby> 。

実戦 そして巣の僅かな微動にも緊張した神経が震え□□□様は、単なる触知でなしに、感情的知覚の域にまでふみこんでる概がある。 ［豊島与志雄『蜘蛛』］

彼を夢の国へ <ruby>誘う<rt>イザナ</rt></ruby> 。

実戦 駄洒落も、同じ形で意味の違う言葉を重ね、メッセージの受け手を一瞬宙ぶらりんの状態に置き、次にその無意味さで笑いを□□□点で、同じ論理にしたがっている。 ［青山学院大］

庭に物置を <ruby>設える<rt>シツラ</rt></ruby> 。

実戦 すると、ゴスなり、ファニイなりが彼を寝かせ、そして、何時でも書きたい時に寝たなりで書けるように、布団の位置を巧く、□□□。 ［中島敦『光と風と夢』］

上司からの注意を <ruby>蔑ろ<rt>ナイガシ</rt></ruby> にしてはいけない。

実戦 動詞が□□□にされ駆逐されてゆくとは、どういう事態なのだろう。 ［早稲田大］

今日は <ruby>頗る<rt>スコブ</rt></ruby> からだの調子が良い。

実戦 社会学が今日に於て社会生存の天則を知りたるは□□□幼稚なるに相違なし。 ［一橋大］

<ruby>漫ろ<rt>（ソゾ）
スズ</rt></ruby> に寂しさを覚える。

実戦 その間をさまよう放牧の馬の群れは□□□に我々の祖先の水草を追うて漂浪した昔をおもい出させる。 ［芥川龍之介『日光小品』］

心理	**直向き** _{ヒタム} ★★ earnest	一つのものごとだけに 心を向けているさま **+α**「じかむき」と読み間違えないように注意
1471 心理	**儘ならない** _{ママ} ★★ beyond one's control	思い通りにならないこと **+α**「じんならない」と読み間違えないように注意
1472 社会	**既存** _{キ ソン} ★★ existing 　**対**新規	すでに存在すること **+α**「きぞん」は本来読み間違いだが、現在は認められて いる
1473 宗教	**穢れ** _{ケガ} ★★★ impurity 　**類**不浄	❶ 精神的に醜いこと ❷ 名誉をけがすこと **+α**「さいれ」と読み間違えないように注意
1474 心理	**辛辣** _{シンラツ} ★★ severe 　**対**柔和	言うことや他に与える批評の、 きわめて手厳しいさま **+α**「しんそく」と読み間違えないように注意
1475 文化	**幾分** _{イクブン} ★★ a little 　**類**幾ばく	❶ いくつかに分けたうちの一部分 ❷ 程度が小さいさま **+α**「きぶん」と読み間違えないように注意
1476 社会	**喝采** _{カッサイ} ★★ applause 　**類**賞賛	声を上げて褒めそやすこと **+α**「かつとる」と読み間違えないように注意
1477 宗教	**供物** _{ク モツ} ★★ offering	神仏や死者の霊などに、 供養のためそなえるもの **+α**「きょうぶつ」と読み間違えないように注意
1478 社会	**拷問** _{ゴウモン} ★★ torture 　**類**詰問	様々な肉体的苦痛を与え、 自白を強制すること **+α**「じんもん（尋問）」と読み間違えないように注意

あの選手は 直向き (ヒタムキ) に努力している。

実戦 誰がこの私の ◯◯◯ の愛の行為を、正当に理解してくれることか。 ［太宰治『駈込み訴え』］

多忙で食事も 儘ならない (ママ) 。

実戦 いまは、自分のからだで、自分のものでは無い。◯◯◯ ぬ事である。メロスは、わが身に鞭打ち、ついに出発を決意した。 ［太宰治『走れメロス』］

既存 (キソン) の建物を再利用する。

実戦 ファッションは、時間そのものであるかのように ◯◯◯ のものを乗り越え、外部に出ようとする… ［埼玉大］

穢れ (ケガ) を知らない子供たち。

実戦 罪 ◯◯◯ ・災厄・疫病、さらには犯罪・暴力・殺人など人々の生活を脅かすものをひとまとめにして、ケガレという概念を設定してみる。 ［中央大］

部下に対して 辛辣 (シンラツ) な意見を放つ。

実戦 「裁く勿れ」という戒めは、最も ◯◯◯ な裁きをよび起します。 ［法政大］

風邪が 幾分 (イクブン) か良くなる。

実戦 伝統ということばにはつねに ◯◯◯ か理想主義的な憧れとノスタルジーがこめられている。 ［京都大］

演奏後に 喝采 (カッサイ) を浴びる。

実戦 ファッションや行動に自由が持ち込まれて ◯◯◯ を博したのは、ついこの前のことである。 ［明治大］

お葬式に 供物 (クモツ) を贈る。

実戦 集団としての生活を豊かにし護ってくれる神の恩恵に対して、それを儀式として眼に見える形にするなら、感謝の気持ちを精一杯示すための捧げ物つまり ◯◯◯ が必要となる。 ［同志社大］

彼を 拷問 (ゴウモン) にかけて白状させる。

実戦 ◯◯◯ が、まもなく捕えられ、苛酷な ◯◯◯ のすえ棄教に追いこまれていく。 ［法政大］

| 1479 | 宗教 | イケニエ 生贄 ★★
 sacrifice | 類 犠牲 | 人や動物を
生きたまま神に供えること
 +α 「せいし」と読み間違えないように注意 |

| 1480 | 心理 | ヒイキ 贔屓 ★★
 favor | | 気に入った人に特に目をかけ
世話をすること
 +α 「かいかい」と読み間違えないように注意 |

| 1481 | 社会 | エッケン 謁見 ★★
 audience | | 貴人または目上の人に会うこと
 +α 「かつけん」と読み間違えないように注意 |

| 1482 | 文化 | ヒナガタ 雛型 ★★★
 モデル | 同 雛形 | ❶ 実物をかたどって作ったもの
❷ 形式・様式を示す見本
 +α 「いがた(鋳型)」と読み間違えないように注意 |

| 1483 | 社会 | ジャッキ 惹起 ★
 provoke | 類 誘発 | 事件や問題をひきおこすこと
 +α 「ひいき(贔屓)」と読み間違えないように注意 |

| 1484 | 科学 | ヨウリョク 揚力 ★★
 lift | | 流れの中に置かれた物体が受ける
流れの方向に垂直に働く力
 +α 「ばりき(馬力)」と読み間違えないように注意 |

| 1485 | 経済 | ソウサイ 相殺 ★★
 offset | 対 相乗 | 効力を互いに打ち消し合い、
差し引きすること
 +α 「そうさつ」と読み間違えないように注意 |

| 1486 | 哲学 | シンガン 真贋 ★★
 authenticity | 類 真偽 | ❶ 本物と偽物
❷ 本物か偽物かということ
 +α 「しんぎ(真偽)」と読み間違えないように注意 |

| 1487 | 社会 | (ジュウタイ) チュウタイ 紐帯 ★★
 social ties | | ❶ 紐と帯
❷ 人と人とを結びつけるもの
 +α 「ひもおび」と読み間違えないように注意 |

神に　**生贄**　を捧げる。
〈イケニエ〉

実戦 牛にしても、例えば◻︎としての役割が与えられていて、その役割にしたがって動く限り、そこに立ち止まるべき理由はない。　　　　　　　　　　　　　　　　　　　　［早稲田大］

先生は彼女を　**贔屓**　している。
〈ヒイキ〉

実戦 僕はノスタルジーに捉われて紙を◻︎しているわけではない。　　　　　　　　　　［早稲田大］

天皇陛下の　**謁見**　を受ける。
〈エッケン〉

実戦 アダムズとヨーステンが豊後から大坂に護送され、当時の五大老の一人だった徳川家康に◻︎した。　　　　　　　　　　　　　　　　　　　　　　　　　　　　　　　　　　［東京理科大］

空港の　**雛型**　を作る。
〈ヒナガタ〉

実戦 労働時間、徹夜業による体重の減少、雇傭契約の◻︎、賃銀、数字を読んでみると、どれも非人間的な待遇である。　　　　　　　　　　　　　　　　　　　　　　　　　　　　［立教大］

政治の混乱が今回の事件を　**惹起**　した。
〈ジャッキ〉

実戦 アルプスの雪解けがしばしば大増水を◻︎するにもかかわらず、しかも堤防はこれでよいとせられているのである。　　　　　　　　　　　　　　　　　　　　　　　　　　　［関西大］

飛行機の翼で　**揚力**　が発生する。
〈ヨウリョク〉

実戦 この戦闘機はどんな場所にでも離着陸できるように◻︎が得られやすい形をしている。
　　　　　　　　　　　　　　　　　　　　　　　　　　　　　　　　　　　　［オリジナル］

前年度の赤字を　**相殺**　するほどの利益を出す。
〈ソウサイ〉

実戦 というよりも、二原理が衝突し、互いに◻︎し合って、言語のもつ論理的拘束力を弱めている。　　　　　　　　　　　　　　　　　　　　　　　　　　　　　　　　　　［明治大］

美術品の　**真贋**　を見分ける。
〈シンガン〉

実戦 しかし、典型的な◻︎の例として贋金と本当の貨幣がある、と反論する人があるかも知れぬ。　　　　　　　　　　　　　　　　　　　　　　　　　　　　　　　　　　［関西学院大］

両国の　**紐帯**　を強める友好条約を結ぶ。
（ジュウタイ）
〈チュウタイ〉

実戦 必然的に社会の◻︎はゆるみ、人と人との関係は堅固さを失ってゆくほかない。［慶應大］

1488 社会	遺棄 (イキ) abandonment ★★	捨てて顧みないこと **+α**「いきゃく」と読み間違えないように注意
1489 社会	抱擁 (ホウヨウ) ハグ ★★	親愛の情を持って、 だきかかえること **+α**「ほうご」と読み間違えないように注意
1490 社会	約款 (ヤッカン) provision ★★	条約などに定められている 個々の条項 **+α**「やっき」と読み間違えないように注意
1491 文化	晩餐 (バンサン) dinner ★★	晩の食事 **+α**「ばんしょく」と読み間違えないように注意
1492 文学	緩急 (カンキュウ) fast and slow ★★	❶ ゆるやかなことと、急なこと ❷ 差し迫った事態 **+α**「ゆるきゅう」と読み間違えないように注意
1493 文化	繁茂 (ハンモ) grow thick ★	草木が生い茂ること **+α**「はんしげ」と読み間違えないように注意
1494 哲学	擬似 (ギジ) pseudo 類 疑似 ★★	本物ににていて紛らわしいこと **+α**「ぎに」と読み間違えないように注意
1495 哲学	浅薄 (センパク) superficial 対 深淵 ★★	知識や考えが浅いこと **+α**「あさはか」と読み間違えないように注意
1496 文化	会釈 (エシャク) nod 類 挨拶 ★★	軽く一礼すること **+α**「かいしゃく（介錯）」と読み間違えないように注意

死体を | 遺棄 （イキ） | した罪に問われる。

実戦 この関係のなかで、表現は沈黙の表現であると同時に沈黙の◻◻◻であり、沈黙は表現への志向であると同時に表現の拒否である。　　　　　　　　　　　　　　　　　　　［東北大］

久しぶりに再会した息子を | 抱擁 （ホウヨウ） | する。

実戦 都市は市民を疎外しておきながら、また、別のところでこのように無名者として◻◻◻する。　　　　　　　　　　　　　　　　　　　　　　　　　　　　　　　　　　　　　　　［立教大］

条約の | 約款 （ヤッカン） | に違反する。

実戦 よく用いられる例に、保険証書の裏に小さな字でびっしりと記述された◻◻◻がある。　　［学習院大］

首相が | 晩餐 （バンサン） | 会に出席する。

実戦 ◻◻◻会や舞踏会で女性が身につける夜会服には、たいていの場合大胆な胸ぐりが施されている。　　　　　　　　　　　　　　　　　　　　　　　　　　　　　　　　　　　　　　　［九州大］

ピッチャーが投球に | 緩急 （カンキュウ） | をつける。

実戦 習得されるものは、文字の形よりも、主として動きの◻◻◻の「型」であり、筆遣いの「呼吸」である。　　　　　　　　　　　　　　　　　　　　　　　　　　　　　　　　　　　　　　［武蔵大］

水草が | 繁茂 （ハンモ） | する。

実戦 建物全体が奇怪な岩の塊のような、あるいは◻◻◻する巨大な植物のような印象を与えるのである。　　　　　　　　　　　　　　　　　　　　　　　　　　　　　　　　　　　　　　　［同志社大］

バンジージャンプを | 擬似 （ギジ） | 体験する。

実戦 いま世界は、構築物としての冷戦構造の解体作業中にあり、精神的には、◻◻◻臨戦状態から解き放たれた一種の弛緩期にある。　　　　　　　　　　　　　　　　　　　　　　　［東京理科大］

彼の | 浅薄 （センパク） | な言動にうんざりする。

実戦 これに反し、表面的で◻◻◻な人物は、たえず気が散っている。　　　　　　　　　［広島大］

友人に | 会釈 （エシャク） | をする。

実戦 皆さんは普段、誰かと目が合うと短い微笑を交わしたり、すれ違うときに◻◻◻をしたり、仕事の手をとめて挨拶をしたりすることはないだろうか。　　　　　　　　　　　　　　　［立教大］

1497 工学	**円弧** エンコ ★ arc 類 曲線	円周の一部分 +α 「えんうり」と読み間違えないように注意
1498 心理	**潤す** ウルオ ★★ wet	❶ ほどよい水分を与えること ❷ 利益や恩恵を与えること +α 「じゅんす」と読み間違えないように注意
1499 社会	**眺望** チョウボウ ★★ ビュー 類 展望	❶ 遠くを見渡すこと ❷ 見晴らし +α 「ながめぼう」と読み間違えないように注意
1500 社会	**罷免** ヒメン ★★ dismissal 対 任命	職務をやめさせること +α 「のうめん」と読み間違えないように注意

CHAPTER 5　読みが問われる漢字300

SECTION ❸ 頻出漢字③

1501 社会	**赴任** フニン ★★ transferred 類 着任	勤務先におもむくこと +α 「きにん(帰任)」と読み間違えないように注意
1502 文化	**静寂** セイジャク ★★ silence 対 騒然	静かでひっそりとしていること +α 「せいしゅく(静粛)」と読み間違えないように注意
1503 経済	**涸渇** コカツ ★★ dry up 同 枯渇	❶ 水がかれること ❷ ものが尽きてなくなること +α 「かくかつ」と読み間違えないように注意
1504 社会	**威嚇** イカク ★★ threat 類 脅迫	おどしつけること +α 「いせき」と読み間違えないように注意

コンパスで 円弧（エンコ）を描く。

実戦 海辺の町に移り住んで三月になるが、空を見上げるとほとんど常に鳶が悠々と大きな □□□ を描いて舞っているのが見られる。 ［防衛大学校］

水で喉を 潤す（ウルオ）。

実戦 道也はもと地方の中学校教師でしたが、その町を □□□ 石油会社の金権主義を批判してクビになった過去があります。 ［埼玉大］

山頂から美しい風景を 眺望（チョウボウ）する。

実戦 私がある時ある場所に行き出会った風景は、その状況における特定の姿であり、偶々立っていた視点からの限定された空間的 □□□ にすぎないようにも思われる。 ［お茶の水女子大］

大臣を 罷免（ヒメン）する。

実戦 弾劾により裁判官を □□□ する。 ［関西大］

仕事の都合で海外に 赴任（フニン）する。

実戦 大学という職場に □□□ してから十二年目になった… ［京都女子大］

夜の 静寂（セイジャク）を破るパトカーの音。

実戦 浩平の家では、夜はテレビをつけ放しているし、こども達は騒ぐし、で田舎の夜の □□□ を、充江ですら忘れていた。 ［広島大］

資源が 涸渇（コカツ）する。

実戦 原始の要素を不当に小さくしては、長い歴史が培ってきたコミュニケーションの大樹も、ついにその根の養分に □□□ せざるをえないだろう。 ［信州大］

牙を剝いて敵を 威嚇（イカク）する。

実戦 実用的な音としては相手を □□□ する声などあったろうが、その練習に原始人が荒野で発声練習をしていた、と思うとすれば、これは凄い光景だ。 ［中央大］

1505 心理	**奔放** (ホンポウ) ★★ unrestrained
	常識にとらわれずに、 自分の思うままに振る舞うこと **+α** 「はんぽう」と読み間違えないように注意

1506 工学	**可塑** (カソ) ★★★ plastic
	柔らかく変形しやすいこと **+α** 「かぎゃく」と読み間違えないように注意

1507 社会	**団塊** (ダンカイ) ★★ mass
	❶ かたまり ❷（団塊の世代）第一次ベビーブームが 　 起きた時期に生まれた世代のこと **+α** 「だんこん」と読み間違えないように注意

1508 文化	**嗜好** (シコウ) ★★ taste **類** 趣味
	❶ 愛好すること ❷ 好み **+α** 「しゅこう（趣向）」と読み間違えないように注意

1509 文化	**陳腐** (チンプ) ★★ commonplace **類** 凡庸
	ありふれていてつまらない様子 **+α** 「ちんふ」と読み間違えないように注意

1510 科学	**還元** (カンゲン) ★★ reduction
	元の状態に戻すこと **+α** 「かんがん」と読み間違えないように注意

1511 宗教	**禁忌** (キンキ) ★★ タブー
	ある文化の中で禁じられていること **+α** 「きんひ」と読み間違えないように注意

1512 社会	**放逐** (ホウチク) ★★ expulsion **類** 駆逐
	その場所や組織から追い払うこと **+α** 「ほうたく」と読み間違えないように注意

1513 心理	**些末** (サマツ) ★★ trivial **対** 重要
	重要でない、ごく小さなこと **+α** 「ひまつ」と読み間違えないように注意

彼は自由 <ruby>奔放<rt>ホンポウ</rt></ruby> な生活を送っている。

実戦 マーク・トゥエーン『ハックルベリー・フィンの冒険』などは、その自由闊達で □□□ な語り口調や、ほら話的なユーモアの魅力が、言語・文化の壁に遮られて伝わりにくい…

[青山学院大]

粘土の <ruby>可塑<rt>カソ</rt></ruby> 性を研究する。

実戦 言葉の意味はおどろくほど伸縮自在で □□□ 性がある…

[早稲田大]

父は <ruby>団塊<rt>ダンカイ</rt></ruby> の世代の生まれだ。

実戦 少なくとも「□□□ 世代」までは、歴史というものは「加速度的」に進展するということを、当然の感覚のように持っていた…

[早稲田大]

彼は独特な <ruby>嗜好<rt>シコウ</rt></ruby> の持ち主だ。

実戦 なぜ形によって □□□ が違うのだろうという疑問を持つことが、文化を考えていくきっかけになるのだ。

[神戸女学院大]

<ruby>陳腐<rt>チンプ</rt></ruby> な意見なら言わない方がましだ。

実戦 過去の地位や蓄積も、あっというまに □□□ 化し、役に立たなくなります。

[成城大]

大学は研究成果を社会に <ruby>還元<rt>カンゲン</rt></ruby> する。

実戦 自由や平等や正義といった価値は単一の価値に □□□ できないばかりか、常に衝突する可能性をもっている…

[立正大]

<ruby>禁忌<rt>キンキ</rt></ruby> を犯した者には罰が下る。

実戦 何故か経済がマイナス成長するという前提は、□□□ とでもいうように遠ざけられ…

[新潟大]

暴力団をその地域から <ruby>放逐<rt>ホウチク</rt></ruby> する。

実戦 戦前の精神性と距離が開いたとき、私たちの共同性は私たちの気分や欲望によって □□□ されたのである。

[成蹊大]

彼は <ruby>些末<rt>サマツ</rt></ruby> なことにいちいちこだわる。

実戦 強烈な印象を刻みつけた出来事はクローズアップで大写しにされ、さほど印象に残らない □□□ な出来事は遠景に退いてフェイドアウトすることであろう。

[横浜国立大]

1514

テイチョウ
丁重 ★★

心理　polite　類 丁寧

❶ 礼儀正しく、手厚いこと
❷ 注意が行き届いていて丁寧なこと
+α 「ちょうじゅう」と読み間違えないように注意

1515

スイコウ
遂行 ★★

社会　execution　類 挙行

ものごとを成し遂げること
+α 「ついこう」と読み間違えないように注意

1516

ブジョク
侮辱 ★★

心理　insult　対 尊敬

相手を馬鹿にして、
はずかしめること
+α 「ぶにく」と読み間違えないように注意

1517

ヘンレキ
遍歴 ★★

歴史　experience　類 巡歴

広く各地を巡り歩くこと
+α 「べんれき」と読み間違えないように注意

1518

ソテイ
措定 ★★

社会　suppose

事象を存在するものとして立てたり、
その内容を明瞭に示したりすること
+α 「さくてい（策定）」と読み間違えないように注意

1519

チョウフ
貼付 ★★

文化　attach

はりつけること
+α 「てんぷ」とも読むことがある

1520

ヒトゴト
他人事 ★★

心理　対 自分事

自分には関係のないこと
+α 「たにんごと」は本来読み間違えなので注意

1521

フンイキ
雰囲気 ★★★

芸術　atmosphere　類 様子

❶ 天体、特に地球を取りまく空気
❷ 場が醸し出している気分
+α 「ふいんき」と読み間違えないように注意

1522

オウイン
押印 ★★

社会　seal　類 捺印

印を押すこと
+α 「おしいん」と読み間違えないように注意

客を 丁重（テイチョウ）にもてなす。

実戦 それゆえすべての動植物、特に人間によって殺され食用にされるものは人間と同じく
◻︎◻︎に葬られ、無事に天へ送り届けられなければならないのである。 ［大阪大］

決められた任務を 遂行（スイコウ）する。

実戦 与えられた意味空間で要求される行為を◻︎◻︎することで、ひとは緊張のなかを生きる。
［関西学院大］

他民族を 侮辱（ブジョク）する。

実戦 じぶんがその人に他者としてすら認められていないという◻︎◻︎を感じてしまうからだろう。
［近畿大］

日本各地を 遍歴（ヘンレキ）する。

実戦 世界文学を◻︎◻︎する愉しみなど、翻訳の助けを借りなければ味わうことは不可能である。
［北海道大］

信者らは教祖を神として 措定（ソテイ）し、崇める。

実戦 人間の身体と動物のあいだに同質性が◻︎◻︎される（人間＝動物）。 ［早稲田大］

封筒に切手を 貼付（チョウフ）する。

実戦 封筒の宛名との位置関係で全体的な許容範囲を把握し、その領域内に納まるよう丁寧に
◻︎◻︎する。 ［山梨大］

この病気を 他人事（ヒトゴト）と考えてはいけない。

実戦 自分の誤解を、あたかも◻︎◻︎のように笑い飛ばしている。 ［信州大］

雰囲気（フンイキ）が良い会社に就職する。

実戦 明るく親しみやすい◻︎◻︎を放ち、人の話にテンポよく切り返し、華やいだ笑い声を上げ
る人… ［神奈川大］

契約書に 押印（オウイン）する。

実戦 今日、◻︎◻︎したりサインしたりという行為が、意思決定の証として社会の中を流通して
いる… ［東京大］

1523		★★
医学	セイキョ **逝去** pass away	類 死去

亡くなること

+α 「せっきょ」と読み間違えないように注意

1524		★★★
工学	ハンヨウ **汎用** versatile	対 専用

様々な方面に広く用いること

+α 「ぼんよう（凡庸）」と読み間違えないように注意

1525		★★
文化	タ グ **手繰る** haul in	類 繰る

両手で代わる代わる引いて
手元へ引き寄せること

+α 「てくる」と読み間違えないように注意

1526		★★
経済	スイトウ **出納** revenue and expenditure	

金銭や物品の出し入れ

+α 「しゅつのう」と読み間違えないように注意

1527		★★
社会	ジュンシュ **遵守** observance	類 厳守

決められたことに従い、
それをよく守ること

+α 「そんしゅ」と読み間違えないように注意

1528		★★
経済	ネンボウ **年俸** annual salary	

一年単位で支払われる報酬

+α 「ねんぽう」と読み間違えないように注意

1529		★★
宗教	ゴ リ ヤ ク **御利益** grace	

神仏から人間に与えるお恵みのこと

+α 「ごりえき」と読み間違えないように注意

1530		★★
社会	シンチョク **進捗** progress	対 停滞

ものごとがはかどること

+α 「しんぽ」と読み間違えないように注意

1531		★★
心理	ニュウ ワ **柔和** ジェントル	類 穏健

性質や態度が優しく穏やかなさま

+α 「じゅうわ」と読み間違えないように注意

彼の ┃逝去┃ を悼む。
<small>セイキョ</small>

実戦 伊達千広の□□□は明治十年(一八七七)五月十八日のことだが… ［明治大］

この製品は ┃汎用┃ 性が高い。
<small>ハンヨウ</small>

実戦 人間が作り出した技術の中で、最も□□□的で最も強大な力を持つのは、コンピュータであろう。 ［早稲田大］

少しずつ記憶を ┃手繰る┃ 。
<small>タグ</small>

実戦 その悲しみの中に坐りこんで思い出を□□□ことに安住してしまうのが普通である。 ［成蹊大］

現金を ┃出納┃ する。
<small>スイトウ</small>

実戦 企業の□□□記録であれば、他者がそれと認めなければ記録とは呼ばれない。 ［お茶の水女子大］

法令を ┃遵守┃ する。
<small>ジュンシュ</small>

実戦 社会で認められている一定の価値を受け入れ、社会規範やルールを□□□する個人を作り出す教育であった。 ［中央大］

彼の ┃年俸┃ は一億円に達する。
<small>ネンボウ</small>

実戦 営業職等は、その成果がかなり客観的に測定できるため、□□□制に対する抵抗は少ない。 ［慶應大］

お守りの ┃御利益┃ があった。
<small>ゴリヤク</small>

実戦 実は「□□□」という言葉の中にはアイデンティティを獲得するという意味があるのです。 ［青山学院大］

仕事の ┃進捗┃ 状況を尋ねる。
<small>シンチョク</small>

実戦 発展の□□□は地域によって大きな差があるということである。 ［新潟大］

祖母は私に ┃柔和┃ な眼差しを注いでくれた。
<small>ニュウワ</small>

実戦 女性の顔の、線が□□□で、なにやら慈悲深そうにさえ見える。 ［立教大］

訃報 フ ホウ ★★

医学 — news of death

死亡の知らせ

+α 「とほう」と読み間違えないように注意

約定 ヤクジョウ ★★

社会 — agreement 類 協約

約束して決めること

+α 「やくてい」と読み間違えないように注意

閲覧 エツラン ★★

文学 — perusal

書物やインターネットなどを
見て調べること

+α 「かんらん」と読み間違えないように注意

遊説 ユウゼイ ★★

言語 — canvassing

意見や主張を説いて歩くこと

+α 「ゆうぜつ」と読み間違えないように注意

発足 ホッソク ★★

社会 — start 類 始動

組織や機構などが設けられ、
活動を開始すること

+α 「はっそく」と読むこともある

既出 キ シュツ ★★

歴史 — existing

すでに示されていること

+α 「すんで」と読み間違えないように注意

壊死 エ シ ★★

医学 — necrosis

からだの組織の一部分が
死ぬこと

+α 「かいし」と読み間違えないように注意

悪寒 オ カン ★★

医学 — chill 類 寒気

全身がぞくぞくとする
発熱による寒けのこと

+α 「あっかん」と読み間違えないように注意

巣窟 ソウクツ ★★

社会 — den

盗賊・悪党などの隠れ家のこと

+α 「すくつ」と読み間違えないように注意

新聞に [訃報 _{フホウ}] が載っている。

実戦 このところ、小説家の□□□が続いたせいか、健康とか寿命とか、それに類したことを何か考えたくなっている。 ［同志社大］

共同開発を [約定 _{ヤクジョウ}] する。

実戦 それに対して民事契約はあくまで個人間の□□□である。 ［津田塾大］

ネット記事を [閲覧 _{エツラン}] する。

実戦 そもそも大学アカデミズム内部の学問は、言葉の学問、論証の学問であり、もっぱら古代文献の□□□と釈義に終始していた… ［日本女子大］

政治家が地方を [遊説 _{ユウゼイ}] する。

実戦 □□□は相手を説得するのが目的であるが、そのためにはそれなりの工夫がいるであろう。 ［関西学院大］

第三者委員会が [発足 _{ホッソク}] する。

実戦 明治初期の徴兵制□□□当初は戸主や嗣子・養子の名義を有することが徴兵免役の条件であった… ［青山学院大］

模試で [既出 _{キシュツ}] の問題が入試で出題された。

実戦 アルバムの収録曲はすべてシングル6作に収録された□□□曲であるため新曲は未収録となっている。 ［オリジナル］

糖尿病で足が [壊死 _{エシ}] する。

実戦 骨の□□□およびそれに続く過骨化の証拠は化石に稀ではない。 ［ハンス・ジンサー 橋本雅一訳『ネズミ・シラミ・文明 伝染病の歴史的伝記』］

熱があるからか [悪寒 _{オカン}] がする。

実戦 私は寝床のなかで満潮のように□□□が退いてゆくのを待っている。 ［三重大］

麻薬密売人の [巣窟 _{ソウクツ}] に潜入する。

実戦 インターネットがうわさの□□□とされるのは、単に情報が多いからというわけではなく… ［中央大］

★★

思惑 オモワク

心理　expectation　類 魂胆

❶ 思うところ、意図
❷ 他の人々の考え、評判

＋α 「しわく」と読むと、仏教で断ち切られる煩悩のこと

★★

事由 ジユウ

社会　cause

ものごとの理由・原因

＋α 「じゆ」と読み間違えないように注意

★★

一段落 イチダンラク

文化　the end of the stage

ものごとが一区切りつくこと

＋α 「ひとだんらく」は本来読み間違えなので注意

★★

重複 チョウフク

言語　overlap　対 単一

複数の同じものごとが重なること

＋α 「じゅうふく」は本来読み間違いだが、現在では認められている

★★

御用達 ゴヨウタシ

社会　purveyor

お気に入りの

＋α 「ごようたつ」と読むこともある

★★

忌引 キビキ

宗教　absence due to mourning

近親者が亡くなり、喪に服すなどして休むこと

＋α 「きひき」と読み間違えないように注意

★★

供奉 グブ

宗教　accompany

お供の行列に加わること、またその人

＋α 「きょうほう」と読み間違えないように注意

★★

言質 ゲンチ

言語　promise　類 証言

後で証拠となる言葉

＋α 「げんしつ」と読むこともある

★★

玄人 クロウト

文化　professional　対 素人

一つのものごとに熟達した人

＋α 「げんじん」と読み間違えないように注意

彼には何か　<u>思惑</u>（オモワク）　があるらしい。

実戦 恥を「かく」という表現はきわめて表面的な他人の◻︎◻︎を気にしている言いまわしであるからだ。　　　　　　　　　　　　　　　　　　　　　　　　　　　　　　[九州大]

事故の　<u>事由</u>（ジユウ）　は、君がよそ見をしていたことだ。

実戦「走る」行動に唐突感を感じさせないためには、それなりの◻︎◻︎を提示することが求められた…　　　　　　　　　　　　　　　　　　　　　　　　　　　　　　　　　[青山学院大]

仕事が　<u>一段落</u>（イチダンラク）　したので休憩に入る。

実戦 高度経済成長が◻︎◻︎したころから、全国のほとんどの町で盛大なお祭り競争がはじまった。　　　　　　　　　　　　　　　　　　　　　　　　　　　　　　　　　[立教大]

「頭痛が痛い」という表現は　<u>重複</u>（チョウフク）　しているので直すべきだ。

実戦 余計な部分や◻︎◻︎した表現は削り、言い足りないところを補った。　　[東海大]

ここのレストランはセレブ　<u>御用達</u>（ゴヨウタシ）　です。

実戦 そこは貴族◻︎◻︎の店だそうで、おおぜいの客が詰めかけていた。　　[専修大]

親族が亡くなったため、会社に　<u>忌引</u>（キビキ）　を申請する。

実戦 親分、今年の花見は町内に◻︎◻︎や取込みがあって、ろくな工夫もなかったが、その代り川開きの晩は、涼み船を出して、大川を芸尽しで漕ぎ廻ろうという寸法さ。　　　　　　　　　　　　　　　　　　　　　　[野村胡堂『銭形平次捕物控』二服の薬]

行幸には多くの武官たちが　<u>供奉</u>（グブ）　する。

実戦「山部赤人」は生没年未詳。宮廷歌人として聖武天皇の行幸に◻︎◻︎し、多くの歌を作っています。　　　　　　　　　　　　　　　　　　　　　　　　　　　　　　　[法政大]

交渉相手の　<u>言質</u>（ゲンチ）　を取る。

実戦 このタイプの問いに答える者は、外形的な答え以上の◻︎◻︎を相手に取られてしまうことになる。　　　　　　　　　　　　　　　　　　　　　　　　　　　　　　　　[関西大]

彼は　<u>玄人</u>（クロウト）　と思わせる包丁さばきを披露した。

実戦 私の見たところでは、◻︎◻︎の釣り方は、あらゆる合理的な基礎の上に立っている。[愛知大]

1550	苦汁 *クジュウ* ★★	（苦汁をなめる）苦い経験をすること
心理	bitter experience 類 辛酸	＋α「くじる」と読み間違えないように注意

1551	経典 *キョウテン* ★★	ある宗教の根本的な教義などを記した書物
宗教	sutra	＋α「けいてん」と読むと、偉人の言葉を記したものを指す

1552	至極 *シゴク* ★★	❶ この上ないこと ❷ きわめて
芸術	extremely 類 至上	＋α「しきょく」と読み間違えないように注意

1553	初陣 *ウイジン* ★★	❶ はじめて戦いに出ること ❷ はじめての戦い
社会	first game	＋α「はつじん」と読み間違えないように注意

1554	世論 *セロン* ★★	世間一般の意見
社会	public opinion 対 私見	＋α「よろん（輿論）」は元々読み間違いだが、定着した

1555	生粋 *キッスイ* ★★	混じりけがないこと
文化	native	＋α「なまわく」と読み間違えないように注意

1556	性分 *ショウブン* ★★	生まれつきの性質
心理	nature 類 性質	＋α「せいぶん（成分）」と読み間違えないように注意

1557	声色 *コワイロ* ★★	声の音色・調子
文化	トーン 類 語気	＋α「せいしょく」と読むこともある

1558	早急 *サッキュウ* ★★	きわめて差し迫っているさま
心理	immediately 類 至急	＋α「そうきゅう」は本来読み間違えなので注意

落選の ┌ 苦汁 ┐（クジュウ）をなめる。

実戦 芥川の心中の［　　　］を察することができなかったことを悔いでいたが、それは、社会運営
上のこととしてはやむをえないことである。 ［桜美林大］

般若心経は ┌ 経典 ┐（キョウテン）の一つである。

実戦 大乗仏教の［　　　］のうちで、最大なもののひとつに『華厳経』がある。 ［立教大］

君の意見は ┌ 至極 ┐（シゴク）真っ当である。

実戦 一つ一つの作品を成立させるのは、一つ一つの言葉ではないのか、と［　　　］もっともな反
論をする。 ［早稲田大］

あのサッカー選手は今日の試合で ┌ 初陣 ┐（ウイジン）を飾った。

実戦 長年つけ馴れた愛用の猩々緋の鎧を［　　　］の若殿に貸してやる。 ［龍谷大］

政治に ┌ 世論 ┐（セロン）を反映させる。

実戦 ネットはマスメディアにあまり出てこない、比較的マイナーな［　　　］が存在することを知
らせることがある。 ［立命館大］

彼女は ┌ 生粋 ┐（キッスイ）のお嬢様で立っているだけでも品がある。

実戦 〈和語〉とは、［　　　］の日本語と言うべきもので… ［青山学院大］

彼は曲がったことのできない ┌ 性分 ┐（ショウブン）だ。

実戦 印象派の「光と色」の信条をそっくりそのまま信じ込めるような［　　　］ではなかった。 ［岐阜大］

役者が ┌ 声色 ┐（コワイロ）を変えて話す。

実戦 表情、［　　　］を使いわけても腰はぴしりと正座しているのが落語の姿勢である。 ［武蔵大］

これは ┌ 早急 ┐（サッキュウ）に解決すべき問題だ。

実戦 世界観の偏向は、日本の対外的影響力がとみに増大した現在、［　　　］な対応を要する緊急
の課題なのである。 ［明治大］

★★

ソウスイ
総帥

一社会 chief commandar

全軍を指揮する人

＋α「そうとう（総統）」と読み間違えないように注意

★★

ツヅキガラ
続柄

一社会 relationship

血縁関係あるいは婚姻関係のこと

＋α「ぞくがら」と読む人が多いが、本来は読み間違い

★★

キザ
兆し

一文化 sign　　　類 兆候

ものごとが起こりそうな気配

＋α「ちょうし」と読み間違えないように注意

★★

ハント
版図

一社会 territory　　　類 領域

一国の領域・領土

＋α「はんず」と読み間違えないように注意

★★

マンエン
蔓延

一医学 spread

病気などがいっぱいに広がること

＋α「まんえい」と読み間違えないように注意

★★

ナゴリ
名残

一歴史 remains

事柄が過ぎ去った後に残る、
それを思い起こさせる気配やしるし

＋α「めいざん」と読み間違えないように注意

★★

エキム
役務

一社会 labor　　　類 仕事

労働などによるつとめ

＋α「やくむ」と読み間違えないように注意

★★

エンキョク
婉曲

一文学 indirect　　　類 間接的

露骨でなく、遠回しに言うこと

＋α「わんきょく」と読み間違えないように注意

★★

インソツ
引率

一社会 lead

人をひき連れること

＋α「いんりつ（韻律）」と読み間違えないように注意

彼は企業グループの [総帥]（ソウスイ）だ。

実戦 陸軍の□□□である山県有朋（長州）がみずから野戦軍の長になりたがった。 ［青山学院大］

彼は [続柄]（ツヅキガラ）でいうと義弟になる。

実戦 武四郎の記録は、各戸の戸主名から始まり、家族の名、年齢、□□□が列記される。［防衛大］

桜のつぼみに春の [兆し]（キザ）を感じる。

実戦 環境問題への意識の目覚めとともに、その水のこころが復活の□□□をわずかながらみせている。 ［中央大］

戦争で [版図]（ハント）を広げる。

実戦 ソ連邦そのものの消滅によって、ユーラシア大陸の大きな部分の国家的な□□□は変わってしまった。 ［一橋大］

伝染病が [蔓延]（マンエン）する。

実戦 個人が病気にかかりにくくなるだけでなく、集団的にも病気が□□□しにくくなるのと似ています。 ［日本大］

昔の [名残]（ナゴリ）をとどめる古城。

実戦 確かに漢字の中には象形文字の□□□を保持しているものも少なからずある… ［明治大］

銀行での [役務]（エキム）の内容をまとめる。

実戦 動物の足脚をみても、それなりに合理的な形姿と機能によって、全身のなかの一部をしめ、移動具としての□□□をはたしている… ［学習院大］

彼女の頼みを [婉曲]（エンキョク）に断る。

実戦 むろん「私は頭痛がする」と言って相手の勧誘や要請を□□□に断わることもあろうが… ［関西学院大］

生徒を [引率]（インソツ）する先生。

実戦 館内ホールの適当な場所で、□□□の教師が講義を始める様子に大いに感心した…［センター］

★★★	
イ セイ **為政** 社会　govern	政治を行うこと **+α**「しせい(施政)」と読み間違えないように注意

★★	
タク **託す** 心理　leave　**類** 任せる	❶自分のことを他者に頼むこと ❷人に頼んで届けてもらうこと **+α**「だくす」と読み間違えないように注意

★★	
マギ **紛れる** 心理　be diverted	❶混じって区別がつかなくなること ❷悲しみなどを忘れること **+α**「ふんれる」と読み間違えないように注意

★★	
ヒカ **控える** 心理　refrain from　**類** 遠慮する	やめておくこと **+α**「こうえる」と読み間違えないように注意

★★	
ソコ **損なう** 心理　spoil	ものの状態を悪く変えること **+α**「そんなう」と読み間違えないように注意

★★	
キ ロ **岐路** 文化　crossroads　**類** 節目	分かれ道 **+α**「きみち」と読み間違えないように注意

★★	
ノウ リ **脳裏** 心理　mind	頭の中 **+α**「のううら」と読み間違えないように注意

★★	
アザム **欺く** 心理　deceive　**類** 偽る	偽り騙すこと **+α**「ぎく」と読み間違えないように注意

★★	
イ ク エ **幾重** 文化　many-layered　**対** 一重	いくつかのかさなり **+α**「いくじゅう」と読み間違えないように注意

優れた 為政 者が国家を建て直す。

実戦 裁判官や医者の良心の鈍磨をみぬくことができるのは□□者の見識だけである。[中央大]

彼女への手紙を彼に 託す 。

実戦 名詞構文は、中心概念を名詞に□□が、動詞構文法では動詞にそれがあずけられるのである。
[明治大]

人混みに 紛れる 。

実戦 深刻な悩みからくる感情も、日常のささいな事柄や習慣によって取り□□こともある。
[青山学院大]

週末の外出を 控える 。

実戦 理性は不確実な問題に対して断定するのを差し□□。 [中央大]

あの建物が景観を 損なう 。

実戦 個人のイメージを□□ようなスキャンダルや私生活の暴露は、その典型例である。
[早稲田大]

人生の 岐路 に立つ。

実戦 桂太郎は、まさに日本の□□であった日露戦争の前後五年間にわたり、首相として政治の前面に立ち、よく日本を指導しました。 [東京理科大]

町の情景が 脳裏 に焼きついている。

実戦 具体的な物の形や印象を、手早く読者の□□に焼きつけなくてはならない。 [京都大]

敵をまんまと 欺く 。

実戦 フィクションと嘘の区別は、□□という意図の有無によってのみなしうるわけではない。
[神戸大]

山々が 幾重 にも重なっている。

実戦 前近代的スカートは、女性の足を□□にも重なるスカートによって隠していたのである。
[佛教大]

	★★	
卑近 ヒ キン		身近でありふれていること
文化 familiar	対 迂遠	**+α**「ひちか」と読み間違えないように注意

	★	
工面 ク メン		❶ 工夫して金銭を用意すること ❷ 金回り
経済 manage		**+α**「こうめん」と読み間違えないように注意

	★★	
紛糾 フンキュウ		意見や主張などが 対立しもつれること
言語 disorder	類 錯綜	**+α**「ふんがい(憤慨)」と読み間違えないように注意

	★★	
低迷 テイメイ		❶ 低く漂うこと ❷ 悪い状態から抜け出せないこと
経済 sluggish	類 不振	**+α**「ひくまよい」と読み間違えないように注意

	★★	
祈願 キ ガン		神仏に願いごとを込めて祈ること
宗教 pray	類 祈禱	**+α**「いのりねがい」と読み間違えないように注意

	★★	
是正 ゼ セイ		悪いところを改めて正しくすること
哲学 correct		**+α**「これただ」と読み間違えないように注意

	★★	
乏しい トボ		❶ 十分でない、足りないこと ❷ 経済的に貧しいこと
経済 poor	対 豊か	**+α**「まずしい(貧しい)」と読み間違えないように注意

	★★	
珍重 チンチョウ		珍しいものとして大切にすること
文化 highly valued	類 貴重	**+α**「ちんじゅう(珍獣)」と読み間違えないように注意

	★★	
去就 キョシュウ		❶ 離れ去ることと、つき従うこと ❷ どんな動きをするかという態度
社会 attitude	類 進退	**+α**「さっしゅう」と読み間違えないように注意

難しい内容を　卑近　な例を挙げて説明する。

ヒ　キ　ン

実戦 □□な例を挙げるなら、世間にダイエットという言葉が流行しはじめたとき、すでに経済成長はその本来の動機を失いつつある。 [明治大]

旅費を　工面　する。

ク　メ　ン

実戦 群馬大での担当教授と助教授は、休日や深夜にも研究につき合い、学会参加の費用まで□□してくれた。 [名古屋大]

議論が　紛糾　してまとまらなかった。

フンキュウ

実戦 アメリカ産牛肉の輸入再開をめぐって食品安全委員会プリオン専門調査会が□□した問題。 [埼玉大]

商品の売り上げが　低迷　する。

テイメイ

実戦 日本も含めた世界経済はまさにローレンス・サマーズが述べるような「長期停滞」の時代に突入し、賃金は□□しているかのように見える。 [東京学芸大]

高校受験の合格を　祈願　する。

キ　ガ　ン

実戦 神社は私たちが崇敬し□□をこめる場所であり、ありがたい神様の鎮座している場所である… [中央大]

教育の地域格差を　是正　する。

ゼ　セ　イ

実戦 問題の多い制度をそのままにして、財源がないから税金だけ上げる、というのでは格差の□□になりませんし、賛成もできません。 [成城大]

日本は天然資源に　乏しい　。

ト　ボ

実戦 一九八三年の文部省の生徒指導資料は不登校の子どもや養育者について「適応性に欠ける」「社会性が□□」と表現していた。 [神奈川大]

松茸を　珍重　する。

チンチョウ

実戦 「かわいい」は日本文化に深く根ざした特殊なものであるがゆえに□□されるのだろうか。 [東京女子大]

同期が転職していく中で自分の　去就　に迷う。

キョシュウ

実戦 突き詰めていけば、結局は、自分の身体の□□が問題となっている。 [白百合女子大]

1586 経済	**控除** コウジョ deduction	★★ 金額などを差し引くこと **+α**「くうじょ」と読み間違えないように注意
1587 心理	**抱える** カカ have　類 保有	★★ ❶ 腕を回して物を持つこと ❷ 面倒を見るものとして持つこと **+α**「ほうえる」と読み間違えないように注意
1588 芸術	**不朽** フキュウ eternal　対 必滅	★★ いつまでも価値を失わずに残ること **+α**「ふちく」と読み間違えないように注意
1589 社会	**催す** モヨオ hold　類 主催する	★★ ❶ 人を集めて行事などを行うこと ❷ そういう気持ちをかきたてること **+α**「さいす」と読み間違えないように注意
1590 文学	**著す** アラワ publish　類 著述する	★★ 書物を書いて出版すること **+α**「ちょす」と読み間違えないように注意
1591 社会	**多寡** タ カ amount　類 多少	★★★ 多いことと少ないこと **+α**「たぼう」と読み間違えないように注意
1592 心理	**野暮** ヤ ボ silly　対 洗練	★★ ❶ わからず屋で融通の利かないこと ❷ 言動などが洗練されていないこと **+α**「のくれ」と読み間違えないように注意
1593 心理	**成就** ジョウジュ accomplish　対 頓挫	★★ 願いが叶うこと **+α**「せいしゅう」と読み間違えないように注意
1594 社会	（マヌカ） **免れる** マヌガ escape　類 回避する	★★ 危険な目に遭わないで逃れる、 免除されること **+α**「めんれる」と読み間違えないように注意

所得税が 控除（コウジョ） される。

実戦 〈書物〉には肉体や性癖や生々しい触感がなく、ただの〈印刷物〉であるということだけで、不満や否定から□□□するのだといってよい。 ［熊本県立大］

両手で荷物を 抱える（カカ） 。

実戦 JR福知山線事故の「負傷者」が□□□課題は、各人の負傷状況や生活環境の違いによりさまざまある。 ［早稲田大］

時代を超えた 不朽（フキュウ） の名作。

実戦 ファッションは、変化のための変化を志向することによって、不変□□□の価値や目的に疑いをかける。 ［埼玉大］

お茶会を 催す（モヨオ） 。

実戦 王朝文学には、「人が走る」場面に滑稽感を□□□シーンもある。 ［青山学院大］

芸術家が自伝を 著す（アラワ） 。

実戦 チャールズ・ダーウィンが「種の起源」を□□□前にも、現生の生物はもっともシンプルだったものから改良されてきたという進化論があった。 ［東北学院大］

報酬の 多寡（タカ） を問わず依頼に応じる。

実戦 環境説は、それをさらに教育に投下されうる財の□□□等、実質的には機会と環境が平等に与えられていないことによって説明し、その改善を主張することになる。 ［法政大］

そのようなことを詮索するのは 野暮（ヤボ） だ。

実戦 近代の芸術意識は、虚構の自立性に安んじて、長谷川辰之助の古くさい、□□□な正直を嗤うであろう。 ［明治大］

長年の恋が 成就（ジョウジュ） する。

実戦 意識は、一語ごと、一音ごと、一筆触ごと、□□□しうるものとしえないものとの間の確率論的な揺らぎを体験しつづける。 ［明治大］

再テストを 免れる（マヌガ）（マヌカ） 。

実戦 アンソロジーによって忘却を□□□適者は生存をまっとうすることができる。 ［法政大］

1595 経済	機先 キ セン ★★ forestall	ものごとが起ころうとする直前
		➕α 「きさき」と読むこともある

1596 心理	徒に イタズラ ★★ in vain 類 無駄に	無駄に
		➕α 「とに」と読み間違えないように注意

1597 哲学	知悉 チ シツ ★★ have a complete knowledge	細かいことまで知り尽くしていること
		➕α 「しちん」と読み間違えないように注意

1598 社会	退廃 タイ ハイ ★★ デカダンス 類 荒廃	荒れて崩れること
		➕α 「たいはつ」と読み間違えないように注意

1599 言語	反故 ホ ゴ ★★ break	(反故にする) 約束や決まりを取り消したり破ったりすること
		➕α 「はんこ」と読み間違えないように注意

1600 言語	糊塗 コ ト ★ makeshift 類 その場しのぎ	その場しのぎで誤魔化すこと
		➕α 「のりぬり」と読み間違えないように注意

先に攻撃をして｜ 機先 ｜を制する。

実戦 マスメディアやインターネットを利用し、相手の｜ ｜を制して情報を発信しようとする構図。 ［学習院大］

計画を立てずに勉強しても｜ 徒に ｜時間が過ぎていくだけだ。

実戦 彼等はただその前に｜ ｜焦躁を覚える外ないのである。 ［上智大］

博覧強記の彼はあらゆることに｜ 知悉 ｜している。

実戦 人が人を判断することがいかに難しいかを｜ ｜していたからこそ、その対応方法にあらゆる組織は知恵を絞ってきたといえよう。 ［慶應大］

失恋のショックで｜ 退廃 ｜的な生活を送る。

実戦 犯罪の増加など社会的｜ ｜のもとになりかねないという問題もあるだろう。 ［法政大］

親友に約束を｜ 反故 ｜にされて怒りを覚える。

実戦 法規や法律が｜ ｜になり、法律条文の堆積物にほかならない国家は、ことさら存在する理由を失って、崩壊してしまうからです。 ［専修大］

失敗を｜ 糊塗 ｜し続けてもいつか限界が来る。

実戦 実際は言語表現の理解困難に苦しむ読者に対して、いわば麻薬を与えることによって一時を｜ ｜しているようなものである。 ［関西大］

CHAPTER

意味を押さえて
おきたい漢字100

概して難しい言葉であるため、
知らないものも多く含まれていると思います。
書き取りや読みの問題で問われることは少ないですが、
読解の際にポイントになることがしばしばあります。
「意味」がわかるように覚えておきましょう。
ここまで覚えられれば、漢字で困ることはなくなっていることでしょう。

1601

倦怠
ケンタイ
★★

心理　weariness　　類 無気力

❶ ものごとに飽きて嫌になること
❷ 心身が疲れてだるいこと

+α 「倦」は「あきる」、「怠」は「だるい」という意味

1602

達観
タッカン
★★

哲学　philosophical view

❶ 広い視野で全体を見通すこと
❷ 真理を見極めること

+α 「達」は「滞ることなくものごとが進む」、「観」は「注意深く見る」という意味

1603

畏敬
イケイ
★★

心理　awe　　類 尊重

心から従い敬うこと

+α 「畏」は「おそれる」、「敬」は「うやまう」という意味

1604

謙遜
ケンソン
★★

心理　modesty　　対 不遜

控えめな態度で振る舞うこと

+α 「謙」は「ゆずる」、「遜」は「へりくだる」という意味

1605

些事
サジ
★★

文化　trifle　　類 仮そめ

つまらないこと

+α 「些」は「わずかな」という意味

1606

瑕疵
カシ
★★

社会　fault　　類 欠点

欠点、過失

+α 「Aでない」という否定を表す

1607

思惟
シイ
★★

哲学　thinking　　類 思慮

心で深く考えること

+α 仏教用語の場合は「しゆい」とも読む

1608

思慕
シボ
★★

心理　longing　　類 切望

恋しく思うこと

+α 「思」は「おもう」、「慕」は「したう」という意味

歩くうちに全身に **倦怠**〈ケンタイ〉を覚える。

実戦 身体はしばしば、□□感や所在なさを解消するためだけにも動く。 [早稲田大]

彼はどこか **達観**〈タッカン〉しているところがある。

実戦 どの時代にもありえたことではないかと□□してすむ問題ではない。 [北海道大]

尊敬する研究者に **畏敬**〈イケイ〉の念を抱く。

実戦 技術の論理は人間とは異質なもの、人間にとって不気味なものだと考えて、□□しながらもくれぐれも警戒を怠らない方がよいと思うのである。 [青山学院大]

彼女はいつも **謙遜**〈ケンソン〉した物言いをする。

実戦 「僕には才能がありませんから」とよく言いました。□□じゃなくて、ほんとうにそう思っていたから。 [大阪大]

そのような **些事**〈サジ〉にとらわれてばかりではいけない。

実戦 生活上の意味は科学にとっては□□でありジャマものであるから無視せねばならないのである。 [立教大]

商品に **瑕疵**〈カシ〉を発見したことを理由に返品する。

実戦 見合い結婚で判断の対象になるのは、相手の家柄、身分などの「釣り合い」であって、妻の容貌が醜かったり容姿に欠点があるのは□□にすぎなかった。 [成城大]

内容のない **思惟**〈シイ〉には意味がない。

実戦 厳密な意味での思想は「個人」の□□であり、決断を通さずには成立しないことは事実である。 [上智大]

亡き母を **思慕**〈シボ〉する。

実戦 少女の頃俊馬少年が好きだったのだと思い、その□□をとうとうこの年齢まで持ち続けて来たのであろうかという感慨に打たれずにはいられなかった。 [センター]

1609 社会	**諮問** シ モ ン ★★ consultation 対答申	有識者または特定の機関に 意見を求めること +α 「諮問機関」や「諮問委員会」という使われ方が多い
1610 心理	**慈愛** ジ ア イ ★★ affection 類愛情	親が我が子を慈しみ、 可愛がるような深い愛情 +α 「慈」は「いつくしむ」、「愛」は「あいする」という意味
1611 心理	**嘱望** ショクボウ ★★ promising	人の将来に望みをかけること +α 「ぞくぼう」と読み間違えないように注意
1612 社会	**折衷** セッチュウ ★★ compromise 類譲歩	異なった考えの良いところをとって 一つにまとめあげること +α 「衷」は「中ほど、かたよらない」という意味
1613 経済	**贈賄** ゾウワイ ★★ bribery 対収賄	賄賂を贈ること +α 「賄賂」は読み方に注意
1614 心理	**篤志** トク シ ★ benevolence 類慈善	他人への特別の思いやりなど、 志があついこと +α 「あつし」と読み間違えないように注意
1615 言語	**囁く** ササヤ ★ whisper 対叫ぶ	ひそひそと話すこと +α 「つぶやく(呟く)」と読み間違えないように注意
1616 哲学	**背馳** ハイ チ ★★ contradiction 類矛盾	行き違うこと +α 「馳」は「はせる」という意味
1617 哲学	**方便** ホウベン ★★ means 類手段	ある目的を達するための 便宜上の手段 +α 仏教では「人を真の教えに導くための仮の手段」と いう意味

専門委員会に ［諮問］（シモン）する。

実戦 私は数年前から横浜市の経営□□委員会の委員という職を務めているのだが…　［明治大］

［慈愛］（ジアイ）に満ちた眼差しで見つめる。

実戦 アランは「平和には他者の自由を願う□□の精神も必要だ」という認識に到達する。
［鹿児島大］

将来を ［嘱望］（ショクボウ）される若手社員。

実戦 石鼎は将来を□□される、いわば気鋭の新人だったらしい。　［立命館大］

［折衷］（セッチュウ）案を提示する。

実戦 ログハウスとキャンピング・カーとの□□案、物置小屋の再生、ツリーハウスなど、その
方法論はさまざまであるが…　［同志社大］

その企業の ［贈賄］（ゾウワイ）事件は大きく取り上げられた。

実戦 即ち「死んだ魂」の一般的に行はれてゐる事や、子供の定食糧を食ふ附属物が沢山ゐる事や、
其他の□□方法や何にかだ。　［エマ・ゴオルドマン「死んだ魂」］

［篤志］（トクシ）家の彼は毎週災害ボランティアに参加している。

実戦 もちろん時代が遠くなれば、富豪や□□家や社寺が万金を積んで買い求めることになる。
［鹿児島大］

彼女の耳元で ［囁く］（ササヤく）。

実戦 私の中にまだ消えないでいるところの、それ等を所有したいという青春らしいものは、い
まも私の耳もとで□□のである。　［一橋大］

その意見は論理と ［背馳］（ハイチ）している。

実戦 元来生活の法則とは□□するものを内包している芸術の領域でもっとも顕著にあらわれる。
［九州大］

時には嘘も ［方便］（ホウベン）だ。

実戦 自己のイメージを働きやすくするために選んだ□□に過ぎないのです。　［東海大］

1618 歴史	**萌芽** ★★ ホウ ガ germination	❶ 草木の芽のもえ出ること ❷ ものごとの起こる兆し **+α**「萌」は「きざし」、「芽」は「はじまり」という意味
1619 心理	**無垢** ★★ ム ク イノセント　類 純粋	❶ 煩悩から離れてけがれがないこと ❷ 潔白で純真なこと **+α**「垢」は「けがれ」という意味
1620 心理	**憂愁** ★★ ユウシュウ melancholy　類 悲哀	悩み悲しむこと **+α**「優秀」はプラスイメージ、「憂愁」はマイナスイメージ
1621 文化	**似非（似而非）** ★★ エ セ fake	似てはいるが本物ではないこと **+α**「似非＋名詞」の形でよく用いられる
1622 社会	**癒着** ★★ ユ チャク adhesion	本来離れているべき者どうしが 利害のため結びつき合うこと **+α** 本来は「皮膚・膜などが、炎症などのためにくっついてしまう」という意味
1623 宗教	**輪廻** ★ リン ネ transmigration	生きかわり死にかわりすること **+α**「輪廻転生」「転生輪廻」という言い方もある
1624 社会	**諫める** ★ イサ make a protest	（多く目上の人に対して）誤りや良くないところを改めるように注意する **+α**「かんめる」と読み間違えないように注意
1625 宗教	**恩寵** ★★ オンチョウ grace　類 恩恵	主君や神の恵み・慈しみ **+α**「寵」は「いつくしむ」という意味
1626 社会	**収斂** ★★ シュウレン convergence　類 輻輳	❶ 引き締まること ❷ 集まって一つにまとまること **+α**「斂」は「あつめる」という意味

このときエジプトで文明が ［萌芽(ホウガ)］ した。

実戦 産業化の［＿＿＿］する明治二〇年代… ［青山学院大］

___

純粋 ［無垢(ムク)］ な少女。

実戦 純真［＿＿＿］な子供は成人の空想にすぎないだろう。 ［愛知大］

___

［憂愁(ユウシュウ)］ の漂う後ろ姿。

実戦 この勇壮なる姿の中に、寂寥、［＿＿＿］をこっそり忍び込ませるのが、作家としての父の真骨頂なのである。 ［大阪市立大］

___

［似非(エセ)］ 知識人の発言は表面的だ。

実戦 ［＿＿＿］科学が、今日ほど人を容易に騙し得る時代はない。 ［法政大］

___

行政と民間企業が ［癒着(ユチャク)］ する。

実戦 右にのべたような接合・［＿＿＿］のなかに、近代日本の思想構造の巧妙なカラクリの原基形態が露呈している。 ［中央大］

___

人の命は ［輪廻(リンネ)］ 転生すると考える。

実戦 六道(地獄、餓鬼、畜生、修羅、人間、天)の［＿＿＿］を解脱して正覚に達することを、仏教は教えている。 ［青山学院大］

___

勇気を持って主君を ［諫める(イサめる)］ 。

実戦 それは光秀を［＿＿＿］というよりは、光秀の決意に同意しなかった意思表示のつもりだった。 ［立命館大］

___

自然の ［恩寵(オンチョウ)］ で得られた名水。

実戦 神の［＿＿＿］は日常的な時間を垂直に切り裂くようにして、人間の世界に突然に降ってくるものです。 ［富山大］

___

様々な意見を ［収斂(シュウレン)］ する。

実戦 二種類の社会関係の様式が、「資本化強制」型へと総合し、［＿＿＿］していく過程として解釈することができる。 ［早稲田大］

★

絢爛 ケンラン

きらびやかで美しいさま

+α「絢」は「織物の美しい模様」、「爛」は「はなやか」という意味

文化　ゴージャス　　類 華麗

★★

忌憚 キタン

❶ きらいいやがること
❷ はばかって遠慮すること

+α「忌」は「いまわしい」、「憚」は「はばかる」という意味

心理　reserve　　類 謙遜

★★

危篤 キトク

病気が重くて今にも死にそうなこと

+α「奇特」と書き間違えないように注意

医学　critical　　類 風前の灯

★

客気 カッキ

一時的にものごとにはやる心

+α「きゃっき」と読むこともある

心理　vigor

★★

欺瞞 ギマン

人の目をごまかし騙すこと

+α「欺」も「瞞」も「あざむく」という意味

心理　deception　　類 虚偽

★

昂然 コウゼン

自信に満ちて誇らしげなさま

+α「渾然」と間違えないように注意

心理　triumphantly　　類 威風堂々

★

忽然 コツゼン

ものごとが一瞬にして現れたり
消えたりするさま

+α「そうぜん」と読み間違えないように注意

文化　suddenly　　類 突如

★

讒言 ザンゲン

目上の人に嘘を言って
他人を陥れること

+α「讒」は「そしる」という意味

社会　slander

★

嘱託 ショクタク

頼んで任せること

+α「属託」とも書く、「ぞくたく」と読むこともある

社会　leave　　類 委任

豪華 ［絢爛 ケンラン］ なシャンデリア。

実戦 それは、□□□たる言葉によって紡がれた時代絵巻の世界だった。 ［学習院大］

［忌憚 キタン］ のない意見をいただきたい。

実戦 是非先生に聴いて頂いて、□□□のない御批評を仰ぎ、その上で娘に決心をさせたいと云った。 ［福岡大］

友人が ［危篤 キトク］ 状態となる。

実戦 母が□□□とか、本人が熱を出したとか、そういうときはその状況にしたがって行動するしかない。 ［徳島大］

［客気 カッキ］ に駆られて衝動買いする。

実戦 青年の□□□と中年の円熟と老年の気の弱りという公式どおりのことじゃないか。 ［弘前大］

［欺瞞 ギマン］ に満ちた言動は人の信頼を損なう。

実戦 社会生活を成り立たせているのは、このような普遍的な相互□□□である。 ［大阪大］

［昂然 コウゼン］ たる口ぶりで演説する。

実戦 かえって□□□と胸を張り千万人と雖も我れ往かんの勇気にあふれている者があった。 ［近畿大］

彼女は ［忽然 コツゼン］ と姿を消した。

実戦 あるユーザーが使っていたキンドルから、すでに購入していた小説が□□□と消えてしまった。 ［立教大］

［讒言 ザンゲン］ されて出向に追い込まれる。

実戦 □□□と誤解によって妻を刺し殺したオセロ… ［上智大］

データの分析を ［嘱託 ショクタク］ する。

実戦 戦争末期のころ、徴用を逃れる目的から日本映画社の□□□となったりもした。 ［都留文科大］

1636 歴史	スウセイ 趨勢 ★★ tendency 類 動向	ある方向へ向かう様子 +α 「趨」は「向かっていく」という意味
1637 社会	ナツイン 捺印 ★★ seal 類 押印	❶ 印を押すこと ❷ 押した印影 +α 「捺」は「おす」という意味
1638 宗教	ボウトク 冒涜 ★★ blasphemy 対 尊崇	神聖なものをけがすこと +α 「冒瀆」とも書く
1639 心理	ウシン 有心 ★ prudent 対 無心	深い心があること +α 「ゆうしん」と読み間違えないように注意
1640 言語	ヨウカイ 容喙 ★ interference 類 干渉	横から口出しをすること +α 「喙」は「くちばし」という意味
1641 哲学	ワイショウ 矮小 ★★ small	丈が低く小さいこと +α 「いしょう」と読み間違えないように注意
1642 心理	シュンジュン 逡巡 ★★ hesitation 類 躊躇	決断ができないでためらうこと +α 「逡」は「ためらう」、「巡」は「めぐる」という意味
1643 文化	カイコウ 邂逅 ★ encounter	思いがけなく会うこと +α 「邂」も「逅」も「めぐりあう」という意味
1644 心理	キュウ 杞憂 ★ needless worry	心配しないでいいことを 心配すること +α 「列子」の「中国古代の杞の人が天が崩れ落ちてきは しないかと心配した」という故事から

時代の <ruby>趨勢<rt>スウセイ</rt></ruby> に思いを馳せる。

実戦 その変容を可能にしたのは、言うまでもなく、登山の世俗的スポーツ化という時代の ▢▢ であった。 [立教大]

契約書に <ruby>捺印<rt>ナツイン</rt></ruby> する。

実戦 署名と ▢▢ がセットになってきたことは、歴史的な文書に明らかである。 [早稲田大]

個人の尊厳を <ruby>冒涜<rt>ボウトク</rt></ruby> する。

実戦 ダンテは、文人の身でありながら文字術の神聖を犯す ▢▢ 人だったのだ。 [青山学院大]

<ruby>有心<rt>ウシン</rt></ruby> こそを和歌の美と捉える。

実戦 和歌における短歌と俳諧の分かれ道は ▢▢ と無心であろうが… [獨協大]

他人が <ruby>容喙<rt>ヨウカイ</rt></ruby> すべきことではない。

実戦 他人の ▢▢ するところではない。すなわち「関係ない」である。 [東京女子大]

<ruby>矮小<rt>ワイショウ</rt></ruby> な考え方は早く捨てるべきだ。

実戦 これは学生が相手の経験を自分のスケールに ▢▢ 化して当てはめ、表層的に理解しているだけのことであり… [明治大]

自身の進路について <ruby>逡巡<rt>シュンジュン</rt></ruby> する。

実戦 推敲とは中国の唐代の詩人、賈島の、詩作における ▢▢ の逸話である。 [東京大]

旧友との <ruby>邂逅<rt>カイコウ</rt></ruby> に歓喜する。

実戦 懐かしい鯨の刺身の味覚をとおして、あの頃の自分に ▢▢ し、そんな自分を通してあの頃を想起することができる。 [早稲田大]

かねての懸念は <ruby>杞憂<rt>キユウ</rt></ruby> に終わった。

実戦 技術的に起こりえないために ▢▢ とされていたことが、現実の脅威となることもありうる。 [立命館大]

1645 文化	**蹂躙** ジュウリン ★★ violation 類 侵害	❶ 踏みにじること ❷ 暴力的に他を侵害すること +α 「人権蹂躙」という形でも出る
1646 歴史	**稀代** キ タイ ★ uncommon 類 異例	❶ 世にまれなこと ❷ 不思議であること +α 「きだい」とも読む
1647 歴史	**稀有** ケ ウ ★★ レア 類 稀少	❶ めったにない、珍しいこと ❷ 不思議なこと +α 「きゆう」と読み間違えないように注意
1648 宗教	**煩悩** ボンノウ ★★ worldly desires	心身を悩ませるような 心の働きのこと +α 「はんのう」と読み間違えないように注意
1649 心理	**郷愁** キョウシュウ ★★ ノスタルジー 類 懐古	故郷を懐かしく思う気持ち +α 「過去のものや遠い昔などにひかれる気持ち」という意味もある
1650 心理	**享楽** キョウラク ★★ pleasure 類 享受	思いのままに快楽を味わうこと +α 「享」は「うける、うけいれる」という意味
1651 宗教	**敬虔** ケイケン ★★ pious 類 信心深い	神仏などを深く敬って 態度を慎むさま +α 「虔」は「つつしむ」という意味
1652 哲学	**仮構** カ コウ ★★ フィクション 類 虚構	想像で組み立てたもの +α 「仮」は「かりの」、「構」は「組み立て」という意味
1653 哲学	**蓋然性** ガイゼンセイ ★★★ probability 類 見込み	あるものごとや知識が 確実かどうかの度合いのこと +α 「蓋然」は「ある程度確実であること」という意味

植民地の人々の社会権を<ruby>蹂躙<rt>ジュウリン</rt></ruby>する。

実戦 この時期、ヨーロッパ全土はゲルマンの蛮族に□□□されて天下麻のごとく乱れた。

[同志社大]

将棋界に<ruby>稀代<rt>キタイ</rt></ruby>の天才が現れた。

実戦 あの□□□の情熱探求家は知り抜いていたのである。

[立教大]

何とも<ruby>稀有<rt>ケウ</rt></ruby>な出来事が起こる。

実戦 □□□の感受性をもつ晶子であればこそ、この支援を見事に作品に稔らせ得たと思う。

[東京女子大]

たいてい世の親たちは子<ruby>煩悩<rt>ボンノウ</rt></ruby>だ。

実戦 "魔"は、僧侶という、□□□からもっとも遠かるべき存在をもゆるがすのだろうか。

[都留文科大]

母国語を耳にして<ruby>郷愁<rt>キョウシュウ</rt></ruby>に駆られる。

実戦 古い時代への□□□はいつの時代でも存在するものであるが、それが日本の戦後史に、それほどの影響を与えたとは思えない。

[学習院大]

日々を<ruby>享楽<rt>キョウラク</rt></ruby>的に生きる。

実戦 それは味覚を満足させる□□□的な品である。

[小樽商科大]

神に<ruby>敬虔<rt>ケイケン</rt></ruby>な祈りを捧げる。

実戦 神仏に対しては□□□な態度を維持し、神社仏閣でもそのような態度を示さなければならない…

[明治大]

物語の中に<ruby>仮構<rt>カコウ</rt></ruby>の世界を創造する。

実戦 それを「事実」として固定した時、すでにわれわれの生は抽象化され□□□化されている。

[津田塾大]

<ruby>蓋然性<rt>ガイゼンセイ</rt></ruby>の乏しい推測をせざるを得ない。

実戦 「予測」は、(中略)未来に起こりうることやありうる状態の、可能性や□□□の高いものを推し量ることを意味することが多い。

[弘前大]

1654	**惰性**（ダ セイ）★★	これまで続いてきた習慣や勢い
文化	momentum	**+α** 気持ちやモチベーションはないのに、だらだらと続けてきたという状態

1655	**刹那**（セツ ナ）★★	きわめて短い時間
哲学	moment　**対** 永劫	**+α** 本来は「刹那というきわめて短い時間を大切に生きよ」という教えであった

1656	**剽窃**（ヒョウセツ）★	他人の文章などを盗み、自分のものとして使うこと
文学	plagiarism　**類** 盗用	**+α**「剽」は「ぬすむ、かすめとる」という意味

1657	**呵責**（カ シャク）★★	責め苦しめること
心理	pang　**類** 問責	**+α**「かせき」と読み間違えないように注意

1658	**闊達**（カッ タツ）★	小さなものごとにこだわらず度量が大きいさま
心理	generosity　**類** 寛大	**+α**「闊」は「ひろい、面積が広い、心が広い」という意味

1659	**薫陶**（クン トウ）★	人徳・品位などで人を感化し、良い方に導くこと
文化	indebted to　**類** 躾	**+α** 元々は「香の薫りを染み込ませ、土をこねて陶器を作り上げる」という意味

1660	**黎明**（レイ メイ）★★	❶ 夜明け ❷ 新しいことが始まろうとするとき
歴史	dawn　**対** 薄暮	**+α**「黎明期」は「ある事柄が形になる前の始まりの時期」という意味

1661	**廉価**（レン カ）★★	値段が安いこと
経済	inexpensive　**類** 安価	**+α**「れんが」と読み間違えないように注意

1662	**蒙昧**（モウマイ）★★	知識がなくものごとの道理を知らないこと
文化	unenlightened　**類** 無学	**+α**「無知蒙昧」という形でよく出る

何の努力もせずに [惰性(ダセイ)] で生きてきてしまった。

実戦 二、三度、□□でつき合ったが、彼らの言う気分転換とやらが性に合わなくて、それっきりにした。 ［愛知大］

[刹那(セツナ)] のうちに思考を巡らす。

実戦 「光あれ」という心が、神の胸に動き出さんとする、その□□に触れんとするのが、東洋民族の心理である… ［一橋大］

他人の論文を [剽窃(ヒョウセツ)] する。

実戦 弟子は師のものを□□し、後世の者は先人のものを□□する。 ［日本女子大］

良心の [呵責(カシャク)] に耐えかねる。

実戦 取り返しのつかないつたない結末を紙の上に顕し続ける□□の念が上達のエネルギーとなる。 ［東京大］

彼はいつも自由 [闊達(カッタツ)] だ。

実戦 個人同士が付き合うときでも周囲を気にし、□□とは到底いえない雰囲気を持っていることになってしまう。 ［千葉大］

良い [薫陶(クントウ)] を受ける。

実戦 少年時代の桂は、この叔父から親しく□□を受け… ［東京理科大］

民主主義が [黎明(レイメイ)] 期を迎える。

実戦 神の存在と自然科学は、少なくとも近代科学の□□期ではなんら矛盾した関係にはなかったのだ。 ［山梨大］

[廉価(レンカ)] な商品を買い占める。

実戦 消費者は、□□で優れた商品やサービスを簡単に域外から購入する。 ［千葉大］

無知 [蒙昧(モウマイ)] な人を詐欺にかける。

実戦 本当に透徹した近代意識は、過去を悪者あるいは無知□□な存在に仕立て上げたことに対して、実は深い後ろめたさをも同時に感じてきたことである。 ［関西大］

1663	★★
バッコ 跋扈	❶ 魚がかごを越えて跳ねること
	❷ 欲しいままに行動すること
文化 rampant 類 横行	+α 「跳梁跋扈」という形もよく出る

1664	★★
ナリワイ 生業	生活を営むための仕事
経済 occupation 類 職業	+α 「せいぎょう」と読むこともある

1665	★★
タッケン 卓見	優れた意見や見識
哲学 excellent idea 類 高見	+α 「卓」は「優れる」という意味

1666	★
ハンモン 煩悶	悩み苦しむこと
心理 agony 類 心配	+α 「煩」は「わずらう」、「悶」は「もだえる」という意味

1667	★★
ドウケ 道化	わざとおかしな言動・行為をして周囲の人々を楽しませるもの
文化 ピエロ	+α 「どうか」と読み間違えないように注意

1668	★★
ドウチャク 撞着	❶ ぶつかること
	❷ 矛盾すること
言語 conflict 類 不合理	+α 「自家撞着」という形もよく出る

1669	★★
コウシ 嚆矢	ものごとの始まり
歴史 beginning 類 発端	+α 「かつて中国で戦の始めに矢を敵陣に向けて射かけ、戦の始まりの合図としていた」ことによる

1670	★★
ソゴ 齟齬	ものごとがうまく整合しないこと
心理 conflict 類 不一致	+α 「何度もかみ合わせてしっくりといかない」という意味から

1671	★★
フエン 敷衍	❶ おし広げること
	❷ 詳しく説明すること
言語 expatiation 類 詳述	+α 元々は「様々な問題を水のように広げること」という意味

魑魅魍魎が｜跋扈（バッコ）｜する。

実戦 今日の日本社会で反知性主義が｜　｜していることについて、本書の読者はほぼ異論がないであろう。　　　　　　　　　　　　　　　　　　　　　　　　　［大阪大］

文筆を｜生業（ナリワイ）｜とする。

実戦 既存の知識の改訂と拡大のみを｜　｜とする集団を社会に組み込むことになったのである。　　　　　　　　　　　　　　　　　　　　　　　　　　　［センター］

彼女は｜卓見（タッケン）｜の持ち主だ。

実戦 この言葉はロラン・バルトが「無知」について述べた｜　｜を思い出させる。　［東京大］

難問を前に一人で｜煩悶（ハンモン）｜する。

実戦 男が少しでも｜　｜の様子を見せれば神経衰弱、女がちょっとでも興奮しようものならヒステリーと呼ばれていたようだ。　　　　　　　　　　　　　　　　　　　［中央大］

彼はいつも｜道化（ドウケ）｜を演じる。

実戦 何とも｜　｜じみて滑稽でもの悲しく、哀れすら誘うのである。　　　　［早稲田大］

話の前後が｜撞着（ドウチャク）｜する。

実戦 この二つを融合させようとする試みは、自家｜　｜といわざるをえない。　［鹿児島大］

iPhoneは、現在のようなスマートフォンの｜嚆矢（コウシ）｜である。

実戦 駆け足で敵に攻撃を試みたのはアテナイ人をもって｜　｜とし…　　　　　［立教大］

彼は言動と行動の間に｜齟齬（ソゴ）｜がある。

実戦 空間レベルでは地域間の、時間レベルでは世代間における利害の｜　｜が発生する可能性を常にはらんでいる。　　　　　　　　　　　　　　　　　　　　　　　　［中央大］

一国の問題を世界全体に｜敷衍（フエン）｜して論じる。

実戦 ダントはその「分析的歴史哲学」の内実を｜　｜するために、「物語文」と「理想的年代記」という二つの特徴的な鍵概念を提起する…　　　　　　　　　　　　　　　　［岐阜大］

1672 ・心理	★★ ユウリョ **憂慮** anxiety　類 危惧		**非常に心配すること** +α 「憂」は「うれう、不安に思う」、「慮」は「おもんぱかる」 という意味

1673 ・心理

シュウ ビ
愁眉

worried look ★

心配事のありそうな顔つき

+α 「愁」は「うれえる、嘆き悲しむ」という意味

1674 ・社会

イワユル
所謂

so-called ★

世間で言う

+α 漢文の「所謂」の日本語訳は「言うところ」

1675 ・心理

キョウ ダ
怯懦

cowardice　類 小心 ★

臆病で気が弱いこと

+α 「怯」は「おびえる」、「懦」は、「気が弱い」という意味

1676 ・心理

トウカイ
韜晦

self-concealment ★

❶ 自分の本心などを包み隠すこと
❷ 姿をくらますこと

+α 「とうばい」と読み間違えないように注意

1677 ・文化

カンヨウ
涵養

cultivation ★

水が自然に染み込むように、
ゆっくりと養い育てること

+α 「じよう」と読み間違えないように注意

1678 ・文学

ユ エ ン
所以

reason　類 根拠 ★

理由

+α 漢文の「所以」は元々「もって〜するところ」だった
が、「〜するゆえん」となった

1679 ・文化

モウロウ
朦朧

haziness ★

かすんではっきりしないさま

+α 「朦」も「朧」も「おぼろ」という意味

1680 ・文学

ヒッキョウ
畢竟

after all　類 挙げ句 ★★★

つまるところ、結局

+α 「畢」は「おわる」、「竟」は「きわめる」という意味

母の病状は ユウリョ 憂慮 すべき事態となっている。

実戦 せっかくな企図があるいはおそらく徒労に終わるのではないかと □□□ されるのである。 [武蔵大]

ずっと思い悩んでいたが、やっと シュウビ 愁眉 が開いた。

実戦 眉目秀麗にしてとか、眉ひいでたる若うどとか、怒りの柳眉を逆だててとか、三日月のような愁いの眉をひそめてとか、ほっと □□□ をひらいてとか… [上村松園『眉の記』]

彼は イワユル 所謂 天才だ。

実戦 怪談は常に、□□□ 美談とは全く縁のないものであるだらう。 [京都大]

キョウダ 怯懦 な性格のせいで新しいことに挑戦できない。

実戦 □□□ や取るに足らぬ自尊心を徹底的に排除した。 [立教大]

自信がないために自己 トウカイ 韜晦 してしまう。

実戦 『宇宙論』の代用品として、しかも世論の打診という意味ではなはだ □□□ 的な形で書かれたものである。 [早稲田大]

一人前の教養を カンヨウ 涵養 する。

実戦 天皇への忠誠と親への孝や家長への服従を □□□ したとされる修身教科書においても… [青山学院大]

彼が人気者である ユエン 所以 はその明るさだ。

実戦 ジェイムズが人間を「習慣の束」(bundles of habits)と呼ぶ □□□ である。 [一橋大]

意識が モウロウ 朦朧 となる。

実戦 その日は、すっかり頭が □□□ となってしまって、店を出たあと暫くの間の記憶がなくなっている。 [法政大]

ヒッキョウ 畢竟 、悪いのは私なのであった。

実戦 俳句の精神というのも □□□ はこの特異な自然観の詩的表現以外の何物でもあり得ないかと思われて来る。 [センター]

1681 歴史	**残滓** （ザンシ） ★ dregs	残りかす +α 「ざんさい」と読むこともある
1682 心理	**静謐** （セイヒツ） ★ calmness 類 太平	❶ 静かで安らかなこと ❷ 世の中が穏やかに治っていること +α 「謐」は「安らか」という意味
1683 心理	**軋轢** （アツレキ） ★★ friction 対 円満	人と人の間の不和や摩擦 +α 元々は「車輪がきしむ」という意味
1684 言語	**咀嚼** （ソシャク） ★★ mastication	食物を細かくなるまで よく噛むこと +α 転じて「言葉や文章をよく考えて理解する」という 意味
1685 文化	**楼閣** （ロウカク） ★★ lofty building 類 塔	高く立派な建物 +α 「砂上の楼閣」で「見かけは立派だが、基礎ができてい ないために長く維持できないものごと」を意味する
1686 社会	**僭越** （センエツ） ★★ audacious 類 厚顔	自分の身分・地位を超えて、 出過ぎたことをすること +α 「僭」は「おごる、おかす、なぞらえる」という意味
1687 社会	**賦課** （フカ） ★ imposition 類 課税	税金などを割り当て負担させること +α 「賦課金」は「租税や負担金などのように割り当てら れて負担するお金」のこと
1688 社会	**坩堝** （ルツボ） ★ melting pot	（人種の坩堝）多種多様な民族が 混在して暮らしている状態 +α 転じて「熱気に溢れた状態」という意味
1689 経済	**騰貴** （トウキ） ★ rise 対 下落	物価や相場が上がること +α 「騰」は「あがる」という意味

旧体制の ［残滓（ザンシ）］ を煩わしく思う。

実戦 差別問題とは、本質的に旧来の迷妄の［＿＿＿］を一掃するかどうかの問題である…［早稲田大］

彼には ［静謐（セイヒツ）］ な雰囲気が漂っていた。

実戦 兄弟の並んだ墓は、一塊の石の虚無と［＿＿＿］が漂って強烈なイメージを彼女に与えた。
［福島大］

資本家と労働者の間にはしばしば ［軋轢（アツレキ）］ が生じる。

実戦 「普遍性」概念の誤用は、国際政治においては常に［＿＿＿］を生んできた。　［高知大］

ゆっくりと ［咀嚼（ソシャク）］ する。

実戦 まず会話に間がない。相手の言葉を［＿＿＿］する前にすぐ同調の言葉を発する。　［立命館大］

砂上の ［楼閣（ロウカク）］ を見上げる。

実戦 たとえばエジプトのピラミッド、仏教圏諸国の重層的［＿＿＿］…　　　　　［中央大］

［僭越（センエツ）］ ながら、一言申し上げます。

実戦 そこで［＿＿＿］ながら説明文の作者の方々へ御助言申し上げる。　　　　　［長崎大］

地方税を ［賦課（フカ）］ する。

実戦 平民は、日常的には年貢・公事を負担する一般の庶民として登場しますので、こうした重い［＿＿＿］を負担せざるをえない人々としてあらわれる。　　　　　　　　［和歌山大］

ニューヨークは人種の ［坩堝（ルツボ）］ と呼ばれていた。

実戦 こうしてお大は、都会にうずまく肉欲の［＿＿＿］のなかへ投げこまれ、永久に消えた。
［早稲田大］

石油の価格が ［騰貴（トウキ）］ する。

実戦 物価［＿＿＿］や激しくなる人馬の往来など騒然とした空気は、時の経過とともに濃密に人びとを包んでゆきました。　　　　　　　　　　　　　　　　　　　　　［岐阜大］

1690	**諦観** テイカン ★★ 宗教 resignation	❶ 本質をはっきりと見極めること ❷ 諦め、悟って超然とすること **+α** 仏教の「諦める」は、「ものごとへの執着を捨てて悟りを開く」という意味
1691	**荘厳** ソウゴン ★★ 文化 solemn 類 尊厳	威厳があって気高いこと **+α**「しょうげん」と読み間違えないように注意
1692	**横溢** オウイツ ★ 心理 overflow 類 充溢	溢れるほど盛んなこと **+α**「汪溢」とも書く
1693	**悲愁** ヒシュウ ★ 心理 sadness 類 哀愁	悲しみに深く心が沈むこと **+α**「愁」は「思い悩む」という意味
1694	**頒布** ハンプ ★ 経済 distribution	広く分け配ること **+α**「ふんぶ」と読み間違えないように注意
1695	**饒舌** ジョウゼツ ★★ 言語 talkative 対 寡黙	やたらに喋ること **+α**「饒」は「ゆたか」という意味
1696	**夥しい** オビタダ ★★ 社会 enormous 類 莫大	数や量が非常に多いこと **+α**「夥」は「果実が多い様子」を表した
1697	**漏洩** ロウエイ ★★ 社会 leakage	隠していたものが外に出てしまうこと **+α**「ろうせつ」とも読むため、「漏えい」と表記されることも多い
1698	**穿鑿** センサク ★ 言語 scrutinize	根掘り葉掘り尋ねること **+α** 元来は「穴をうがち掘ること」という意味

私が会社を辞めるのを部長は 諦観（テイカン）していた。

実戦 勿論、緒方は東洋流の、無常感、□ の上にあぐらをかいているのではない。　［京都大］

伊勢神宮の 荘厳（ソウゴン）な雰囲気に圧倒される。

実戦 ただ北アルプスの□ な夜景が、ぼくをおしつぶすような重量感をともなって展開されているばかりだった。　［東北大］

上司の前で 横溢（オウイツ）な態度を取る。

実戦 彼は自ら多くの俳句において、漢詩文趣味を□ させた人だった。　［一橋大］

元恋人の写真を見て 悲愁（ヒシュウ）の情を覚える。

実戦 全体をひたしている低音部のひびきは苦楽ともに愁いにほかならないという□ の生活感情である。　［明治大］

校門前でビラを 頒布（ハンプ）する予定だ。

実戦 コピーを市民に配布するには出版社などの□ 業者の仲介が必要であった。［関西学院大］

彼女は仕事の話になると 饒舌（ジョウゼツ）だ。

実戦 しかし、情報（知識をふくむ）やニュースには□ と寡黙との二つのタイプがあることは否定できないように思う。　［九州大］

夥しい（オビタダしい）数の帰省客が空港に訪れる。

実戦 それにしても世上、なんと善意、純情の売り物の□ ことか。　［横浜国立大］

情報 漏洩（ロウエイ）は企業にとって致命的だ。

実戦 語り部によるナマの記憶はかえって情報の□ の危険をともなうものであり　［立命館大］

他人のプライベートをあれこれ 穿鑿（センサク）してはいけない。

実戦 なにか面白いことはないかと知らなくてもいいことまでむやみに□ する心、あるいはもの好きといったような意味に解されている。　［東京都立大］

1699 文化	フウ ビ **風靡** dominant	★★ **風が草木をなびかせるように、** **広範囲にわたりなびき従わせること** **＋α**「一世を風靡する」で「ある時代に非常に広く知られ 流行する」という意味
1700 哲学	ホウ テ キ **放擲** abandon　　**類** 放棄	★ **投げ出すこと** **＋α**「擲」は「投げる」という意味

かつて一世を 風靡 （フウビ） したゲームが再流行する。

実戦 定家の切り開いた新古今風は一世を[____]したが、中でも院は定家のもっとも秀れた弟子の一人であった。 ［青山学院大］

抱えていた仕事を 放擲 （ホウテキ） して旅行に出る。

実戦 存在していて関係ない神を[____]してしまうのは、簡単なことなのである。 ［関西学院大］

例えば「行」という字の音読みは「ギョウ」「コウ」「アン」があります。呉との交流があった7世紀頃までに入ってきたのは「ギョウ」という呉音です。次に奈良時代から平安時代初期までに日本に入ってきたのは「コウ」という漢音です。その後、平安時代中期から江戸時代までに入ってきたのが「アン」という唐音です。

このように中国の王朝の変化とともに異なる読みが日本に流入し、「音読み」は複数の種類ができていったのです。

BIBLIA 2000
EFFECTIVE WORDS AND IDIOMS FOR YOUR BRIGHT FUTURE

CHAPTER

カタカナ語・キーワード150

現代文では外来語がカタカナ語として表記されることがよくあります。
世界の最先端の話題をいち早く文章に取り入れることができるのも、
日本語の大きな強みです。受験では英語などの外国語の試験もあるので、
元の外来語とセットにして覚えておくと学習効果も上がります。
意欲的に覚えていきましょう。

1701 社会	ブルジョワジー bourgeoisie　類 中産階級	★★ ❶豊かな生活をしている資本家 ❷地主などの階級 +α 資本主義社会における中産階級のことであり、社会主義者から批判される
1702 社会	プロレタリアート proletariat　類 無産階級	★★ 生産手段を持たず、労働によって賃金を得る階級 +α 資本主義社会における賃金労働者階級のことであり、ブルジョワジーから搾取された
1703 社会	ヒエラルキー hierarchy　類 序列	★★ ピラミッド型の階層組織、身分制度 +α 現代ではヒンドゥー教の「カースト」も同様の使われ方をする
1704 社会	ナショナリズム nationalism　類 国粋主義	★★ 国家または民族の統一や発展を推し進めていこうとする政治思想や運動 +α アンダーソンは「ネイションとは心に描かれた想像の政治的共同体である」とした
1705 社会	リベラル liberal	★★ 自由を重視すること +α 従来の「保守対革新」に代わり、現代では「保守対リベラル」という政治的対立がある
1706 社会	ポピュリズム populism　類 人民主義	★★★ 大衆の支持のもと、既存の体制や知識人などに批判的な政治思想 +α 否定的な意味を込めて「衆愚政治」や「大衆迎合主義」などとも訳されている
1707 社会	テロリズム terrorism　類 恐怖主義	★★ 暴力や恐怖によって政治上の主張を押し通そうとする主義 +α テロ対策が、過剰暴力や非合法活動の正当化に使われているとの批判もある
1708 哲学	ペシミズム pessimism　対 オプティミズム	★★ ものごとを悲観的に捉える思想傾向 +α 語源は「最悪のもの」を意味するラテン語「pessimum」で、「厭世主義」「厭世観」とも言う

ブルジョワジー に市民が搾取される。

実戦 藩閥政権は、皮肉にも"標準語"の論理をもった □□□ の力によって倒されるのである。

[駒澤大]

プロレタリアート が厳しい労働を強いられる。

実戦 マルクスの認識では、労働者（□□□）一般が「弱者」「敗者」である。

[関西学院大]

学校に存在する ヒエラルキー 構造。

実戦 人は自分が社会の □□□ のどこに位置するかということから、自己を認識する。 [法政大]

独裁者が ナショナリズム 的政策を推し進める。

実戦 グローバリズムが高まるとともに、□□□ もまたその反動として力を強めている。[早稲田大]

最近は リベラル 派の勢力が衰えている。

実戦 移民や難民はその □□□ な政治エリートによって不当な保護を受ける存在と位置づけ…

[青山学院大]

人気を誇る大統領が ポピュリズム を展開する。

実戦 第一の特徴は、□□□ がその主張の中心に、「人民」を置いていることである。 [弘前大]

国境線で テロリズム が起こる。

実戦 バイオ □□□ など、二十一世紀は、もしかしたら、人類最後の世紀になるかもしれないと警告する。 [早稲田大]

ペシミズム が色濃く反映された小説。

実戦 さまざまな問題を抱えた現実に対する □□□ が広まっていく。 [早稲田大]

1709	**オプティミズム** ★★ 哲学　optimism　對ペシミズム	**世界や人生が善であると確信し、それを肯定する立場** **+α** 今の世界は全体的に見て存在し得る世界の中で最良とする考え方

1710	**エゴイズム** ★★ 哲学　egoism　類利己主義	**自分の利益を中心に考えて、他人の利益は考えない思考傾向** **+α** 哲学では「人間の行為は自分自身の利害に動機づけられている」という考え方

1711	**モダニズム** ★★ 芸術　modernism	**現代的で新しい流行を好む傾向** **+α** 芸術分野では、20世紀初頭に「伝統主義を否定し現代的な感覚での表現を追求する傾向」が起こった

1712	**リアリズム** ★★ 文学　realism	**空想的・理想的な考えを持たず、現実を最重視する立場** **+α** 文学では「写実主義」と訳され、現実にありうる因果関係によって創作することを重んじる考え方

1713	**ニヒリズム** ★★ 哲学　nihilism	**虚無主義** **+α** 今生きている世界や人間の存在には意義、目的、真理、価値などがないと主張する哲学的な立場

1714	**アナーキー** ★★ 社会　anarchy	**無政府・無秩序の状態であること** **+α** アナーキズムとは「支配権力は有害であり、何にも縛られない個人の自由が最も尊い」と考える思想

1715	**ヒューマニズム** ★★ 哲学　humanism　類人道主義	**人間中心や人間尊重を基調とする思想態度のこと** **+α** ヨーロッパでは古典による教養が人間をより人間らしくするという考え方がある

1716	**マテリアリズム** ★★ 哲学　materialism　類唯物論	**宇宙の根源は物質にあるとする考え方** **+α**「精神」や「思想」の根底にある「身体」や「経済」の方を重視する考え方

1717	**プラグマティズム** ★★ 哲学　pragmatism　類実用主義	**知識が正しいかどうかは、生活上の利益から決定されるとする考え方** **+α** あらゆる真理は実用的結果を持つため、その真理性は結果の実用性によって決定されるとする考え方

科学技術の発達が過剰な オプティミズム をもたらす。

実戦 その当時には、目的と手段のバランスが回復されるという ___ があった。　　　[広島大]

環境破壊を許容するのは人間の エゴイズム だ。

実戦 文学的 ___ はキリストの博愛より大人にとって無害だったわけである。　　　[宇都宮大]

宗教の モダニズム を非難する。

実戦 日本においても一九七〇年代に ___ が流行した…　　　[神奈川大]

文学における リアリズム を追究する。

実戦 理屈と実際は違うと感じ、「現実」がこうであることには大きな理由があると考える、___ の世界である。　　　[中央大]

彼女は ニヒリズム 的なことばかり言う。

実戦 しょせん無駄だという無力感や ___ を突きつけられたような不安を覚えるからだ。　　　[駒澤大]

彼の アナーキー な性格に振り回されてばかりだ。

実戦 古い秩序が崩壊している ___ な状態、これが群衆発生の基盤です。　　　[広島修道大]

ルネサンス期に見られた ヒューマニズム の精神。

実戦 近代主義の価値観にただ反撥するならば、前近代的な反合理主義、反 ___ に陥ることになってしまう。　　　[東京理科大]

マテリアリズム を信奉する人。

実戦 マルクス主義での「唯物論」もまた ___ であり、これも廃れてしまった思考様式の代表例とされることが多い。　　　[早稲田大]

本校の教育の特徴は、個人の尊重と プラグマティズム だ。

実戦 より良いセカンドベストを求める ___ というか、永遠の実践主義でいかざるを得ない。　　　[九州産業大]

1718	★★
アナクロニズム	その時代の傾向と食い違っていたり時代遅れであったりすること
─社会 anachronism	**+α** 歴史学では、年代錯誤や現代の常識的見方を過去に当てはめる誤りを批判する言葉

1719	★★
アニミズム	すべてのものに固有の霊が宿るという信仰
─宗教 animism 類 精霊信仰	**+α** ラテン語の「アニマ(anima)＝気息、霊魂、生命」に由来している

1720	★★
フェティシズム	呪物崇拝
─哲学 fetishism	**+α** 「呪物崇拝」とは「物に神や呪力が宿るとして崇拝する信仰」のこと

1721	★★
ファシズム	権力で労働者階級を抑え、外国に対して侵略政策をとる独裁制
─社会 fascism	**+α** 語源はイタリア語の「ファッショ(束、集団、結束)」で、「統一による力」を意味した

1722	★★
フェミニズム	女性の社会上の権利拡張を主張する考え方および運動
─社会 feminism	**+α** フェミニズム批評においては「母親と子供」「家族」を論じる際に女性の視点から語られる

1723	★★
オリエンタリズム	東洋への憧れに根ざす、西欧近代における芸術の風潮
─文学 orientalism	**+α** 「オリエント(東洋)」を劣ったものと見なすヨーロッパの思考様式であり、支配の様式でもある

1724	★★
ポストコロニアル	植民地主義以降の
─文学 post colonial	**+α** 西欧中心史観を疑問視し、旧植民地文化を再評価しつつ、西欧の文化そのものを問い直す考え方

1725	★★
インテリゲンチャ	知識・教養を持ち、知的労働に携わる社会層
─文学 intelligentsia	**+α** 現代では「インテリ」と言われることが多い

1726	★★
アカデミズム	学問や芸術での正当性・権威を重んずる態度
─哲学 academism 類 学問至上主義	**+α** 純粋性や正統性を保持しようとする傾向があるが、排他性や現実生活から超越する傾向もある

何かと アナクロニズム に走る彼は皆から敬遠されがちだ。

実戦 一種の◯◯◯、全くの自己矛盾というようなことになるだろう。 [学習院大]

アニミズム 信仰がかつて世界を支配していた。

実戦 これらは縄文時代の◯◯◯的な樹木信仰と結びつく柱の文化であった。たしかに縄文時代には素朴な垂直文化は存在していたといえる。 [東洋大]

彼の作品には女性の足に対する フェティシズム が現れている。

実戦 道具の呪物崇拝（◯◯◯◯）とも呼べるような態度も、過程尊重のあらわれとみることができよう。 [法政大]

ファシズム の拡大が世界の分断を生む。

実戦 ここには、個別性をつぶそうとする◯◯◯◯の論理構造が浮き彫りにされている。 [神奈川大]

フェミニズム がすなわち女性優位の考え方を指すのではない。

実戦 「女とは何か」という問いを女たち自身があらためて発し始めたのが、◯◯◯◯思想の中核となっていった。 [青山学院大]

ジャポニズムは オリエンタリズム から生じたと言われている。

実戦 日本の伝統への◯◯◯◯的な視点さえもが受け継がれているのである。 [日本大]

ポストコロニアル 理論と呼ばれる文芸批評運動が起こる。

実戦 ◯◯◯◯理論に基づけば、先進国による途上国の研究には恣意性が混入するとされる。 [オリジナル]

小市民的 インテリゲンチャ に属する。

実戦 その中で活躍した反体制的な知識人、いわゆる◯◯◯◯の存在を世界に知らしめました。 [立命館大]

大学という アカデミズム の機関に長らく所属している。

実戦 十九世紀に確立された西欧の伝統的◯◯◯◯のもとでは、建築とはギリシャにはじまるものであった。 [甲南大]

1727 一 社会	**イデオロギー** ★★ ideology 類 観念形態	人間の行動を左右する 根本的な考え方の体系 **+α** イデオロギーは偏った考え方であり、何らかの先入観を含むと批判される場合もある
1728 一 宗教	**ドグマ** ★★ dogma 類 教条	宗教上の教義 **+α** 転じて「独断、偏見的な説や意見」を批判する言葉となった
1729 一 宗教	**カルト** ★★ cult 類 ブーム	特定の対象を熱狂的に 崇拝したり礼讃したりすること **+α** 狂信者を生み出す反社会的な宗教集団を指すこともある
1730 一 社会	**ラディカル** ★★ radical 類 先鋭	❶ 過激なさま ❷ 根本的であるさま **+α** 政治の分野で「現状を変えることに積極的なさま」を表すときによく用いられる

CHAPTER 7 カタカナ語・キーワード150

SECTION 2 政治・経済を読むための
キーワード

1731 一 社会	**マニフェスト** ★★ manifesto 類 政策要綱	宣言書、公約 **+α** 元々は「政策課題の目標や期限などを明記した政権公約」の意味
1732 一 社会	**コモンセンス** ★★ common sense 類 良識	常識 **+α** トマス・ペインは人々の「常識」に訴えてアメリカ合衆国の独立の必要性を説いた
1733 一 社会	**フロンティア** ★★★ frontier	広い可能性を秘めた 新規開拓の対象となる領域 **+α**「アメリカの西部開拓における最前線となった辺境地帯」が元になっている
1734 一 社会	**グローバル** ★★ global 対 ローカル	世界的な規模であるさま **+α** グローバリズムとは、地球を一つの共同体と見なして、世界の一体化を進める思想

それは イデオロギー 的な考え方だ。

実戦 二十世紀の前半までは、われわれが最大の価値を置いていた情報はさまざまな □□□ でした。
[明治大]

ドグマ によって他者の人格を否定する。

実戦 人類の歴史は諸々の好ましからざる □□□（偏見や先入観）のもとで語られてきた。[埼玉大]

カルト 的な人気を博する商品。

実戦 □□□ がもたらす信念は、元来Whyに重点を置くものである。
[関西大]

あの政治家は ラディカル な思想で有名だ。

実戦 幸福や安全といった物理的・具体的な問題に還元することができる、という立場を取る □□□ な功利主義者にとっては…
[近畿大]

立候補者の マニフェスト を確認する。

実戦 人それぞれ、自らの □□□ を作成してみたらどうであろうか。
[近畿大]

すべての人が コモンセンス を備えているべきだ。

実戦 情報文化の周辺に発生する新たな □□□ によって紙の本は減る。
[立命館大]

市場の フロンティア の獲得を視野に入れる。

実戦 脳科学でも顔に着目して社会的知性を研究することが大きな □□□ となってきている。
[日本女子大]

グローバル な目線から諸問題を見つめる。

実戦 □□□ 化が地球的規模での同質化をもたらそうとしている…
[新潟大]

1735 ★★ **ボーダーレス** 社会 borderless	**境界や国境がないこと** **+α** 国家の枠にとどまらない多様な事象や活動について いう言葉
1736 ★★ **セクショナリズム** 社会 sectionalism 類 派閥主義	**一つの部門に閉じこもって** **他を排斥する傾向** **+α** 政治における「セクト主義」は「他の党派を排除しよ うとする傾向」のこと
1737 ★★ **ヘイトスピーチ** 社会 hate speech 類 差別的発言	**憎悪を込めて個人や特定の組織、** **国などを指して行う演説や発言** **+α** ヘイトスピーチに関しては「互いの憎しみを煽る点」 が最大の問題点であるという指摘がある
1738 ★★★ **マイノリティ** 社会 minority 対 マジョリティ	**少数派** **+α** マイノリティは「社会的弱者」に近い概念でもある
1739 ★★★ **マジョリティ** 社会 majority 対 マイノリティ	**多数派** **+α** マジョリティは「強い立場にいる集団」を意味して おり、世論を形成しやすい
1740 ★★ **フェアトレード** 社会 fair trade	**公平貿易** **+α** 発展途上国の原料や製品を適正な価格で購入するこ とで、生産者や労働者の生活改善と自立を目指す運動
1741 ★★ **インバウンド** 社会 inbound	**外国人が訪れてくる旅行** **+α** 元々は「外から中へ入る、内向きの」という意味
1742 ★★ **アウトバウンド** 社会 outbound	**自国から外国へ出かける旅行** **+α** ビジネスでは、「企業から顧客に営業をかける」とい う意味もある
1743 ★★ **LGBT** 社会 LGBT	**レズビアン、ゲイ、バイセクシャル、** **トランスジェンダーの総称** **+α** 性的少数者（セクシャルマイノリティ）を指す用語 として世界中で使われている

ボーダーレス 社会を迎え世界はより小さくなっている。

実戦 人間の脳というのは際限がなく、放置しておくと限りなく広がって、得手勝手に □□□ な世界を作り出していきます。 [佐賀大]

我が社はいつの間にか セクショナリズム に陥っていた。

実戦 □□□ の深淵だが、これは、多忙なはずの局員と客の間に横たわる個人主義の深淵の変奏だろう。 [白百合女子大]

ヘイトスピーチ に断固反対する。

実戦 心身に癒しがたい傷を加えることは、「憎悪表現（□□□）」の行動がもたらす効果によっても知られるとおりである。 [早稲田大]

マイノリティ への配慮を忘れない。

実戦 歴史的に不利な立場にあった黒人、女性、その他の □□□ を擁護する政策に対する反発… [駒澤大]

マジョリティ の意見に迎合する。

実戦 権利上の不平等を蒙っていることを、□□□ に対して「異議申立て」すること。ここに少数者論の土台がある… [中央大]

フェアトレード 製品のコーヒー豆を購入する。

実戦 □□□（公正貿易）、それらを横につなぐネットワーク… [島根大学]

インバウンド 客をうまく取り込む。

実戦 バスの乗客案内は □□□ 対応として4か国語で表示し、日本語、英語、中国語、韓国語での表示を行う。 [オリジナル]

この国は日本からの アウトバウンド により多大な利益を上げた。

実戦 業務としては、企業からセールスなどの電話をかける □□□ などがある。 [オリジナル]

LGBT の人々への偏見をなくすべきだ。

実戦 □□□ 文化は地域性や、参加する人々の独自性によって多様性がある。 [オリジナル]

CHAPTER 7　カタカナ語・キーワード150

SECTION ③　社会を読むための
キーワード

インフレ により投資金額は大幅に減少した。

実戦「情報____」は、いつのまにか、個人の統覚を混乱させ価値判断をぐらつかせてしまう。
[山口大]

日本の デフレ 脱却には相応の時間が必要である。

実戦 長い____が続く中、日本の企業は安価で質のよい衣料を量販するシステムを着々と構築してきた。
[同志社大]

都市の インフラ を整備する。

実戦 経済や社会の状況、技術や____、人口構成や法体系、そういう外部要因に囲まれて存在するのです。
[東京理科大]

学生が ベンチャー 企業を立ち上げる。

実戦「自由」は起業というあたらしい生き方にもつながった。いまふうにいえば____・キャピタルである。
[同志社大]

印象的な キャッチコピー をつけて購買意欲をそそらせる。

実戦「読むコスメ」などという____で登場した各誌はいわば化粧品の「読書案内」である。
[法政大]

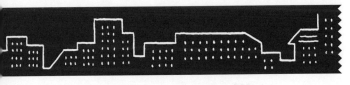

他人の プライバシー をむやみに詮索してはならない。

実戦 近年の____意識の高まりは、監視強化とどのような関係にあるのだろうか。
[埼玉大]

新入社員の コンプライアンス 教育を行う。

実戦 この企業は、安全・品質の向上と____への取り組みを積極的に行っており、安心安全なサービスの提供を進めている。
[オリジナル]

抜歯は弥生時代における イニシエーション だ。

実戦 多くの社会の____儀礼で、うたと踊りを新入者に課す慣行を生んできた。
[上智大]

1752 宗教	**★★** タブー taboo　類 禁忌	触れたり口に出したりしては ならないとされているもの **+α** タブーによって「聖や俗」「日常と非日常」「清浄と穢れ」などの対立構造が明らかになる
1753 文学	**★★** エキゾチック exotic　類 異国的	異国の情緒や雰囲気のあるさま **+α** 異国に対する「憧れの気持ち」が込められている
1754 社会	**★★** センセーション sensation　類 波紋	世間を驚かせる事件や事柄、大評判 **+α** 「センス＝感覚、気持ち」の意味合いを持っている
1755 文化	**★★** ステレオタイプ stereotype	行動や考え方が、 固定的であり新鮮味のないこと **+α** 元々は、ステロ版で印刷された印刷物のように「型を用いて作られたかのように同じもの」という意味
1756 社会	**★★★** ノーマライゼーション normalization　類 共生化	障害者などが一般の人々と一緒に 普通に生活すべきとする理念 **+α** 社会福祉全般の理念として、バリアフリー、ユニバーサルデザインといった考え方に具体化されている
1757 社会	**★★★** バリアフリー barrier-free	障害者や高齢者の生活から 障害を取り除こうという考え方 **+α** 社会生活弱者が容易に社会参加できるように促す概念でもある
1758 言語	**★★★** コミュニケーション communication　類 伝達	言葉・身振りなどによって、 感情・思考などを伝達すること **+α** 乳児の段階から始まっている表情や身ぶりを用いた非言語的なものも含む場合がある
1759 言語	**★★** ジャーナリズム journalism　類 報道	時事問題の報道・解説・批評などを伝達する活動の総称 **+α** 事実の伝達だけでなく、それについての解説や論評も含む
1760 言語	**★★** メディア リテラシー media literacy	メディアを使いこなし、 メディアの情報を理解する能力 **+α** 「リテラシー」は「読み書き能力」のこと。メディア情報を批判的に捉え、自ら情報発信する力

そのような振る舞いはここでは タブー だ。

実戦 金のことだからといって、□□視するのは間違っている、という考えです。 [津田塾大]

タイの エキゾチック な屋台を練り歩く。

実戦 都市の風景に「不可思議国」の□□な美を発見した。 [成蹊大]

大統領の被災地訪問は大いに センセーション を引き起こした。

実戦 結論の□□のゆえに一般世論の拍手喝采を浴びるという、「科学」にあるまじき展開をとげてきた。 [上智大]

日本人は勤勉だという ステレオタイプ な考え方がはびこる。

実戦 言葉＝植物という□□化された古来の通念があればこそそのことなのだ。 [成蹊大]

ノーマライゼーション の実現を目指して建築物の設計を行う。

実戦 社会心理学的説明は（中略）心理教育による□□として大きな役割を果たす。 [関西大]

バリアフリー 対策としてスロープを新設した。

実戦 □□設計には障害者や高齢者の社会参加という価値が内蔵されていると言うことができる。 [早稲田大]

言葉は人間の主要な コミュニケーション 手段の一つだ。

実戦 言語的□□は多かれ少なかれ即興性を含む… [関西大]

大学で ジャーナリズム を専攻する。

実戦 散文の小説は、十八世紀初頭□□の発生とともに漸くその姿を現わすのである。 [早稲田大]

授業を通して生徒に メディアリテラシー を体得させる。

実戦 現在のインターネット社会では表現の自由や知る権利などが広範囲に認められている一方で、個人の倫理観や□□なども強く求められている。 [オリジナル]

1761 文化	マスメディア ★★★ mass media 類マスコミ	不特定多数の人々に対して大量の情報が伝達される媒体のこと +α ときに大衆のものの見方を決定する権力を持つ
1762 文化	ソーシャルメディア ★★★ social media	ネット上で不特定多数の人が情報の共有や情報の拡散を行う媒体 +α 従来のメディアと異なり、ソーシャルメディアは誰でも利用できて、比較的安価である
1763 心理	レジリエンス ★ resilience	困難で脅威的な状況にうまく適応する能力 +α 心理学では「精神的回復力」「抵抗力」「復元力」「耐久力」などとも訳され、「自発的治癒力」という意味
1764 社会	サステイナビリティ ★★ sustainability	将来にわたって失わずに続けていくことができること +α サステイナビリティ学とは「持続可能な地球社会へ向けて地球持続ビジョンを構築する」学術
1765 社会	SDGs ★★ SDGs	国連サミットで決められた持続可能でより良い世界を目指す国際目標 +α 「Sustainable Development Goals（持続可能な開発目標）」の略称
1766 社会	エスニシティ ★★ ethnicity	ある民族に固有の性質や特徴 +α アメリカで、様々なエスニック集団の利害や対立が維持されていることから問題となった
1767 社会	クレオール ★★ creole	西インド諸島、中南米などで生まれ育ったヨーロッパ人 +α 「宗主国生まれ」に対する「植民地ないし副王領生まれ」を意味する形容詞
1768 社会	Society 5.0 ★★★ Society 5.0	仮想空間と現実空間を高度に融合させたシステムにより、経済発展と社会的課題の解決を両立する、人間中心の社会
1769 心理	モラトリアム ★★ moratorium	❶しばらくの間止めること ❷社会人になるまでの猶予期間 +α 「社会人としての義務と責任の遂行を猶予されている期間」という意味

事件はイギリスの マスメディア により大々的に報じられた。

実戦 □□□□は読者や視聴者の底の浅い先入観とタイアップして、出来事を単純化する。[学習院大]

ソーシャルメディア に対応した新サービスを導入する。

実戦 トランプをはじめとする各国の暴言候補の当選・想定外の健闘にも、□□□□が大きく貢献した。 [専修大]

今日の社会では レジリエンス を高めることが必須である。

実戦 苦痛に満ちたライフイベントを経験したにも関わらず自尊心が高い人は、自尊心が低い人よりも□□□□が高いとされる。 [オリジナル]

サステイナビリティ を意識した発電方法を考案する。

実戦 システム全体の持続可能性（□□□□）ということに関心が向けられているのである。[関西大]

日常の中で SDGs に取り組む。

実戦 □□□□に対する世界の取り組みには遅れが目立ち、2030年までに17の目標を達成するのは難しいと言われている。 [オリジナル]

白人以外は エスニシティ だという意見もある。

実戦 アメリカ合衆国は多数の□□□□が分散居住する移民の国である。 [中央大]

ガンボは クレオール 料理だ。

実戦 雑種文化は、しばしばフランス語では□□□□文化、英語ではハイブリッド文化と呼ばれるものである。 [早稲田大]

Society 5.0 の実現する社会が現代の諸問題を解決する。

実戦 狩猟社会、農耕社会、工業社会、情報社会に次ぐ、仮想空間と現実空間を融合させたシステムによる人間中心の社会を□□□□と呼ぶ。 [オリジナル]

彼はいつまでも モラトリアム から脱出できないままだ。

実戦 □□□□は、一定の年齢に達すると終結するのが当然のきまりであった。 [中央大]

1770 経済	**コスト** cost	★★ **ものを生産するのにかかる費用** **+α** 金銭だけでなく、時間や労力などを含める場合もある
1771 社会	**アジェンダ** agenda	★★ **会議の検討課題、議題** **+α** 政治の分野では「取り組むべき検討課題や行動計画」を表す
1772 社会	**コミット** commit	★★ **目標に対して責任を持って** **深く関わること** **+α** コミットメントは政治において「誓約」や「公約」という意味
1773 医学	**サンクティティ・** **オブ・ライフ** SOL	★★ **人間の生命を神聖で** **絶対的なものとする考え方** **+α** 生命は尊いものであり、いついかなる状況でも死を選ばず生を選ばなければならないという立場
1774 医学	**クオリティ・** **オブ・ライフ** QOL　園 生活の質	★★ **人生をよりよく** **生きようとする考え方** **+α** 「生きている状態の質」を重視すべきという考え方で、安楽死や尊厳死の根拠となる
1775 医学	**ターミナルケア** terminal care　園 終末医療	★★ **余命がわずかな方に対して行う、** **医療・看護的、介護的ケア** **+α** QOLの観点から延命よりも残された人生を充実させることを重視する医療
1776 医学	**インフォームド・** **コンセント** informed consent 園 納得診療	★★ **医者が十分な情報を患者に伝え、** **患者の納得のうえで医療を行うこと** **+α** 医師（専門家）と患者（素人）の判断能力に差があるという点で、疑問視する意見もある
1777 医学	**パンデミック** pandemic　園 感染爆発	★★ **感染症の世界的な大流行** **+α** 2020年に新型コロナウイルスが世界的に大流行し、様々な分野で問題となった
1778 医学	**クラスター** cluster　園 集団	★★ **❶同種のものや人の集まり** **❷（クラスター感染）集団感染** **+α** 元来は「房」「集団」「群れ」という意味の言葉

新製品開発に伴う コスト を見積もる。

実戦 国民経済的に考えた場合の社会 ⬚ は大幅に削減可能となろう。　　　　［亜細亜大］

次の会議の アジェンダ を取りまとめて配布する。

実戦 生物多様性は現代の環境問題の中心的な ⬚ となり…　　　　［慶應大］

彼はプロジェクトに大きく コミット するであろう人材だ。

実戦 なににも ⬚ しないひとびとのためのネガティヴな理論だ、という批判…　　　　［明治大］

サンクティティ・オブ・ライフ の観点から臓器移植に反対する。

実戦 ⬚ とQOLという対立する二つの観点から安楽死の問題を考えなければならない。　　　　［オリジナル］

クオリティ・オブ・ライフ の考え方によって安楽死を選択する。

実戦 延命自体よりも「生命の質」（⬚）をこそ重視すべきではないかという反省が、むしろ多数意見になってきた。　　　　［立教大］

ターミナルケア を施された祖母は穏やかな表情を浮かべた。

実戦 ⬚ に携わる医師の語る興味深い話を聴いた。　　　　［拓殖大］

いかなる治療も インフォームド・コンセント なしに行われない。

実戦 「⬚」（直訳すれば「情報を受けた同意」）が医療倫理の領域で採用されている。　　　　［学習院女子大］

パンデミック に備えた対策を行う。

実戦 しかし前にもそうであったが今日マラリアは世界的流行病（⬚）という言葉が特に適している。　　　　［ウィリアム・オスラー　水上茂樹訳『近代医学の興隆』］

クラスター の発生を食い止める。

実戦 大衆の ⬚ 化こそが、現代日本における都市文化を特徴づけるものであろう。　　　　［東洋大］

1779 医学	**★★** **エンハンスメント** enhancement	**高めること、改良すること** **+α** 治療のための医療技術を転用し、健康な身体や精神の機能を向上させるために用いること
1780 医学	**★★** **メンタルヘルス** mental health　**類** 精神衛生	**精神面の健康** **+α** うつ病や睡眠障害などの形で身体にも影響を及ぼす
1781 社会	**★★★** **ドメスティック・** **バイオレンス** DV	**家庭内での暴力** **+α** 男女の社会通念上の格差や経済格差が原因であることが多いため、多くの場合被害者は女性となる
1782 社会	**★★** **ネグレクト** neglect	**❶ 義務などを怠ること** **❷ 育児放棄** **+α** 同義語である「ネグリジェンス」は、義務不履行や(職務などの)怠慢を意味する
1783 哲学	**★★** **モラル・ハザード** moral hazard	**倫理観が欠如していて、** **社会的責任を果たさないこと** **+α** 2003年には国立国語研究所が「倫理崩壊」という言葉に置き換える提案を行っている
1784 社会	**★★** **コンセンサス** consensus　**類** 総意	**意見の一致、合意** **+α** コンセンサスは「複数の人による合意」を意味し、アグリーメントは単なる「同意」を意味する
1785 社会	**★★★** **コミュニティ** community　**類** 共同体	**❶ 共同体** **❷ 地域社会** **+α**「ゲマインシャフト」は概ね「共同体」を意味し、「ゲゼルシャフト」は「社会」を意味する
1786 社会	**★★★** **ライフライン** lifeline　**類** 生命線	**電気・ガス・水道・通信といった** **都市生活の基盤となる生命線のこと** **+α** ライフラインとは「命綱」の意味
1787 社会	**★★★** **リスク** risk	**危険、危険度** **+α** リスクにおける「不確実な事象の可能性」は、悪いことばかりでなく良いことも含む

エンハンスメント により製品の質を向上させる。

実戦 宝石の処理において、□□□処理は天然石の価値を失っていないと定義され、トリートメント処理の場合はもはや天然石とは認められない処理石とみなされる。 ［オリジナル］

目に見えにくい メンタルヘルス にも十分配慮する。

実戦 一方で、教職員側の□□□も近年の問題となっている。 ［オリジナル］

夫からの ドメスティック・バイオレンス により痣ができる。

実戦 □□□は、愛する者と信頼を分かち合えないゆえのいらだちを過剰に表現した結果である。 ［関東学院大］

隣家で ネグレクト が発生していないか不安に感じる。

実戦 性的であろうと□□□であろうと、そうした形態上の違いをこえて、いのちの存続に直接関わる受けとめ手の欠如という共通項をもっているのである。 ［明治大］

自動車保険が モラル・ハザード となり荒い運転をする。

実戦 □□□（倫理や道徳の欠如、崩壊）が、時に単なる「局所的な最適化」にとどまる論旨を許してきた。 ［明治大］

取引先との コンセンサス を得る。

実戦 個人中心の考え方は集団の利益に従属せしめられているし、□□□と共同意識が重視されている。 ［法政大］

多くの コミュニティ に属して友人を増やす。

実戦 高齢者の□□□では、自己紹介のときに、過去の職業や経歴を言わないし、聞かない。 ［明治大］

地震により ライフライン が停止した。

実戦 □□□はすべて企業や自治体に「お任せ」にしてしまった。 ［桜美林大］

その選択はあまりに大きな リスク を伴う。

実戦 ハイ□□□だろうとなんだろうと、それを承知で手を出すのは、それこそカラスの勝手というものだが… ［学習院大］

	★★
ハザード	**危険の原因、危険物、障害物**
一社会 hazard　圞厄災	**+α**「悪い結果になるかはわからないが、その可能性がある」という意味

	★★
シミュレーション	**実験を行うことが難しいものを、再現したモデルで分析すること**
一社会 simulation	**+α** simulationは「真似ること」を意味する他動詞simulateの名詞形

	★★★
システム	**制度、組織、体系**
一社会 system　圞メカニズム	**+α** 世界システムとは、帝国、都市国家、民族などが一つの分業体制に組み込まれた広大な領域のこと

	★★
ビジョン	**理想像、未来像、展望**
一哲学 vision　圞将来展望	**+α** 経営においてビジョンとは「企業の『将来あるべき姿』を明らかにしたもの」

CHAPTER 7　カタカナ語・キーワード150

SECTION 4　科学・技術を読むためのキーワード

	★★
パラダイム	**ある時代のものの見方・考え方を支配する認識の枠組み**
一科学 paradigm　圞思考体系	**+α** パラダイムシフトとは「特定の時代や分野において、常識的な考え方が劇的に変化すること」を意味する

	★★★
ロジック	**思考の筋道**
一哲学 logic	**+α**「三段論法」「演繹法」「帰納法」などの説明方法を意味する

	★★
ベクトル	**大きさだけでなく向きを持った量**
一工学 vector ──	**+α** 比喩的に「方向やある方向を指す矢印」を表す

	★★
ダイナミズム	**力強さ、活力**
一工学 dynamism	**+α**「原動力」「活動力」「エネルギー」などの意味もある

この植物による ハザード が問題視されている。

実戦 発生可能性のある □□□ を摘出し、その発生確率を推定するために、科学技術の専門知が必要となる。　　　　　　　　　　　　　　　　　　　　　　　　　　　　　　　　　　[埼玉大]

シミュレーション 通りにはならず株は大暴落した。

実戦 実際ピアノで音を確かめるか、コンピュータで □□□ したりする。　　　　　　　　[成蹊大]

システム の抜け穴を見つけて悪事を働く。

実戦 病院の高度にすすんだ医療 □□□ のなかにおかれる時、無智な弱者はさらに無力な者となっていく。　　　　　　　　　　　　　　　　　　　　　　　　　　　　　　　　[獨協大]

全員と ビジョン を共有して成功を目指す。

実戦 日本の安全保障の □□□ について語ってみることにしたい。　　　　　　　　　　[立命館大]

大量消費社会の パラダイム から早急に脱却すべきだ。

実戦 第二次世界大戦後のアメリカに生じた都市の理想から住宅の理想へという □□□・シフトにおいて…　　　　　　　　　　　　　　　　　　　　　　　　　　　　　　　　[同志社大]

その ロジック には不明瞭な部分がある。

実戦 人々が一定の傾向の振る舞いを行うという □□□ がある。　　　　　　　　　　[京都女子大]

彼と話しているとすぐに話の ベクトル が合わなくなる。

実戦 スーパーモダンとポストモダンの二つの □□□ を有する今日のグローバリゼーションの時代にあっては…　　　　　　　　　　　　　　　　　　　　　　　　　　　　　　　[広島大]

新任の知事が地方政治に ダイナミズム をもたらした。

実戦 両者が矛盾しつつ補い合うことで、はじめて「顕」と「冥」の □□□ が成り立ってくるのである。　　　　　　　　　　　　　　　　　　　　　　　　　　　　　　[お茶の水女子大]

	1796	★★
科学	ブラックホール black hole	重力が強く、光さえも 抜け出せない時空の領域 **+α** 比喩的に「無限に吸い込むもの」という意味で用いられる

	1797	★★
科学	スペクトル spectrum	複雑な情報をその成分に分解し 成分の大小に従って配列したもの **+α** 現代的な意味のスペクトルは、虹のような分光スペクトルか、それから派生した意味のものが多い

	1798	★★
科学	バイオ テクノロジー biotechnology 類 生物工学	生物の持つ働きを利用し 人間の生活に役立たせる技術 **+α** 「クローン技術」や「遺伝子組み換え作物」などでは、倫理と自然環境との関係において議論が起こった

	1799	★★★
工学	アーティフィシャル・ インテリジェンス AI	人工知能 **+α** 自然言語処理、論理的推論や画像認識等が可能となっているが、様々な問題も提起されている

	1800	★★
工学	ディープ ラーニング deep learning 類 深層学習	人間が行うタスクをコンピュータに 学習させる機械学習の手法の一つ **+α** ディープラーニングによって「パターン（特徴量）の学習」が自動化し第3次AIブームが到来した

	1801	★★
工学	ビッグデータ big data	非常に巨大で複雑なデータの集合 **+α** 事業に役立つ知見を導出するためのデータで量だけでなく多様な出所があるなど質的な部分も重要になる

	1802	★★★
工学	シンギュラリティ singularity 類 技術的特異点	❶特異点 ❷AIが人間の知能を超える時点 **+α** 雇用の変化だけでなく、人間の存在そのものを変えてしまう可能性があることが論点となる

	1803	★★★
工学	デジタルデバイド digital divide	情報技術を利用できる者と 利用できない者との格差のこと **+α** コンピューターやAIの影響力が大きくなり、あらゆる集団の格差を広げてしまう可能性が指摘される

	1804	★★
工学	バーチャル リアリティ virtual reality 類 仮想現実	仮想現実 **+α** 「VR」と略されることも多い。

ブラックホール に関してはまだ謎が多い。

実戦 ◻︎◻︎◻︎ に引き入れられた星と同じで、生涯そこから抜け出せなくなります。　　　[香川大]

スペクトル の分布図を作成して全体の傾向を把握する。

実戦 そこから ◻︎◻︎◻︎ の放つ鮮やかな七色が美しい虹としてながめられる。　　　[明治大]

バイオテクノロジー を利用して育苗を行う。

実戦 ES細胞が再生医療の切り札だと喧伝される ◻︎◻︎◻︎ 全盛期の真っ只中にある。　　　[同志社大]

アーティフィシャル・インテリジェンス は急速に進歩している。

実戦 ◻︎◻︎◻︎ が普及するということは、社会におけるさまざまな業務の運営が自動化され、人間からするとすべてが成りゆきまかせで何とかなるようになるということである…　[青山学院大]

ディープラーニング を利用して自動車の無人走行を可能にする。

実戦 第三次人工知能ブームを支える ◻︎◻︎◻︎ 技術の貢献もあり、画像の認識精度はタスクによっては人間を超え…　　　[関西学院大]

今後は ビッグデータ の活用に秀でた企業が台頭していく。

実戦 最近では、情報工学で、より効率的な ◻︎◻︎◻︎ の処理や言語検索のシステムが開発されています。　　　[法政大]

シンギュラリティ は遠い未来の話ではないように思われる。

実戦 レイ・カーツワイルが提案した「技術的特異点（◻︎◻︎◻︎）」なる概念であるらしい。　　　[埼玉大]

世界的な デジタルデバイド の解消を目指す。

実戦 副作用としての ◻︎◻︎◻︎（地域や世代による情報化格差）など、悩みも抱えているが…　[新潟大]

バーチャルリアリティ 対応の製品を体験してみる。

実戦 表象の操作による ◻︎◻︎◻︎ 的な「過去」にすぎないのであろうか。　　　[関西大]

★★

イノベーション

| 工学 | innovation |

技術革新

＋α 全く新しい技術や考え方を導入して、社会的に大きな変化を起こすこと

★★

メカニズム

| 哲学 | mechanism | 類 システム |

ものごとの仕組み、機構

＋α 元々「機械装置」「機構」「仕組み」を表す言葉であり、哲学では「機械論」を表す

★★★

ノウハウ

| 経済 | know-how |

ものごとの手順や方法の知識

＋α 英語の「know-how」のこと

★★

バイアス

| 哲学 | bias | 類 先入観 |

偏りや偏見

＋α 元々は「偏り、かさ上げ」または「斜め」という意味

CHAPTER 7　カタカナ語・キーワード150

SECTION ⑤ 哲学・文学を読むための
キーワード

★★★

アンビバレント

| 心理 | ambivalent |

**相反する感情や考え方を
同時に心に抱いているさま**

＋α 「心情の交錯」を意味する

★★

ア・プリオリ

| 哲学 | a priori |

経験に先立つ先天的な認識や概念

＋α ラテン語で「より先なるものから」という意味

★★

ア・ポステリオリ

| 哲学 | a posteriori | 類 後天的 |

経験を通じて得る認識

＋α ラテン語で「より後なるものから」という意味

★★

アイデンティティ

| 哲学 | identity |

**自分が自分である核心とは何か
という自己定義のこと**

＋α 「自分は何者なのか」という概念であり、確立のためには「他者との関わり」が重要となる

高校生のアイデアが業界に イノベーション を巻き起こした。

実戦 生産工程の＿＿によって生産性を高め供給力を大幅に増やすことができた。［東京学芸大］

原子力発電の メカニズム を学習する。

実戦 言葉の意味が、その様々な用例に接する中で次第に脳の中で記憶として定着していく＿＿は未解明である。　［大分大］

部品組み立ての ノウハウ を学ぶ。

実戦 出来事を記録することで、共同体の生き方に関する＿＿がどんどん蓄積されていったからです。　［岡山大］

その考え方はバブル時代を経験した人特有の バイアス である。

実戦「男性中心」のジェンダー＿＿が著しい時代を指していたのである。　［立命館大］

彼は情緒不安定で、 アンビバレント を体現しているような人だ。

実戦 そこには分断と結合の＿＿なドラマが潜んでいる。　［北海道大］

論理的な正しさは ア・プリオリ なものだ。

実戦「骨董いぢり」と「美術鑑賞」を＿＿に対立させる小林の立論の根拠は…　［東京学芸大］

物理学の法則の正しさは ア・ポステリオリ なものだ。

実戦 このものは、経験から生ずるものが＿＿（後天的、経験的）といわれるに対して、ア・プリオリ（先天的、先験的）と称せられる。　［三木清『哲学入門』］

企業としての アイデンティティ を確立させることで成功を収めた。

実戦 国民としての＿＿を獲得するには、それを可視化する地図が必要だったのである。　［同志社大］

1813 哲学	テーゼ ★★ thesis 対アンチテーゼ	**命題** +α 哲学では「証明されるべき命題」「これから証明を試みてゆく命題」のこと
1814 哲学	アンチノミー ★★★ antinomy 類二律背反	**二つの原理または命題が互いに食い違うこと** +α 論理学において「正命題、反命題のどちらも証明できる矛盾」のこと
1815 文学	リテラシー ★★ literacy 類判断力	**読み書き能力** +α ある特定分野の事象や情報を正しく読み取り、それを自分の言葉で表現する能力
1816 文学	テクスト ★★ text 類本文	**文章や文献のひとまとまりを指して呼ぶ呼称** +α「作品」は作者中心であるのに対し、「テクスト」は読者に開かれており、多様な解釈がなされる
1817 文化	シンボル ★★ symbol 類表象	**象徴** +α 抽象的な概念・意味・価値などを、具体的事物や感覚的形象によって間接的に表現したもの
1818 文学	コンテクスト ★★ context 類前後関係	**文脈** +α テクスト内にとどまらず言語が発せられた場所や時代の社会環境まで含む場合もある
1819 言語	シニフィアン ★★★ signifier 類記号表現	**語の持つ文字や音声などの感覚的側面** +α シニフィアンとシニフィエの関係には必然性はないとされる（記号の恣意性）
1820 言語	シニフィエ ★★★ signified	**語の持つ概念や意味内容** +α シニフィエにあたる「意味」ないし「概念」は「指示対象」とは必ずしも一致しない
1821 哲学	エートス ★★★ ethos 類気風	**人間が行為の反復によって獲得する持続的な性格・習性** +α「エートス（人徳）」は「ロゴス」「パトス」と並んで説得法の重要な三つの方法的条件の一つ

大企業への入社が人生の成功だとする テーゼ が流布している。

実戦 「自然とは文化の文化的アンチ ☐ 」であるという彼の表現は… [同志社大]

人間は感情と理性がぶつかり合う アンチノミー に陥りやすい。

実戦 いわゆるブルジョワジーとは一つの ☐ である。 [中井正一『リズムの構造』]

国民の情報 リテラシー 向上に努める。

実戦 教育段階によって階層化された活字 ☐ が… [早稲田大]

テクスト の文脈を厳密に理解する。

実戦 作者があらかじめ ☐ に封じ込めた潜在的な意味を発見する… [愛知県立大]

鳩は平和の シンボル だ。

実戦 時打ちの鐘を具えていたにもかかわらず、じっさいには視覚的な ☐ が強調されていた。 [駒澤大]

相手の口ぶりから コンテクスト を読み取る。

実戦 「前九年の役」という呼称そのものが、すでに一定の「物語り」の ☐ を前提としています。 [東京大]

テキストは シニフィアン の集合にすぎない。

実戦 ☐ (記号表現)とシニフィエ(記号内容)は一枚のコインの裏と表のようなもので、切りはなすことはできない。 [成蹊大]

シニフィエ は実体としては存在しない。

実戦 作曲するということは、われわれをとりまく世界を貫いている≪音の河≫に、いかに意味づける(☐)か、ということ… [立教大]

時計の発明が、労働量を時間で管理する エートス を形成した。

実戦 語源となったギリシャ語の ☐ は習慣そのものをさしていた。 [関西学院大]

439

1822	★★★	
ロゴス	**言葉を通して表された理性**	
哲学 logos	**+α** 「ロゴスの学(ロギケー)」は論理学であり、説得法の要件となった	

1823	★★★	
パトス	**快楽や苦痛を伴う一時的な感情状態**	
哲学 pathos 類衝動	**+α** アリストテレスの「弁論術」では「パトス」も説得法において重要だとされた	

1824	★	
シネステジア	**刺激に対して通常と異なる種類の感覚をも生じさせる特殊な知覚現象**	
心理 synesthesia 類共感覚	**+α** 五感を分断し視覚の優位を主張する近代的感覚論に対する批判を展開するときに用いられる	

1825	★★★	
プロット	**物語の筋**	
文学 plot 類あらすじ	**+α** 元来は「一定の意味や意図を書き出したもの」の意味	

1826	★★★	
エピソード	**物語・事件の大筋の間に挟む話**	
文学 episode 類挿話	**+α** 「ある人やあるものごとについての面白く、短い話。逸話」の意味もある	

1827	★★	
フレームワーク	**枠組み、骨組み**	
経済 framework 類骨格	**+α** ビジネスでは「経営戦略や業務改善、問題解決などに役立つ分析ツールや思考の枠組み」を意味する	

1828	★★	
ニュアンス	**言葉などの微妙な意味合い**	
文学 nuance 類含み	**+α** フランス語で「意味や色合いなどのわずかな差異」の意味	

1829	★★	
ナンセンス	**意味のないこと**	
文学 nonsense 類戯言	**+α** 「不合理や滑稽を表す形容表現」として用いられる	

1830	★★	
ユーモア	**気の利いた上品なしゃれ**	
文学 humor 類ウィット	**+α** ある表現が受け手を和ませるか、受け手を不愉快にしてしまうかは、表現者の力量にかかっている	

理性が存在して初めて ロゴス を知ることができる。

実戦 プラトンやソクラテスが現れ、＿＿、つまり言葉で論理(ロジック)が組み立てられた。 [法政大]

パトス により行われる営みは真に人間らしいとも言える。

実戦 むしろ、身体をもつために受動性を帯びざるをえず、＿＿的・受苦的な存在にもなるからである。 [國學院大]

シネステジア を持つ人はニ長調を聞いて緑色を知覚することがある。

実戦 芸術家には、＿＿を告白する人が多い。 [オリジナル]

小説の プロット を作成し構成を練る。

実戦 恐ろしく不条理な＿＿だったのを記憶している。 [広島大]

涙なくしては語れない エピソード 。

実戦 常識や因果関係が、いつも正しいとは限らないことを、このパプァ族の＿＿がはっきりと示してくれる。 [明治大]

フレームワーク を用いて直面する課題を整理する。

実戦 物理的・生理的現象でさえ、言語の＿＿を通過すると、様相を一変させてしまうのです。 [関東学院大]

言葉の ニュアンス を汲み取って会話する。

実戦 他人を「インテリ」と呼ぶとき、いささかの嘲笑的な＿＿を込めるのが常でした。 [立命館大]

落ち込む彼女にそんなことを言うのは ナンセンス だ。

実戦 この設問は、ほとんど＿＿に受け取られるかも知れない。 [中央大]

彼には ユーモア のセンスがある。

実戦 距離についての明晰な意識に、たとえば『吾輩は猫である』のような＿＿を生む秘密があったのである。 [立命館大]

★★

シニカル
cynical

皮肉な態度を取るさま

+α 語源はヘレニズム期の哲学の一派「kynikos(キュニコス派・犬儒学派)」に由来する

★★★

ミステリ
mysterious

神秘的なこと

+α 小説のジャンルとしては「事件・犯罪の発生と、その合理的な解決を描く推理小説」のこと

★★

ルポルタージュ
reportage

社会問題などを題材に、事実を客観的に記述する文学の様式

+α 「ノンフィクション」という場合も多い

★★

フィールドワーク
field work　　　**類** 調査

現地調査

+α 文化人類学においては対象となる無文字社会に文献がないため、フィールドワークが重要な手法となる

CHAPTER 7　カタカナ語・キーワード150

SECTION 6　芸術を読むための キーワード

★★★

アート
art

芸術

+α もともと単に「人工(のもの)」という意味で、「技術」に当たるものだった

★★

ジャンル
genre　　　**類** 型

文芸作品を様式・形態上から 分類した種別

+α フランス語のgenreは芸術表現を客観的な基準により分類したもの

★★

インスピレーション
inspiration　　　**類** 第六感

直感的なひらめき

+α インスパイアはラテン語の「in-(中へ)」+「spirare(息、息吹)」から、思想や生命などを吹き込むこと

★★

オリジナル
original　　　**類** プロトタイプ

原物、原作、原文

+α 「複写」「複製」等に対して「独創的」「独自のもの」という意味

彼は私を嘲って シニカル な笑いを浮かべた。

実戦 これらはいかにも □□□□ な言明に見える。 ［近畿大］

ミステリ 小説を読んで犯人探しの推理をする。

実戦 東京の画壇を舞台とするこの □□□□ はどの部分をとっても興味深く、すっかり夢中になりました。 ［早稲田大］

現地での ルポルタージュ を各新聞社に売る。

実戦 主に米国の状況を □□□□ したものだった。 ［同志社大］

フィールドワーク で地方の伝統芸能に関する情報を集めた。

実戦 □□□□ もしないというようなことでは、二十一世紀の地球社会が求める〈野性〉的思考の達成はおぼつかない。 ［東洋大］

様々な アート 作品の点在する街。

実戦 新しいメディアを活用する □□□□ の動向は、もはやわたしたちの肉体そのものを出発点にしようとはしない。 ［熊本大］

好きな本の ジャンル を紹介する。

実戦 スモール・ハウス、タイニー・ハウスは単なる建築プランニング上の一□□□□ ではなく… ［同志社大］

休息をとったことで インスピレーション が湧いた。

実戦 日本の近代の歩みは、近代ヨーロッパの「熱い時代」から圧倒的な □□□□ を得てきた。 ［立命館大］

彼の オリジナル 曲を多くの人がカバーした。

実戦 インターネットから解放されて、時間をかけながら □□□□ の論文や本をじっくり読むことにしよう。 ［成蹊大］

モチーフ

★★

芸術

motif　　　類 トピック

動機、理由、主題

+α 「テーマ」は「全体を貫く主題」であるのに対し、「モチーフ」は「部分を表現する動機」である

オブジェ

★★

芸術

object　　　類 置物

対象、物体

+α 元来は「対象」を表すobjectに当たる言葉だが、シュールレアリスムにおける「作品」を表すようになる

デザイン

★★★

芸術

design

❶ 図案・模様などを考案すること
❷ 考案された図案・模様

+α 英語では「図案」「柄」「設計」「計画」などの意味で幅広く用いられる

デフォルメ

★★

芸術

deformation

対象を変形して表現すること

+α 作り手の主観の反映として意図して変形させた造形表現のことをいう

アバンギャルド

★★

芸術

類 ニューウェーブ

第一次大戦後におこった、
超現実派などの芸術革新運動

+α フランス語で「前衛部隊」を指す語であり「最先端に立つ人」を意味した

グロテスク

★★

文学

grotesque　　　類 醜怪

気味が悪く、あくどい感じの様子

+α 文学においては「共感と嫌悪感の双方を抱かせるようなもの」に用いる

シュールレアリスム

★★

芸術

surrealism　　　類 超現実主義

潜在意識の世界を表現して人間の
解放を目指す20世紀の芸術運動

+α 理性的な思考を批判し、無意識によって自由に芸術作品を作ろうとする考え方

ベール

★★

文化

veil

ものごとの真相や本当の姿を
わかりにくくする要因

+α 「女性が頭の上から顔を隠すようにかぶせる布」から転じた

オブラート

★★

文学

wafer　　　類 言葉を選ぶ

でんぷんで作った薄い透き通った膜

+α 「オブラートに包む」は「相手を刺激しないよう婉曲に表現すること」

チューリップを モチーフ として作曲する。

実戦 室生寺という □□□ を使ってぼくがそれを写真にした。 [九州大]

公園に オブジェ を設置する。

実戦 人形や □□□ を用いたもの、動く仕掛けを用いたもの、さらには覗き眼鏡を使ったものなど… [成蹊大]

誌面の デザイン を考案する。

実戦 授業の聴き方を違える。これは学習や教育の場の □□□ のひとつの素朴な例である。 [センター]

過去の デフォルメ のような商品ばかりだ。

実戦 江戸近世の軽佻浮薄な文化意識が □□□ したり洗練させたりしてしまったからなのである。 [上智大]

アバンギャルド なスタイルの衣装を好んで着る。

実戦 つねに古典への反逆が行われ、老大家のオルソドックスに飽き足らぬ □□□ 運動から二百一人目の新人が飛び出すのではあるまいか。 [織田作之助『可能性の文学』]

この作品は グロテスク に人の本性を描き出している。

実戦 そのうちわざと無骨な線を引き、わざと □□□ に形を崩し、わざと下手なベタ塗りにするようにもなる。 [北海道大]

シュールレアリスム 的な詩風で戦後の代表的な詩人となる。

実戦 硬直したゆきづまりを打開する可能性を見出すことは、□□□ 以来の一般的な傾向である。 [青山学院大]

事件の真相は ベール に包まれたままだ。

実戦 そうした創造性の振幅が翻訳の □□□ を通り越して伝わり、異なる言語・文化を共振させたからだ。 [青山学院大]

本音を オブラート に包んで伝える。

実戦 その暴力性を何とか □□□ に包む工夫を与えている。 [駒澤大]

445

1848 — 心理	**フラストレーション** ★★ frustration	❶ 欲求の満足が妨げられた状態 ❷ 欲求不満から生じる緊張や不安 **+α**「挫折させる、いらいらさせる」ことなどを意味する 他動詞frustrateの名詞形である
1849 — 心理	**コンプレックス** ★★★ complex **類** 引け目	無意識のうちに存在する 複合した感情のしこり **+α**「感情複合」のことで、ふだんは無意識にあるものの、 現実の行動に影響する
1850 — 心理	**ストイック** ★★ stoic	禁欲的で厳格に身を慎むさま **+α** 元来「ストア哲学の信奉者」を意味し、「禁欲的に厳 しく身を律するさま」を表すようになった

COLUMN

「カタカナ語」ってどうして使われるの?

　現在のグローバル化した世界においては、例えばアメリカで作ら
れたものがすぐに日本にも入ってきます。そのときに、新しい英語
を日本語にするための適切な訳語を考える時間が十分に取れないこ
ともあります。そのような場合、日本語文の中にすばやく海外の言
葉を取り入れるために暫定的に**カタカナ語**にするのです。のちに訳
語ができたとしても、**カタカナ語**のほうがすでに浸透している場合、
そのまま馴染みのある**カタカナ語**のほうが日本語として定着してし
まうことさえあります。例えば、「アジェンダ」という言葉は「議題」
という言葉で置き換えることが可能ですが、たんに「議題」というだ
けでは「会議の議題として予定している内容をまとめたもの」となり、

フラストレーション が溜まって苛立っている。

実戦 そうした ☐☐☐ が、国家の論理と民衆の利益とが一致するような理想へと人びとを駆りたてる。 [法政大]

背が低いことが コンプレックス だ。

実戦 私は「羽左衛門」の幻想とその舞台を見ていない ☐☐☐ に悩まされてきた。 [九州大]

彼は全体的に ストイック な人だ。

実戦 貧しい時代の ☐☐☐ な禁欲主義に裏打ちされたものに見えてくる。 [関西学院大]

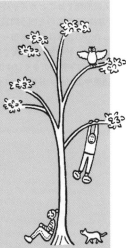

アジェンダの持つ「会議に参加する人が事前に共通認識を持つべきものだ」という意味合いを表しきれないため、そのまま「アジェンダ」という言葉が使われています。

このように「カタカナ語」のほうが微妙なニュアンスが伝わりやすいと思われるものについても、そのまま「カタカナ語」として日本語の中に残っていくのです。日本語は中国語と英語などの別言語を内部に取り入れながら、いまなお成長していると言えるでしょう。

CHAPTER

慣用表現150

入試問題ではことわざや故事成語の
「意味」そのものを問う問題が出題されることもあります。
これらの言葉は意味を知っておかないとまったく理解ができません。
エピソードも含めて覚えておきましょう。
また、四字熟語の多くは中国のことわざです。
語源やエピソードも含めて覚えておくと、読解力も向上していきます。

SECTION ① ことわざ

1851 文学

後ろ髪を引かれる ★★

圀 未練がましい

未練がある気持ちであること

+α まるで後ろで髪の毛を引っ張られているかのように、その場を立ち去ることができないという気持ち

1852 文学

間髪を入れず ★★

immediately 圀 即座に

少しの間も空けずに

+α 隙間に髪の毛一本を入れる余地もないということから「間、髪を入れず」となった

1853 社会

顔が広い ★★

famous

社交的で知り合いの数が多いこと

+α 「顔」はその人自身のことを指し、「広い」は「範囲が大きい」「行き渡っている」という意味から

1854 社会

顔に泥を塗る ★★

disgrace 圀 立場を失わせる

面目を失わせること、恥をかかせること

+α 「顔」は「対面、目目、名誉」の意で、それに汚い泥を塗るということから

1855 心理

目を盗む ★★

behind one's back

人に見つからないようにこっそり行うこと

+α 「人目を盗む」という形でも用いられる

1856 文学

目から鱗が落ちる ★★

圀 はたと納得する

何らかのきっかけで急にものごとがわかるようになること

+α 新約聖書の使徒行伝「彼の眼より鱗の如きもの脱ちて再び見ることを得」に由来

1857 文化

目と鼻の先 ★★

just nearby 圀 手元

距離が非常に近いこと

+α 顔を見たり触れたりした中で、「目」と「鼻先」の間の距離がきわめて近いことから

1858 心理

鼻が高い ★★★

be proud of 圀 得意満面の

誇らしい気持ちであること

+α 顔を上に向けてふんぞり返るような態度から

故郷を 後ろ髪を引かれる（ウシロガミをヒかれる） 思いで去る。

実戦 山川草木、禽獣、幽鬼、火や水、自分自身の飛行や墜落、そういう類のものは別として、人間の夢となれば、ちと、□□□思いまでする。
[豊島与志雄「復讐」]

学校が終わると 間髪を入れず（カンハツをいれず） 帰宅する。

実戦 連句の席にのぞんだときには、文机を前にして□□□句を作るのであって、迷っては駄目である。
[上智大]

彼は社交的なので 顔が広い（カオがヒロい） 。

実戦 国を問わず、たいそう□□□、裏情報にも精通している。
[オリジナル]

大失敗をして親の 顔に泥を塗る（カオにドロをヌる） 。

実戦 あんなにひどい男と結婚するなんて、家やわたしの□□□つもりか？
[オリジナル]

先生の 目を盗ん（メをヌスん） で授業中に居眠りする。

実戦 レオナルドは、夜のうちに警護の者の□□□で逃亡してしまったのである。
[オリジナル]

教授の話を聞いて 目から鱗が落ちる（メからウロコがおちる） 。

実戦 □□□ような体験であった。
[愛媛大]

彼の家と私の家は 目と鼻の先（メとハナのサキ） だ。

実戦 東京は文字通り、□□□にある。
[明治大]

子供が褒められて 鼻が高い（ハナがタカい） 。

実戦 自分の子が賞をもらったとなれば、その親たちも□□□のである。
[オリジナル]

***

鼻につく

うっとうしくて嫌な感じがすること

心理　annoying　園 気障ったらしい

＋α 嫌な匂いが鼻に残っているさまから

**

耳を貸す

人の言うことを聞くこと

言語　pay attention to

＋α 「耳を傾ける」は「より注意して傾聴する」という意味

**

耳に胼胝ができる

同じことをうんざりするほど
何度も聞かされて嫌になること

心理　have been told many times

＋α 「胼胝」は繰り返し刺激を受けることによって角質
化した厚い皮膚を指す

**

小耳に挟む

ちらりと聞くこと

文化　園 人づてに聞く

＋α 「小」は「ちょっと」、「挟む」は「聞きこむ」の意味

**

寝耳に水

思いがけない知らせや、
不意の出来事に驚くこと

心理　園 晴天の霹靂

＋α 「大きな水音が聞こえる」の意味であったが、後に「実
際に耳に水が入る」と受け取られるようになった

**

歯が立たない

自分の力ではどうにも
対応できない様子

社会　園 太刀打ちできない

＋α あまりに硬くて歯を立てることができないという意
味から

**

歯に衣着せぬ

遠慮せずにずけずけと
ものを言うこと

心理　outspoken　園 辛辣な

＋α 歯を隠さないことがはっきりとした物言いにつなが
るということから

**

二枚舌

矛盾したことを言うこと

言語　園 ダブルスタンダード

＋α まるで舌が二枚あるかのように矛盾や嘘を言ったり、
同じことを複数の言い方で表したりすることから

**

口車に乗せる

言葉巧みに人を騙すこと

言語　wheedle　園 けしかける

＋α 巧みな話し方は、うまく言い回すことから「車」にた
とえたことによる

自慢ばかりする同僚が 鼻につく 。
ハナにつく

実戦 あんたの優しいとこ ＿＿ よ、と捨て台詞を残して彼女は立ち去った。 ［東海大］

友人からの忠告に 耳を貸す 。
ミミをカす

実戦 地下の囚人達のもとに戻ってきて真実を説き聞かせたとしても、幻影の快楽に惑わされているかぎり、それに喜んで＿＿ものはいないからだ。 ［一橋大］

ミミにタコができる
耳に胼胝ができる ほど母に食事マナーを注意される。

実戦 だって、お店に来るお客さんたちがよく誘いますもの。＿＿ほど聞いていますわ… ［松本泰『宝石の序曲』］

彼が結婚したと 小耳に挟む 。
コミミにハサむ

実戦 無意味に聞こえることばを ＿＿ だことくらいはある。 ［佐賀大］

まさか私が大賞を取ったなんて 寝耳に水 だ。
ネミミにミズ

実戦 それを視野にしていれば、＿＿のような表現にはならない… ［法政大］

野球では彼には 歯が立たない 。
ハがタたない

実戦 当時の文章力では＿＿超大物だったのだ。 ［学習院大］

彼女の 歯に衣着せぬ 発言は実に痛快だった。
ハにキヌきせぬ

実戦 ＿＿発言で物議をかもしつつ、既成の政治に「民衆の声」をぶつけ、喝采を浴びる。 ［弘前大］

二枚舌 を使う人には注意した方が良い。
ニマイジタ

実戦 これは文化二重論あるいは文化＿＿論といってよい。 ［早稲田大］

詐欺師の 口車に乗せ られる。
クチグルマにノせ

実戦 厚子は銀行や不動産屋の＿＿に乗って浮き浮きしている。 ［桜美林大］

1868 心理	**首を長くする** クビ ナガ ★★ long for　　圞 延頸挙踵	**期待して待ち焦がれること** ＋α 「遠くにあるものを見るとき、無意識に首や背筋を伸ばす」ところから
1869 心理	**咽元過ぎれば** ノドモト ス ★★ **熱さを忘れる** アツ ワス danger past and God forgotten	**苦しいことでも過ぎてしまえば** **その苦しさを忘れてしまうこと** ＋α 熱いものでも飲み込んでしまったら、その熱さを忘れてしまうことから
1870 心理	**背に腹はかえら** セ ハラ ★★ **れない** There is no other choice.	**大切なことのためには** **多少の損害はやむを得ないこと** ＋α 背中を守るためといっても、五臓六腑のある大事な腹を犠牲にできないということから
1871 心理	**肝が据わる** キモ ス ★★ brave	**度胸があるさま** ＋α 「肝」は肝臓のことで、「精神の宿るところ、精神」という意味もある
1872 芸術	**眼光紙背に** ガンコウ シ ハイ ★ **徹す** テッ read between the lines	**書かれた言葉の真意を見通す** **読解力があること** ＋α あたかも眼光が書物の紙の裏側まで見通すかのようなという比喩による
1873 心理	**肝を冷やす** キモ ヒ ★★ frightened　　圞 冷や汗をかく	**驚き恐れて、ひやりとすること** ＋α 「精神的にひやりとする」＝「びっくりする」
1874 文化	**正鵠を射る** セイコク イ ★★ 圞 的を射る	**物事の要点などをうまく捉えている** **こと** ＋α 「正鵠を得る」の用例もかなりある
1875 心理	**腹が黒い** ハラ クロ ★★ malicious　　圞 二心ある	**心の中に悪だくみを抱いていること** ＋α 魚のサヨリの腹の中が黒い状態や日本神話に出てくる黒い雷神など由来には諸説ある
1876 心理	**腹を括る** ハラ クク ★★ determine	**決心を固めること** ＋α 「腹を据える」ともいう

454

友人の到着を 首を長くし〔クビをナガくし〕 て待つ。

実戦 私からの吉左右を ［＿＿＿＿］ て待っていられたことでしように。 ［三重大〕

咽元過ぎれば熱さを忘れる〔ノドモトすぎればアツさをワスれる〕 ようでは成長は見込めない。

実戦 ［＿＿＿＿］ という。実際われわれには暑さ寒さの感覚そのものも記憶は薄弱であるように見える。 ［寺田寅彦『夏』〕

背に腹はかえられない〔セにハラはかえられない〕 ので、やむなく食費を削った。

実戦 いったん危機に陥れば ［＿＿＿＿］ といった方策がとられる。 ［同志社大〕

本番でも彼は 肝が据わ〔キモがスわ〕 っている。

実戦 まして出産を経験した女なら、人の生死にもっとも近い位置に自分を置いたことがある訳だから ［＿＿＿＿］。 ［桐野夏生『OUT』〕

眼光紙背に徹す〔ガンコウシハイにテッす〕 る哲学者が文豪の真意を語る。

実戦 昔から ［＿＿＿＿］ る」人々がいるようだが、まことに羨ましい限りだと思う。 ［京都大〕

車と衝突しそうになり 肝を冷やす〔キモをヒやす〕。

実戦 怪談話に ［＿＿＿＿］。 ［桜美林大〕

彼の指摘は 正鵠を射る〔セイコクをいる〕 ものであった。

実戦 この点については、吉川の反論はまさに ［＿＿＿＿］ たものと言わなければならない。 ［早稲田大〕

彼は実は 腹が黒い〔ハラがクロい〕 に違いない。

実戦 ［＿＿＿＿］ 悪魔の吐く息は、雲か霞のやうに空を立こめて… ［宮原晃一郎『悪魔の尾』〕

緊張するが 腹を括〔ハラをクク〕 って本番に臨む。

実戦 気負けせず常に勇ましい姿でいるよう ［＿＿＿＿］ った… ［近畿大〕

455

★★★

臍を噛む
ホゾ　カ

一心理　deeply regret

悔やんだり後悔したりすること

+α 「臍」とは「へそ」のことで、自分のへそを噛もうとしても及ばないところから

★★

腰が引ける
コシ　ヒ

一心理　unwilling to do 類 気後れする

恐怖で及び腰になること

+α 離れたところにあるものを取ろうとすると手足を伸ばして腰を浮かせた不安定な姿勢になる「及び腰」から

★★

尻に火がつく
シリ　ヒ

一心理　類 切羽詰まる

事態が差し迫って追い詰められた状態になること

+α のろまな男が腰掛と間違えて火鉢に座り、慌てふためいた様子から

★★

手塩にかける
テ シオ

一文化　類 丹精を込める

色々と世話をして大切に育てること

+α 食前に添えられた塩で味加減を自分で調えることから、自ら面倒を見ることを表すようになった

★★

掌を返す
テノひら　カエ

一心理

言葉や態度などが急に変わること

+α 「ものごとがきわめてたやすくできる」という意味もある

★★

濡れ手で粟
ヌ　テ　アワ

一社会　make easy money 類 一攫千金

骨を折らずに多くの利益を得ること

+α 濡れた手で粟を掴めば粟粒がたくさんついてくることから

★★

爪の垢を煎じて飲む
ツメ　アカ　セン

一文化　should follow one's example

優れた人を模範とし、その人にあやかるようにすること

+α 優れた人の爪の垢のような少量のものでも煎じて飲めば、その人に似るかもしれないということから

★★

揚げ足を取る
ア　アシ　ト

一社会　類 重箱の隅をつつく

相手のミスにつけ込むこと

+α 相撲や柔道で、相手が技をかけようとしてあげた足を取って相手を倒すことから

★★

溺れる者は藁をも摑む
オボ　モノ　ワラ　ツカ

一心理　A drowning man will catch at a straw.

困ったときは、頼りないものにでもすがろうとすること

+α 「藁」は「頼りないもの」のたとえ

収集してきたデータがすべて消えて **臍を嚙む**。

ホゾをカむ

実戦 彼の指摘は正しかったので、私は□□□思いがした。 ［龍谷大］

あまりの勢いに **腰が引け** てしまう。

コシがヒけ

実戦 バッターの□□□たところに、今度は外角に直球を投げる。 ［信州大］

仕事の締め切りが近づき **尻に火がつく**。

シリにヒがつく

実戦 ひねくれるのは勝手だが、火元が近いから、お□□□。 ［久生十蘭『我が家の楽園』］

手塩にかけ て育てたトマト。

テシオにかけ

実戦 「□□□」「手づくりの味」が失われていくのを惜しむ声がある… ［早稲田大］

掌を返し たように態度が悪くなる。

テノヒラをカエし

実戦 □□□が如くその人を賞讃し、畏敬の身振りもいやらしく、ひそかに媚びてみつぎものを送ったり何かするのだ。 ［太宰治『善蔵を思う』］

カジノで大当たりして **濡れ手で粟** の大金を得る。

ヌれテでアワ

実戦 堂島の米あきないに□□□の大博奕を試みると、その目算ははがらりと狂って、小さい身代の有りたけを投げ出してもまだ足りないような破滅に陥った。 ［岡本綺堂『心中浪華の春雨』］

名人の **爪の垢を煎じて飲み** たい。

ツメのアカをセンじてノみ

実戦 頭山翁の□□□せてやりたい人間は、頭山翁を取巻くそんな非凡人諸君に外ならないのだ。 ［夢野久作『近世快人伝』］

他人の発言の **揚げ足を取る**。

アげアシをとる

実戦 相手は、その説明に対し、色々とけちをつけ、□□□てくるだろう。 ［関西大］

溺れる者は藁をも摑む という心持ちで、未確立の治療法に頼る。

オボれるモノはワラをもツかむ

実戦 □□□ように、青年はもう夢中だつた。 ［菊池寛『真珠夫人』］

1886 一文化	**弘法にも筆の誤り** コウボウ フデ アヤマ ★★ **類** 上手の手から水が漏る	**その道に優れている人でも、 ときには失敗するということ** +α 書の名人である弘法大師（空海）にも書き損じはあるということから
1887 一社会	**竹馬の友** チク バ トモ ★★ **類** 水魚の交わり	**小さい頃から遊んでいた旧友** +α 「子供の頃、自分が乗り捨てた竹馬を拾っていたから、自分のほうが上だ」と主張したという故事から
1888 一社会	**泣く子と地頭に は勝てぬ** ナ コ ジトウ ★★ カ **類** 長い物には巻かれろ	**道理の通じない相手には、 黙って従うしかない** +α 地頭は平安・鎌倉時代に税金を取り立てていた役人。権力を振りかざして横暴を働いていたことによる
1889 一社会	**犬も食わぬ** イヌ ク ★★	**誰も好まないこと、 取り合わないこと** +α 何でも食う犬でさえ見向きもしないということから
1890 一社会	**窮鼠猫を噛む** キュウ ソ ネコ カ ★★ **類** 火事場のバカ力	**弱いものも追い詰められると 強いものに反撃するということ** +α 『塩鉄論』「詔聖」に「死に物狂いになった鼠は猫を噛むこともある」とあることによる
1891 一社会	**立つ鳥跡を濁さず** タ トリアト ニゴ ★★	**引き際は美しくあるべきということ** +α 鳥が飛び立った後の池は濁りもなく綺麗であることから
1892 一文化	**蓼食う虫も好き 好き** タデク ムシ ス ★★ ズ Tastes differ. **類** 十人十色	**人の好みは様々だということ** +α 「蓼（柳蓼）」は茎や葉に苦味があるが、それを好んで食べる虫（蓼虫）もいることから
1893 一経済	**捕らぬ狸の皮算用** ト タヌキ カワザンヨウ ★★ **類** 机上の空論	**手に入るかどうかわからないものを 当てにして計画を立てること** +α 実際に狸を捕獲する前から、狸の皮を売った収入をあてにして色々と計画することから
1894 一心理	**泣きっ面に蜂** ナ ツラ ハチ ★★★ **類** 弱り目に祟り目	**悪い目に遭っているときに さらに別の悪い目に遭うこと** +α 泣いて顔がむくんでいるのに加えて、さらに顔を蜂に刺されるということから

彼女がミスをするなんて、弱法にも筆の誤り【コウボウにもフデのアヤマリ】といったところだ。

> 実戦 □□□、名人の手からも水が漏れる、生独楽を落としました源女太夫のあやまり、やり直しは幾重にもご用捨…　　　［国枝史郎『剣侠』］

竹馬の友【チクバのトモ】である親友と再会する。

> 実戦 大江は私の□□□で…　　　［九州産業大］

息子は玩具を貰うまで泣き続けた。泣く子と地頭には勝てぬ【ナくコとジトウにはカてぬ】とはよく言ったものだ。

> 実戦 「□□□」「長いものにはまかれろ」と無駄な抵抗をする一匹狼を骨抜きにして…　　　［立教大］

犬も食わぬ【イヌもクわぬ】夫婦喧嘩をする。

> 実戦 夫婦ゲンカは□□□、と云われる通り、カラダを許し合った二人というものは鋭く対立していても、ともかく他人じゃないのだから…　　　［坂口安吾『ジロリの女』］

窮鼠猫を嚙む【キュウソネコをカむ】というように、歩兵が将軍相手に下克上した。

> 実戦 これは□□□という東洋の古い諺そっくりで、狼狽のあまりとはいえ、あの身構えのザマは何だと、白雲は冷笑しながら近づいて行って…　　　［中里介山『大菩薩峠』みちりやの巻］

立つ鳥跡を濁さず【タつトリアトをニゴさず】の諺に従って、出発する前にゴミを拾おう。

> 実戦 □□□といふ、来た時よりも去る時がむつかしい(生れるよりも死ぬる方がむつかしいやうに)、幸にして、私は跡を濁さなかつたつもりだ…　　　［種田山頭火『行乞記』］

あんなに臭い食べ物が大好物なんて、蓼食う虫も好き好き【タデクうムシもスきズき】だね。

> 実戦 「□□□」という言い方がある。There is no accounting for taste.大学受験で必ず覚えさせられる言い回しの一つだ。　　　［亜細亜大］

宝くじに当たる前に欲しい車の話をするなど、捕らぬ狸の皮算用【トらぬタヌキのカワザンヨウ】だ。

> 実戦 なんだその事か、──そいつは□□□だ。当てにしない方が無事だろうぜ…　　　［野村胡堂『銭形平次捕物控』二枚の小判］

足を捻挫した直後に手首を捻った。泣きっ面に蜂【ナきっツラにハチ】とはこのことだ。

> 実戦 It never rains but it pours. は「不幸は重なる」「□□□」式の諺ではなく…　　　［青山学院大］

お茶を濁す
チャ ニゴ

題 けむに巻く

| 社会

★★

**いい加減に言うなどして
その場をごまかすこと**

+α 茶の湯の作法を知らない者が茶碗を適当にかき回して、それらしく茶を濁らせてごまかすことから

1896

立て板に水
タ イタ ミズ

speak very fluently

| 言語

★★

よどみなく、すらすらと話すこと

+α 立てかけてある板に水を流すとよどみなく流れることから

1897

二足の草鞋
ニソク ワラジ

| 経済

★★

**両立し得ないような
二つの職業を一人ですること**

+α 江戸時代、博打打ちが十手を預かり、同じ博徒を取り締まる十手持ちを兼ねていたことから

1898

仏の顔も三度
ホトケ カオ サンド

You can only go so far.

| 心理

★★

**温厚な人でも何度も無礼を受けると、
しまいには怒り出すということ**

+α 釈迦国から無礼を受けたコーサラ国王を仏陀が三度までは説得したが、四度は説得しなかったことによる

1899

焼け石に水
ヤ イシ ミズ

a drop in the bucket **題 徒労**

| 社会

★★

**努力や援助が少なくて
何の役にも立たないこと**

+α 焼けて熱くなった石に水をかけたところで、水は蒸発して石を冷ますことはできないことから

1900

現を抜かす
ウツツ ヌ

be absorbed in

| 心理

★★★

**あるものごとに夢中になり、
心を奪われること**

+α 「現」とは「現実、正気」を意味するため「うつつを抜かす」が「意識がはっきりしていない状態」となる

1901

逆鱗に触れる
ゲキリン フ

offend **題 不興をこうむる**

| 心理

★★★

目上の人を激しく怒らせること

+α 竜のあごの下にある逆さに生えたうろこに人が触れると、竜が怒ってその人を殺すという故事より

1902

敷居が高い
シキイ タカ

feel awkward

| 社会

★★

高級すぎて行きにくく感じること

+α 元々は「不義理・不面目なことなどがあって、その人の家に行きにくい」という意味だった

1903

匙を投げる
サジ ナ

give up **題 音を上げる**

| 文化

★★

**努力を続けてもうまくいく
見込みがなく諦めること**

+α 患者の治療方法が見つからず、漢方医が薬を調合する匙を投げ出すことから

秘密が知られそうになり お茶を濁す 。
（おチャをニゴす）

実戦 ミケランジェロあたりではないでしょうかと答えて □□□ してしまった。　　　　　[甲南大]

専門分野のこととなると 立て板に水 のように話し出す。
（タてイタにミズ）

実戦 何の不安も感ずることなく □□□ を流す人々のことばとは、およそ異質な歯切れである。
　　　　　[京都大]

会社員と作家の 二足の草鞋 を履く。
（ニソクのワラジ）

実戦 サラリーマンの □□□ 。サラリーマンという一足を脱げば、それですべては解決する…
　　　　　[片岡義男『七月の水玉』]

彼の無礼さにはもう耐えかねる。仏の顔も三度 だ。
（ホトケのカオもサンド）

実戦 □□□ といふが、あの福徳円満な家主さんも、三つも溜めたら少しは人間的な顔を見せる
かもしれない。　　　　　[高田保『貸家を探す話』]

怒り狂う彼女をなだめたところで、焼け石に水 だった。
（ヤけイシにミズ）

実戦 許す限りの才覚をして、江戸から応援したのだが、むだだ。□□□ というやつだ。
　　　　　[林不忘『巷説享保図絵』]

仕事にばかり 現を抜かし て家庭を顧みない。
（ウツツをヌかし）

実戦 瞬間に □□□ 生活の振る舞いを、悪しきこととして、道徳的にいさめ…　　　　　[専修大]

安易な冗談が上司の 逆鱗に触れる 。
（ゲキリンにフれる）

実戦 ちょっとした言葉づかいが □□□ 、話の本筋に入る前に説教が始まってしまう。
　　　　　[北海学園大]

高級な料亭は 敷居が高い 。
（シキイがタカい）

実戦 その他の言語と比較すると、日常的に人間が使っている言葉とはもっともかけ離れており、
学ぼうとする者には □□□ 。　　　　　[富田倫生『パソコン創世記』]

もう勝ち目はないと 匙を投げる 。
（サジをナげる）

実戦 周囲が □□□ ていない内容の声を聴くと、それ自体がプラスのはたらきをするのではないか。
　　　　　[信州大]

1904 一社会	**警鐘を鳴らす** (ケイショウ ナ) ★★★ warn 類釘を刺す	**危険が迫っていることを知らせ警戒させること** +α 元々は災害などの危機が来ることを知らせて警戒を促す「警鐘」から
1905 一社会	**頭角を現す** (トウカク アラワ) ★★ stand out 類台頭する	**才能・技量などが他者より優れ、際立って目立つようになること** +α 獣の群れの中で頭の先(角)が他のものより抜きん出て一際目立つということから
1906 一社会	**取り付く島もない** (ト ツ シマ) ★★ have no one to turn to	**頼れるところがないこと** +α 航海の途中で激しい嵐に見舞われ、どこか上陸できる島を探しても見当たらないということから
1907 一心理	**顰蹙を買う** (ヒンシュク カ) ★★ to be frowned upon	**自分の良識に反する言動が原因で悪感情を持たれること** +α 「顰」は「顔をしかめる」「眉をひそめる」、「蹙」は「顔や額にしわを寄せる」の意味
1908 一文化	**諸刃の剣** (モロ ハ ツルギ) ★★★ double-edged sword	**一方では非常に役に立つものの、他方では大きな害を与え得るもの** +α 両方の縁に刃のついている剣は、相手を斬ると同時に自分自身も傷つけてしまう恐れがあることから
1909 一文化	**紋切り型** (モン キ ガタ) ★★★ stereotype 類似たり寄ったり	**決まりきった型** +α 「紋を切り抜くための型」によって「同じ紋」が作られたことから
1910 一文化	**良薬は口に苦し** (リョウヤク クチ ニガ) ★★ Good medicine tastes bitter.	**自分のためになる忠言は素直に聞きづらいものだということ** +α 『孔子家語』に「良薬は口に苦けれども病に利あり。忠言は耳に逆らえども行いに利あり」とあることから
1911 一医学	**医者の不養生** (イシャ フ ヨウジョウ) ★★ physician, heal thyself	**正しいとわかっていながら自分では実行しないこと** +α 医者は患者に養生の大切さを説くが、自分自身は養生していないことから
1912 一社会	**功を奏する** (コウ ソウ) ★★ succeed 類奏功する	**成功すること、効果を現すこと** +α 功績を天子(皇帝、天皇)に奏上する(申し上げる)ということから

過剰なダイエットの流行に、医師が ケイショウをならす 警鐘を鳴らす 。

実戦 人口を増加させなければ大変なことになると ☐☐☐。 [名古屋大]

新人作家がたちまち トウカクをアラワす 頭角を現す 。

実戦 どんなに活力のある魂も、群衆を超えて ☐☐☐ ことはできないだろう。 [法政大]

冷たくあしらわれて トリツクシマもない 取り付く島もない 。

実戦 いつもお神さんがでてきては ☐☐☐ くらい、留守だとか病気だとか呆気なく玄関で断られてしまった。 [正岡容「小説 圓朝」]

彼は自慢が多いのでいつも ヒンシュクをカう 顰蹙を買う 。

実戦 こんなことを言ったら ☐☐☐ だろうが、「話すことがない」人が多いのではないか？ [高知大]

抜本的だがリスクを伴う、 モロハのツルギ 諸刃の剣 の政策。

実戦 子どもにとってのファンタジーとは、自己や世界についての理解を深化させつつ脅かす ☐☐☐ である。 [関西学院大]

モンキリガタ 紋切り型 の接客に気分を害する。

実戦 日本人は集団主義者だと ☐☐☐ の断定をしたのは、いったいどうしてなのか。 [駒澤大]

リョウヤクはクチにニガし 良薬は口に苦し と言うように、耳の痛い忠告こそよく聞いた方が良い。

実戦 ☐☐☐ といってね、いい医者ほど苦い薬を飲ませるんだぜ。[中里介山「大菩薩峠」畜生谷の巻]

あの厳しい医師が痛風になったそうだ。まさに イシャのフヨウジョウ 医者の不養生 である。

実戦 その軍医は非常な甘い物好きで、始終胃をわるくして居た。所謂 ☐☐☐ であつた。 [岩本素白「菓子の譜」]

兄の賛同が コウをソウし 功を奏し 、両親に一人暮らしを許可された。

実戦 無論、こんな小手先の演技は、☐☐☐ ことはない。 [明治大]

鬼に金棒
オニ カナボウ

★★★

double advantage 類

強いものがさらに強さを加えること

+α ただでさえ強い鬼に金棒を持たせるということから

万事休す
バン ジ キュウ

★★

類 八方塞がり

もはや施す手段がなく、
万策尽きること

+α 甘やかされて育った荊南の王子は人が怒っても笑うので、荊南の人々は「万事休すだ」と言ったことから

類は友を呼ぶ
ルイ トモ ヨ

★★

気の合う者は自然に集まって
仲間を作るということ

+α 『易経』の繋辞伝「善いもの悪いもの同志が集まり群れを作る。だから易の卦に吉と凶が生まれる」から

他山の石
タ ザン イシ

★★★

a lesson 類 反面教師

自分の反省・修養の役に立つ
他人の誤った言動

+α 『詩経』「他の山の粗悪な石は、然るべき山から産まれる玉を磨くのに使うべき」ということから

時は金なり
トキ カネ

★★★

Time is money.

時間は貴重なものであり無駄に
過ごしてはいけないということ

+α ベンジャミン・フランクリンが半日しか働いていないのに日当をもらったときに語った言葉から

青天の霹靂
セイテン ヘキレキ

★★

a bolt out of the blue

予想だにしない出来事が
突然起こる様子

+α 晴れた日の青い空にいきなり雷が鳴り響くさまから

鳴かず飛ばず
ナ ト

★★

類 うだつが上がらない

目立った仕事や活躍をしないで
いること

+α 荘王が意図して自堕落な生活をし、死をも恐れず諫言する臣下を探していた故事から

急がば回れ
イソ マワ

★★★

類 急いてはことを仕損じる

危険な近道より安全な遠回りの方が
早く目的を達成できるということ

+α 宗長の歌「もののふの矢橋の船は速けれど急がば回れ瀬田の長橋」から

転ばぬ先の杖
コロ サキ ツエ

★★

類 石橋を叩いて渡る

失敗しないように万が一に備えて
十分な準備をしておくこと

+α 転んでから杖を持つのではなく、転ぶ前に用心して手に杖を持つべきだということから

ドイツ語の流暢な友人がスペイン語も習得すれば 鬼に金棒 [オニにカナボウ] だ。

実戦 ええ夫婦が出来るぞ。玉井組と藤本組とが手を握りゃあ、____ じゃ。 [火野葦平『花と龍』]

締め切り直前に重大な欠陥を見つけた。万事休す [バンジキュウす] だ。

実戦 ____ になってしまった。 [青山学院大]

趣味が同じ友人とだけ一緒にいる。類は友を呼ぶ [ルイはトモをヨぶ] とはこのことだ。

実戦 その當時、____ といふ諺のやうに、一つの寶石が他の寶石を引き付けたと一般に言はれたものであつた。 [スティーヴンスン 佐藤緑葉訳『帽子箱の話』]

人の失敗談を 他山の石 [タザンのイシ] とするべきだ。

実戦 君のように ____ をうらやましがってばかりでは、進歩しない。 [東北学院大]

時は金なり [トキはカネなり] と言うから、今は足踏みせずに前進しよう。

実戦 近代社会を動かす緊要な時間理念は、「____」や「時間厳守」に端的に表れている。 [早稲田大]

彼の結婚の知らせはまさに 青天の霹靂 [セイテンのヘキレキ] だった。

実戦 二人の奇問奇答に茫然としていた矢先だったので、検事と熊城にとると、それがまさに ____ だった。 [小栗虫太郎『黒死館殺人事件』]

そのドラフト1位で入団した選手は 鳴かず飛ばず [ナかずトばず] で終わった。

実戦 ____、一生涯でも碌々とそれにあまんじている人間のように見えた。 [吉川英治『私本太平記』婆娑羅帖]

急いでいたが、急がば回れ [イソがばマワれ] であえていつも通りの道を通った。

実戦 文化革命こそが、分断されたこの国の真の民衆的統一をかちとっていく精神的土壌となるのである。____、なのだ。 [西南学院大]

転ばぬ先の杖 [コロばぬサキのツエ] として避難訓練を繰り返す。

実戦 いやさ、____ だよ。ほんにお願いだ、気を着けておくれ。若い人と違って年老のことだ、放り出されたらそれまでだよ。 [泉鏡花『義血侠血』]

| 哲学 | イシバシ タタ ワタ
★★★
石橋を叩いて渡る
類 転ばぬ先の杖 | 用心しすぎるほど用心深くなること
+α 壊れるはずのない石の橋を、念のため叩いて安全性
を確かめて渡ることから |

| 哲学 | イチネンテン ツウ
★★
一念天に通ず
類 念ずれば通ず | 一心に念ずれば天に通じて
必ず成就するということ
+α 「一念」は、一途に思いを込めること |

| 哲学 | ザ ユウ メイ
★★★
座右の銘
モットー 類 スローガン | 自分を律する格言
+α 皇帝などが、自分の右手側の席に、信頼できる補佐
役を座らせたことから |

| 社会 | フクスイボン カエ
★★
覆水盆に返らず
類 後の祭り | 一度起きてしまったことは
二度と元には戻らないということ
+α 出世した太公望が離縁された妻に「一度離婚した夫
婦は元に戻ることはできない」と言ったことから |

| 文学 | エ カ モチ
★★★
絵に描いた餅
pie in the sky 類 砂上の楼閣 | 何の役にも立たないこと、
実現する見込みがないこと
+α たとえ上手に描かれていても、絵に描かれた餅は見
るだけで食べられないということから |

| 心理 | ヒ アブラ ソソ
★★
火に油を注ぐ
throw fuel to the fire | 勢いの激しいものに、
いっそう勢いを加えること
+α 勢いよく燃えている火に油を注ぐと、ますます火勢
が強くなり、望ましくない結果になることを表す |

| 心理 | トウダイモトクラ
★★
灯台下暗し
類 傍目八目 | 人は身近なことには
案外気がつかないものだということ
+α 「灯台＝燭台」は周囲を明るく照らすが、その真下は
影になっていて暗いことから |

| 言語 | クチハッチョウ テ ハッチョウ
★★
口八丁手八丁
smooth talker | 喋ることもやることも達者なこと
+α 「八丁（八挺）」は八つの道具を使うことができるほ
ど達者という意味 |

| 文学 | ネコ カブ
★★
猫を被る
pretend to be innocent | 本性を隠して大人しそうに見せること
+α 可愛く見えて実は獰猛な「猫」説と、わらの敷物「む
しろ＝ねこ」を被って知らぬふりをするという説 |

彼女は 石橋を叩いて渡る 【イシバシをタタいてワタる】 人なので大きな失敗をしない。

実戦 ながい間、親爺は銀行員だったからな。□□癖がついたのさ。 [横浜市立大]

ずっと応募してきたチケットに当選し、まさに 一念天に通ず 【イチネンテンにツウず】 だ。

実戦 □□天に届いたか、ある大林のその中に、名さへも知らぬ木なれども、色もにほひもいと高き、十の木の実をお見附けなされたぢゃ。 [宮沢賢治『二十六夜』]

私の 座右の銘 【ザユウのメイ】 は「初志貫徹」だ。

実戦 次に引用する部分はいまでもわたしの大事な□□になっている。 [京都大]

過去の失敗を悔やんでも無駄だ。 覆水盆に返らず 【フクスイボンにカエらず】 である。

実戦 □□。人倫は水のように自然のものなんだ。ひっくりかえって流れた水は、どう仕様もねえや。 [坂口安吾『街はふるさと』]

それは所詮 絵に描いた餅 【エにかいたモチ】 だと反対されてしまった。

実戦 他者との共生といっても、まずは「個」が確立していなければ□□になることは言うまでもない。 [明治大]

苛立っている友人をからかって、 火に油を注ぐ 【ヒにアブラをソソぐ】 。

実戦 郡吏や警察官が隠然木村派を援ける証左であると、人々は□□れたように激昂した。 [大鹿卓『渡良瀬川』]

探していた眼鏡は頭上にあった。 灯台下暗し 【トウダイモトクラし】 とはこのことだ。

実戦 他人の文章を尊重することを知っていたそれらの著者たちにしてもそんなふうで、これは「□□」である。 [玉川大]

口八丁手八丁 【クチハッチョウテハッチョウ】 なセールスマンに唆されて商品を購入する。

実戦 常人さえ舌を巻く程□□、それにどこへでも当って砕けるといった性分だとO君は讃嘆していた。 [金史良『親方コブセ』]

いつもは粗暴な彼女は男性の前だと 猫を被る 【ネコをカブる】 。

実戦 「尻尾を出さぬ」といふこと、「□□」といふことではないかと考へるものがあるかも知れません… [岸田國士『青年の矜りと嗜み』]

467

1931

怪我の功名
（ケガ の コウミョウ）

★★★

類 雨降って地固まる

社会

間違ってしたことから、偶然に良い結果が生まれること

+α 「怪我」は「思わぬ過ち」、「功名」は「手柄を立てて名をあげること」の意味

1932

虫の知らせ
（ムシ の シらせ）

★★

have a bad feeling　類 胸騒ぎ

医学

良くないことが起こりそうだと感じること

+α 「虫」は「人体に棲み意識や感情に影響を与える」とされたため、「潜在意識や感情の動き」を表す

1933

常軌を逸する
（ジョウキ を イッする）

★★

eccentric

社会

常識外れの言動・行動をすること

+α 「軌」は車輪の跡で、通常の車輪の動きから逸脱したさまから

1934

瓜二つ
（ウリ フタつ）

★★

two peas in a pod

文化

よく似ているさま

+α 瓜を二つに切ると切り口がほぼ同じであることから

1935

鎬を削る
（シノギ を ケズる）

★★

類 覇を競う

社会

激しく争うこと

+α 「鎬」とは刀の刃と峰の間で稜線を高くした所

1936

白羽の矢が立つ
（シラハ の ヤ が たつ）

★★

singled out

社会

多くの中から選び出されること

+α 生贄を求める神が少女の家の屋根に白羽の矢を目印として立てたという伝承から

1937

愛想が尽きる
（アイソ が ツきる）

★★

be fed up with

心理

好意や信頼が持てなくなること

+α 「あいそう」「あいそ」とは「相手への思いやりや、好意」を表す

1938

鎌をかける
（カマ を かける）

★★

trick someone into

言語

相手に本当のことを喋らせようと、それとなく誘いをかけること

+α 「鎌でひっかけるようにして相手を引き寄せる」という意味から

1939

ぐうの音も出ない
（ぐうの ネ も デない）

★★

類 手も足も出ない

言語

全く反論や弁明ができないさま

+α 「ぐうの音」は息が詰まったときに出す声の音を指し、何も言えないことを表す

間違えて購入したCDが大変気に入った。まさに 怪我の功名（ケガのコウミョウ） だ。

実戦 この弱点は忽ち □□□ となりぬ。 ［永井荷風『矢立のちび筆』］

虫の知らせ（ムシのしらせ） だろうか、目が覚めると隣家で火事が起こっていた。

実戦 □□□ とか/勘が働くなどというが、これも同様の現象だ。 ［小樽商科大］

彼の 常軌を逸する（ジョウキをイッする） 行動に驚愕した。

実戦 その人は常識的な意味では □□□ ている、あるいは狂っているだろう。 ［早稲田大］

あの姉妹は本当に 瓜二つ（ウリフタつ） だ。

実戦 □□□ という言葉はあっても、古今東西、まったくおなじ顔をした人間は二人としていない。 ［新潟大］

強豪校どうしが決勝戦で 鎬を削る（シノギをケズる） 。

実戦 強力な他者としての伴侶と □□□ 中で、彼の作品は練磨され、真実に近づいていく。［千葉大］

店舗の責任者として彼女に 白羽の矢が立つ（シラハのヤがタつ） 。

実戦 そして、まず □□□ られたのが、意外な山奥の、日下部家の美術城でした。 ［江戸川乱歩『怪人二十面相』］

しばらく会わなかったので、彼の私への 愛想が尽きる（アイソがつきる） 。

実戦 人間の世界にはほとんど □□□ という意味をにじませ、投げ出すような口調が表われている。 ［成蹊大］

鎌をかけ（カマをかけ） て、相手の本音を引き出す。

実戦 「南宗派乾流九重天、第一巻の其中に、矢張りあるのでござろうな？」由井正雪は □□□ た。 ［国枝史郎『鷲湖仙人』］

見事に反論されて ぐうの音も出ない（ぐうのネもデない） 。

実戦 一言簡潔にして更に妙で、座客 □□□ 愕然としてこれを見れば、蓋し三味線が、割前の一座を笑ったのである。 ［泉鏡花『日本橋』］

1940 社会	★★ シュウ ユウ ケッ 雌雄を決する 顕 白黒つける	戦って勝敗を決めること +α 動物は雄が強く雌が弱いとされていることから
1941 心理	★★ シラ キ 白を切る pretend to be ignorant	そしらぬふりをすること +α 「しら」は「知らぬ」であり、「白」は当て字
1942 心理	★★ タカ クク 高を括る underrate 顕 鼻で笑う	大したことはないとあなどる +α 「高」は「数量の程度」、「括る」は「ものごとに区切りをつける」という意味
1943 社会	★★★ イッセン カク 一線を画す clearly different	ものごとにはっきりと 区別をつけること +α 「一線」は「区切り、けじめ」、「画す」は「線を引く、線を引いて区切る、計画を立てる」という意味
1944 社会	★★★ センケン メイ 先見の明 foresight	将来どうなるかを前もって 見抜く見識 +α 自分の子供を曹操に処刑された後に、楊彪が「私に先見の明がないことを恥じた」と述べたことから
1945 心理	★★ コビ ウ 媚を売る flatter 顕 ゴマをする	上の人に気に入られようとすること +α 「媚」は「女性が愛想を振りまく際に眉を動かしていた様子」からできた文字
1946 心理	★★ ハクヒョウ フ 薄氷を踏む 顕 一触即発	非常に危険な場面に臨むこと +α 『詩経』「小雅」の「戦戦兢兢として深淵に臨むが如く、薄氷を履むが如し」より
1947 社会	★★★ ミズ カ ロン 水掛け論 endless dispute 顕 押し問答	両者が自分の主張を曲げず、 一向に進展しない議論 +α 狂言の演目である「水掛聟」で「聟と舅がお互いの田から自分の田へ水を引こうとして争った」ことから
1948 心理	★★ シビ キ 痺れを切らす 顕 堪忍袋の尾が切れる	あまりに長く待たされて 我慢できなくなること +α 「痺れ」は「麻痺(動けない状態)」、「切れる」は「我慢の限界」という意味

長年のライバルと ┃シユウをケッする┃ 雌雄を決する ┃。

実戦 此地は険要であるから、某快く一戦して明軍と ⬚⬚⬚ 所存である。　　[菊池寛『碧蹄館の戦』]

厳しい刑事の追及にも終始 ┃シラをキる┃ 白を切る ┃。

実戦 いつも時平が冷やかしにかゝると、最初のうちは存じませんの一点張りで、⬚⬚⬚ 平中なのであるが…
[谷崎潤一郎『少将滋幹の母』]

大量の課題がすぐに終わると ┃タカをククる┃ 高を括る ┃。

実戦 ⬚⬚⬚ ようになった大人が、夢の中では与えられた状況に翻弄されて、真剣に対処する。
[白百合女子大]

彼には才能があり他の選手とは ┃イッセンをカクす┃ 一線を画す ┃。

実戦 「新しい生き方」とは、それまでの狩猟採集とは ⬚⬚⬚ 「農耕牧畜という生き方」のことです。
[岡山大]

┃センケンのメイ┃ 先見の明 ┃ に長けていたために株で大成功した。

実戦 ⬚⬚⬚ をもって論を進めようとしたが、節操のない人間に攻撃され、手柄を横取りされてしまう。
[上智大]

上司に ┃コビをウ┃ 媚を売 ┃ って出世を狙う。

実戦 好かれようと子供に ⬚⬚⬚ のではなく、子供たちと同じ視線でものを見てみたいという、純粋な欲望…
[センター]

┃ハクヒョウをフむ┃ 薄氷を踏む ┃ ような試合が終わり疲労困憊である。

実戦 不寛容な自然に敬意にちかい畏れを抱いており、⬚⬚⬚ 思いで文明にたたずんでいる。
[明治大]

議会で ┃ミズカけロン┃ 水掛け論 ┃ をするのは時間の無駄だ。

実戦 本人は報道に訂正を要求するであろうが、多くは ⬚⬚⬚ に終わる。
[龍谷大]

いい加減な接客に ┃シビレをキらす┃ 痺れを切らす ┃。

実戦 一週間しても帰って来ないので、⬚⬚⬚ て、長男の徹を差し向けたのだ。
[和歌山大]

★★

ヒョウザン　イッカク
氷山の一角

the tip of the icebarg

表面に現れている事柄は
全体のほんの一部分にすぎないこと

＋α 海の表面に現れている氷山の割合は、全体のごく一部であることから

CHAPTER 8　慣用表現150

SECTION ❷ 四字熟語

★★

アクセンクトウ
悪戦苦闘

類 四苦八苦

非常に困難な状況の中で
苦しみながら努力すること

＋α 「悪戦」は不利な状況において強敵に苦戦するという意味

★★

イッセキ　ニ　チョウ
一石二鳥

類 一挙両得

一つの行為から
二つの利益を得ること

＋α 17世紀のイギリスのことわざ「kill two birds with one stone.（一つの石で二羽の鳥を殺す）」に由来

★★

イッチョウイッセキ
一朝一夕

in a short time

きわめてわずかな時間や期間

＋α 『易経』の「臣にしてその君を殺し、子にしてその父を殺すは一朝一夕の故にあらず」に由来

★★

ウ　イ　テンペン
有為転変

vicissitudes　**類** 諸行無常

世の中のものは常に変わり、
一定しているものはないということ

＋α 「有為」は仏教用語で「因縁によって生じた現象」、「転変」は「万物が移り変わること」を意味する

★★

オンコ　チ　シン
温故知新

昔のことをよく調べて、
新しい知識や見解を導くこと

＋α 孔子が「古くから伝わる教えを大切にして、新しい知見を得ることが大切だ」と説いたことによる

★★

グンユウカッキョ
群雄割拠

rivalry between local barons.

多くの英雄が各地で勢力を振るい、
互いに競い合っていること

＋α 戦国時代において「多くの英雄たちがある地で対立し合うこと」に由来

★★

コウガン　ム　チ
厚顔無恥

shameless　**類** 身の程知らずの

厚かましく恥知らずなさま

＋α 『詩経』の「巧言如簧、顔之厚矣（巧みな言葉が笛のようで、顔が厚いことだ）」に由来

この事件で逮捕された人は犯罪者の ヒョウザンのイッカク| 氷山の一角 |にすぎない。

実戦 一部資料については保存と修復、アーカイブ化が始まったが、そこで残されたのは □□□□ にすぎない。

[早稲田大]

難しい問題を前にして アクセンクトウ| 悪戦苦闘 |する。

実戦 それでもなお時間と労力をたっぷりかけて □□□□ してみるだけの価値はあるのだ。

[早稲田大]

自転車通勤で交通費が浮きダイエットにもなり イッセキニチョウ| 一石二鳥 |だ。

実戦 始皇帝と李斯は、「□□□□」ともいうべき、実に頭のいい手段を思いついた。 [東京理科大]

知識は イッチョウイッセキ| 一朝一夕 |には身につかない。

実戦 能力は比較的安定した、□□□□ には変えることのむずかしい特性である。 [成蹊大]

ウイテンペン| 有為転変 |は世の習いだが、故郷が様変わりするのは寂しい。

実戦 小説の中で自然が、人間の □□□□ の象徴や比喩に使われるという了解… [学習院大]

オンコチシン| 温故知新 |の精神で、先人の教えを大切にする。

実戦 「古池」は、古くてもさまざまのものを含みこんでいるから、「□□□□」のように新しくなる。 [早稲田大]

グンユウカッキョ| 群雄割拠 |の時代でうまくやっていくのは非常に困難だ。

実戦 □□□□ が世界の常態だという相互了解はヨーロッパにしか生まれなかった。 [大阪市立大]

葬儀の最中にあくびをするなんて コウガンムチ| 厚顔無恥 |だ。

実戦 「さすがですね」と言うことは、□□□□ で失礼に当たるのである。 [明治大]

荒唐無稽 コウトウムケイ ★★

absurd

一文学

言説などがでたらめで
よりどころがないこと

+α 「荒唐」は「根拠がない」、「無稽」は「考えがでたらめ」
という意味で、それぞれ『荘子』と『書経』に由来

五里霧中 ゴリムチュウ ★★

in a fog 類 暗中模索

一心理

ものごとの判断がつかず、
どうしていいか迷うこと

+α 後漢の張楷が五里にわたる霧をおこして自分の姿を
くらます「五里霧」を使ったという故事より

四面楚歌 シメンソカ ★★

類 万事休す

一社会

周囲が敵や反対者ばかりで
助けや味方がいないこと

+α 楚国の項羽が漢軍に取り囲まれた際に、漢軍から楚
国の歌が聞こえて絶望したことに由来

自由奔放 ジユウホンボウ ★★★

live freely

一心理

何にもとらわれず、
自分の思うがままに振る舞うこと

+α 「奔放」は常識などに縛られずに思いのままに行動
することの意味

信賞必罰 シンショウヒツバツ ★★

rewards and punishments

一社会

功績のある者には必ず賞を与え、
罪がある者は必ず罰すること

+α 「刑罰を厳正に行うのが、政治の基礎である」という
考えが説かれた『韓非子』に由来

深謀遠慮 シンボウエンリョ ★

farsightedness

一哲学

深く考えを巡らし、
遠い将来のことまで見通すこと

+α 「深謀」は「深く見通すこと」、「遠慮」は「遠い将来を
思うこと」の意味

清廉潔白 セイレンケッパク ★★

clean as a whistle 類 伯夷叔斉

一文化

心が清くて私欲がなく、
不正などをすることが全くないこと

+α 「清廉」は「心が清く、私欲がないこと」、「潔白」は「け
がれや後ろめたいことがないこと」の意味

千載一遇 センザイイチグウ ★★

対 空前絶後

一文化

二度とないような良い機会のこと

+α 「千載」は「千年」、「遇」は「思いがけず出くわす」と
いう意味

大器晩成 タイキバンセイ ★★

a late bloomer

一文化

優れた才能のある者は世に出るのに
時間がかかるということ

+α 元々「無限に大きな器は完成しない」という意味だっ
たが、『三国魏志』で現在の用法になった

一見すると 荒唐無稽（コウトウムケイ） な計画が意外な成功を収める。

実戦 昔からこの庭が「虎の子渡し」の名で知られていることも、あながち □ としてしりぞけるにはあたらない。 ［立命館大］

実家が震災で倒壊し、当面は 五里霧中（ゴリムチュウ） だ。

実戦 感情とはなにか、そのことばを言いたくなった事態にどう対応したらいいのか、については □ なのである。 ［東京大］

人の悪口ばかり言って 四面楚歌（シメンソカ） となる。

実戦 すでに空井戸の逃げみちは断たれ、□ にかこまれてしまった上は、とうてい助かる術はないとかんねんして… ［吉川英治『神州天馬侠』］

自由奔放（ジュウホンポウ） な彼女に振り回されるのが実は楽しい。

実戦 校規を無視して □ にふるまって、しばしば問題になりながらも… ［東海大］

信賞必罰（シンショウヒツバツ） とは言えない不公平な結末を迎える。

実戦 民の苦楽を察して適宜の処置を施し、□、恩威行なわれざるところなく、万民腹を鼓して太平を謡うがごときは… ［福沢諭吉『学問のすすめ』］

彼は 深謀遠慮（シンボウエンリョ） な性格なので、安心して結婚できる。

実戦 わたしは目の前のまだうら若い母親の □ に気付いて… ［広島大］

清廉潔白（セイレンケッパク） な人が政治家となるべきだ。

実戦 □ な東国出身者だということ… ［青山学院大］

千載一遇（センザイイチグウ） のチャンスをものにする。

実戦 でも、それが可能になる □ のチャンスがあります。 ［東京理科大］

彼女は不器用だが 大器晩成（タイキバンセイ） するタイプの人だ。

実戦 生来忍耐力に富み、辛抱強く、一端かうと思ひ込んだことはどこまでもやり通し、□ するものなり… ［織田作之助『六白金星』］

★★★

ハン シン ハン ギ
半信半疑

心理
half in doubt

半分は信じているが、
半分は疑っている状態

+α 「嘘か本当か判断に迷う様子」を表す

★★

ワ コン カン サイ
和魂漢才

哲学

日本固有の精神と
中国の学問を兼ね備えていること

+α 平安時代に学問の基礎「漢才」と、実生活における知識や行動・人柄「大和魂」を合わせたことに由来

★★

ワ コン ヨウ サイ
和魂洋才

哲学

日本古来の精神と
西洋の文化を調和させること

+α 森鷗外は、平安以来の系統を踏んで西洋の学問の摂取とともに、それと日本文化との融合を説いた

★★★

イ キ ショウ チン
意気消沈

心理
depressed

元気をなくし、沈み込むさま

+α 「意気」は「何かをしようとする気持ち」、「消沈」は「気持ちが萎える」という意味

★★★

イ キ ヨウ ヨウ
意気揚々

心理
elation

得意げで威勢の良いさま

+α 『史記』で「馬車の運転手が豪華な馬車を操縦しているだけで得意になっているさま」を表現したもの

★★

イ ク ドウ オン
異口同音

社会
unanimously **類** 満場一致の

多くの人がみな口をそろえて
同じことを言うこと

+α 本来は「釈迦の説法に対して人々が口々に賛嘆するさまや、信者が口々に念仏を唱えるさま」を表した

★★★

イ シン デン シン
以心伝心

心理
telepathy **類** 共鳴

声に出さなくても
お互いの心と心で通じ合うこと

+α 禅の宗旨の一つで「釈迦の教えを文字や言葉によらず、師の心から弟子の心に伝えること」を表した

★★

イチ ゴ イチ エ
一期一会

文化

一生に一度だけの機会

+α 千利休が「茶会では、一生に一度の会だと心得て、亭主・客ともに誠意を尽くす」と説いたことによる

★★

イチ ネン ホッ キ
一念発起

心理
make a firm resolution

何かを成し遂げようと一大決心し、
熱心に励むこと

+α 本来は「仏の教えを心から信じて、その教えに従った生き方をしていく」という決意

ハンシンハンギ
半信半疑 で彼の言う通りに行動する。

実戦 母の ____ な物思いにはっきりと結末をつけてやりたいとさえ思った。 [聖心女子大]

ワコンカンサイ
ラーメンはまさに 和魂漢才 の食べ物と言える。

実戦 我が國には古く ____ といふ言葉がある。日本の精神を保持しつつ、外國(漢)の知識を攝取する意味である。 [桑原隲藏「東西交通史上より觀たる日本の開發」]

ワコンヨウサイ
和魂洋才 に倣い他人の意見を広く取り入れる。

実戦 ____ の行き詰まりを日本ほど深刻に受けている国はない。 [大阪大]

イキショウチン
楽しみにしていた映画が公開中止となって 意気消沈 する。

実戦 暴政をしかないが、妨害し、抑圧し、無気力にし、____ させ、愚鈍にする。 [法政大]

イキヨウヨウ
意気揚々 と遊園地のゲートをくぐった。

実戦 「どう先生すごいでしょう」と、____ と見せにきたのですが… [東海大]

イクドウオン
両親が 異口同音 に私の留学に反対する。

実戦 ほとんど例外なしにこの時代を腐敗の時代、不正や賄賂の横行した時代であった、と ____ にいう。 [同志社大]

イシンデンシン
以心伝心 で夫の心中を理解する。

実戦 昨日までは、____ でわかり合える同朋のなかで暮らしていると思いこんでいたのに… [慶應大]

イチゴイチエ
あなたとの出会いは 一期一会 だ。

実戦 静寂が人間の心情の襞にしみこんで、ここに ____ の魂のふれあいの場が生まれるのである。 [東洋大]

イチネンホッキ
一念発起 してフランス語の勉強を始める。

実戦 なにとぞ、____ の心根をあはれみ、塵労断ちがたい鈍根の青道心に勧はりを寄せ給ひて… [坂口安吾「閑山」]

一目瞭然　★★★
イチ モク リョウ ゼン

**一見するだけで
はっきりとわかるさま**

+α 「一目」は「ちょっと見ること」、「瞭然」は「はっきりして疑いのないさま」の意味

文化　quite obvious　類 明々白々

一喜一憂　★★★
イッ キ イチ ユウ

**状況の変化などちょっとしたことで
喜んだり不安になったりすること**

+α 「喜」は「よろこぶ」、「憂」は「思い悩む」という意味

心理　joy and sorrow

意味深長　★★
イ ミ シン チョウ

奥深い意味を持っていること

+α 程子が「『論語』は読めば読むほどもっと奥が深い意味が隠されていることがわかった」と悟った時の言葉

哲学　profound　類 意味ありげ

因果応報　★★
イン ガ オウ ホウ

**良い行いか悪い行いかによって
それにふさわしい報いが現れること**

+α 元々仏教では「前世での行い(因縁)は、自分の業となって自分に返ってくる(果報)」という意味

宗教　類 自業自得

起承転結　★★
キ ショウ テン ケツ

ものごとの組み立てや順序

+α 元々は漢詩(近体詩)の絶句の「起句、承句、転句、結句」という構成を表す

文学　proper order

疑心暗鬼　★★
ギ シン アン キ

**疑いの心があると、何でもない
ことでも疑わしく思えること**

+α 「疑心」は「仏教の心理に対して疑いを持つこと」、「暗鬼」は「暗闇の中に鬼を見る」という意味

心理　devil's advocate

権謀術数　★★
ケン ボウ ジュッ スウ

巧みに人をあざむく策略のこと

+α 朱子の「大学章句序」による。「権謀」は「その場に応じた策略」、「術数」は「はかりごと」の意味

社会　trickery　類 欺騙

言語道断　★★
ゴン ゴ ドウ ダン

とんでもないこと、もってのほか

+α 元々は「仏法の真理は言葉では説明しきれない」ことを意味した

社会　outrageous　類 問答無用

順風満帆　★★★
ジュン プウ マン パン

ものごとがすべて順調に進むこと

+α 「順風」は「船の進行方向に向けて吹く風」、「満帆」は「船の帆にたくさんの風を受ける」という意味

文化　類 万事順調

全く勉強をしなかったから、試験の結果は **一目瞭然**（イチモクリョウゼン）だ。

実戦 こうして眺めれば、これらが後世の「歳時記」の季題にいかにまっすぐつながってゆくか、□□□であろう。 [青山学院大]

彼女はいつも彼の態度に **一喜一憂**（イッキイチユウ）している。

実戦 自分の価値を明確に持ち他人の評価に□□□しない人間に対する尊敬の念… [早稲田大]

彼は **意味深長**（イミシンチョウ）な笑みを浮かべた。

実戦 「(うまく)ひきこもれていれば、ひきこもらないで済む」というパラドックスは□□□である。 [静岡大]

悪行ばかりの彼が自転車で事故に遭ったのは **因果応報**（インガオウホウ）だろう。

実戦 歴史物語でも伝記物でも、努力した者が高く評価される。一種の□□□思想かもしれない。 [一橋大]

起承転結（キショウテンケツ）をつけて作文を書く。

実戦 □□□の文章構成に従って結論を文末に置くべきところを、表現上の効果を考慮して冒頭に持って来た。 [上智大]

疑心暗鬼（ギシンアンキ）の状態に陥って、すべてを悪い意味に解釈してしまう。

実戦 人々の孤立感を増幅させて他の公的集団への□□□を植えつける。 [中央大]

勝つためには **権謀術数**（ケンボウジュッスウ）を弄することが必須だ。

実戦 閉店間際のデパートの地下食料品売り場では、値下げのシールをめぐって□□□が繰り広げられる。 [早稲田大]

家庭内暴力を容認するなんて **言語道断**（ゴンゴドウダン）だ。

実戦 彼らの組み立てた新しい秩序は、人間の精神的成長への欲求を抑えつけるような□□□なものであった。 [同志社大]

彼は **順風満帆**（ジュンプウマンパン）な人生を送っている。

実戦 賑々しく学界に船出して以来、□□□、手痛い批判の嵐に遭遇することもなく、大正15年には増補改訂第三版を出し… [知里真志保『アイヌ語学』]

1984 シンショウボウダイ ★★ **針小棒大** 一文化 exaggeration 類 大風呂敷	**ものごとを大げさに誇張して言うこと** ＋α 「針ほどのことを棒ほどに言う」ということわざに由来
1985 タイギメイブン ★★★ **大義名分** 一社会 good reason 類 錦の御旗	**ある行動を正当化するための理由や道理のこと** ＋α 孔子が「王に使える臣下が守るべき節度や振る舞いなどのあり方」を説いた言葉
1986 タントウチョクニュウ ★★★ **単刀直入** 一心理 directly	**前置きなしにいきなり本題に入り要点を突くこと** ＋α 元々は「たった一人で刀を一振り持ち、敵陣に切り込む」という意味
1987 チョウレイボカイ ★★ **朝令暮改** 一文化 frequent change 類 二転三転	**方針などが頻繁に変わって定まらないこと** ＋α 『漢書』で「朝に出された命令が夕方には変更されてしまい、農民の生活が大変で苦しい」という意味
1988 チンシモッコウ ★★ **沈思黙考** 一心理 meditation	**黙ってじっくりと深くものごとを考えること** ＋α 「沈思」は「深くものごとを考えること」、「黙考」は「静かにものごとを考えること」の意味
1989 テンイムホウ ★★ **天衣無縫** 一文学 ingenuous 類 天真爛漫	**詩歌などが技巧を凝らした跡なく自然で美しいこと** ＋α 『霊怪録』で「郭翰が庭で寝ていると、縫い目のない服を着た美しい天女が舞い降りた」ことによる
1990 ニッシンゲッポ ★★★ **日進月歩** 一歴史 steady progress	**絶え間なく、日に日に進歩すること** ＋α 「日ごと、月ごとに進歩していく」ということから
1991 ユウジュウフダン ★★★ **優柔不断** 一心理 indecisive 類 煮えきらない	**グズグズして、ものごとの判断がなかなかできないこと** ＋α 前漢の元帝の評価は『漢書』では「優游不断」であったが、『宋史』では「優柔不断」となった
1992 ジカドウチャク ★★ **自家撞着** 一哲学 self-contradiction	**自分で自分の言動に反することをすること** ＋α 『禅林類聚』「看経門」の「頭を回らせば撞着す、自家の底と」に由来

あの記者は今回の事件をあまりに ［針小棒大］ (シンショウボウダイ) に書いている。

実戦 世事にうとい詩人がうっかり口走った放言が □ に伝えられたのであろうか。

［青山学院大］

［大義名分］ (タイギメイブン) のない内閣解散により総選挙が行われる。

実戦 □ の陰に隠れて、ひたすら形式へと逃げてばかりいる。

［九州大］

［単刀直入］ (タントウチョクニュウ) に質問をしたい。

実戦 まわりくどい儀礼なしに素直に □ に社会的交通を行なうことができないものか、と。

［東京都立大］

［朝令暮改］ (チョウレイボカイ) な政策のせいで現場は振り回されている。

実戦 「□」はどんな政権にとっても危険な失態であり…

［大阪市立大］

［沈思黙考］ (チンシモッコウ) にふけるうちに時間が過ぎてしまった。

実戦 彼はその日終日室内に籠もって □ した。そしてその夜もまた一睡も出来なかった。

［モウリス・ルブラン 新青年編輯局訳『水晶の栓』］

彼女の詩は ［天衣無縫］ (テンイムホウ) だと言って良い。

実戦 いらざる技巧を超えた □ の風韻にあこがれた。

［東北大］

現代の医療技術は ［日進月歩］ (ニッシンゲッポ) だ。

実戦 それ自体が □ の工業技術の象徴であり、大衆の好奇心は「進歩の時代」そのものを疑似的に体験した。

［法政大］

彼は優しいが ［優柔不断］ (ユウジュウフダン) な面もある。

実戦 こんなジクザグの □ がつづき、母はどちらでも好きなようにやりなさいという態度を見せていた。

［同志社大］

彼の主張は ［自家撞着］ (ジカドウチャク) に陥ってしまい破綻した。

実戦 きまじめな人の耳には、なにか落ち着きの悪い □ を、含んでいるように響くことであろう。

［千葉大］

1993 宗教	シキソクゼクウ **色即是空** all is vanity	★★	あらゆる現象はすべて実体ではなく 空無であるということ **＋α** 『般若心経』にある「因果性（縁起）が失われれば、た ちまち現象（色）は消え去る」という考え
1994 文化	カンコツダッタイ **換骨奪胎** adaptation　**類** オマージュ	★★	古人の発想などをもとに、 自分独自の作品を作ること **＋α** 「骨を取り換え、子宮を奪い取り、自分のものとし て使う」という意味から
1995 経済	ヨウトウクニク **羊頭狗肉** misleading　**類** 有名無実	★★	見かけや表面と、 実際・実質が一致しないこと **＋α** 中国宋時代の禅書『無門関』に「羊頭（羊の頭）を掲げ て狗肉（犬の肉）を売る」とあったことによる
1996 心理	カッカソウヨウ **隔靴掻痒** irritating　**類** 二階から目薬	★★	はがゆくもどかしいこと **＋α** 「靴の上からでは痒い足に手が届かず、うまく掻け ない」ということから
1997 芸術	ガリョウテンセイ **画竜点睛** lack the finishing touch	★★	ものごとを完成するために、 最後に加える大切な仕上げのこと **＋α** 「中国の張という絵師が安楽寺の壁に竜を描き、最後 に瞳を描き入れたら龍が昇天した」という故事から
1998 社会	キンカギョクジョウ **金科玉条** golden rule	★★	人が絶対的なよりどころとして 守るべき規則や法律のこと **＋α** 「金」と「玉」は「貴重なもの・大切なもの」、「科」と「条」 は「法律や規則といった条文」の意味
1999 文化	ギョクセキコンコウ **玉石混淆** the good and the bad	★★	優れたものと劣ったものが 入り混じっていること **＋α** 『抱朴子』「尚博」の「眞僞倒し、玉石混淆す」による
2000 社会	コウゲンレイショク **巧言令色** honeyed words　**類** 美辞麗句	★★	言葉を飾り、顔色をつくろうこと **＋α** 『論語』の「巧言令色鮮し仁」による

シキソクゼクウ
色即是空 の考えに沿って、ものに執着せずに生きる。

実戦 親類の法事の席で、□□□、空即是色、と経の中から聞こえた時、針ノ木岳が浮かんだ。 [立教大]

カンコツダッタイ
この映画は、古典を 換骨奪胎 したものだ。

実戦 市民的法理は□□□され、官による民の支配手段になってしまったというわけだ。[信州大]

ヨウトウクニク
彼は口だけで行動が伴っていない、まさに 羊頭狗肉 である。

実戦 制度を形だけ国際化しても□□□の感を免れず… [新潟大]

カッカソウヨウ
彼はいつも意見をはっきり言わないので、隔靴掻痒 に感じる。

実戦 母国語は確かに同じでも、自分と同じ言葉を話すひとは見つからず、□□□、歯ぎしりの日々。 [日本大]

ガリョウテンセイ
この絵は 画竜点睛 を欠く。

実戦 最終的には指導され、統御されなければ、□□□を欠くことが明らかとなる。 [九州大]

キンカギョクジョウ
時間厳守はビジネスマンの 金科玉条 だ。

実戦 「合理的経済人」の仮定を□□□のごとく今でも堅持してはいないだろうかという疑念がぬぐえないのである。 [早稲田大]

ギョクセキコンコウ
インターネット上の情報は 玉石混淆 である。

実戦 この出版社で出している、"××学のすすめ"シリーズは□□□だが、これは玉の部類に入る… [名城大]

コウゲンレイショク
巧言令色 で上司に取り入る新人は同期に嫌われる。

実戦 都会人のおちいりがちな□□□や抜け目のなさが、感覚的にきらいであるということになる。 [東京経済大]

索引

へ―アルファベット

柳生好之
YAGYU YOSHIYUKI

リクルート「スタディサプリ」現代文講師。難関大受験専門塾「現論会」代表。早稲田大学第一文学部総合人文学科日本文学専修卒業。東進ハイスクールなどの大手予備校勤務やZ会東大京大コース問題制作を経て、リクルート「スタディサプリ」に参加。東大・京大・早大・難関国公立大・難関私立大・大学入学共通テストなどの受験対策講座を多数担当している。「文法」「論理」という客観的ルールに従った読解法を提唱し、誰でも最短で現代文・小論文ができるようになる授業を行う。その極めて再現性の高い読解法により、東大など最難関大学を志望する受験生から現代文が苦手な受験生まで、幅広く支持されている。自身が代表を務める難関大受験専門塾「現論会」では、「最小の努力で、最大の結果を」という教育理念のもと、オンライン映像授業や参考書などの効果的な活用方法を指導。志望校合格に向かって伴走するコーチング塾として、全国の受講生から高い評価を獲得している。主な著書に、『大学入試問題集 柳生好之の現代文ポラリス』1基礎レベル・2標準レベル』『大学入試 柳生好之の現代文プラチナルール』(ともにKADOKAWA)、『ゼロから覚醒 はじめよう現代文』『ゼロから覚醒Next フレームで読み解く現代文』ともに(かんき出版)などがある。
※プロフィールは発刊時(2021年8月)のものです

ブックデザイン	アルビレオ
本文イラスト	小幡彩貴
企画編集	髙橋龍之助(学研)
編集協力	八川奈未/石井好子(株式会社オルタナプロ)
制作協力	太田悠斗/井瀧拓夢/富田侃叡/武田悠汰 紫藤健太/岡野航大/坂元千帆/佐藤洸大 山田惇一/留森桃子(学研)/三本木健浩(学研)
校正	株式会社オルタナプロ 髙橋楓果/有住拓杜/チャクラボルティ・リキ 柿沼諄/村主基樹
英文校閲	土岐田健太
販売担当	冨澤嵩史(学研)
データ作成	株式会社 四国写研
音声収録	一般財団法人 英語教育協議会 ELEC
印刷	株式会社 リーブルテック

読者アンケートご協力のお願い

この度は弊社商品をお買い上げいただき、誠にありがとうございます。本書に関するアンケートにご協力ください。右のQRコードから、アンケートフォームにアクセスすることができます。ご協力いただいた方のなかから抽選でギフト券(500円分)をプレゼントさせていただきます。

アンケート番号 305425

※アンケートは予告なく終了する場合がございます。あらかじめご了承ください。